热经济学理论及应用

李友荣　吴双应　肖兰　吴春梅　著

科学出版社
北京

内 容 简 介

热经济学属于工程热力学和技术经济学相互交叉的新兴学科，已广泛应用于用能设备和能量系统的分析与优化中。本书重点介绍了热经济学的理论基础及其在节能减排领域中的应用，包括热经济学理论、热力学和热经济学分析方法、热力过程及设备的热经济分析与优化、余热回收系统的热经济分析与优化等。

本书可供从事节能减排工作的科研人员和工程技术人员参考，也可作为能源动力类专业高年级学生和研究生的选修课教材或教学参考书。

图书在版编目(CIP)数据

热经济学理论及应用 / 李友荣等著. —北京：科学出版社，2020.6
ISBN 978-7-03-063893-9

Ⅰ. ①热… Ⅱ. ①李… Ⅲ. ①热经济学-研究 Ⅳ. ①F069.9

中国版本图书馆 CIP 数据核字（2019）第 289648 号

责任编辑：华宗琪 / 责任校对：彭 映
责任印制：罗 科 / 封面设计：墨创文化

科学出版社 出版
北京东黄城根北街16号
邮政编码：100717
http://www.sciencep.com

成都锦瑞印刷有限责任公司 印刷
科学出版社发行 各地新华书店经销
*
2020年6月第 一 版 开本：787×1092 1/16
2020年6月第一次印刷 印张：15
字数：356 000

定价：149.00 元

（如有印装质量问题，我社负责调换）

前　言

能源紧缺和环境污染是当今世界面临的两大难题。我国也面临着能源总体需求量大、能源结构不合理、利用效率低和环境污染严重等巨大挑战。因此，我国以科学发展观为指导，制定了坚持节约能源和降低排放的基本国策，旨在增强可持续发展能力，建设创新型国家。在节能减排过程中，如何用最少的系统投资获取最大的回报是投资者最关心的问题。热经济学是一种基于热力学基本原理并结合经济学基本概念和理论的能量技术或系统分析方法，可以为节能减排方案的设计、分析和优化提供理论指导。

笔者从 20 世纪 80 年代开始研究烟传递和热经济学理论及其应用，并成功地将研究成果用于热力管道及保温层的设计、余热回收换热器的热经济分析与优化等工程实践中。从 2010 年开始，笔者又承担了国家 973 课题“低品位能源利用热力学基础及评价”（编号：2011CB710701）的部份研究工作，并于 2015 年顺利结题。

全书共分五章，第 1 章为热经济学理论基础，包括热力学的基本概念、基本定律和一般关系式，烟的定义及计算方法，资金的时间价值，技术经济分析的基本原则和评价指标；第 2 章介绍了三种主要的热力学分析方法，即热平衡分析法、烟分析法和能级平衡分析法；第 3 章回顾了热经济学的发展历程，分析了能量价值和价格，介绍了经典的热经济学分析理论和优化方法；第 4 章给出了典型热力过程及设备的热经济分析与优化结果，包括对流传热过程热经济分析、换热器热经济分析和基于热经济学的热力管道及其保温层同步设计法等；第 5 章主要讨论余热动力回收系统的热经济学分析与优化，包括有机朗肯循环系统热经济分析、回收余热的 Kalina 循环热经济性能分析、耦合有机朗肯循环系统热经济分析和有机朗肯循环系统多参数同步优化等。

本书研究中的主要计算工作都是由课题组的研究生完成的，在此向所有参与热经济学理论及应用研究的研究生表示衷心的感谢；同时也要感谢重庆大学刘朝教授和电子科技大学彭岚教授的大力支持。

由于作者水平有限，书中不足之处在所难免，恳请专家和读者批评指正。

目　　录

第1章 热经济学理论基础

热经济学是热力学和经济学相结合的一门交叉学科，其理论基础是热力学理论和经济学理论。本章将对热经济学所涉及的热力学和经济学基础理论进行简要阐述。

1.1 热力学基础

热力学是一门研究热能与其他形式能量相互转换规律的科学。随着各种热力学分析方法的研究深入和应用，各种能量转换设备的能量利用率和经济性得到了很大提高，取得了显著的热力学和经济两方面的效益。本节将主要阐述热力学基本定律、热力学一般关系式以及㶲的定义和计算等热力学基础理论。

1.1.1 热力学基本定律

1. 热力学第一定律

1）热力学第一定律的实质

自然界存在不同形式的能量，而不同形式的能量可以相互转换。热力学第一定律的实质就是热力过程中的能量守恒和转换定律，它建立了热力过程中的能量守恒关系。因此，热力学第一定律也可以具体表述为：在热能与其他形式能量的转换过程中，能量总量始终保持不变，即在任何热力系统进行的任意热力过程中，能量传递与转换前后能量的总量维持恒定。

从热力学第一定律出发，要想得到机械能，就必须消耗热能或其他能量，幻想创造一种不消耗能量就可以产生功或动力的“永动机”是不可能的，这也是热力学第一定律的另外一种具体阐述。热力学第一定律作为一个普遍的自然规律，存在并贯穿于一切热力过程中，是定量分析能量传递和转换过程的基础。

热力学第一定律是能量在量方面的守恒原理。对于一切热力系统，无论是开口系统还是闭口系统，热力学第一定律的一般关系式都可以写为

$$\text{进入系统的能量} - \text{离开系统的能量} = \text{系统储存能量的变化} \tag{1-1}$$

式(1-1)是建立一切热力系统在能量传递和转换过程中能量方程的基础。

2)热力学中的能量

(1)热力系统的储存能

对于工程热力学中一般热力系统所涉及的热力过程，常不考虑分子结构和核的变化，热力学能即所谓的热能，是指不涉及化学能和原子能的物质分子热运动动能(内动能)和分子之间由于相互作用力而具有的位能(内位能)之和。热力学能为状态参数，取决于热力系统本身的热力状态，一般用符号 U 表示质量为 m 的工质的热力学能(总内能)，单位为 J(或 kJ)；用符号 u 表示单位质量(即 1kg)工质的热力学能，即为比热力学能(比内能)，单位为 J/kg(或 kJ/kg)。

除了储存于热力系统内部的热力学能，热力系统还由于具有宏观运动速度而储存有宏观动能 E_k，同时在重力场中具有一定的高度位置而储存有宏观位能 E_p，其单位为 J(或 kJ)。质量为 m、运动速度为 u_f、在系统外部参考坐标系中的高度为 z 的热力系统的宏观动能 $E_k=mu_f^2/2$，比宏观动能 $e_k=u_f^2/2$；宏观位能 $E_p=mgz$(g 为重力加速度)，比宏观位能 $e_p=gz$。

从上述的分析可知，储存于热力系统的能量，即热力系统的储存能包括两部分，第一部分为与物质内部微观粒子的热运动和相互作用有关的内部储存能，即热力学能；第二部分为与热力系统外部参考坐标系和外部参数(u_f、z)有关的外部储存能，即宏观动能和宏观位能。因此，热力系统的储存能 E 为热力学能、宏观动能与宏观位能之和，即

$$E = U + E_k + E_p = U + \frac{1}{2}mu_f^2 + mgz \tag{1-2}$$

单位质量工质的储存能，即比储存能 e 为

$$e = u + e_k + e_p = u + \frac{1}{2}u_f^2 + gz \tag{1-3}$$

(2)功量

做功作为热力系统与外界之间由于不平衡势差的作用而发生的能量交换方式之一，与热力过程有关，因此功量是过程量。不同于状态量，微元热力过程的功量用 δW 表示，而不是用 dW 表示(一般“d”表示状态量的微小增量)。在热力学里，功是热力系统与外界相互作用而传递的能量，其单位为 J(或 kJ)，单位质量的物质所做的功称为比功，单位为 J/kg(或 kJ/kg)。同时规定，系统对外界做功时功的符号为正，外界对系统做功时功的符号为负。

一般来讲，热力系统可以用不同的方式与外界发生功的相互作用，热功转换也常常通过气体工质体积 V 的变化(膨胀或压缩)来实现，因此，在热力学里经常遇到膨胀功或压缩功的分析和计算。值得注意的是，体积变化功只与气体工质体积的变化量有关，而与涉及此体积的空间几何形状无关。当气体膨胀时，$dV>0$，$\delta W>0$，功量为正，气体对外做功；当气体被压缩时，$dV<0$，$\delta W<0$，功量为负，外界对气体做功。

(3)热量

所谓热量，是指热力系统与外界之间通过温差传递的能量，是热力系统与外界交换的另一种形式的能量，其与热力系统内部物质分子的运动有关，一般用符号 Q 表示。和功

量一样，热量也是过程量而不是状态量。在热力学中有不同的热量计算方法，其中，单位质量的工质与外界交换的热量称为比热量，用符号 q 表示，单位为 J/kg。热力学中规定：热力系统从外界吸热时热量为正，热力系统向外界放热时热量为负。

3) 热力学第一定律的表达式

(1) 闭口系的热力学第一定律表达式

典型闭口系示意图如图 1-1 所示。取封闭在气缸里的工质作为热力系统。假定工质由平衡态 1 变化到平衡态 2 时，系统从外界吸取的热量为 Q，单位质量的工质从外界吸取的热量为 q，对外所做的膨胀功为 W，单位质量的工质对外所做的膨胀功为 w，工质本身热力学能的变化 $\Delta U=U_2-U_1$，其中，U_1 为状态 1 时的热力学能，U_2 为状态 2 时的热力学能[①]。

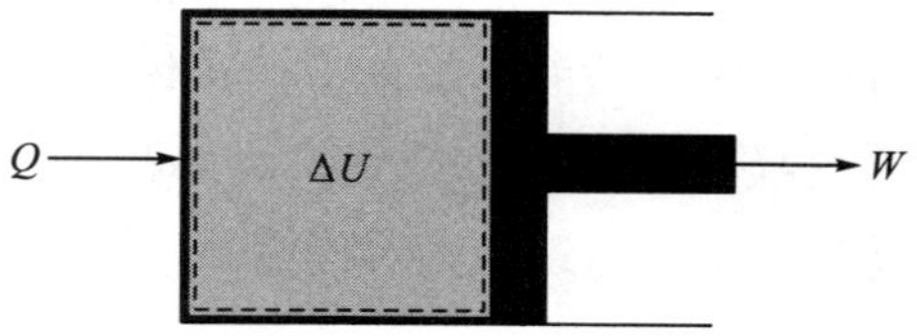

图 1-1　典型闭口系示意图

根据热力学第一定律的一般关系式(1-1)，有

$$Q = \Delta U + W \tag{1-4}$$

对于微元过程，有

$$\delta Q = \mathrm{d}U + \delta W \tag{1-5}$$

对于单位质量的有限过程和微元过程，分别有

$$q = \Delta u + w \tag{1-6}$$

$$\delta q = \mathrm{d}u + \delta w \tag{1-7}$$

对于有限可逆过程和微元可逆过程，如果工质的压力为 p，式(1-4)和式(1-5)可分别变为

$$Q = \Delta U + \int_1^2 p\mathrm{d}V \tag{1-8}$$

$$\delta Q = \mathrm{d}U + p\mathrm{d}V \tag{1-9}$$

对于单位质量工质的有限可逆过程和微元可逆过程，分别有

$$q = \Delta u + \int_1^2 p\mathrm{d}v \tag{1-10}$$

$$\delta q = \mathrm{d}u + p\mathrm{d}v \tag{1-11}$$

显然，式(1-4)～式(1-7)为适用于闭口系一切热力过程(包括各种非平衡过程和准平衡过程)的热力学第一定律表达式，其不受过程性质和工质性质的限制，由于它们只涉及

① 本书中，小写字母均为其对应大写字母在单位质量时的含义。

热力学能、热量和功量之间的相互转换，式(1-4)～式(1-7)又称为热力学第一定律的基本表达式。而式(1-8)～式(1-11)则只适用于可逆过程。

(2)开口系的稳定流动能量方程式

对工程上的很多热力设备进行能量传递和转换分析时，经常涉及有流体流入和流出热力系统的开口系。工质流经开口系时，可以与外界进行热量交换与功量交换，而本身的热力状态随流动过程的进行沿流动方向会发生变化。由于工程上很多热力设备大部分时间是在外界影响不变的条件下稳定运行的，即所谓的稳定流动，这时工质的流动状况、任一流通截面上工质的热力状态和工质的质量流量都不随时间而改变，且各流通截面工质的质量流量相等。下面将分析和讨论开口系的稳定流动能量方程式。

典型开口系示意图如图 1-2 所示。取进、出口截面 1-1、2-2 间的流体作为热力系统，以图中虚线表示系统边界。假设质量为 m 的工质以流速 u_{f1} 跨过截面 1-1(对应的流体质点高度为 z_1)流入系统，以流速 u_{f2} 跨过截面 2-2(对应的流体质点高度为 z_2)流出系统，工质流经热力系统时系统与外界交换的热量为 Q，系统对外做净功(有用功) W_{net}(对于边界固定不移动的开口系，有用功是由工质通过机轴对外输出，通常又称为轴功 W_s)。

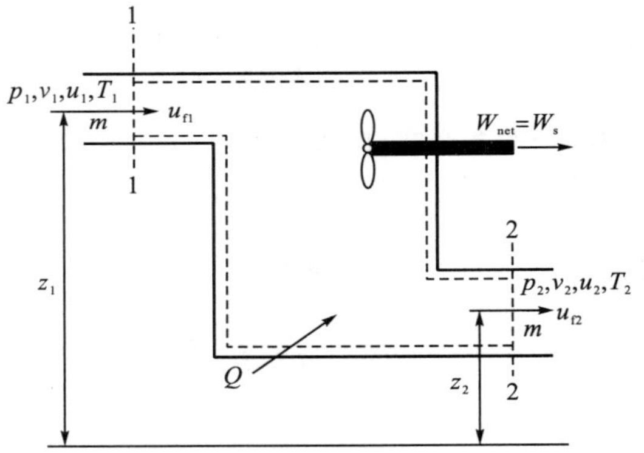

图 1-2 典型开口系示意图

由稳定流动的定义，系统内工质的数量和状态参数、系统与外界交换的热量、功量都不随时间而改变，即系统的总能量保持不变。于是，根据热力学第一定律可得

$$Q+E_1+p_1V_1=E_2+p_2V_2+W_{net}=E_2+p_2V_2+W_s \tag{1-12}$$

或

$$Q+E_1=E_2+(p_2V_2-p_1V_1)+W_{net}=E_2+W_f+W_s \tag{1-13}$$

式中，E_1、E_2 分别为流入和流出系统工质的能量，包括热力学能 U、宏观动能 $mu_f^2/2$ 和重力位能 mgz；W_f 为流体在流入和流出系统时支付的流动功。

式(1-13)可进一步写为

$$Q+m\left(u_1+p_1v_1+\frac{1}{2}u_{f1}^{\ 2}+gz_1\right)=m\left(u_2+p_2v_2+\frac{1}{2}u_{f2}^{\ 2}+gz_2\right)+W_s \tag{1-14}$$

引入状态参数焓 H 或比焓 h，即 $H=U+pV$ 或 $h=H/m=u+pv$，式(1-14)变为

$$Q=m\left(h_2+\frac{1}{2}u_{f2}^{\ 2}+gz_2\right)-m\left(h_1+\frac{1}{2}u_{f1}^{\ 2}+gz_1\right)+W_s=m\Delta h+\frac{1}{2}m\Delta u_f^{\ 2}+mg\Delta z+W_s \tag{1-15}$$

即

$$Q=\Delta H+\frac{1}{2}m\Delta u_f^2+mg\Delta z+W_s \tag{1-16}$$

式(1-16)即为开口系的稳定流动能量方程式，其适用于任何工质的稳定流动过程。

对于单位质量工质，开口系的稳定流动能量方程式可写为

$$q=\Delta h+\frac{1}{2}\Delta u_f^2+g\Delta z+w_s \tag{1-17}$$

对于微元过程的稳定流动能量方程式，式(1-16)和式(1-17)可分别改写为

$$\delta Q=\mathrm{d}H+\frac{1}{2}m\mathrm{d}u_f^2+mg\mathrm{d}z+\delta W_s \tag{1-18}$$

$$\delta q=\mathrm{d}h+\frac{1}{2}\mathrm{d}u_f^2+g\mathrm{d}z+\delta w_s \tag{1-19}$$

实际上，在上述的开口系稳定流动能量方程式中，等号右端除焓差，其余三项是不同类型的机械能，它们都是工程技术上可以直接利用的。在工程热力学中，将这三项之和称为技术功，用 W_t 表示，单位质量工质的技术功即比技术功用 w_t 表示，即

$$W_t=\frac{1}{2}m\Delta u_f^2+mg\Delta z+W_s \tag{1-20a}$$

或

$$w_t=\frac{1}{2}\Delta u_f^2+g\Delta z+w_s \tag{1-20b}$$

于是，上述有限过程或微元过程的开口系稳定流动能量方程式可进一步改写为

$$Q=\Delta H+W_t \tag{1-21a}$$

$$\delta Q=\mathrm{d}H+\delta W_t \tag{1-21b}$$

或

$$q=\Delta h+w_t \tag{1-22a}$$

$$\delta q=\mathrm{d}h+\delta w_t \tag{1-22b}$$

值得指出的是，对于开口系的稳定流动过程，系统内各点的热力状态及流动都不随时间发生变化，即一定质量的工质从进口截面处的状态 1 经历一系列变化并与外界进行热量和功量的交换后，变化到出口截面处的状态 2。因此，开口系稳定流动能量方程式可视作一定控制质量的流体流经给定开口系的能量方程式，即开口系稳定流动能量方程式也可以取控制质量的闭口系作为热力系统，利用闭口系能量方程式导出[1]。

2. 热力学第二定律

热力学第一定律阐明了能量中“量”的属性，即热能、机械能以及其他形式的能量在传递和转换过程中数量上的守恒关系。尽管如此，单纯依靠热力学第一定律来分析热力过程是不够的。例如，热力学第一定律告诉我们，在能量传递或转换过程中，一个物体失去的能量等于另一物体得到的能量，然而对于谁得谁失，即热力过程进行的方向，热力学第一定律是无法反映的。另外，研究一个实际的热力过程时，往往需要首先判断该热力过程能否进行，即使能进行，还需阐明热力过程进行的条件、限制以及分析热力过程进行的完善程度等，而这些是热力学第一定律无法完成的。热力过程的上述特性必须用一个新的定律来描述，即热力学第二定律[1-3]。

实际上，能量不仅具有“量”的属性，而且还具有“质”的属性。正是由于能量具有双重属性，才使得热力学中提高能量利用经济性问题的研究更具有实际意义。热力学第二定律就是从能量“质”的属性出发来阐明能量传递与转换过程所必须遵循的规律，其基本任务在于判断热力过程能否进行，揭示热力过程发生的方向、条件和限度。

1) 热力学第二定律的几种表述

热力学第二定律是人们根据经验总结出来的有关热现象的经验定律。自然界中热力过程的多样性和复杂性使得在历史上有关热力学第二定律的表达形式很多，形成了热力学第二定律的各种表述方法。几种常见的表述是：①克劳修斯表述，不可能将热从低温物体传至高温物体而不引起其他变化；②开尔文-普朗克表述，不可能从单一热源取热，并使之完全转变为功而不产生其他影响；③其他表述，只冷却单一热源而连续做功的第二类“永动机”是不可能制造成功的。

在自然界中，一切不可逆过程都是相互联系的。尽管热力学第二定律有各种表述，但它们描述的是一个共同的客观规律，彼此之间是等效的，即一种表述可以推论到另一种表述。选择哪一种表述来描述热力学第二定律并不重要[2]。

2) 热力学中的熵

对任意可逆循环，可以写出克劳修斯等式：

$$\oint \frac{\delta Q}{T} = 0 \tag{1-23}$$

对任意不可逆循环，可以写出克劳修斯不等式：

$$\oint \frac{\delta Q}{T} < 0 \tag{1-24}$$

结合式(1-23)和式(1-24)可得适用于任何循环的克劳修斯积分为

$$\oint \frac{\delta Q}{T} \leqslant 0 \tag{1-25}$$

即任何不可逆循环的克劳修斯积分永远小于零，可逆循环的克劳修斯积分等于零。这也是热力学第二定律在循环过程中的表达式。

由克劳修斯等式[式(1-23)]可看出，一方面，$\delta Q/T$ 的积分与路径无关；另一方面，工质经历一个任意可逆循环后，$\delta Q/T$ 沿整个循环的积分为零，因此，$\delta Q/T$ 一定是某一状态参数的全微分。该状态参数即为熵，用 S 表示，单位为 J/K，即

$$\mathrm{d}S = \frac{\delta Q}{T} \tag{1-26}$$

由于是可逆过程，式(1-26)中的热源温度 T 也等于工质的热力学温度。引入单位质量工质的熵，即比熵 s，则式(1-26)改写为

$$\mathrm{d}s = \frac{\delta q}{T} \tag{1-27}$$

值得指出的是，由于熵是状态参数，其在任意过程中的变化量只与初、终状态有关，而与过程如何进行无关，即只要初、终状态相同，无论工质经历的是可逆过程还是不可逆过程，熵的变化量均相等。因此，要计算某一初平衡态到达某一终平衡态的任意不可逆过程的熵变化量，只需在初、终状态之间选择任意的可逆过程进行计算即可。这也是计算不可逆过程熵变化量的一般方法。

显然，对任意微元过程，有

$$\mathrm{d}S \geqslant \frac{\delta Q}{T} \tag{1-28a}$$

或

$$\mathrm{d}s \geqslant \frac{\delta q}{T} \tag{1-28b}$$

从式(1-28a)和式(1-28b)可看出，对任意不可逆过程，熵的变化量大于该过程中加入系统的热量除以热源温度的商。这也是热力学第二定律的数学表达式之一，它可以作为判断过程能否进行、是否可逆的依据。

3) 热力学第二定律的数学表达式

(1) 孤立系统熵增原理

从式(1-28a)和式(1-28b)可看出，对于微元不可逆过程，熵的变化量 $\mathrm{d}S$ 大于 $\delta Q/T$，即由于系统与外界之间的热量交换引起的熵变化量 $\delta Q/T$ 只是总熵变的一部分，把这部分由热流引起的熵变，称为熵流，用 $\mathrm{d}S_\mathrm{f}$ 表示。总熵变的另一部分，即 $\mathrm{d}S-\delta Q/T$，完全是由于过程中的不可逆因素引起的，把这部分熵变称为熵产，用 δS_g 表示，即

$$\mathrm{d}S = \mathrm{d}S_\mathrm{f} + \delta S_\mathrm{g} \tag{1-29a}$$

或

$$\mathrm{d}s = \mathrm{d}s_\mathrm{f} + \delta s_\mathrm{g} \tag{1-29b}$$

显然，视热流方向，熵流可为正、负或零；而熵产永远为正，它是由于不可逆引起的

熵的增加，过程的不可逆性越大，熵产也越大；若熵产为零，即过程为可逆过程。因此，熵产作为过程不可逆性的度量，为过程量。

对于孤立系统，由于系统和外界没有任何能量交换，这时引起熵变化的原因只有一个，即由不可逆因素引起的熵产。由于 $dS_f=0$ 或 $ds_f=0$，由式(1-28a)和式(1-28b)可得孤立系统的熵变 dS_{iso} 为

$$dS_{iso}=\delta S_g \geqslant 0 \tag{1-30a}$$

或

$$ds_{iso}=\delta s_g \geqslant 0 \tag{1-30b}$$

式(1-30a)和式(1-30b)中的不等号适用于不可逆过程，等号适用于可逆过程。式(1-30a)和式(1-30b)表明，孤立系统的熵只能增大或不变，绝不能减小，即一切实际过程都朝着使热力系统熵增加的方向进行，任何使孤立系统熵减小的过程都是不可能发生的，这就是孤立系统的熵增原理。反映热力学第二定律本质的式(1-30a)和式(1-30b)也揭示了一切热力过程进行时所必须遵循的客观规律，是热力学第二定律的另一种数学表达式。

(2)能量贬值原理与熵方程

前已述及，热力学第二定律从能量“质”的属性出发来阐明能量传递与转换过程所必须遵循的规律，而能量的“质”是以能量转换为功的能力或做功能力作为判别依据的。从热力过程的方向性看，使孤立系统熵增加的自发过程，如热量自发地从高温物体传递给低温物体的热力过程，虽然其传递的能量数量没有变化，但却使传递的热能温度降低了，即能量的品质降低了。因此，不可逆过程进行的结果一方面使系统的熵增加，另一方面使系统的做功能力下降，此时，尽管能量在数量上并未损失，但其做功能力下降了，这种能量在数量上没有变化而做功能力下降的现象称为能量贬值，从这个角度看，孤立系统的熵增原理又称为能量贬值原理，而熵产是反映能量品质贬值的判据。总之，热力学第二定律从热力过程的方向性角度告诉我们，能量传递与转换过程总是自发地朝着能量贬值的方向进行，而低品质的能量不可能自发地向高品质的能量方向传递和转换，如上述的热量自发地从高温物体传递给低温物体，高品质的机械能可以全部转换为低品质的热能，但热能不可能全部转换为机械能。

与热力学第一定律反映的能量的数量在传递与转换过程中保持守恒的关系不同，热力学第二定律说明了在能量传递与转换过程中能量的品质不守恒。因此，不同于式(1-1)的能量守恒关系式，熵具有不守恒的属性，即进入系统的熵−离开系统的熵≠系统熵的变化。为了使这一关系成为平衡方程，显然需在上述关系式的左边加上系统的熵产，即

$$\text{进入系统的熵}+\text{系统的熵产}-\text{离开系统的熵}=\text{系统熵的变化} \tag{1-31}$$

式(1-31)即为适用于任何热力系统的熵方程，应用这个方程可以分析不同热力系统在不同热力工程中的熵变化。

1.1.2　热力学一般关系式

热力学一般关系式是依据热力学基本定律导出的各状态函数偏微分之间的关系式，是任何工质在热力过程中都必然遵循的关系。由于在导出过程中没有引入任何限定条件，导得的关系式具有普遍适用性；同时由于描述工质的状态参数较多，因而获得的关系式也较多。这里以简单可压缩工质为例，导出一些简便、实用的热力学一般关系式。

1. 基本热力学关系式

根据热力学第一定律和热力学第二定律，对闭口系的微元可逆过程，单位质量简单可压缩工质的能量平衡方程式可写为

$$\mathrm{d}u = \delta q - \delta w \tag{1-32a}$$

或

$$\mathrm{d}u = T\mathrm{d}s - p\mathrm{d}v \tag{1-32b}$$

同样地，对开口系稳定流动的微元可逆过程，单位质量简单可压缩工质的能量平衡方程式可写为

$$\mathrm{d}h = \delta q - \delta w_{\mathrm{t}} \tag{1-33a}$$

或

$$\mathrm{d}h = T\mathrm{d}s + v\mathrm{d}p \tag{1-33b}$$

值得指出的是，式(1-33a)和式(1-33b)也可通过引入热力学状态参数焓导得，由焓的定义 $h=u+pv$，有 $\mathrm{d}h=\mathrm{d}u+p\mathrm{d}v+v\mathrm{d}p$，再结合式(1-32a)和式(1-32b)计算即可。焓由不同的状态参数 u、p、v 组成，因此焓又称为热力学组合参数。在热力学中，除引入组合参数焓，还可引入其他组合参数，以此获得不同的热力学一般关系式[3]。

引入组合参数自由能 $f=u-Ts$，有 $\mathrm{d}f=\mathrm{d}u-T\mathrm{d}s-s\mathrm{d}T$，可将式(1-32a)和式(1-32b)改写为

$$\mathrm{d}f = -s\mathrm{d}T - p\mathrm{d}v \tag{1-34}$$

引入组合参数自由焓 $g=h-Ts$，有 $\mathrm{d}g=\mathrm{d}h-T\mathrm{d}s-s\mathrm{d}T$，可将式(1-33a)和式(1-33b)改写为

$$\mathrm{d}g = -s\mathrm{d}T + v\mathrm{d}p \tag{1-35}$$

显然，式(1-33a)～式(1-35)分别是状态函数 $F_1(h, s, p)=0$、$F_2(f, T, v)=0$、$F_3(g, T, p)=0$ 的全微分表达式，又称为勒让德(Legendre)变换。通过勒让德变换，基本热力学关系式可以用不同的热力学参数来表达。

根据上述的基本热力学关系式(全微分表达式)可以得到以下重要的一阶偏微分关系：

$$\left(\frac{\partial u}{\partial s}\right)_v = \left(\frac{\partial h}{\partial s}\right)_p = T \tag{1-36}$$

$$-\left(\frac{\partial u}{\partial v}\right)_s=-\left(\frac{\partial f}{\partial v}\right)_T=p \tag{1-37}$$

$$\left(\frac{\partial h}{\partial p}\right)_s=\left(\frac{\partial g}{\partial p}\right)_T=v \tag{1-38}$$

$$-\left(\frac{\partial f}{\partial T}\right)_v=-\left(\frac{\partial g}{\partial T}\right)_P=s \tag{1-39}$$

即从基本热力学关系式出发获得的一阶偏微分都是状态参数，利用上述关系，只需知道任一个状态函数就可以用求偏微分的方法得到其他所有的状态函数。对简单可压缩系，由状态公理可知，有两个独立参数，其状态函数为二元函数。二元函数的二阶混合偏微分与求导的顺序无关，即有如下的数学关系：

$$\frac{\partial}{\partial y}\left(\frac{\partial z}{\partial x}\right)_y=\frac{\partial}{\partial x}\left(\frac{\partial z}{\partial y}\right)_x \tag{1-40}$$

根据上述数学关系并结合基本热力学关系式，可以得到各状态函数的二阶混合偏微分关系式，或称麦克斯韦关系式。如由式(1-37)～式(1-39)可得

$$\left(\frac{\partial s}{\partial v}\right)_T=\left(\frac{\partial p}{\partial T}\right)_v \tag{1-41}$$

$$\left(\frac{\partial s}{\partial p}\right)_T=-\left(\frac{\partial v}{\partial T}\right)_p \tag{1-42}$$

由式(1-41)和式(1-42)可知，根据基本热力学关系式的二阶混合偏微分获得的麦克斯韦关系，将不可测状态参数熵的偏微分与可测的状态参数的偏微分联系起来，这也是麦克斯韦关系式的实用意义。

2. 热力学能、焓和熵的全微分关系式

上述基本热力学关系式(全微分式)中常包含不可测的热力学参数，因而不能直接用它们通过积分运算得到其他相应的热力学参数。因此，根据基本热力学关系式导出以可测参数为自变量，热力学能、焓和熵为因变量的全微分表达式就显得更加具有实用意义。

1)热力学能的全微分式

热力学能 $u(T, v)$ 的全微分式可表示为

$$\mathrm{d}u=\left(\frac{\partial u}{\partial T}\right)_v\mathrm{d}T+\left(\frac{\partial u}{\partial v}\right)_T\mathrm{d}v \tag{1-43}$$

把式(1-43)代入式(1-32b)得

$$\delta q=\left(\frac{\partial u}{\partial T}\right)_v\mathrm{d}T+\left[\left(\frac{\partial u}{\partial v}\right)_T+p\right]\mathrm{d}v \tag{1-44}$$

对定容过程，dv=0，则式(1-44)可写为

$$\delta q_v = \left(\frac{\partial u}{\partial T}\right)_v \mathrm{d}T \tag{1-45}$$

结合比定容热容 c_V，得

$$c_v = \left(\frac{\delta q}{\mathrm{d}T}\right)_v = \frac{\delta q_v}{\mathrm{d}T} = \left(\frac{\partial u}{\partial T}\right)_v \tag{1-46}$$

由式(1-32)对比体积 v 求偏导，并结合麦克斯韦关系式(1-41)，式(1-43)右端第二项可变为

$$\left(\frac{\partial u}{\partial v}\right)_T = T\left(\frac{\partial s}{\partial v}\right)_T - p\left(\frac{\partial v}{\partial v}\right)_T = T\left(\frac{\partial p}{\partial T}\right)_v - p \tag{1-47}$$

把式(1-46)和式(1-47)代入式(1-43)可得热力学能 $u(T, v)$ 的全微分式为

$$\mathrm{d}u = c_v \mathrm{d}T + \left[T\left(\frac{\partial p}{\partial T}\right)_v - p\right]\mathrm{d}v \tag{1-48}$$

2) 焓的全微分式

焓 $h(T, p)$ 的全微分式可写为

$$\mathrm{d}h = \left(\frac{\partial h}{\partial T}\right)_p \mathrm{d}T + \left(\frac{\partial h}{\partial p}\right)_T \mathrm{d}p \tag{1-49}$$

把式(1-49)代入式(1-33b)得

$$\delta q = \left(\frac{\partial h}{\partial T}\right)_p \mathrm{d}T + \left[\left(\frac{\partial h}{\partial p}\right)_T - v\right]\mathrm{d}p \tag{1-50}$$

对定压过程，$\mathrm{d}p=0$，则式(1-50)可写为

$$\delta q = \left(\frac{\partial h}{\partial T}\right)_p \mathrm{d}T \tag{1-51}$$

结合比定压热容 c_p，得

$$c_p = \left(\frac{\delta q}{\mathrm{d}T}\right)_p = \frac{\delta q_p}{\mathrm{d}T} = \left(\frac{\partial h}{\partial T}\right)_p \tag{1-52}$$

由式(1-33b)对压力 p 求偏导，并结合麦克斯韦关系式(1-42)，式(1-49)右端第二项可变为

$$\left(\frac{\partial h}{\partial p}\right)_T = T\left(\frac{\partial s}{\partial p}\right)_T + v\left(\frac{\partial p}{\partial p}\right)_T = -T\left(\frac{\partial v}{\partial T}\right)_p + v \tag{1-53}$$

把式(1-52)和式(1-53)代入式(1-49)可得焓 $h(T, p)$ 的全微分式为

$$\mathrm{d}h = c_p \mathrm{d}T - \left[T\left(\frac{\partial v}{\partial T}\right)_p - v\right]\mathrm{d}p \tag{1-54}$$

3) 熵的全微分式

熵 $s(T, v)$ 及 $s(T, p)$ 的全微分式可写为

$$ds = \left(\frac{\partial s}{\partial T}\right)_v dT + \left(\frac{\partial s}{\partial v}\right)_T dv \tag{1-55}$$

及

$$ds = \left(\frac{\partial s}{\partial T}\right)_p dT + \left(\frac{\partial s}{\partial p}\right)_T dp \tag{1-56}$$

根据比定容热容 c_v 和比定压热容 c_p 的定义式，并结合基本热力学关系式(1-36)，在式(1-55)和式(1-56)中：

$$\left(\frac{\partial s}{\partial T}\right)_v = \left(\frac{\partial u}{\partial T}\right)_v \Big/ \left(\frac{\partial u}{\partial s}\right)_v = \frac{c_v}{T} \tag{1-57}$$

$$\left(\frac{\partial s}{\partial T}\right)_p = \left(\frac{\partial h}{\partial T}\right)_p \Big/ \left(\frac{\partial h}{\partial s}\right)_p = \frac{c_p}{T} \tag{1-58}$$

再结合麦克斯韦关系式(1-41)和式(1-42)，式(1-55)和式(1-56)可进一步改写为

$$ds = \frac{c_v}{T} dT + \left(\frac{\partial p}{\partial T}\right)_v dv \tag{1-59}$$

$$ds = \frac{c_p}{T} dT - \left(\frac{\partial v}{\partial T}\right)_p dp \tag{1-60}$$

从上述热力学能、焓和熵的全微分关系式可以看出，要得到工质的热力学能、焓和熵的变化量，只需对由可直接测量参数组成的被积函数进行积分即可。这是一条计算工质的热力学能、焓和熵变化量的有效途径。当然，也可以导出以其他参数作为独立变量如 $u(T,p)$、$u(p,v)$、$h(T,v)$、$h(p,v)$、$s(p,v)$ 等的热力学能、焓和熵的全微分关系式。

1.1.3 㶲的定义及计算

1. 㶲的定义

能量具有“量”和“质”的双重属性，只有将能量的“量”和“质”结合起来才能正确评价能量的使用价值。因此，寻求一个将能量的“量”和“质”结合起来的热力学参数是正确评价能量价值的关键。而已有的热力学参数如焓、热力学内能等只能反映能量的“量”，熵虽然和能量的“质”密切相关，却不能反映能量的“量”。要解决这个问题，仍然需要从热力学第二定律着手。

热力学第二定律指出了不同形式能量的不等价性以及不同形式能量相互转换能力的差异性。例如，热量转换为功的数量(即热量的做功能力)与热源温度有关，在相同条件下，同样数量的热能，其温度越高，做功能力越强。再如，尽管大气、海洋中蕴藏着数量巨大的热能，但却几乎不能转变成机械能而加以利用；而机械能、电能和水能则不同，它们理论上可以完全转换为其他形式的能量。因此，按照能量的转换能力的不同，可以把能量划分为三种不同质的能量[4]，即无限转换能(在环境条件下，理论上可以连续地全部转换为

有用功的能量，如机械能、电能等）、有限转换能（在环境条件下，只能部分地转换为有用功的能量，如热量、内能等）和不可转换能（在环境条件下，不可能转换为有用功的能量，如环境内能及处于环境状态下一切系统的储存能等）。显然，能量的做功能力还与所处的环境条件和转换过程的性质密切相关。

为反映不同形式的能量利用价值的差异性，或者说不同形式的能量的“质”的区别，引入一个新的综合衡量能量的“质”与“量”，表示能量的可用性或做功能力的热力学参数——烟（exergy），即在给定环境条件下，当系统由任意状态可逆地变化到与给定的环境状态相平衡时，系统中任一形式的能量中理论上可以转换为有用功的最大数量。烟又称为有效能（available energy）。而能量中不能转换为有用功的那部分能量称为该能量的炕（anergy），又称为无效能（unavailable energy）。于是，从能量转换能力的角度，可以将任一形式的能量看成是由烟和炕组成，即能量=烟+炕，写成数学表达式为 $E=E_x+A_n$。

引入烟的定义后，可将热力学第一定律表述为：在任何能量的转换过程中，烟和炕的总和保持不变。而热力学第二定律也可表述为：每种能量都由烟和炕两部分组成，不可能使炕转换为烟而不引起其他变化。根据烟的大小，可以把能量分为不同的品质或能级。有些能量如机械能、电能等，其中的炕为零，为高品位能量；而有些能量如自然环境中的热能等，其烟为零。高品位的能量能够自发地转换为低品位的能量，而低品位的能量不可能自发地转换为高品位的能量。能量的贬值或能级的降低意味着烟的减小。因此，引入“烟”这一概念以后，可以从能质或能级的角度评价某一能量的转换过程[3]。

2. 烟的计算

前已述及，烟和环境状态有关。在工程上，烟值的计算是以环境状态为基准的，即当热力系统最终与环境建立平衡时，做功能力为零。所谓环境状态，即为热力系统的环境处于热力学平衡的状态。为计算方便起见，用脚标“0”表示热力系统处于环境状态下的各参数，如 p_0、T_0、h_0、s_0 等。如果热力系统做宏观运动，则假定热力系统相对环境是静止的，而且与环境处于同一高度上。

烟表示能量的做功能力，而做功的基本条件是要有不平衡势差。在自然界中，所遇到的势场常分为两大类，一类是由某种物理量场构成的势场，如温度场、压力场、速度场和重力场等；另一类是由于化学位的不同而构成的化学势场。由此按照不同势场中所具有的做功能力的不同，烟可以分为物理烟和化学烟两大类。物理烟以环境状态为基准，由给定的热力状态与环境状态之间的压差和温差引起的烟，与热力平衡相对应；而化学烟是以环境中的物质为基准（称之为基准物），由系统中的物质与相应的基准物之间的化学势差引起的烟，与物质平衡相对应。物理烟和化学烟构成了物质或系统的总烟。当所研究的热力系统不涉及化学反应或扩散等过程时，如简单可压缩系，此时系统能量所具有的烟即称为能量的物理烟；当所研究的热力系统涉及化学反应或扩散过程时，此时系统能量所具有的烟包括物理㶲和化学㶲两部分。

一般来说，化学㶲的计算要比物理㶲复杂，但在工程计算中，很多情况下可以不必计算化学㶲，在某些情况下，虽然物质与环境基准物之间有化学势差(浓度差)，但这种势差在工程上并无利用价值，此时也不必计算化学㶲[4]，如炉子的排烟，虽然烟气与环境基准物之间存在化学势差，但通常不计算排烟的化学㶲的利用，而只考虑排烟与环境温差的利用。在这里，只讨论工程上常见物理㶲的计算。

1) 机械㶲

(1) 机械能㶲

机械能是指相对某参考坐标系具有一定高度的宏观运动系统所具有的动能和位能，理论上能够全部转变为有用功，分别称为动能㶲和位能㶲，总称为机械能㶲。如果用 u_m 和 z 分别表示系统的运动速度和相对于参考坐标系的高度，且在环境状态下系统的动能㶲和位能㶲为零，则系统的总机械能㶲$E_{x,M}$或单位质量工质的机械能㶲$e_{x,M}$可写为

$$E_{x,M} = \frac{1}{2}m{u_m}^2 + mgz \tag{1-61a}$$

或

$$e_{x,M} = \frac{1}{2}{u_m}^2 + gz \tag{1-61b}$$

(2) 机械功㶲

机械功是指通过系统边界以功的形式转移的能量，作为一种机械形式的能量，并非所有情况下的机械功都是㶲，只有在环境条件下能供人类在技术上利用的机械功(有用功)才是㶲。例如，当系统与环境相互作用发生容积变化时，系统反抗环境压力 p_0 所做的那部分体积功，人们无法利用而转变为环境的内能，故应为炾而不是㶲。闭口系体积变化功的示意图如图 1-3 所示，从状态 1 变化到状态 2 的过程中所做的机械功(体积功)为 W_{12}，单位质量工质从状态 1 变化到状态 2 的过程中所做的机械功(体积功)为 w_{12}，则相应的机械功㶲$E_{x,W}$或单位质量工质的机械功㶲$e_{x,W}$为

$$E_{x,W} = W_{12} - p_0(V_2 - V_1) \tag{1-62a}$$

或

$$e_{x,W} = w_{12} - p_0(v_2 - v_1) \tag{1-62b}$$

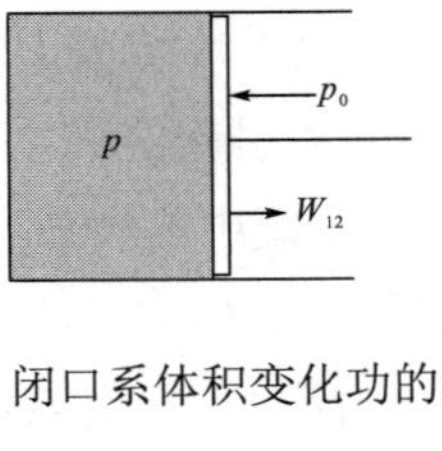

图 1-3 闭口系体积变化功的示意图

如果闭口系进行的热力过程为可逆过程，则有

$$E_{x,W}=\int_1^2 p\mathrm{d}V-p_0(V_2-V_1)=\int_1^2(p-p_0)\mathrm{d}V \tag{1-63a}$$

或

$$e_{x,W}=\int_1^2(p-p_0)\mathrm{d}v \tag{1-63b}$$

体积变化功中的总炕$A_{n,W}$或单位质量工质的比炕$a_{n,W}$为

$$A_{n,W}=p_0(V_2-V_1)=\int_1^2 p_0\mathrm{d}V \tag{1-64a}$$

或

$$a_{n,W}=p_0(v_2-v_1)=\int_1^2 p_0\mathrm{d}v \tag{1-64b}$$

显然，如果系统在热力过程中的体积不变($\mathrm{d}V=0$)或与环境交换的体积功为零时，则系统通过边界所交换的功全部为有用功，即全为㶲。例如，稳定流动系统与外界交换的轴功以及任何循环输出或输入的净功等全部为㶲。

2) 热量㶲和冷量㶲

热量是通过系统边界依靠温差传递的能量(热能)。习惯上把在高于环境温度($T>T_0$)时传递的热量称为热量，在低于环境温度($T<T_0$)时传递的热量称为冷量。冷量㶲其实就是低于环境温度的热量㶲。热量和冷量都是过程量，对应的热量㶲和冷量㶲也是过程量。热量㶲和冷量㶲具有不同的特性。

(1) 热量㶲

根据前述㶲的定义，可以把热量㶲定义为：温度高于环境温度的系统在给定环境条件下发生可逆变化时，传递的热量 Q 中最大可能转变为有用功的部分。而把不能转变为有用功的部分称为热量炕。为了计算热量㶲，可以假定有一台工作在温度为 T 的高温热源和温度为 T_0(不变)的低温热源即冷源(环境)之间的微卡诺热机，其自高温热源吸取热量 δQ，向低温热源环境放热 δQ_0，对外输出净功为 $W_{u,max}$。显然，$W_{u,max}$ 即为 δQ 所做的最大有用功，也即热量㶲$\delta E_{x,Q}$。根据卡诺热机热效率的计算式，有

$$\delta E_{x,Q}=\delta W_{u,max}=\left(1-\frac{T_0}{T}\right)\delta Q=\delta Q-T_0\frac{\delta Q}{T}=\delta Q-T_0\mathrm{d}S \tag{1-65a}$$

或

$$\delta e_{x,Q}=\delta w_{u,max}=\left(1-\frac{T_0}{T}\right)\delta q=\delta q-T_0\frac{\delta q}{T}=\delta q-T_0\mathrm{d}s \tag{1-65b}$$

对于系统从状态 1 到状态 2 的有限热力过程，其吸收热量 $Q(q)$ 的热量㶲$E_{x,Q}(e_{x,Q})$为

$$E_{x,Q}=\int_1^2 W_{u,max}=\int_1^2\left(1-\frac{T_0}{T}\right)\delta Q=Q-T_0\int_1^2\frac{\delta Q}{T}=Q-T_0\Delta S \tag{1-66a}$$

或

$$e_{x,Q}=\int_1^2 w_{u,max}=\int_1^2\left(1-\frac{T_0}{T}\right)\delta q=q-T_0\int_1^2\frac{\delta q}{T}=q-T_0\Delta s \tag{1-66b}$$

式(1-65a)、式(1-65b)和式(1-66a)、式(1-66b)中，$dS(ds)$或$\Delta S(\Delta s)$即为系统吸收热量dQ或Q时的熵变。如果热源温度T恒定，则

$$E_{x,Q}=\int_1^2 W_{u,max}=\int_1^2\left(1-\frac{T_0}{T}\right)\delta Q=Q\left(1-\frac{T_0}{T}\right) \tag{1-67a}$$

或

$$e_{x,Q}=\int_1^2 w_{u,max}=\int_1^2\left(1-\frac{T_0}{T}\right)\delta q=q\left(1-\frac{T_0}{T}\right) \tag{1-67b}$$

从热量㶲的计算式可看出，由于环境可视为恒温，所以热量㶲主要与热量Q及热源温度T有关，热源温度越高，热量㶲越大。相应的热量炕$A_{n,Q}$或比热量炕$a_{n,Q}$为

$$\delta A_{n,Q}=\delta Q-\delta E_{x,Q}=\delta Q-\left(1-\frac{T_0}{T}\right)\delta Q=T_0\frac{\delta Q}{T}=T_0 dS \tag{1-68a}$$

$$\delta a_{n,Q}=\delta q-\delta e_{x,Q}=\delta q-\left(1-\frac{T_0}{T}\right)\delta q=T_0\frac{\delta q}{T}=T_0 ds \tag{1-68b}$$

$$A_{n,Q}=Q-E_{x,Q}=Q-\int_1^2\left(1-\frac{T_0}{T}\right)\delta Q=T_0\int_1^2\frac{\delta Q}{T}=T_0\Delta S \tag{1-69a}$$

$$a_{n,Q}=q-e_{x,Q}=q-\int_1^2\left(1-\frac{T_0}{T}\right)\delta q=T_0\int_1^2\frac{\delta q}{T}=T_0\Delta s \tag{1-69b}$$

如果热源温度T恒定，则有

$$A_{n,Q}=Q-E_{x,Q}=Q\frac{T_0}{T} \tag{1-70a}$$

或

$$a_{n,Q}=q-e_{x,Q}=q\frac{T_0}{T} \tag{1-70b}$$

(2) 冷量㶲

冷量㶲为温度低于环境温度的系统在给定环境条件下发生可逆变化时，传递的冷量Q中最大可能转变为有用功的部分。采用与导出热量㶲类似的方法[5]，假定有一工作在温度为T_0(不变)的高温热源(环境)和温度为$T(T<T_0)$的低温热源(如冷库等)之间的微可逆制冷机，如图1-4所示，其自低温热源吸取冷量δQ，向环境放热δQ_0，所需消耗最小净功为$W_{u,min}$。由能量平衡关系有

$$\delta Q+\delta W_{u,min}=\delta Q_0 \tag{1-71}$$

若将上述制冷过程逆向进行(可逆热机)，即从温度为T_0的高温热源(环境)取得热量δQ_0，利用可逆热机做功，对外输出最大净功为$W_{u,max}$，同时向温度为$T(T<T_0)$的低温热源(如冷库等)放热δQ。显然，$W_{u,max}=W_{u,min}$。

由卡诺热机热效率的计算式并结合式(1-71)有

$$\delta W_{\mathrm{u,max}}=\left(1-\frac{T}{T_0}\right)\delta Q_0=\left(1-\frac{T}{T_0}\right)\left(\delta Q+\delta W_{\mathrm{u,max}}\right) \tag{1-72}$$

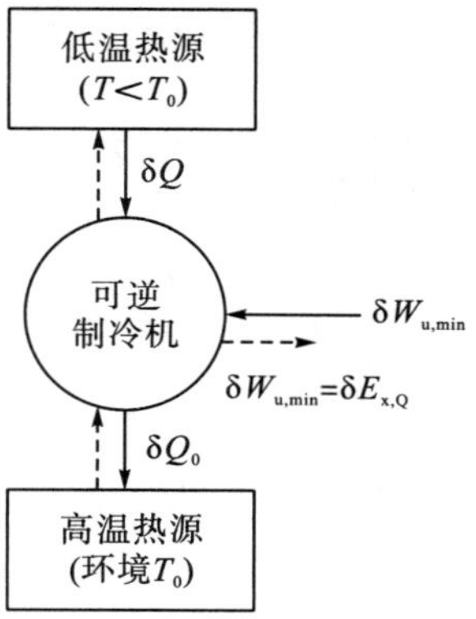

图 1-4　微可逆制冷机模型示意图

将式(1-72)化简可得冷量 δQ 所做的最大有用功，即冷量㶲$\delta E_{\mathrm{x,Q}}$为

$$\delta E_{\mathrm{x},Q}=\delta W_{\mathrm{u,max}}=\left(\frac{T_0}{T}-1\right)\delta Q=\frac{T_0}{T}\delta Q-\delta Q=T_0\mathrm{d}S-\delta Q \tag{1-73a}$$

对单位质量工质有

$$\delta e_{\mathrm{x,Q}}=\left(\frac{T_0}{T}-1\right)\delta q=\frac{T_0}{T}\delta q-\delta q=T_0\mathrm{d}s-\delta q \tag{1-73b}$$

对于系统从状态 1 到状态 2 的有限热力过程，其吸收冷量 $Q(q)$ 的冷量㶲$E_{\mathrm{x,Q}}(e_{\mathrm{x,Q}})$为

$$E_{\mathrm{x,Q}}=\int_1^2\left(\frac{T_0}{T}-1\right)\delta Q=T_0\int_1^2\frac{\delta Q}{T}-Q=T_0\Delta S-Q \tag{1-74a}$$

或

$$e_{\mathrm{x,Q}}=\int_1^2\left(\frac{T_0}{T}-1\right)\delta q=T_0\int_1^2\frac{\delta q}{T}-q=T_0\Delta s-q \tag{1-74b}$$

式(1-73)和式(1-74)中，$\mathrm{d}S(\mathrm{d}s)$或$\Delta S(\Delta s)$即为系统吸收冷量 $\mathrm{d}Q$ 或 Q 时的熵变。如果冷源温度 T 恒定，则

$$E_{\mathrm{x,Q}}=\int_1^2\left(\frac{T_0}{T}-1\right)\delta Q=Q\left(\frac{T_0}{T}-1\right) \tag{1-75a}$$

或

$$e_{\mathrm{x,Q}}=\int_1^2\left(\frac{T_0}{T}-1\right)\delta q=q\left(\frac{T_0}{T}-1\right) \tag{1-75b}$$

从冷量㶲的计算式可看出，由于环境可视为恒温，所以冷量㶲主要与冷量 Q 及冷源温度 T 有关，冷源温度越低，冷量㶲越大。在制冷过程中，制冷机向环境放热量为 Q_0，为无用能，即相应的冷量炕$A_{\mathrm{n,Q}}$或 $a_{\mathrm{n,Q}}$ 为

$$\delta A_{n,Q} = \delta Q + \delta E_{x,Q} = \delta Q + \left(\frac{T_0}{T} - 1\right)\delta Q = T_0 \frac{\delta Q}{T} = T_0 \mathrm{d}S = \delta Q_0 \tag{1-76a}$$

$$\delta a_{n,Q} = \delta q + \delta e_{x,Q} = \delta q + \left(\frac{T_0}{T} - 1\right)\delta q = T_0 \frac{\delta q}{T} = T_0 \mathrm{d}s = \delta q_0 \tag{1-76b}$$

$$A_{n,Q} = Q + E_{x,Q} = Q + \int_1^2 \left(\frac{T_0}{T} - 1\right)\delta Q = T_0 \int_1^2 \frac{\delta Q}{T} = T_0 \Delta S = Q_0 \tag{1-77a}$$

$$e_{n,Q} = q + e_{x,Q} = q + \int_1^2 \left(\frac{T_0}{T} - 1\right)\delta q = T_0 \int_1^2 \frac{\delta q}{T} = T_0 \Delta s = q_0 \tag{1-77b}$$

如果冷源温度 T 恒定，则有

$$A_{n,Q} = Q + E_{x,Q} = Q\frac{T_0}{T} \tag{1-78a}$$

或

$$a_{n,Q} = q + e_{x,Q} = q\frac{T_0}{T} \tag{1-78b}$$

比较冷量烟和热量烟的计算式可看出，尽管两者的计算式形式相同，但两者运算符号不同，这说明当热量烟为正值的时候，冷量烟为负值，也就意味着当系统自低温热源(冷源)吸收冷量时要放出烟，而放出冷量的低温热源(冷源)要得到烟，从这一点看，冷量烟与热量烟不同，即冷量烟流的方向与冷量流的方向相反。

3) 闭口系工质热力学能(内能)烟

任意闭口系从给定状态以可逆方式转变到环境状态，并只与环境交换热量时所做的最大有用功称为给定状态下闭口系的烟。理论上，任意闭口系工质不仅具有由宏观动能、宏观位能产生的机械能烟，而且还具有由热力学能(内能)引起的热力学能(内能)烟。然而，一般涉及闭口系的烟，在不加说明时主要是指闭口系的热力学能(内能)烟[3]。前面已经讨论了机械能烟的计算，下面只讨论闭口系热力学能(内能)烟的计算。

将闭口系及其环境组成一个复合系统，计算模型示意图如图 1-5 所示，则通过复合系统边界做的功即为复合系统的有用功，如过程可逆，此有用功也就是闭口系热力学能(内能)烟。于是，对闭口系的微小可逆过程，如闭口系与环境交换的热量为 δQ，闭口系内能变化为 $\mathrm{d}U$，对外做功为 δW，则由热力学第一定律得：

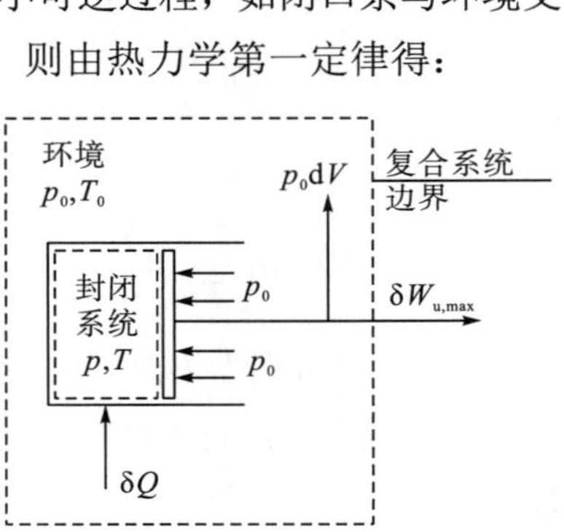

图 1-5 闭口系热力学能烟计算模型的示意图

$$\delta Q = \mathrm{d}U + \delta W = \mathrm{d}U + p_0\mathrm{d}V + \delta W_{\mathrm{u,max}} \tag{1-79}$$

式中，$p_0\mathrm{d}V$ 为闭口系克服环境压力 p_0 所做的体积功，$\delta W_{\mathrm{u,max}}$ 为闭口系输给外界的技术上能利用的最大有用功，即热力学能(内能)㶲。

对于由闭口系和环境组成的复合系统，即孤立系，由热力学第二定律有

$$\frac{\delta Q}{T} = \mathrm{d}S = \frac{\delta Q}{T_0} \tag{1-80a}$$

或

$$\delta Q = T_0\mathrm{d}S \tag{1-80b}$$

式中，$\mathrm{d}S$ 为闭口系的熵增，将式(1-80)代入式(1-79)并化简，得

$$\delta W_{\mathrm{u,max}} = -\mathrm{d}U - p_0\mathrm{d}V + T_0\mathrm{d}S \tag{1-81}$$

如果从闭口系的给定状态(p,T)到环境状态(p_0,T_0)进行积分，则可得闭口系的最大有用功，即闭口系的热力学能㶲(或内能㶲)$E_{\mathrm{x,U}}$，有

$$\begin{aligned} E_{\mathrm{x,U}} = W_{\mathrm{u,max}} &= (U - U_0) + p_0(V - V_0) - T_0(S - S_0) \\ &= (U + p_0V - T_0S) - (U_0 + p_0V_0 - T_0S_0) \end{aligned} \tag{1-82a}$$

单位质量的比热力学能(内能)㶲$e_{\mathrm{x,U}}$为

$$\begin{aligned} e_{\mathrm{x,U}} = w_{\mathrm{u,max}} &= (u - u_0) + p_0(v - v_0) - T_0(s - s_0) \\ &= (u + p_0v - T_0s) - (u_0 + p_0v_0 - T_0s_0) \end{aligned} \tag{1-82b}$$

相应的热力学能炁(或内能炁)$A_{\mathrm{n,U}}$以及比热力学能炁(或比内能炁)$a_{\mathrm{n,U}}$为

$$\begin{aligned} A_{\mathrm{n,U}} = U - E_{\mathrm{x,U}} &= U_0 - p_0(V - V_0) + T_0(S - S_0) \\ &= (U_0 + p_0V_0 - T_0S_0) - (p_0V - T_0S) \end{aligned} \tag{1-83a}$$

$$\begin{aligned} a_{\mathrm{n,U}} = u - e_{\mathrm{x,U}} &= u_0 - p_0(v - v_0) + T_0(s - s_0) \\ &= (u_0 + p_0v_0 - T_0s_0) - (p_0v - T_0s) \end{aligned} \tag{1-83b}$$

显然，当闭口系只与环境交换热量时，由式(1-81)积分可得从状态 1 可逆地变化到另一状态 2 所做的最大有用功 $W_{\mathrm{u,max}}$ 或 $w_{\mathrm{u,max}}$ 为

$$\begin{aligned} W_{\mathrm{u,max}} &= (U_1 - U_2) + p_0(V_1 - V_2) - T_0(S_1 - S_2) \\ &= [(U_1 - U_0) + p_0(V_1 - V_0) - T_0(S_1 - S_0)] - [(U_2 - U_0) + p_0(V_2 - V_0) - T_0(S_2 - S_0)] \\ &= E_{\mathrm{x,U_1}} - E_{\mathrm{x,U_2}} \end{aligned} \tag{1-84a}$$

$$\begin{aligned} w_{\mathrm{u,max}} &= (u_1 - u_2) + p_0(v_1 - v_2) - T_0(s_1 - s_2) \\ &= [(u_1 - u_0) + p_0(v_1 - v_0) - T_0(s_1 - s_0)] - [(u_2 - u_0) + p_0(v_2 - v_0) - T_0(s_2 - s_0)] \\ &= e_{\mathrm{x,U_1}} - e_{\mathrm{x,U_2}} \end{aligned} \tag{1-84b}$$

由式(1-84)可看出，在给定环境状态下，闭口系从初态可逆地转变到终态所能做的最大有用功，等于系统热力学能㶲的减少；且只与初、终态有关，与具体过程无关。因此，热力学能㶲作为给定状态下闭口系能量的固有特性，在给定环境状态时，它是一个状态参数。可以证明[3,6]，闭口系在给定环境状态和环境作为唯一热源的条件下，从压力 $p=p_1\neq p_0$、温度 $T=T_1\neq T_0$ 可逆变化到环境状态 $p=p_0$、$T=T_0$ 所做的最大有用功，即该闭口系的热力学能㶲可看成是由从给定状态(p_1,T_1)先经可逆绝热过程到环境温度 T_0，再在环境温度 T_0 下

经历可逆定温过程到环境压力 p_0 所组成的热力过程所做的有用功之和。

4) 开口系稳定流动工质的㶲(焓㶲)

开口系作为工程上经常遇到的热力系，其稳定流动时工质的㶲定义为：稳定物质流从任意一种给定状态流经开口系统以可逆方式转变到环境状态，并且只与环境交换热量时所能做的最大有用功。为导出开口系稳定流动工质的㶲的计算表达式，建立如图 1-6 所示的开口系稳定流动工质㶲的计算模型。假设有一质量为 m kg 的稳流物质，其进口状态参数为 p、T、S、H，流速为 u_f，相对参考系高度为 z；在环境为唯一热源的条件下，稳流物质流经开口系可逆变化到出口的环境状态 p_0、T_0、S_0、H_0，且 $u_{f0}=0$，$z_0=0$。对于微小状态变化过程，如开口系从环境吸热 δQ，对外做最大有用功即轴功为 $\delta W_{u,max}$，则该稳定流动的能量方程式可写为

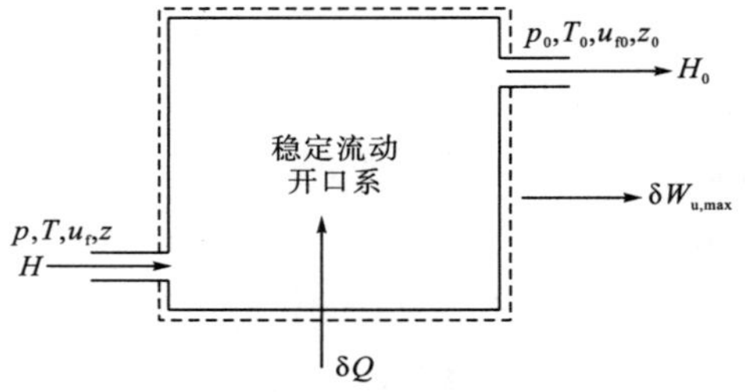

图 1-6 开口系稳定流动工质㶲计算模型的示意图

$$\delta Q = \mathrm{d}H + \frac{1}{2}m\mathrm{d}u_f^{\ 2} + mg\mathrm{d}z + \delta W_{u,max} \tag{1-85}$$

同理，对于由开口系和环境组成的孤立系，由热力学第二定律，式(1-80)仍然成立，则式(1-85)可变为

$$\delta W_{u,max} = T_0\mathrm{d}S - \left(\mathrm{d}H + \frac{1}{2}m\mathrm{d}u_f^{\ 2} + mg\mathrm{d}z\right) \tag{1-86}$$

于是，从给定进口状态到出口环境状态($u_{f0}=0$，$z_0=0$)积分，可以得到稳定流动的工质㶲$E_{x,H}$或单位质量稳定流动的工质㶲$e_{x,H}$为

$$E_{x,H} = W_{u,max} = (H - H_0) - T_0(S - S_0) + \frac{1}{2}mu_f^{\ 2} + mgz \tag{1-87a}$$

$$e_{x,H} = w_{u,max} = (h - h_0) - T_0(s - s_0) + \frac{1}{2}u_f^{\ 2} + gz \tag{1-87b}$$

相应的总炕 $A_{n,H}$ 或单位质量稳定流动的工质比炕 $a_{n,H}$ 为

$$A_{n,H} = \left(H + \frac{1}{2}mu_f^{\ 2} + mgz\right) - E_{x,H} = H_0 + T_0(S - S_0) \tag{1-88a}$$

$$a_{n,H} = \left(h + \frac{1}{2}u_f^{\ 2} + gz\right) - e_{x,H} = h_0 + T_0(s - s_0) \tag{1-88b}$$

当忽略稳定流动工质的宏观动能与位能时，或把工质的宏观位能和动能作为机械能㶲处理时，稳定流动的工质㶲就只考虑焓一种形式的能量的㶲，即焓㶲，则式(1-87)可简化为

$$E_{x,H} = H - H_0 - T_0(S - S_0) \tag{1-89a}$$

$$e_{x,H} = h - h_0 - T_0(s - s_0) \tag{1-89b}$$

在后面的研究中如不加以说明，开口系稳定流动时的工质㶲仅指焓㶲。

同样地，当开口系只与环境交换热量时，由式(1-86)积分可得从状态 1 可逆地变化到另一状态 2 所做的最大有用功 $W_{u,max}$ 或 $w_{u,max}$，即㶲的变化 $\Delta E_{x,H}$ 或 $\Delta e_{x,H}$ 为

$$\begin{aligned}\Delta E_{x,H} = W_{u,max} &= (H_1 - H_2) - T_0(S_1 - S_2) + \frac{1}{2}m({u_{f1}}^2 - {u_{f2}}^2) + mg(z_1 - z_2) \\ &= E_{x,H_1} - E_{x,H_2}\end{aligned} \tag{1-90a}$$

$$\begin{aligned}\Delta e_{x,H} = w_{u,max} &= (h_1 - h_2) - T_0(s_1 - s_2) + \frac{1}{2}({u_{f1}}^2 - {u_{f2}}^2) + g(z_1 - z_2) \\ &= e_{x,H_1} - e_{x,H_2}\end{aligned} \tag{1-90b}$$

如不计或忽略状态 1 和状态 2 的动能差和位能差，则式(1-90)简化为

$$\Delta E_{x,H} = W_{u,max} = (H_1 - H_2) - T_0(S_1 - S_2) = E_{x,H_1} - E_{x,H_2} \tag{1-91a}$$

$$\Delta e_{x,H} = w_{u,max} = (h_1 - h_2) - T_0(s_1 - s_2) = e_{x,H_1} - e_{x,H_2} \tag{1-91b}$$

由式(1-90)和式(1-91)可看出，在给定环境状态下，开口系稳定流动时从初态可逆地转变到终态所能做的最大有用功，等于系统稳定流动的工质㶲的减少，且只与初、终态有关，与具体过程无关。因此，稳定流动的工质㶲作为给定状态下开口系能量的固有特性，在给定环境状态时，它是一个状态参数。同样可以证明[3,6]，开口系在给定环境状态和环境作为唯一热源的条件下，其稳定流动的工质焓㶲可由以下两个过程组成的复合过程所做的最大有用功之和进行计算：稳定流动的工质从给定状态 1 (p_1,T_1,H_1,S_1) 先可逆地流经一个绝热开口系变化到温度为环境温度的某一个中间状态 m (p_m,T_m,H_m,S_m)，其中 $T_m=T_0$，再继续可逆地流经一个在环境温度 T_0 下的定温开口系，最终变化到环境状态 0 (p_0,T_0,H_0,S_0)。

下面来分析开口系稳定流动工质焓㶲的组成。由式(1-89)得

$$\mathrm{d}e_{x,H} = \mathrm{d}h - T_0\mathrm{d}s \tag{1-92}$$

将基本热力学关系式(1-33)代入式(1-92)得

$$\mathrm{d}e_{x,H} = (T - T_0)\mathrm{d}s + v\mathrm{d}p \tag{1-93}$$

又因为：

$$\mathrm{d}s = \left(\frac{\partial s}{\partial T}\right)_p \mathrm{d}T + \left(\frac{\partial s}{\partial p}\right)_T \mathrm{d}p \tag{1-94}$$

把式(1-58)和麦克斯韦关系式(1-42)代入式(1-94)后，再代入式(1-93)得

$$\mathrm{d}e_{x,H} = c_p\left(1 - \frac{T_0}{T}\right)\mathrm{d}T + \left[v - (T - T_0)\left(\frac{\partial v}{\partial T}\right)_p\right]\mathrm{d}p \tag{1-95}$$

积分式(1-95)得

$$e_{x,H} = \int_{p,T_0}^{p,T} c_p \left(1 - \frac{T_0}{T}\right) dT + \int_{p_0,T_0}^{p,T_0} v dp = (e_{x,H})_T + (e_{x,H})_p \tag{1-96}$$

式中：

$$(e_{x,H})_T = \int_{p,T_0}^{p,T} c_p \left(1 - \frac{T_0}{T}\right) dT = (e_{x,H})_{T,p} - (e_{x,H})_{T_0,p} \tag{1-97}$$

$$(e_{x,H})_p = \int_{p_0,T_0}^{p,T_0} v dp = (e_{x,H})_{T_0,p} - (e_{x,H})_{T_0,p_0} = (e_{x,H})_{T_0,p} \tag{1-98}$$

对于理想气体，结合理想气体状态方程式，式(1-96)～式(1-98)可进一步变为

$$e_{x,H} = c_p \left[(T - T_0) - T_0 \ln\left(\frac{T}{T_0}\right) \right] + T_0 R_g \ln\left(\frac{p}{p_0}\right) \tag{1-99}$$

$$(e_{x,H})_T = c_p \left[(T - T_0) - T_0 \ln\left(\frac{T}{T_0}\right) \right] \tag{1-100}$$

$$(e_{x,H})_p = T_0 R_g \ln\left(\frac{p}{p_0}\right) \tag{1-101}$$

式中，R_g为理想气体的气体常数。从式(1-96)可看出，开口系稳定流动的工质焓烟可以分解为两大部分，第一部分为在压力p下由于系统与环境之间的热不平衡(即存在温差$T-T_0$)而具有的烟，称为温度烟或热烟$(e_{x,H})_T$；另一部分为在环境温度为T_0时，由于系统与环境之间的力不平衡(即存在压力差$p-p_0$)而具有的烟，称为压力烟$(e_{x,H})_p$。因此，作为状态参数的稳定流动的工质焓烟，在给定环境状态时，可把稳定流动的工质焓烟看作温度与压力的函数。

最后需要指出的是，从式(1-97)可看出，由于$c_p>0$，不管是$T>T_0$还是$T<T_0$，$(1-T_0/T)\,dT$总是大于零，即温度烟或热烟$(e_{x,H})_T$总是大于零，且随T的升高而增大，也就是说，不管温度是否高于环境温度，温度对稳定流动的工质焓烟的影响总为正。而从式(1-98)可看出，由于$v>0$，当$p>p_0$时，$dp>0$，压力烟$(e_{x,H})_p$大于零，且随p的升高而增大；反之，当$p<p_0$时，$dp<0$，压力烟$(e_{x,H})_p$小于零，但其绝对值随p的降低而增大。因此，压力对稳定流动的工质焓烟的影响可正可负。综合以上分析可知，当压力高于环境压力时，开口系稳定流动的工质焓烟总是正值；当压力低于环境压力时，开口系稳定流动的工质焓烟可能为正、负或零，此时取决于开口系稳定流动的工质所处的压力和温度。

1.2 经济学基础

作为一种基于热力学原理并结合经济学原理的能量技术或系统分析方法，在热经济学分析和评价过程中，必然涉及能源技术经济学的基础理论。能源技术经济学以能源技术方案、技术措施、技术政策等为对象，在其微观的技术经济分析中，经常需要对能源工程项

目或技术方案的经济效益进行评价或选优，即需将实现这一工程项目或技术方案所需的人力、物力与其可能取得的最终效益转化为经济上可以计量的参量，并用货币表示。本节主要阐述资金的时间价值、技术经济评价的可比性原则和技术经济评价指标等能源技术经济学的基础理论。

1.2.1　资金时间价值

1. 资金时间价值的概念

将一笔资金作为存款存入银行或作为投资成功地用于扩大再生产或商业循环周转，随着时间的推移，将产生增值现象，于是，把资金在生产和流通过程中，随着时间的推移产生的增值部分就称为资金的时间价值。正是资金具有时间价值，才使得不同时间点上的资金价值不一样。

资金的时间价值来源于劳动者在社会生产中所创造的价值。从投资者的角度来看，资金的增值特性使资金具有时间价值；从消费者的角度看，资金的时间价值体现为放弃现期消费所应得到的必要补偿。如果资金不投入生产或流通领域，不与劳动者的劳动相结合，它就不可能形成增值。或者说，如果资金没有存入银行，也没有参与生产和流通过程，处于“呆滞”或“闲散”状态，资金是不可能增值的。这其实是一种不容忽视的经济损失。

影响资金时间价值的因素是多方面的，从投资角度来看主要有[7]：投资利润率或收益率，即在没有通货膨胀和风险情况下的单位投资所能取得的利润或纯收益；通货膨胀补偿率，即对因通货膨胀货币贬值造成的损失的补偿；风险补偿率，即对因风险的存在可能带来的损失所给予的补偿。根据影响资金时间价值的因素，资金的时间价值概念有广义与狭义之分。广义的资金时间价值是指随时间的变化因上述所有因素引起的资金价值的变化量；狭义的资金时间价值是指扣除风险和通货膨胀因素后资金价值的真实变化量。技术经济分析中的资金时间价值通常是指狭义的概念。

2. 资金时间价值的衡量

借款或贷款利息和投资所得到的纯利润或纯收益是资金时间价值最常见的表现形式，都可视为资金使用的报酬，体现了资金在参与生产流通运动过程中的增值，可视为衡量资金时间价值的绝对尺度。然而，作为绝对尺度的利息、纯利润或纯收益的数额与本金数额或原投入资金以及时间有关。在单位时间内的利息额、纯利润或纯收益与本金或原投入资金额的比率，分别称为利率、盈利率或收益率，也统称为资金报酬率，这种指标反映了单位本金或单位原投入资金额的增值随时间变化，体现了资金随时间变化的增值率，称为相对尺度。因此，资金的时间价值可采用绝对尺度和相对尺度来衡量，然而在技术经济分析中，如考虑资金的时间价值，则较多地采用相对尺度，时间通常为一年。

1) 利息与利率

作为衡量资金时间价值绝对尺度的利息，一般对其有两种理解。狭义的利息是指占用资金所付的代价或放弃使用资金所得到的补偿。广义的利息则指资金投入生产和流通过程的增值部分，包括存贷款所得到或付出的报酬额和投资的纯利润或纯收益。在技术经济分析中的利息通常是指广义的利息。

如果将一笔称为本金 P 的资金进行投资(如存入银行或借贷出等)，经过一段时间后，投资者可在本金之外获得称为利息 I 的增值部分，则资金的总价值(本利和)F 为

$$F=P+I \tag{1-102}$$

作为衡量资金时间价值相对尺度的利率 i 是指在单位时间内(一个计息周期内)资金产生的增值部分(利息额 I_1)与本金 P 之比，一般以百分数表示，即

$$i=\frac{I_1}{P}\times 100\% \tag{1-103}$$

由式(1-103)可知，利率是单位本金经过一个计息周期后的增值额。在实际操作中，利息通常根据利率来计算。

2) 单利和复利

单利是指仅对本金计算利息，而对获得的利息不再计算利息的一种计息方法，即不把前期获得的利息累加到本金中再计算利息。其计算公式为

$$F=P(1+ni) \tag{1-104}$$

式中，n 为计息周期数。计息周期是指计算利息的时间单位，如年、季度、月等。我国银行存款利息实行的就是单利。

复利是不仅本金要计算利息，而且在先前周期中已获得的利息在后续周期中还要计算利息的一种计息方法，即把前期获得的利息累加到后期本金中再计算利息，俗称“利滚利”。复利的计算公式为

$$F=P(1+i)^n \tag{1-105}$$

在我国，银行贷款利息实行的是复利。在技术经济分析中，考虑到复利计息比较符合资金在社会再生产过程中的实际运动状况，所以一般按复利计息。显然，对同一笔本金 P，在 i 和 n 相同的情况下，用复利计算得到的本利和比用单利计息时要多。

3) 名义利率和实际利率

在复利计算中，通常以年为计息周期，但在实际经济活动中，计息周期有年、季度、月、周、日等多种，这样就出现了计息周期的时间单位与给定利率的时间单位(一般为一年)不一致的问题，即出现了名义利率与实际利率之别。

所谓名义利率，是指每一计息周期的利率与每年的计息周期数的乘积，通常是给定的利率。若以 r、i_0、m 分别表示名义利率、计息期利率和计息期数，则名义利率的计算公式为

$$r = i_0 \times m \tag{1-106}$$

在式(1-106)两边同乘以本金 P，则有

$$P \cdot r = P \cdot i_0 \cdot m \tag{1-107}$$

式(1-107)和式(1-104)中的利息计算式具有相同的结构，因此，名义利率的实质可以看成是单利下计算所得的年利率。

所谓实际利率，是指考虑了计息周期内资金增值的利息因素，并按计息周期利率运用复利计算出来的利率。

设 i 表示实际利率，则一个计息周期的利率为 r/m。根据式(1-105)，本金 P 在一年后的本利和 F 为

$$F = P(1 + r/m)^m \tag{1-108}$$

由利率的定义得年实际利率 i 为

$$i = \frac{F-P}{P} = \frac{P(1+r/m)^m - P}{P} = \left(1+\frac{r}{m}\right)^m - 1 \tag{1-109}$$

由式(1-109)可知：当 m=1 时，名义利率等于实际利率；当 m>1 时，名义利率小于实际利率。显然，若按单利法计算利息，名义利率与实际利率是一致的；若按复利法计算利息，一般情况下名义利率小于实际利率，且随着一年内计息周期次数增加，实际利率逐渐增大，但增大趋势逐渐减弱。

3. 现金流量及现金流量图

1) 现金流量

对某一项目或技术方案进行技术经济分析时，经常需对其在整个生命周期内所发生的费用和收益进行分析和计算。在某一时间点上，项目或技术方案实际支出的费用称为现金流出，该项目或技术方案的实际收益称为现金流入。现金流入和流出的净差额，称为净现金流量，即净现金流量=现金流入–现金流出。显然，净现金流量可以为正、负和零，正表示项目或技术方案在一定生命周期内有净收益，负表示只有净支出或亏损，零表示盈亏平衡。现金流量反映了项目或技术方案在整个生命周期内资金运动的全貌，比较不同项目或技术方案的经济性其实就是比较它们的现金流量。因此，正确分析和计算项目或技术方案的现金流量，是做好经济评价和投资决策的关键。

需要指出的是，技术经济学中的现金流量与会计学中的财务收支有较大的区别[8]，主要表现如下。①在技术经济学研究中，现金流量中现金的含义不仅仅是现钞，也包括其他

结算凭证，而会计学中的现金，仅指现钞，即货币现金。②技术经济学中的现金流量是一次性地计入发生的时点。例如，固定资产投资和无形资产已在建设期发生的时点，作为一次性支出而列为现金流出，不再在生产经营期以产品成本费用中的折旧、摊销费的形式作为现金流出，以免重复计算；但在会计核算中，却以产品成本费用要素的形式逐期计提和摊销。③技术经济学研究的是拟建项目或技术方案在未来不同时间将发生的现金流量，其数值是预测的，而会计学涉及的是已经发生了的财务收支的实际数据。

2)现金流量图

现金流量图是表示建设项目或技术方案在整个生命周期内所有的现金流量与时间之间对应关系而采用的图形。它直观、形象地反映了项目或技术方案在一定时期内资金运动的状况，是对项目或技术方案进行动态分析的有效工具。现金流量图可以采用箭线法和标注法两种形式表示，其中箭线法较为常见，如图 1-7 所示，具体画法如下。

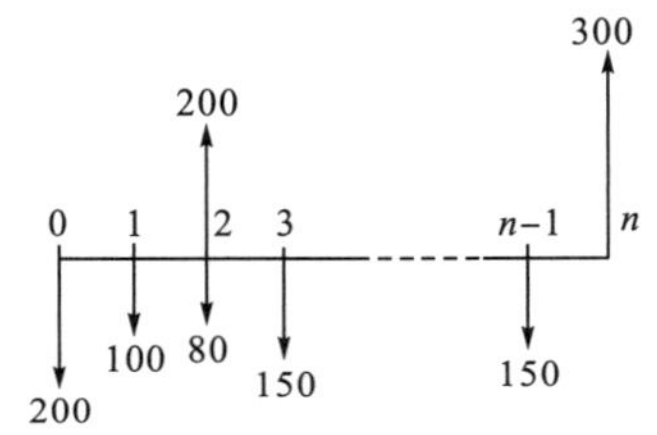

图 1-7 用箭线法表示的现金流量图

以水平线代表时间轴，表示项目或技术方案整个生命周期(或计算期)。在轴上画出等分间隔，一般以年为单位，并由左向右依次用 0～n 编号，即为时点，表示各期期末(各年年末)，某期期末(某年年末)时点同时也是下一期期初(下一年年初)时点。

在时间轴的每个时点上，相对于时间轴画出代表现金流量的垂直箭线。箭头向上表示现金流入，箭头向下表示现金流出；箭线的长度代表现金流量大小，并注明现金流量的数额。

时间轴的原点(零点)表示资金运动的起点，一般为技术经济分析和计算的起始时间，通常取在建设期开始的时点，也可取在投产期开始(建设期末)的时点。

为统一绘制方法和便于比较，通常规定任何现金流量只发生在时点上，而不发生在两个时点之间。一般规定投资发生在期初，销售收入、经营成本、税金和收益等发生在各个时期的期末；固定资产残值和流动资金的回收均发生在项目或技术方案生命周期终止的时点。

建设项目或技术方案在同一年度内往往既有现金流入又有现金流出，在现金流量图上可仅画出净现金流量。

4. 资金等值及其计算

1) 资金等值的概念

通过资金的时间价值可以发现，同一数额的资金，在不同的时点上具有不同的价值，而在不同时点上数额不等的资金有可能具有相同的价值。资金等值就是指考虑资金的时间价值后，不同时点上数额不等的资金在一定利率条件下具有相等的价值。影响资金等值的因素有三个：资金额、资金发生的时间和利率。

利用资金等值的概念，可以将某个时点上的资金按一定的利率换算为另一时点上的等值资金，这一过程就称为资金等值计算。在考虑资金时间价值的条件下，不同时间点上发生的资金不能直接相加减，只有通过资金的等值计算将不同时间点上发生的资金换算到同一时间点上才能直接相加减。资金等值和资金等值计算是技术经济分析中非常重要的概念和计算方法。在进行资金等值计算时，经常会涉及以下概念。

现值：即资金“现在”的价值。具体来说，将 $t+k$ 个时点上发生的资金等值折算到第 t 个时点，所得的等值资金额就是第 $t+k$ 个时点上资金金额在 t 时点的现值。显然，现值是一个相对的概念，一般用符号 P 表示。

终值：即某时点的资金经过一定时间的增值后的资金数额，是现值在未来时点上的等值资金，所以又称将来值。显然，终值是和现值对应的概念，一般用符号 F 表示。注意，终值和现值一样，都是相对概念，如对第 t 个时点上的资金来说，在一定的利率下，相对于第 $t+k$ 个时点上的资金值，它是现值，而对第 $n-k$ 个时点上的资金来说，它则是终值或将来值。

等年值：指连续每期期末等额支出或收入的资金值，如直线折旧法提取的年折旧额等。由于各期间隔通常为一年，且各年资金的数额相等，故又称为年金，一般用符号 A 表示。

贴现与贴现率：通常把将来某一时点一定数额的资金按照一定的利率换算成现在时点的等值资金的过程称为贴现或折现，贴现或折现时所采用的利率又称为贴现率或折现率。

2) 资金等值计算

根据项目或技术方案的现金流量状况，资金等值的计算可分为以下几种类型：一次支付等值计算、等额分付系列等值计算、等差分付系列等值计算及等比分付系列等值计算。下面主要介绍一次支付等值计算和等额分付系列等值计算。

(1) 一次支付等值计算

一次支付又称为整付，是指现金的流入或流出均在一个时点处一次发生。在一定的利率(折现率) i 和计息周期数 n 下，若流入项目或技术方案的现金流量正好能补偿流出的现金流量，则资金的终值 F 与资金的现值 P 就是等值的。其资金等值的计算有两种情形。

第一种是一次支付终值公式，就是前面求本利和的复利计算公式，亦称为一次支付复利公式，即已知支出本金(现值)P，当利率或折现率(报酬率或收益率)为 i 时，在复利计息的条件下，求第 n 期期末所取得的本利和，即终值 F，其现金流量如图 1-8 所示。由式(1-105)得

$$F = P(1+i)^n = P(F/P,i,n) \tag{1-110}$$

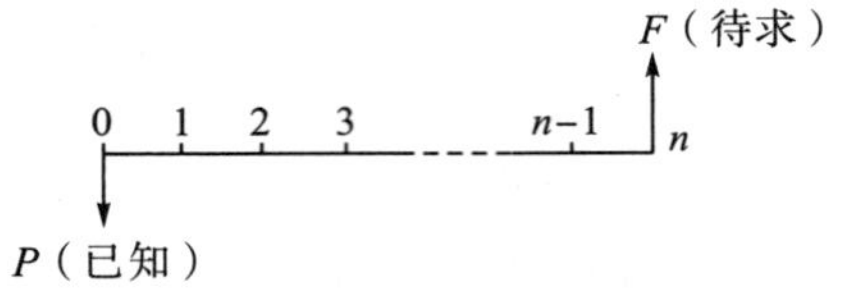

图 1-8　一次支付终值计算现金流量图

应该说明的是，虽然式(1-110)在形式上与式(1-105)相同，但 F、P 是资金等值概念上的终值和现值。式中的$(1+i)^n$称为一次支付终值系数，可用符号$(F/P,i,n)$表示，其中，斜线“/”右边的 P、i 和 n 为已知条件，其左边的 F 是所求的未知量。式(1-110)也是资金等值计算的基本公式，其他情形下的资金等值计算公式可以此为基础导出。

第二种是一次支付现值公式，该公式实际上是一次支付终值公式的逆运算，其经济含义为：如果欲在未来的第 n 期期末一次收入 F 数额的现金流量，在利率为 i 的复利计算条件下，求现在应一次投入或支付的本金，即现值 P。一次支付现值公式的现金流量如图 1-9 所示，其计算公式可由式(1-110)得

$$P = F(1+i)^{-n} = F(P/F,i,n) \tag{1-111}$$

式中，$(1+i)^{-n}$称为一次支付现值系数，或称为折现(贴现)系数，可用符号$(P/F,i,n)$表示。

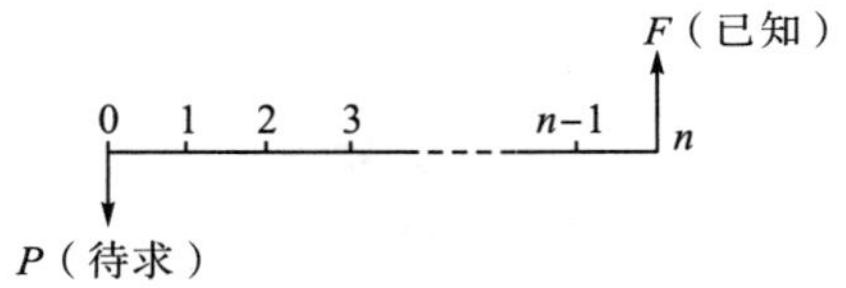

图 1-9　一次支付现值计算现金流量图

(2)等额分付系列等值计算

等额分付系列是多次支付形式中的一种。多次支付是指现金的流入和流出在各个时点上发生，而不是仅在一个时点上。各时点上的现金流量可以不相等，也可以相等。当现金流量系列是连续的，并且现金流量相等，则为等额分付系列现金流量。等额分付系列等值计算有四种情形。

第一种是等额分付系列终值公式，该公式用于对连续若干周期(计息期)期末等额分付的现金流量 A(或称为等额年金系列值)按复利计算，求其第 n 周期(计息期)期末的本利和，即终值 F，其现金流量如图 1-10 所示。例如，银行的零存整取这种储蓄方式，如果每年

都存入等额现金 A，利率为 i，n 年后可从银行取得多少现金？这一问题的资金等值计算就属于该情形。

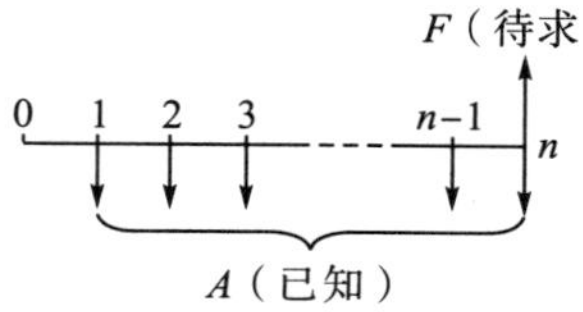

图 1-10　等额分付系列终值计算现金流量图

由图 1-10 可知，在第 n 期期末的总终值(将来值)F，应等于每期期末的等额分付系列值 A 对 n 期期末的终值之和，于是可得到等额分付系列终值计算公式为

$$\begin{aligned} F &= A(1+i)^0 + A(1+i)^1 + A(1+i)^2 + \cdots + A(1+i)^{n-1} \\ &= A[1+(1+i)+(1+i)^2+\cdots+(1+i)^{n-1}] = A\left[\frac{(1+i)^n-1}{i}\right] \end{aligned} \tag{1-112}$$

式中，$[(1+i)^n-1]/i$ 称为等额分付系列终值系数，可用符号$(F/A,i,n)$表示。

第二种是等额分付系列偿债基金公式，这种情形与上述等额分付系列终值计算相反，是等额分付系列终值的逆运算。例如，按计划在第 n 年末需要资金 F，采用每年等额筹集的方式，在利率为 i 时，每年要筹集多少资金 A？即已知 F、i、n，求 A，其现金流量如图 1-11 所示。由式(1-112)可得其计算公式为

$$A = F\left[\frac{i}{(1+i)^n-1}\right] = F(A/F,i,n) \tag{1-113}$$

式中，$i/[(1+i)^n-1]$ 称为等额分付系列偿债基金系数，可用符号$(A/F,i,n)$表示。

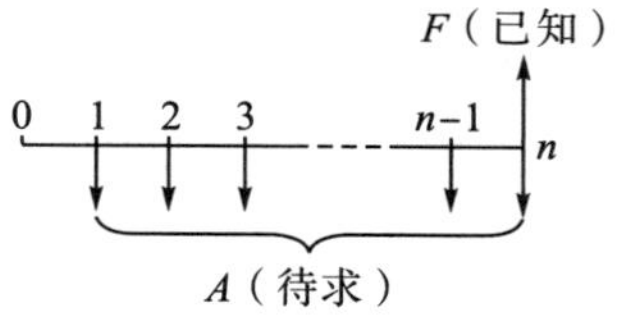

图 1-11　等额分付系列偿债基金计算现金流量图

第三种是等额分付系列资金回收公式，该公式的经济含义是：已知现在投入的资金即现值 P，在利率为 i、复利计息的条件下，求在 n 期内与其等值的连续的等额支付系列值 A。其现金流量如图 1-12 所示。该公式也常用于现在投入一笔资金 P，计算在今后若干年的每年年末等额回收的数额 A。

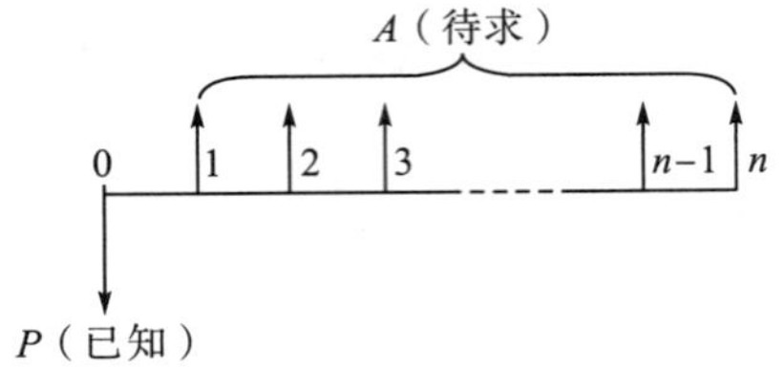

图 1-12 等额分付系列资金回收计算现金流量图

将式(1-110)代入式(1-113)可导出等额分付系列资金回收公式为

$$A = F\left[\frac{i}{(1+i)^n - 1}\right] = P(1+i)^n\left[\frac{i}{(1+i)^n - 1}\right] == P\left[\frac{i(1+i)^n}{(1+i)^n - 1}\right] = P(A/P,i,n) \tag{1-114}$$

式中，$[i(1+i)^n]/[(1+i)^n-1]$ 称为等额分付系列资金回收系数，可用符号$(A/P,i,n)$表示。

第四种是等额分付系列现值公式，该公式的经济含义是：要在每期期末收入相同的金额 A，在利率为 i、复利计息的条件下，现在必须投入多少资金，即现值 P，如图 1-13 所示。该公式常用于计算分期付(收)款的现值。

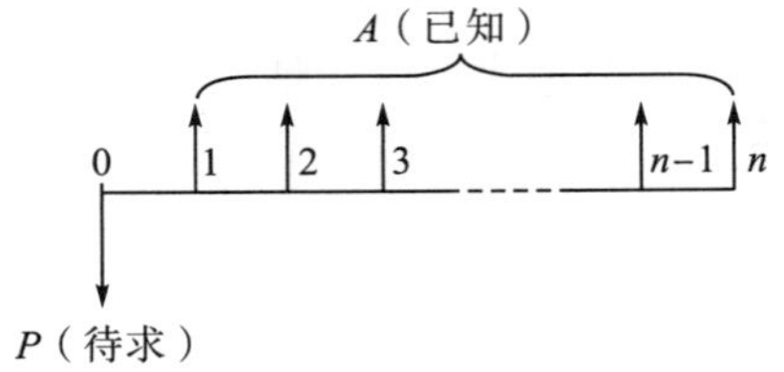

图 1-13 等额分付系列现值计算现金流量图

等额分付系列现值计算实际上就是等额分付系列资金回收的逆运算，其计算式可由式(1-114)得到：

$$P = A\left[\frac{(1+i)^n - 1}{i(1+i)^n}\right] = A(P/A,i,n) \tag{1-115}$$

式中，$[(1+i)^n-1]/[i(1+i)^n]$ 称为等额分付系列现值系数，可用符号$(P/A,i,n)$表示。

1.2.2 技术经济评价的可比性原则

正确选择和确定经济效益最佳的方案是技术经济分析的重要目标。然而，为了达到某项经济目的和任务，可采用不同的技术方案，这就需要从所提出的各种可行方案中选出最佳方案。于是，在对这些可能的技术方案进行技术经济分析时，一方面需分析这些方案各自的经济效益，即绝对经济效益，另一方面也要分析它们之间的相对经济效益。只有对多个方案进行比较分析，才能确定最佳的技术方案。技术经济分析的可比性是指为了达到某项经济目的和任务所提出的各种可行的技术方案在进行经济比较时，必须具备一定的比较前提和基础。而可比性原则就是研究如何使不同的技术方案建立在同一基础上进行比较和评价，即分析各可行技术方案之间可比与不可比的因素以及如何由不可比向可比转化的处理方法，从而保证技术经济评价结果的科学性和正确性。

技术经济评价的可比性原则主要包括四个方面，即满足需要的可比性、消耗费用的可比性、价格的可比性和时间的可比性。

1. 满足需要的可比性

任何技术方案都是为满足预定的需要提出的，其投资和实施都是为了达到一定的经济目的和任务，即满足某种需要。满足需要的可比性就是指相互比较的各技术方案必须满足相同的实际需要，即要求多个技术方案在备选时可以相互替代。它是所有可能采用的各种可行技术方案参与比较的首要条件。具体来讲，满足需要的可比性可以指为了提供一定数量的产品，或者为了提高产品质量，或者为了改善生产条件，或者为了提供某种劳动服务等。而对技术方案而言，满足需要一般主要是指以提供产品的品种、产量和质量(功能)为目的。因此满足需要的可比性，即指在产品的品种、产量、质量(功能)等方面可比。

2. 消耗费用的可比性

消耗费用的可比性是指在计算和比较各技术方案的消耗费用时，一方面必须考虑各技术方案的相关费用，另一方面在计算各种费用时必须采取统一的费用计算原则、范围和方法。

考虑相关费用就是要从整个国民经济的角度出发，计算和比较因实施各技术方案而引起的与之相关的其他生产相关环节或部门的建设和生产费用的变化，即在比较各技术方案的消耗费用时，不仅要考虑和计算方案本身的建设和生产费用，而且还要考虑和计算相关建设和生产费用，以保证相关费用的可比性。这是因为国民经济是一个有机的整体，任何技术方案的实施，不仅对自身产生影响，也必然引起其他生产相关环节或部门费用的变化。例如在计算火电厂建设方案的费用时，不仅要考虑建设火电厂本身的费用，还应考虑煤矿开采和运输量增加所需的费用，同时还应分析火电厂的环境污染监测治理增加的社会费用。

采用统一的费用计算原则、范围和方法，是指各技术方案费用构成项目的范围应当一致，同时各方案费用的计算原则和方法也应一致。例如，在计算火电厂建设方案的费用时，是否应将火电厂的环境污染监测治理增加的社会费用考虑进去，各方案应当一致。如果不采用统一的计算范围和方法，就会出现交叉计算、重复计算和漏算的现象，显然就不满足消耗费用的可比性。

3. 价格的可比性

价格的可比性就是指在计算参与比较的各个方案的技术经济效益时，要求采用合理的价格和一致的价格。其中，合理的价格是指能够真实地反映产品价值的价格，同时有关产品之间的比价合理。反之，价格背离价值、比价不合理现象就不满足价格的可比性。一致的价格就是指参与比较的各个方案要采用统一的价格，即所采用价格的时间和范围要一致。

由于价格是否具有可比性对各参与比较的方案经济评价结果影响较大，当采用不合理的价格时，很可能导致放弃最优或选择较差的技术方案。为了避免价格的不可比性对方案技术经济效益分析的影响，在技术经济分析中，可采用一定的方式对价格进行修正[9]。

4. 时间的可比性

时间的可比性就是指对生命周期不同的技术方案进行比较时，应采用相同的计算期，同时还要考虑资金的时间价值。由于项目的建设周期、生命周期、占用资金和获得收益的时间都较长，在资金时间价值不可忽视的情况下，技术方案的经济效益与时间密切相关，时间是技术方案经济效益比较和评价时的重要因素之一。

对生命周期不同的技术方案进行比较，可采取参与比较的各个方案的生命周期的最小公倍数来作为共同的计算期。考虑时间因素影响的另外一个重要方面就是资金的时间价值，即由资金的时间价值原理，各个技术方案的费用和收益发生的时间和数额不同，持续的时间不一致，所产生的经济效益也就有差别。技术方案在不同时期发生的费用支出和收益不能简单地直接加减，必须在考虑资金的时间价值如复利后折算到同一时间基准上，才能进行直接加减计算和比较，这样得到的技术经济分析和评价结果才具有可比性。

1.2.3 技术经济评价指标

技术经济评价指标是项目或技术方案经济效益评价的重要量化标准，也是在技术经济分析、比较、论证和评价时，从多种可行方案中选择最优方案的基础。研究经济效益评价的指标是十分必要的。

从反映项目或技术方案经济性的不同角度，可以把经济效益评价的指标分为多种类型。这些指标主要可以分为三大类[10]：第一类是以时间单位计量的时间型指标，如投资回收期等；第二类是以货币单位计量的价值型指标，如净现值、净年值、费用现值、费用年值等；第三类是反映资金利用效率的效率型指标，如投资收益率、内部收益率、净现值率等。

根据是否考虑资金的时间因素，经济效益评价指标又可分为静态评价指标和动态评价指标。其中，静态评价指标是指在进行项目或技术方案的经济效益计算时，不考虑资金的时间价值，不进行复利计算的评价指标。而动态评价指标是指在进行项目或技术方案的经济效益计算时，考虑了资金的时间价值，采用复利计算方法的评价指标。目前，动态评价指标是项目或技术方案经济效益评价的主要指标。

值得指出的是，不同类型经济评价指标的适用范围和应用方法是不同的，通常情况下，在对项目或技术方案进行经济效益评价时，应当尽量同时选用不同类型的指标，这样可以从多个角度反映项目或技术方案的经济性能。

1. 静态评价指标

当不考虑资金的时间价值，采用静态评价方法对项目或技术方案的经济效益进行分析和评价时，则只涉及静态评价指标。静态评价指标比较简单、直观，运用方便，但不够准确。一般来说，静态评价指标主要用于项目或技术方案可行性研究初始阶段的粗略分析和评价，以及项目或技术方案的初选阶段，是项目或技术方案经济评价的重要辅助性指标。

1) 静态投资回收期

投资回收期，又称为投资偿还期或投资返本期，是指项目或技术方案实施后的净收益或净利润抵偿全部投资额所需的时间，一般以年表示。显然，投资回收期是反映项目或技术方案清偿能力的重要指标，投资回收期越短，其经济性越好。注意，投资回收期的起点，一般从建设开始年份算起，也可以从投产年或达产年算起，但应予以注明。不考虑资金时间价值因素的投资回收期，称为静态投资回收期。

令 CI 为项目或技术方案投产后每年的现金流入量，CO 为每年的现金流出量，即每年的净收益为 CI–CO，则以年表示的静态投资回收期 P_t 的计算式为

$$\sum_{t=0}^{P_t}(\mathrm{CI}-\mathrm{CO})_t=0 \tag{1-116}$$

式中，t 为计算期内的年份数。

如果投产后每年的净收益 $(\mathrm{CI-CO})_t$ 相等，即 $(\mathrm{CI-CO})_1=(\mathrm{CI-CO})_2=\cdots=(\mathrm{CI-CO})_t=Y$，则式(1-116)可简化为

$$P_t=I/Y \tag{1-117}$$

式中，I 为总投资；Y 为年平均净收益。

静态投资回收期也可根据项目或技术方案的全部投资的财务现金流量表中累计净现金流量的计算求得，其具体计算公式为：P_t=(累计净现金流量开始出现正值的年份数)−1+(上年累计净现金流量绝对值/当年净现金流量)。

用投资回收期来评价项目或技术方案的经济性时，需把求得的项目或技术方案的投资回收期 P_t 与部门或行业的标准投资回收期 P_s 进行比较。当 $P_t \leqslant P_s$ 时，认为项目或技

术方案在经济上是可以接受的；当 $P_t>P_s$ 时，认为项目或技术方案在经济上不可取，应予以拒绝。

评价单一项目或技术方案时，一般可以用静态投资回收期判断该项目或技术方案在经济上是否可取。但当评价多个项目或技术方案时，不仅需要分别计算每一个项目或技术方案的静态投资回收期，判断项目或技术方案在经济上是否可行；而且还需要在经济上可行的多个项目或技术方案中选出最优项目或技术方案。这时可采用追加投资回收期或差额投资回收期，即在经济上可行的多个项目或技术方案中选择一个项目或技术方案作为比较的基准，然后把其余的项目或技术方案分别与之比较，最终选出最优项目或技术方案。

2) 静态投资效果系数

投资效果系数，又称为投资收益率或投资报酬率，是指项目或技术方案投产后取得的年净收益与项目总投资额的比值。投资效果系数体现了项目或技术方案投产后，单位投资所创造的净收益额，是考察项目或技术方案单位投资盈利水平的重要指标。不考虑资金时间价值条件的投资效果系数，称为静态投资效果系数。

如果项目或技术方案总初投资额为 I，投产后的年平均净收益为 Y，则静态投资效果系数 E 的计算式为

$$E = Y / I \tag{1-118}$$

根据项目或技术方案的具体情况和不同分析目的的需要，选择不同的比较基准，Y 可以是年平均利润总额，或者年平均利税总额等，对应的静态投资效果系数指标有投资利润率、投资利税率及资本金利润率等。

显然，由式(1-118)和式(1-117)可知，静态投资效果系数 E 与静态投资回收期 P_t 互为倒数，即

$$E = 1 / P_t \tag{1-119}$$

类似地，用静态投资效果系数对项目或技术方案进行经济评价时，应将计算出的静态投资效果系数 E 与部门或行业的标准投资效果系数 E_s 相比较。若 $E \geqslant E_s$，则表明在经济上该项目或技术方案可以接受；反之，则在经济上不可取。注意，和静态追加投资回收期一样，静态追加投资效果系数只反映两个项目或技术方案的相对经济效益，并没有反映参与比较项目或技术方案自身的绝对经济效益是否可接受。因此，追加投资效果系数一般用于已通过绝对经济效益的评价、在经济上可接受的项目或技术方案之间的比较和选优。

同样，对多个技术方案进行比较时，可采用静态追加投资效果系数或静态差额投资效果系数，即指在不考虑资金时间价值条件下，参与比较的两个项目或技术方案每年的净收益差额或经营成本费用差额与投资差额的比值，它表示单位投资差额所引起的每年净收益的增加额或经营成本费用的节约额。

3）静态评价指标特点

静态评价指标的主要优点是经济含义直观、明确，计算方法简单易行。例如，静态投资回收期明确地反映了资金回收的速度，投资回收期的长短，反映了投资风险的程度，以及项目或技术方案盈利的能力，是投资者十分关心的指标之一。静态投资效果系数也明确地体现了项目或技术方案单位投资的获利能力。

静态评价指标的主要缺点是没有考虑资金的时间价值，计算方法不科学，计算结果不准确，评价结果的可靠性、准确性可能受到较大影响，特别是当项目或技术方案运行时间较长时，不宜用该指标进行评价。尽管静态评价指标反映了项目或技术方案的盈利能力，但它们仍然存在一些评价缺陷。例如，静态投资回收期没有反映投资回收后项目或技术方案的收益和费用，而对于投资者来说，投资的目的除了要收回全部投资，主要是期望能获得额外的盈利。因此，静态投资回收期没有全面客观地反映项目或技术方案在整个生命周期内的全部经济效果，也就无法考虑各项目或技术方案生命周期的差异对经济效果的影响。尽管静态投资效果系数反映了项目或技术方案单位投资的获利能力，但其完全没有体现投资所承担的风险性，特别是投资回收期较长的项目，因为项目或技术方案的决策面临着未来很多不确定因素，而这种不确定性所带来的风险会随时间的延长而增加。

正是由于以上原因，静态评价指标尽管在技术经济分析和评价中被广泛应用，但仍然主要适用于对项目或技术方案的粗略评价，只是重要的辅助性指标。

2. 动态评价指标

动态评价指标一方面考虑了资金的时间价值，对项目或技术方案的收益和费用进行计算时，采用复利的方法，将不同时点的现金流入和现金流出折算为相同时点的价值，从而完全满足时间可比性原则；另一方面，大多数动态评价指标考虑了项目或技术方案在整个生命周期内收益与费用的全部经济效果。因此，与静态评价指标相比，动态评价指标更加科学、合理和全面，其用于项目或技术方案的技术经济分析和评价结果也更加具有科学性、准确性及全面性。动态评价指标是项目或技术方案现代经济评价常用的主要指标。从不同角度和不同评价范围出发，动态评价指标存在多种类型，它们各有其特点和适用条件，下面将分别介绍一些常用的动态评价指标。

1）动态投资回收期和动态投资效果系数

（1）动态投资回收期

以项目或技术方案每个时间点上的净现金流量为基础，首先把每个时间点上的净现金流量进行贴现，然后进行累计，并由此计算出当净现金流量的现值累计值正好补偿全部投资额时所经历的时间，该时间即为动态投资回收期，一般用年表示。

动态投资回收期计算的一般方法是以累计净现金流量的现值计算，令 CI 为项目或技术方案每年的现金流入量，CO 为每年的现金流出量，即每年的净现金流量为 CI–CO，则可导出动态投资回收期 P_t'的计算式为

$$\sum_{t=0}^{P_t'}(\mathrm{CI}-\mathrm{CO})_t(1+i)^{-t}=\sum_{t=0}^{P_t'}Y_t(1+i)^{-t}=0 \tag{1-120}$$

式中，Y_t为每年的净收益或净现金流量；i 为利率或基准收益率；t 为计算期内的年份数。

动态投资回收期也可直接从财务现金流量表中计算净现金流量现值的累计值求出，即P_t'=(净现金流量现值累计值开始出现正值的年份数)−1+(上年净现金流量现值累计值的绝对值/当年净现金流量现值)。

另一种算法是以年平均净收益或等额净收益计算。如果 I 为项目或技术方案的总投资现值，并将各年净收益折算为年等额净收益 Y，或每年的净收益用年平均净收益表示，则可导出动态投资回收期 P_t'的简化计算式为

$$P_t'=-\frac{\lg\left(1-\dfrac{I\cdot i}{Y}\right)}{\lg(1+i)} \tag{1-121}$$

同样地，将计算出的项目或技术方案的动态投资回收期 P_t'与标准动态投资回收期或行业平均动态投资回收期 P_s'进行比较。当 $P_t'\leqslant P_s'$时，表示项目或技术方案在经济上可接受；反之，该项目在经济上不可取，应予以拒绝。值得指出的是，用动态投资回收期和静态投资回收期对同一个项目或技术方案进行经济评价时，接受或拒绝的结果可能不一致。

对于多个项目或技术方案的比较和评价，可采用动态追加投资回收期对两个项目或技术方案进行比较并选优。所谓动态追加投资回收期，就是指在考虑资金时间价值的条件下，用投资额大的项目、技术方案比投资额小的项目或技术方案所节约的每年的经营成本费用(或增加的年净收益)，来回收其多追加的投资额所需的时间，亦称为动态差额投资回收期。

(2)动态投资效果系数

动态投资效果系数是指在考虑资金时间价值条件下，按复利法计算出的项目或技术方案的年净收益与总投资现值的比值，它较真实地反映了单位投资额所能获得的收益，是项目或技术方案的重要经济效益指标之一。由于投资效果系数与投资回收期互为倒数关系，从而可直接由动态投资回收期的计算式(1-121)得到动态投资效果系数 E'，即

$$E'=\frac{1}{P_t'}=-\frac{\lg(1+i)}{\lg\left(1-\dfrac{I\cdot i}{Y}\right)} \tag{1-122}$$

与静态投资效果系数 E 相同，将计算出的 E'与基准或行业的平均动态投资效果系数 E_s'相比较，如果 $E'\geqslant E_s'$，则项目或技术方案在经济上可接受；反之，不可接受。

(3)动态投资回收期和动态投资效果系数的特点

动态投资回收期和动态投资效果系数的评价标准与静态投资回收期和静态投资效果系数的评价标准相同。一般来讲，在投资回收期不长的条件下，用静态投资回收期和静态

投资效果系数也可获得较可靠的结论，但若投资回收期较长，动态投资回收期和动态投资效果系数的结果与静态投资回收期和静态投资效果系数的结果相差较大，这时动态投资回收期和动态投资效果系数的结果更加科学、合理。

动态投资回收期和动态投资效果系数的主要优点是经济意义明确、直观；由于考虑了资金的时间价值，计算方法科学、合理，所反映的项目或技术方案风险性和盈利能力更加真实、可靠，是对投资项目或技术方案进行技术经济评价的重要指标。动态投资回收期和动态投资效果系数的主要缺点是计算方法和过程较为复杂，特别是在每年净收益各不相同时；与静态投资回收期和静态投资效果系数相同，动态投资回收期和动态投资效果系数仍然没有反映项目或技术方案的投资收回以后的经济效益、项目或技术方案使用年限及期末残值等，从而不能全面反映项目或技术方案的经济效益。

2）净现值和净现值比率

（1）净现值

净现值是指项目或技术方案在整个生命周期内，对每期（年）发生的净现金流量，用一个规定的基准折现率（基准收益率）i_0，折算为基准时点（一般为投资开始时点或期初）的现值的总和，一般用 NPV 表示，即

$$\mathrm{NPV}=\sum_{t=0}^{n}(\mathrm{CI}-\mathrm{CO})_t(1+i_0)^{-t}=\sum_{t=0}^{n}Y_t(1+i_0)^{-t} \tag{1-123}$$

式中，CI 为现金流入；CO 为现金流出；$(\mathrm{CI}-\mathrm{CO})_t=Y_t$ 称为第 t 期（年）的净现金流量；$(1+i_0)^{-t}$ 称为第 t 期（年）的折现因子；$Y_t(1+i_0)^{-t}$ 称为第 t 期（年）的净现金流量现值；n 为项目或技术方案的生命周期。

如果每年的净现金流量相等，即 $Y_1=Y_2=\cdots=Y_t=\cdots=Y$，且项目或技术方案只有初始投资 I，则根据等额分付系列现值公式导出此时的净现值为

$$\mathrm{NPV}=Y\cdot\frac{(1+i_0)^n-1}{i_0(1+i_0)^n}-I=Y\cdot(P/A,i_0,n)-I \tag{1-124}$$

净现值是反映项目或技术方案在整个生命周期内获利能力的动态绝对价值评价指标。它不仅考虑了资金的时间价值，也考虑了项目或技术方案在整个生命周期内收回投资后的经济效益状况，从而弥补投资回收期的缺陷，直观、明确地体现投资的期望。所以，净现值是表示项目或技术方案经济效益最重要的动态评价指标之一，其技术经济分析和评价的结果更为科学和全面。

根据净现值的经济含义，可对项目或技术方案的经济性进行判断：①当净现值大于零时，表明该项目或技术方案的投资不仅能获得基准收益率所预定的经济效益，而且还能获得超过基准收益率的现值收益，说明该项目或技术方案在经济上是可取的；②当净现值等于零时，表明项目或技术方案的经济收益刚好达到基准收益水平，说明在经济上是合理的，一般可取；③当净现值小于零时，表明项目或技术方案的经济效益没有达到基准收益水平，

说明项目或技术方案一般不可取。

将净现值指标用于单一项目或技术方案评价时，如果 NPV≥0，表示项目或技术方案在经济上可行，且净现值越大，获利能力越强。而将净现值指标用于多个项目或技术方案评价时，可按净现值的大小进行排序，优先考虑净现值大的项目或技术方案，如果各项目或技术方案投资额的现值相等，则净现值最大的方案最优。

从净现值的计算式(1-123)可看出，当项目或技术方案的每个时点的现金流量一定，而基准折现率 i_0 未定时，净现值 NPV 会随折现率 i 的改变而发生变化。所谓净现值函数，就是指 NPV 随折现率 i 变化的函数，即由 i 的连续变化，可得到 NPV 随 i 变化的函数曲线。净现值函数一般具有以下特点。①在相同的净现金流量下，净现值 NPV 随折现率 i 的增大而单调减小，这就意味着选取的基准折现率 i_0 越大，净现值 NPV 就越小，甚至为零或负值，因而造成经济上可行、可被接受的项目或技术方案也就越少。因此，用净现值指标评价和选择项目或技术方案时，正确选择和确定折现率非常重要，这关系项目或技术方案评价的正确性，以及合理确定项目或技术方案盈利的水平。根据项目或技术方案不同经济评价的目的和需要，目前常用的折现率主要有行业财务基准收益率和社会折现率。②净现值 NPV 随折现率 i 的增大可从正值变为负值，因而必然会存在某一临界折现率 i^*，当 $i=i^*$ 时，$NPV(i)=0$；当 $i>i^*$ 时，$NPV(i)<0$；当 $i<i^*$ 时，$NPV(i)>0$。i^* 是一个具有重要经济意义的临界折现率值。

净现值考虑了投资项目或技术方案在整个生命周期内的成本费用和收益，不仅可以用于对项目或技术方案本身绝对经济效益的评价，而且可以用于不同项目或技术方案之间的比较和优选。然而，净现值的计算需要预先确定一个基准折现率（基准收益率）i_0，而影响基准折现率 i_0 的因素不仅有投资收益率、通货膨胀率以及项目或技术方案可能面临的风险等，同时还需考虑产业政策、资源劣化程度、技术进步和价格变动等因素[10]，这就给项目或技术方案的决策带来了一定的困难。i_0 取值越大，NPV 越小，项目或技术方案的经济性决策越不容易通过，反之，i_0 越小，项目或技术方案的经济性决策越容易被通过，因此基准折现率 i_0 的合理确定就显得尤其重要。

另外，采用净现值比选项目或技术方案时，没有考虑各项目或技术方案的投资额，因而不能直接反映资金的利用效果。例如，有投资额相差较大的 A、B 两个项目，虽有 $NPV_A>NPV_B$，但对单位投资的净现值 NPV 而言，可能 B 项目的经济性要好些。因此，为了考虑资金的利用效果，通常采用净现值比率作为净现值的辅助指标。

(2) 净现值比率

净现值比率是指项目或技术方案的净现值与投资额现值的比值，又称净现值率或净现值指数，一般用 NPVR 表示。如果项目或技术方案的总投资现值为 I_p，则 NPVR 的计算式为

$$\mathrm{NPVR}=\frac{\mathrm{NPV}}{I_{\mathrm{p}}}=\frac{\mathrm{NPV}}{\sum_{t=0}^{n}I_t(1+i_0)^{-t}} \tag{1-125}$$

式中，I_t 为项目或技术方案第 t 时点(年)的投资额。

显然，净现值比率反映了资金的使用效果，它表示单位投资现值所产生的净现值。当 NPVR≥0 时，表示项目或技术方案在经济上可行，可接受；当 NPVR<0，项目或技术方案在经济上不可行，应拒绝。用净现值比率进行项目或技术方案比较时，以净现值比率较大的方案为优。

3) 年值

所谓年值，就是指将项目或技术方案在生命周期内不同时间点发生的所有现金流量，均按一定的折现率换算为与其等值的等额分付系列年金。从年值的定义可看出，年值相当于把在生命周期内不同时间点发生的所有现金流量平均分摊到每年(各年现金流量相等)，从而满足时间可比性，进而可对项目或技术方案进行评价、比较和选优。年值指标一般可分为净年值和费用年值两种。

(1) 净年值

净年值是指将项目或技术方案在生命周期内逐年的现金流量换算成均匀的年金系列，即换算成等额年金。因此，从资金等值换算的角度看，净年值就是将项目或技术方案的净现值平均分摊到生命周期内各年的等额年值，一般用 NAV 表示，其计算公式可写为

$$\mathrm{NAV}=\mathrm{NPV}(A/P,i,n)=\left[\sum_{t=0}^{n}(\mathrm{CI}-\mathrm{CO})_t(1+i_0)^{-t}\right]\left[\frac{i_0(1+i_0)^n}{(1+i_0)^n-1}\right] \tag{1-126}$$

当项目或技术方案只有初始投资 I，而投产后每年等额净收益为 Y，方案生命周期结束时的残值为 SV 时，则上式可简化为

$$\mathrm{NAV}=Y+\mathrm{SV}(A/F,i_0,n)-I(A/P,i_0,n) \tag{1-127}$$

净年值 NAV 反映了项目或技术方案在生命周期内每年除了能获得规定收益率的收益，另外所获得的等额超额收益。当 NAV≥0 时，表明项目或技术方案在经济上可行，可接受；当 NAV<0 时，则项目或技术方案在经济上不可行，不可接受。显然，就评价结果而言，净年值和净现值指标是等效评价指标，但净年值指标可以直接用来评价生命周期不相等的各个项目或技术方案的经济效益，从这个角度看，净年值比净现值指标更为便捷，这也是净年值指标较其他评价指标独特的优点。

(2) 费用年值

用净现值或净年值来对项目或技术方案进行经济评价时，要求项目或技术方案每年的净现金流量能直接计算，然而在实际中，有时会遇到参与比较的各项目或技术方案只有费用的差异，而产出效果相同，或者有些部门(如教育、卫生保健、环境保护、国防等)的产出效益难以用价值形态的货币来计量，这时只需要分析和比较各项目或技术方案的费用即

可，而费用年值就是其中常见的评价指标。

所谓费用年值就是从费用的角度，按一定的基准折现率(基准收益率)将各项目或技术方案生命周期内、不同时间点发生的所有支出费用换算为与其等值的等额分付系列年费用。一般用 AC 表示，其计算式为

$$\mathrm{AC}=\mathrm{PC}(A/P,i_0,n)=\left[\sum_{t=0}^{n}\mathrm{CO}_t\cdot(P/F,i_0,t)\right](A/P,i_0,n) \tag{1-128}$$

式中，PC 为费用现值；CO_t 为第 t 年的现金流出。

费用年值通常只能用于多个项目或技术方案的比较和选择，其评判标准是：费用年值或费用现值最小者为最优方案，即为最小费用准则。实际上，费用年值是净年值的一种特例，最小费用准则也即净年值最大准则。同时，从式(1-128)可看出，类似于前述的净现值与净年值的关系，费用现值和费用年值也是等效评价指标，但它们各有其计算特点及适用范围。

4) 内部收益率

内部收益率，又称内部报酬率。在技术经济评价指标中，内部收益率是净现值指标以外的另一种最为重要的动态评价指标。由前述的净现值函数曲线的特点可知，一般情况下，项目或技术方案的净现值都是随着折现率 i 的增大而减小，即当折现率增大到某一特定的数值时，净现值 NPV 会等于零。所谓内部收益率，就是指使项目或技术方案净现值等于零时的折现率，即内部收益率就是净现值函数曲线与横坐标轴的交点所对应的折现率 i^*，一般用 IRR 表示。由内部收益率的定义可写出其计算式如下：

$$\sum_{t=0}^{n}Y_t\cdot(1+\mathrm{IRR})^{-t}=0 \tag{1-129}$$

如果项目或技术方案的投资现值为 I，投产以后每年的年净收益都相等，且为 Y，则内部收益率 IRR 的计算式可改写为

$$Y(P/A,\mathrm{IRR},n)=I \tag{1-130}$$

显然，内部收益率反映了项目或技术方案在该收益率下，其整个生命周期内的净收益刚好能够补偿全部投资的本息。将由式(1-129)或式(1-130)计算得到的内部收益率 IRR 与项目或技术方案的基准收益率 i_0 进行比较，如果 IRR $\geqslant i_0$，则表示项目或技术方案的收益率已超过或者达到基本或通常的水平，项目或技术方案的经济性可接受；若 IRR$<i_0$，则表示项目或技术方案的收益率未达到设定的收益水平，项目或技术方案的经济性不可行。由于式(1-129)是一个高次方程，难以直接求解，一般采用试差法求取 IRR。

内部收益率指标的主要优点是概念明确，在技术经济分析和评价中被广泛使用。与净现值和净年值等指标相比，内部收益率的计算并不需要事先确定基准收益率，即内部收益率不是事先外部给定的，而是由项目或技术方案现金流量计算出来的。内部收益率指标的主要缺点是：由于计算内部收益率的方程为高次方程，计算比较麻烦，而且对于非常规项

目或技术方案，内部收益率方程有可能出现多个解，甚至无解[11]。可以证明[12]，对于非常规项目或技术方案，只要内部收益率方程存在多个正根，则所有的根都不是真正的项目或技术方案的内部收益率。但若只有一个正根，则这个根就是项目或技术方案的内部收益率。对多个参与比较的项目或技术方案，可采用差额投资内部收益率指标。

参考文献

[1] 张学学，李桂馥，史琳. 热工基础[M]. 第 3 版. 北京：高等教育出版社，2015.

[2] 曾丹苓，敖越，张新铭，等. 工程热力学[M]. 第 3 版. 北京：高等教育出版社，2002.

[3] 傅秦生. 能量系统的热力学分析方法[M]. 西安：西安交通大学出版社，2005.

[4] 项新耀. 㶲分析节能技术[M]. 北京：石油工业出版社，1995.

[5] 周伟国，马国彬. 能源管理工程[M]. 上海：同济大学出版社，2007.

[6] 吴存真，张诗珍，孙志坚. 热力过程㶲分析基础[M]. 杭州：浙江大学出版社，2000.

[7] 徐莉，陆菊春，张清. 技术经济学[M]. 第 2 版. 武汉：武汉大学出版社，2007.

[8] 张金锁. 技术经济学原理与方法[M]. 第 2 版. 北京：机械工业出版社，2001.

[9] 王应明. 技术经济学[M]. 北京：中国经济出版社，1998.

[10] 李南. 工程经济学[M]. 北京：科学出版社，2000.

[11] 刘新梅，等. 工程经济学[M]. 西安：西安交通大学出版社，1998.

[12] 傅家骥，仝允桓. 工业技术经济学[M]. 第 3 版. 北京：清华大学出版社，1996.

第 2 章　热力学分析方法

2.1　概　　述

能源是提供能量的物质资源，是人类赖以生存、社会得以发展的物质基础。能源利用的技术水平直接影响物质水平和国家的经济建设，是人类社会文明的重要标志之一。回顾人类利用能源的各个时期和目前世界各国的能源构成，人类利用的主要能源有水能、风能、地热能、太阳能、燃料的化学能以及原子能等。在这些能源中，除了水能和风能是机械能，其余都是直接或间接以热能形式向人类提供能量。例如，太阳能和地热能是直接的热能；燃料的化学能如煤、石油、天然气都是通过燃烧将化学能释放转变为热能供人类利用。从世界一次能源消费结构可以看出，以热能形式提供的能量占了相当大的比例。能源利用的理论基础是能量转换和传递的基本规律。热力学正是研究热能和机械能及其他形式能量之间的转换规律，以提高能量利用经济性的一门学科。提高系统能量经济性离不开对能量系统的热力学分析[1]。

能量系统热力学分析，简单地说，就是应用热力学有关能量转换的基本理论来分析用能的合理性和有效性。用能的合理性指的是用能方式是否符合科学原理，用能的有效性指的是用能的效果，即能量被有效利用的程度。为了对实际用能设备和系统进行能量分析，需要制定相应的分析模型、建立平衡方程及确定用能评价准则方法。

根据热力学基本原理对能量系统进行热力学分析可以有不同的方法，总的来讲，可分为热力学第一定律分析方法和热力学第二定律分析方法。

2.1.1　热力学第一定律分析方法

早在 18 世纪中叶，随着大工业生产的兴起，人类相继发明了蒸汽机等各种热机，对能量的利用进入了崭新的阶段，其特点是改变了几千年来直接利用热能的简单方式，广泛采用了由热能转变为便于传输和利用的机械能、电能等新的能量利用方式，以获取巨大的工业动力。在这一工业背景下，形成了热力学第一定律基本思想，定量地表征了能量以及确定了能量传递和转变过程中数量的守恒关系，也就是能平衡关系。由热力学第一定律所确定的能效率也逐渐成为人们公认的能量有效利用的技术指标，且至今仍然是工业界认可的基本用能评价标准[2-3]。能效率的定义为：作为收益的能与代价能之比，即

$$\eta_1 = \frac{\text{收益能}}{\text{代价能}} = 1 - \frac{\text{损失能}}{\text{代价能}} \tag{2-1}$$

热力学第一定律分析法是利用能平衡原理，以能效率为准则，分析、评价用能设备和系统能量有效利用状况的方法。通过分析，可以揭示能量在传递和转换过程中的数量关系，从而确定系统的能量利用率，这种方法也称为能平衡分析方法，或能分析方法，是最为传统的能量分析法。由于分析时某些能量项以焓值表示，所以也被称为焓分析法。当分析对象的能量项中只有热能和机械能(如锅炉、热机等)时，也称为热平衡分析法。

能平衡分析法的基本内容包括：①依据能量系统的热力学模型，进行系统的能量平衡分析；②依据能量平衡，计算能效率，用以评价用能系统的优劣；③计算各项能损失，以获得用能系统各个环节的能损失。由能平衡分析法可以找出用能系统中能损失最大的薄弱环节，从而为改进系统的装备、提高系统效率提供依据。

能平衡分析法对提高热机和热工设备的热效率、降低能耗、促进生产的发展都曾起过巨大的作用，即使在今天，在对高能耗设备进行技术改造时，能平衡分析方法仍有不可忽视的积极作用，是一种广泛使用的重要能量分析方法。为此，很多国家都制定了具有法令性质的适用于不同对象的能量平衡通则，如 1981 年颁布的《热设备能量平衡通则》(GB/T 2587−1981)，2009 年颁布的《企业能量平衡通则》(GB/T 3848−2009)，2009 年修订的《用能设备能量平衡通则》(GB/T 2587−2009)等，这些技术文件对能源利用和分析工作具有指导作用。

2.1.2　热力学第二定律分析方法

热力学第二定律揭示的是不同形态能量转换过程的方向性或不可逆性，其实质在于热能属于粒子无序运动的能量，一般称为无序能，而其他形态的能量属于有序能，当无序能与有序能间进行转化以及无序能之间进行能量传递时，一定受到热力学第二定律的限制。

1. 熵产分析法

热力学第一定律和第二定律几乎是同时创立的，但熵产分析法却比两个定律的提出晚了二十几年，直至 1865 年熵参数确定后才出现。热力学第二定律指出了过程的不可逆性必然导致做功能力的损失，即能量品质的降低。当状态参数熵引入后，热力学第二定律又确定了熵增是过程不可逆性的度量值。由此一来，过程的熵增就和做功能力损失联系起来，即

$$\Delta W_1 = \sum_{i=1}^{n} \Delta W_{1,i} = T_0 \sum_{i=1}^{n} \Delta S_i \tag{2-2}$$

式中，$\Delta W_{1,i}$ 为子系统 i 的做功能力损失，ΔS_i 为子系统 i 的熵增。根据热力学理论，各

种过程的熵增均可计算，相应地，对应一个能量系统，可计算各阶段做功能力损失，并据此进行能量分析，确定系统中做功能力损失率最大的薄弱环节和部位，这就是熵产分析法，式(2-2)即熵产分析法的数学描述。如果说能平衡分析法是从能量的数量方面进行分析研究，那么基于热力学第二定律的熵产分析法就是从能量的品质方面进行分析研究，探究系统能量贬值分布，从而采取措施改进用能过程，减少能量品质的降低[4-6]。熵产分析法考察系统用能状况的评价标准为热力学第二定律效率，即系统有效输出功和理论做功量之比：

$$\eta_{\mathrm{II}} = \frac{W_{\mathrm{t}}}{W_0} = 1 - \frac{\Delta W_1}{W_0} = 1 - \frac{T_0 \Delta S}{W_0} \tag{2-3}$$

2. 㶲分析法

㶲分析法是热力学第二定律分析方法的另外一种方法。1956 年，Rant[7]首次提出了采用㶲这个参数来表征热力学能量中可转换部分的量。之后，欧洲其他国家陆续接受了 Rant 关于㶲的命名，并把㶲分析法广泛用于热能动力、石油化工、制冷、冶金等行业[8-12]。1980 年，日本颁布了关于㶲的工业标准。20 世纪 80 年代初，我国采用“㶲”这个汉字来表示有用的能量，之后，中国文字改革委员会接受了“㶲”，并收录到《新华字典》。我国国家标准化管理委员会也于 1994 年发布了能量利用中的《㶲分析方法技术导则》(GB/T 14909−1994)，并于 2005 年进一步修正，颁布了《能量系统㶲分析技术导则》(GB/T 14909−2005−T)。

根据㶲的定义：系统由任意状态可逆变化到环境状态(基态)时，能量最大限度转换的有用功，称为㶲[13-14]。这样一来，㶲就可作为最大有用功的度量。对于给定的能量而言，用能过程中能量品质的下降(即可用功做功能力的损失)便可直接用㶲值的减少(即㶲损失)来进行表征。在选定计算基准的条件下，可直接计算出能流在某个状态下的㶲值，进而确定各阶段的㶲损及系统总㶲损，以此分析系统中㶲损率最大的薄弱环节，以㶲效率作为系统整体的用能状况做出评价。热力学第二定律的精髓在于揭示了能量传递过程中能量品质的蜕变规律，所以有些文献又称为能质蜕变原理[15]。由于㶲具有能的量纲和质的属性，使能的“量”和“质”达到完美统一，因此，㶲分析法受到了热工界的重视，被越来越广泛地用于工程实际。

基于热力学第一定律和第二定律的能量分析方法所得到的分析结果是不同的。一般情况下，熵分析和㶲分析的结果与能平衡分析所得结果差别很大[16-20]。以蒸汽动力循环为例(图 2-1)，假定锅炉效率为 0.85，其出口参数为 p_1=4MPa，t_1=450℃，汽轮机机械效率为 0.985，进汽参数为 p_2=3.5MPa，t_2=435℃，背压 p_s=0.0087MPa，干度 x=0.935，炉内燃烧温度为 2000℃，环境温度为 20℃，三种能量分析方法所得结果如表 2-1 所示，可以看出，㶲分析和热平衡分析结果有很大差别，系统效率、各阶段损失都有所不同。能平衡分析结果表明，系统主要能损失在凝汽器部分，而㶲和熵分析都认为锅炉损失是主要的损失环节，可见，不同能量分析方法所得结论迥然不同。

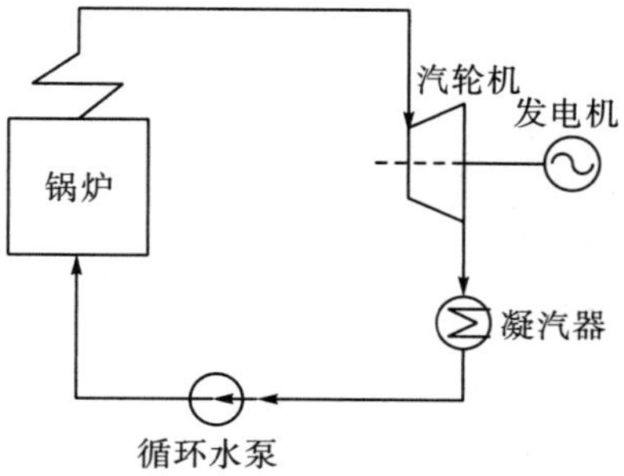

图 2-1　蒸汽动力循环

表 2-1　三种能量分析方法的结果比较

项目	能平衡分析		熵分析		㶲分析	
	焓值/(kJ/kg)	能损失占输入能量比例/%	数值/(kJ/kg)	熵产百分率/%	㶲值/(kJ/kg)	㶲损失占输入㶲量比例/%
燃料供给能	3704	100	3226.6	100	3226.6	100
系统净输出能	839.7	22.7	841.1	26.1	839.8	26.0
锅炉损失	555.6	15.0	1929.8	59.8	1929.6	59.8
汽轮机内部损失	236.0	6.4	220.0	6.8	221.0	6.8
汽轮机摩擦损失	13.2	0.4	13.2	0.4	13.2	0.4
凝汽器损失	2006.4	54.2	163.3	5.1	164.0	5.1
管道损失	27.1	0.7	33.2	1.0	33.0	1.0
发电机损失	26.0	0.7	26.0	0.8	26.0	0.80
系统效率	—	22.7	—	26.1	—	26.0

能分析法和㶲分析法的比较如表 2-2 所示。能分析法的理论依据是热力学第一定律，只反映能量的数量守恒关系，对不同质的能量视为等质以进行分析比较。显然，这与能量的实际效用是不相符的。例如，1kg 压力为 1.0MPa、温度为 400℃的过热水蒸气使其膨胀到 0.1MPa，理论上可做出 755kJ 的功。若将水蒸气的能量传给常温水，虽然水得到的能量不变，但是却不具备做功的能力。也就是说，相同能量的水和水蒸气，其做功能力不同，也就是其所具备的能量的“质”是不同的，显然，能平衡分析法没有考虑这一因素。因此，㶲分析法和能分析法的根本区别在于确定了能量的“质”的差别。在㶲分析中，同时考虑了“量”和“质”两方面，使得㶲分析法相对更为合理。另一方面，能分析法的主要评价准则是热效率，从合理用能角度也是有所欠缺的。例如，当热效率接近极值时，能分析法即可认为该设备已达到技术上的完善程度，再无节能潜力。但工程上常常遇到热效率高，

而㶲效率低的情况。例如，油田的原油加热炉，热效率高达 90%，按能分析法，该设备已是相当完善了。但实际其㶲效率只有 5%左右，说明此时系统对能质的利用很差，技术还相当不完善，具有很大的改进潜力。

表 2-2　能分析法和㶲分析法的比较

项目	能分析法	㶲分析法
理论依据	热力学第一定律	热力学第一定律、热力学第二定律
能量平衡原理	能量守恒原理	能质蜕变原理
分析内容	能量的数量关系	㶲的数量关系
方法特点	对不同质能量进行分析比较	对同质的能量(㶲)进行分析比较
主要评价准则	能效率、能损率分布 $\eta_{\mathrm{I}}=\dfrac{收益能}{代价能}=1-\dfrac{损失能}{代价能}$	㶲效率、㶲损率分布 $\eta_{\mathrm{II}}=\dfrac{收益㶲}{代价㶲}=1-\dfrac{㶲损失}{代价㶲}$
分析结果	揭示最大能量损失部位	揭示最大㶲损部位或环节
结果评价	反映设备外部能损	全面反映设备内部和外部㶲损

㶲分析法和熵分析法同是以热力学第二定律出发的热力学分析方法，二者分析结果相同。目前工程上采用㶲分析法总体上多于熵分析法，主要有两方面原因：①熵的概念比较抽象，其定义也颇难理解；②熵主要体现的是物质的无序度，通过系统熵增来度量过程的不可逆程度，从而进一步体现能的贬值，因此，熵分析法是对能量“质”的间接分析，相对于此，㶲分析可更为直接地表征能质特点，从工程应用上来看，更为方便。

3. 能级分析方法

相对于能平衡分析法，㶲分析法更能科学地揭示系统中用能的薄弱环节，从热力学和工程应用角度，确定能量分析结果的可靠性。然而，对于任何体系，包括设备、过程、循环等都存在着能量供给和能量使用的匹配问题，而㶲分析法并不能解决这一供能和用能双方如何合理匹配从而获取最佳经济效益的问题。为此，杨东华[21]于 1980 年率先提出了依据热力学第二定律展开的能级平衡分析法的构思，并明确提出了能级Ω的概念，定义了能级为㶲值 E_{x} 和相应的总能量 E_{T} 之比，即

$$\Omega=\frac{E_{\mathrm{x}}}{E_{\mathrm{T}}} \tag{2-4}$$

能级分析就是依据能平衡和㶲平衡原理，以能级匹配和减小能量损失为用能指导思想，以系统输入能量的能级和用户所需的能级间的差值(能级差 $\Delta\Omega$)作为能量利用合理性的质量指标，再结合能量利用合理性的数量指标热力学第一定律效率，共同评价能量利用过程的质量和数量水平[22]。

2.2　热平衡分析法

2.2.1　能量系统和热力系统

在能量利用过程中，通常要经历能量的释放、转换、传输以及应用等环节。组成这些环节需要相应的设备，如锅炉、换热器等；载能体主要是工质，如水蒸气、空气、燃气等；能量传递过程中涉及相应的能流，如热流等。

将能量的释放、转换、传输、应用等环节以及与之相应的设备、工质、能流等相关物质所组成的完整的能量利用系统称为全能量系统。在实际的能量分析过程中，可以取其中的几种或者一种关键设备作为分析对象，或者对其中的某一过程进行分析。这些根据实际情况所选定的分析对象称为能量分析系统。

热力系统是以热能和机械能(功)等其他能量形式之间的转换或传递过程为研究对象，热力系统中一定包含一个或一个以上的热力过程。能量系统涉及范围更广，其中包括并无热与功的能量形式在内的系统，如光、电转换装置，燃料电池等都属于能量系统，而不属于热力系统。

2.2.2　热力系统热平衡分析方法

对热力系统而言，当采用热平衡法来评价其系统用能的合理性和有效性时，所采用的指标为热力学第一定律效率，即有效利用的热量与供给的热量之比。对于动力循环系统，热力学第一定律效率，即热效率可表示为

$$\eta_{\mathrm{t}}=\frac{W_{\mathrm{net}}}{Q_1}=\frac{Q_1-\sum\limits_j Q_j}{Q_j}=1-\frac{\sum\limits_j Q_j}{Q_1}=1-\sum_j \xi_j \tag{2-5}$$

式中，W_{net}为净功；Q_1为外部热源供给的热量；$\sum\limits_j Q_j$为循环中各项能量损失之和；$\sum\limits_j \xi_j$为循环中各项能量损失系数之和。

1. 简单循环系统热平衡分析方法

对于简单循环系统热平衡，以按朗肯循环工作的凝汽式发电厂为例，各主设备系统热效率分析如下。

1) 锅炉热效率及热损失率

锅炉有效利用热量为

$$\Phi_b=\Phi_{cp}-\Delta\Phi_b \tag{2-6}$$

热效率为

$$\eta_b=\frac{\Phi_b}{\Phi_{cp}}=\frac{\Phi_b}{Bq_1}=1-\frac{\Delta\Phi_b}{\Phi_{cp}} \tag{2-7}$$

热损失率为

$$\xi_b=\frac{\Delta\Phi_b}{\Phi_{cp}}=\frac{\Phi_{cp}-\Phi_b}{\Phi_{cp}}=1-\eta_b \tag{2-8}$$

式中，Φ_b为锅炉热负荷，$\Delta\Phi_b$为锅炉热损失，Φ_{cp}为全厂总供热量，单位均为 kJ/h；B 为锅炉煤耗量；q_1 为煤低位发热量，单位为 kJ/kg。目前，我国大型锅炉热效率一般都在 90%以上。

2）主蒸汽管道热效率及热损失率

当工质流过主蒸汽管道时，总会有一部分热损失$\Delta\Phi_p$，主蒸汽管道有效利用热就可用汽轮机的热耗Φ_b和热损失$\Delta\Phi_p$的差值来表示，即

$$\Phi_0=\Phi_b-\Delta\Phi_p \tag{2-9}$$

热效率为

$$\eta_p=\frac{\Phi_0}{\Phi_b}=1-\frac{\Delta\Phi_p}{\Phi_{cp}} \tag{2-10}$$

热损失率为

$$\xi_b=\frac{\Delta\Phi_p}{\Phi_{cp}}=\eta_b(1-\eta_p) \tag{2-11}$$

主蒸汽管道效率反映了管道保温设施的完善度和工质损失的热量。目前，一般管道效率为 99%左右。

3）汽轮机热效率及热损失率

在理想情况下，汽轮机的热损失主要包括汽轮机排汽在凝汽器中的放热以及蒸汽在汽轮机中存在进气节流、排气及内部摩擦等损失，使得蒸汽做功能力降低。汽轮机的有效利用热就可以用汽轮机实际热耗Φ_0和热损失$\Delta\Phi_c$之差来表示，即功率为

$$P_i=\Phi_0-\Delta\Phi_c \tag{2-12}$$

汽轮机热效率，即内效率为

$$\eta_i=\frac{P_i}{\Phi_0}=1-\frac{\Delta\Phi_c}{\Phi_0} \tag{2-13}$$

相应的热损失率为

$$\xi_t=\frac{\Delta\Phi_c}{\Phi_{cp}}=\eta_b\eta_p(1-\eta_i) \tag{2-14}$$

4) 汽轮机机械效率及机械损失率

汽轮机轴承、推力轴承以及轴和推力盘之间存在机械摩擦，拖动主油泵以及调速系统等都需要消耗一部分功，因此，汽轮机机械传动部分有效利用热量为

$$3600P_{\mathrm{ax}}=\mathrm{P_i}-\Delta\Phi_{\mathrm{m}} \tag{2-15}$$

热效率为

$$\eta_{\mathrm{m}}=\frac{3600P_{\mathrm{ax}}}{P_{\mathrm{i}}}=1-\frac{\Delta\Phi_{\mathrm{m}}}{P_{\mathrm{i}}} \tag{2-16}$$

相应的热损失率为

$$\xi_{\mathrm{m}}=\frac{\Delta\Phi_{\mathrm{m}}}{\Phi_{\mathrm{cp}}}=\eta_{\mathrm{b}}\eta_{\mathrm{p}}\eta_{\mathrm{i}}(1-\eta_{\mathrm{m}}) \tag{2-17}$$

式中，P_{ax}为发电机输入功率，kW；$\Delta\Phi_{\mathrm{m}}$为机械损失，kJ/h。

5) 发电机效率及能量损失率

发电机有效利用能量为

$$3600P_{\mathrm{e}}=3600P_{\mathrm{ax}}-\Delta\Phi_{\mathrm{g}} \tag{2-18}$$

发电效率为

$$\eta_{\mathrm{g}}=\frac{P_{\mathrm{e}}}{P_{\mathrm{ax}}}=1-\frac{\Delta\Phi_{\mathrm{g}}}{3600P_{\mathrm{ax}}} \tag{2-19}$$

能量损失率为

$$\xi_{\mathrm{g}}=\frac{\Delta\Phi_{\mathrm{g}}}{\Phi_{\mathrm{cp}}}=\eta_{\mathrm{b}}\eta_{\mathrm{p}}\eta_{\mathrm{i}}\eta_{\mathrm{m}}(1-\eta_{\mathrm{g}}) \tag{2-20}$$

式中，P_{e}为发电机输出功率，kW；$\Delta\Phi_{\mathrm{g}}$为发电机损失，kJ/h，该部分损失主要体现在发电机轴与支撑轴承摩擦耗功，发电机冷却介质的摩擦以及铜损、铁损引起的功率消耗等。

6) 发电厂能量损失及总效率

对整个凝汽式发电厂而言，最终输出端为发电机输出功率，考虑各项损失后，其总的有效利用能可表示为

$$3600P_{\mathrm{e}}=3600P_{\mathrm{ax}}-\sum_{\mathrm{cp}}\Delta\Phi_{\mathrm{j}} \tag{2-21}$$

式中，

$$\sum_{\mathrm{cp}}\Delta\Phi_{\mathrm{j}}=\Delta\Phi_{\mathrm{b}}+\Delta\Phi_{\mathrm{p}}+\Delta\Phi_{\mathrm{c}}+\Delta\Phi_{\mathrm{m}}+\Delta\Phi_{\mathrm{g}} \tag{2-22}$$

总热效率为最终输出功率和供热量的比值，即

$$\eta_{\mathrm{cp}}=\frac{3600\mathrm{P_e}}{\Phi_{\mathrm{cp}}}=1-\frac{\sum_{\mathrm{cp}}\Delta\Phi_{\mathrm{j}}}{\Phi_{\mathrm{cp}}}=\eta_{\mathrm{b}}\eta_{\mathrm{p}}\eta_{\mathrm{m}}\eta_{\mathrm{i}}\eta_{\mathrm{g}} \tag{2-23}$$

全厂总能量损失率为

$$\xi_{cp}=\frac{\sum\limits_{cp}\Delta\Phi_j}{\Phi_{cp}}=\sum_{cp}\xi_j \tag{2-24}$$

当考虑多级回热和再热循环环节时，其基本思路依然如此，但是在具体分析过程中需要列出 n 级回热加热器每一级热平衡式和全机流量平衡式，联立 n+1 个方程式，求解抽气量等 n+1 个未知量或其系数，然后计算蒸汽在汽轮机内焓降做功的总和，以及冷源损失和汽轮机热耗的指标，这样一来，定量分析系统热损失分布等计算量较大。在此基础上，提出了一系列的热平衡分析计算的简化方法[23]，如循环函数法、等效焓降法以及矩阵分析法[24]等。

2.3 㶲分析法

㶲分析的主要目的是通过分析能流在不同状态下的㶲值，进一步计算各种实际过程中的㶲值变化。过程㶲变化量的计算及分析，即所谓过程的㶲分析，是工程㶲分析的基础，可以说，任何复杂的能量系统的㶲分析，只不过是对系统所含各种过程㶲分析的综合。

无论是过程㶲分析，还是对复杂系统㶲分析的综合，都是以系统的㶲平衡原理为基础的。众所周知，能平衡原理是能量在转换过程中所遵循的量的守恒理论，它为能量分析提供了理论依据。从量分析的观点看，它无疑是正确的，并可以达到令人满意的精度，这是能量平衡原理至今仍被广泛采用的主要原因。然而与能平衡原理相应的㶲平衡原理，无论在理论上及实际应用中都要比能平衡原理困难得多。这是因为在实际过程中㶲是不守恒的，输入系统的㶲与由系统输出的㶲是不相等的。因此，㶲平衡方程不像能平衡方程那样易于建立。为了建立过程和系统的㶲平衡方程，必须先引入不可逆过程的㶲耗散与系统对环境的㶲排放损失两个概念，简称㶲耗散及㶲损失[25]，在我国，习惯上将二者统称为㶲损。对㶲分析来说，只有在计算出系统的各项㶲损后，才能揭示出系统中各项之间的㶲平衡关系。

2.3.1 㶲损失与㶲耗散

㶲损失与通常所说的能量损失是两个性质不同的概念。能量平衡所说的能量损失，指的是未能有效利用的能量，如锅炉的排烟热损失、蒸汽管道散热损失等。按照能量守恒的性质，无论在何种情况下能量都是不会消失的，所谓的能量损失只不过是能量在传递过程中，一部分由可被利用的形态转化为不能利用的形态而已，而并不是真正的消失。然而在实际过程中，㶲在传递中却有一部分实实在在地被耗散且消失。以温差不可逆传热过程为例，设有甲、乙两个物体，温度分别为 T_A 与 T_B，且 $T_A>T_B$。现使两个物体直接接触，并用绝热层将其包裹起来，温差将驱动热量从甲物体传向乙物体，按能量守恒性质，甲物体传出的热量 Φ_A 恰好等于乙物体获得的热量 Φ_B，传热过程中没有能量损失。对于㶲传递过

程，甲物体传出的热量㶲为

$$E_{x,A}=\Phi_A\left(1-\frac{T_0}{T_A}\right) \tag{2-25}$$

乙物体获得的热量㶲为

$$E_{x,B}=\Phi_B\left(1-\frac{T_0}{T_B}\right) \tag{2-26}$$

对比可以发现，$E_{x,B}$是小于$E_{x,A}$的，这说明尽管乙物体获得的热量与甲物体输出的热量相等，但乙物体所获得的㶲却少于甲物体给出的㶲。显然甲物体所传出的㶲中有一部分在传递过程中消失了，或者说转换为炕了。把这种能量在传递过程中由于不可逆性引起的㶲消失现象称为㶲耗散，或称内部㶲损。

工程上由于不可逆性引起的㶲耗散现象十分普遍，在耗散㶲的变化过程中，大多是由Ω=1 的㶲(机械㶲、电㶲、核㶲等)转变为Ω <1 的热㶲，可见，热㶲是工程上最常见的耗散㶲形态。

任何一种能量系统，不仅在系统内部有各种能量传递现象，并且系统与外界之间也存在着能量交换。例如，蒸汽管道温度高于环境温度而引起的散热，且散热量全部为环境所吸收，损失了相应的热㶲；再如锅炉排污过程，比㶲很大的高温水排放给环境而变为㶲值为零的常温水；排烟过程中有一定热㶲和化学㶲的烟气散失到大气中等，都存在一部分㶲散失到环境中，而完全失去做功能力，转变为炕。显然，这类㶲是真正损失掉了，相对于内部㶲损失，这些为外部㶲损。

一般来说，一个能量系统中都会存在多种㶲耗散和㶲损失，因此一个能量系统的总损E_{xl}可以表示为

$$E_{xl}=\Sigma\left(E_{xl,in}\right)_i+\Sigma\left(E_{xl,out}\right)_j \tag{2-27}$$

式中，$E_{xl,in}$和$E_{xl,out}$分别为内、外部㶲损。并且，根据定义，内部㶲损可按下式计算：

$$E_{xl,in}=T_0\left(\Delta S_g\right)_{sys} \tag{2-28}$$

式中，$(\Delta S_g)_{sys}$为系统的熵产。式(2-27)可以看作是系统㶲损的一般表达式。

无论是内部的耗散㶲还是外部的损失㶲，二者最终都转变为炕，为环境所吸收，这是二者的共同特点。炕的产生，减少了系统的有效㶲，从而降低系统的㶲效率。㶲耗散与㶲损失二者是有差别的，㶲耗散是由系统内部过程的不可逆性引起的，耗散㶲主要取决于过程的不可逆程度。一般情况下，系统内部过程的不可逆性不直接受环境的影响，但耗散㶲却是与环境密切相关的。由式(2-28)可以看到，环境温度 T_0 的变化直接影响耗散㶲。同时，T_0还通过影响熵产 ΔS_g 的方式间接影响其大小。例如，以锅炉为例，当环境温度下降时，炉体散热量增加，从而改变炉内的传热，增加系统内的熵产。然而，环境所起的作用要比系统内过程本身的不可逆性影响小得多，这是因为系统内过程的不可逆性可以在很大范围内变化，而环境温度只是在较小的范围内变化。可见，减小系统内过程的不可逆性应

是减少系统㶲耗散的主要途径。

外部㶲损主要是由系统对环境的排放所造成的，因而外部㶲损的值主要取决于排放物和环境的状况。排放物的能级越高，排放量越大，外部㶲损也越大。环境的影响体现在环境温度上，一般情况下，环境温度越低，外部㶲损就越大。然而，排放要求通常是由生产情况或工艺条件所规定的，不能任意改变，环境状态也不由人为决定。因此，相对于耗散㶲来说，减小外部㶲损较为困难。工程上的处理原则是尽量控制排放物量至最低限度。倘若排放物量大、㶲值高，而又无法降低时，则考虑采取回收、再利用的方式，使系统的外部㶲损得以减小。

一切实际过程都是不可逆过程，㶲耗散不可避免，只能设法减少它，而不能将其完全消除。同时，考虑到过程不可逆性本身就是过程的推动力(如温差推动传热、压差推动膨胀、密度差推动扩散等)，是维持过程进行所必需的，所以㶲耗散在技术上并非都是不利的。从系统优化的角度来看，追求的不是消除㶲耗散，而是要把它控制在某个最佳范围内。

外部㶲损并不像㶲耗散那样总是存在的。对于“孤立”系统或接近于“孤立”的能量系统来说，外部㶲损可以接近甚至等于零。例如，以超级隔热材料保温的换热器，其散热㶲损可接近零。从技术上看，外部㶲损的确是一种纯粹的损失，因此工程上应尽量减少它。

从能质的观点看，耗散㶲通常都是高质能，如因摩擦而耗的机械㶲、因流阻而耗散的动㶲、因电阻而耗散的电㶲等。外部㶲损常常是由温度、压力较低的排放物带走的低质能。因此，减少耗散㶲的价值要比减少外部㶲损大。

2.3.2 㶲平衡方程

在一切实际过程中，都存在着㶲E_x向炕A_n的转化过程。也就是说，对于实际过程，㶲只会减少，不会增加；而炕则只会增加不会减少，即

$$\mathrm{d}E_x < 0;\ \mathrm{d}A_n > 0 \tag{2-29}$$

从㶲E_x和炕A_n的定义来看，对于过程中的任意状态，总有

$$E = E_x + A_n = 常数 \tag{2-30}$$

将式(2-30)应用于过程中的状态1和状态2，则有

$$E_{x1} + A_{n1} = 常数 \tag{2-31a}$$

$$E_{x2} + A_{n2} = 常数 \tag{2-31b}$$

由式(2-31)可得

$$E_{x2} - E_{x1} = A_{n1} - A_{n2} = -\left(A_{n2} - A_{n1}\right) \tag{2-32}$$

对于微元过程来说，上式可变为

$$\mathrm{d}E_x = -\mathrm{d}A_n \tag{2-33}$$

式(2-32)和式(2-33)是关于过程的㶲平衡方程。需要注意的是，所谓过程㶲平衡不是指同一物质，因为过程中㶲减少的物质与增加炕的物质可能不是同一物质，但它们都是属

于同一个过程物系的。㶲平衡原理可表述为在能量传递过程中，过程物系的㶲减量恒等于过程物系的炕增量。根据㶲平衡原理可以判断过程进行的方向，即任何过程必须是沿着㶲递减、炕递增的方向进行，并且满足㶲减量与炕增量相等的条件。

把㶲损失的概念直接用于能量系统，便可得到能量系统中各种㶲流的关系。如图 2-2 所示，设输入系统的㶲为 $E_{x,in}$，在能量传递与转换过程中，输入㶲有三个去向，一是消耗于内部的㶲耗散即 $E_{xl,in}$，二是消耗于外部的㶲损失 $E_{xl,out}$，余下的部分便是系统的有效输出㶲$E_{x,ef}$，因此：

$$E_{x,in}=E_{x,ef}+\sum E_{x1}=E_{x,ef}+E_{x1,in}+E_{x1,out} \tag{2-34}$$

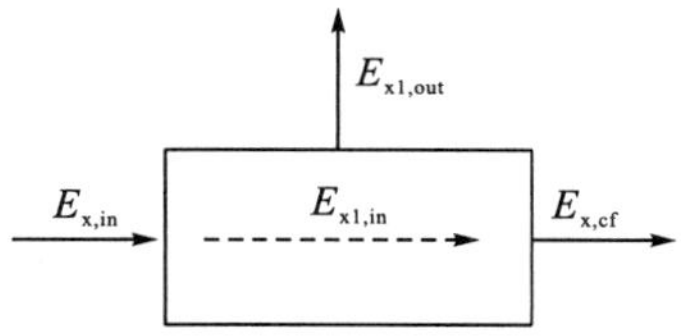

图 2-2　能量系统㶲平衡模型图

式(2-34)是能量系统㶲平衡方程的一般形式，即输入系统的㶲恒等于系统的有效输出㶲与系统的各种㶲损之和。

若系统有多股输入㶲和多种㶲耗散与外部㶲损失，则式(2-34)应改写为

$$\sum E_{x,in,i}=E_{x,ef}+\sum E_{x1,i}=E_{x,ef}+\sum E_{x1,in,i}+\sum E_{x1,out,i} \tag{2-35}$$

需要指出的是，从热力学第一定律出发的能量平衡与能量守恒在概念上是完全一致的，而基于热力学第二定律的㶲分析中，只有㶲平衡的概念，没有㶲守恒这一说法，不能把㶲平衡理解为㶲的守恒。换句话说，如果热力学第一定律是关于能守恒的定律，那么热力学第二定律就是关于㶲不守恒的定律。

2.3.3　基本过程的㶲损计算

从能量传递和转换的方式来看，能量系统用能过程都可以分解为如燃烧、换热、流动、混合、分离、化学反应等基本过程。倘若能推导出各种基本过程的㶲损计算式，那么任何复杂系统的㶲损计算，只不过是对基本过程的㶲损进行运算而已。因此，为了便于计算复杂能量系统的㶲损，首先必须计算工程中常见的基本过程㶲损。

㶲损的计算通常分为两大类，即直接计算法和间接计算法。

1. 直接计算法

直接计算法指的是通过直接计算参与过程的各物流或能流的㶲值来计算过程㶲损的

方法。若已计算得到进入物系的㶲为$\sum E_{x,in,i}$，输出的㶲为$\sum E_{x,out,i}$，那么过程的㶲损为

$$E_{x1}=\sum E_{x,in,i}-\sum E_{x,out,i} \tag{2-36}$$

直接计算法需要计算各物流的㶲值，这在实际计算中并不是很方便。然而，对某些复杂过程的㶲损计算，若采用其他方法往往相当麻烦，而采用直接计算法有可能要简单得多。

例如，燃烧过程就是一个由化学㶲转变为热㶲的复杂过程。对于绝热条件下过量空气系数 α=1 的完全燃烧过程，燃烧产物将达到绝热燃烧温度 T_{ad}[2]，设供给燃烧的燃料㶲为 E_{xf}，则完全燃烧过程的㶲损为

$$E_{x1}=E_{xf}-E_{xQ}=E_{xf}-Bq\left(1-\frac{T_0}{T_{ad}}\right) \tag{2-37}$$

式中，E_{xQ}为燃烧产物㶲；B 为燃料耗量，kg/h；q 为燃料发热量，kJ/kg。

2. 间接计算法

间接计算法是指先计算得到熵产，然后再根据式(2-28)计算㶲损的方法。

1) 燃烧过程

当燃气组成已知时，可以计算出基准态下的熵 S^0。依据燃气的组成，可以计算出燃气在实际燃烧温度下的绝对熵，即 $S_g=\Sigma S_{g,i}(T)$。由此得燃烧过程的㶲损为

$$E_{x1}=T_0\left(S_g-S^0\right) \tag{2-38}$$

2) 传热过程

设热源温度为 T_A，受热物体温度为 T。当只有热源与受热物之间传热，则有

$$dS=-\frac{\delta\Phi}{T_A}+\frac{\delta\Phi}{T}=\delta\Phi\left(\frac{1}{T}-\frac{1}{T_A}\right)=\frac{T_A-T}{T_A\cdot T}c dT \tag{2-39}$$

式中，c 为热容。

对于定压吸热过程，受热物体温度由 T_1 升到 T_2，则有

$$\Delta S=\int_{T_1}^{T_2}c_p\frac{dT}{T}-\int_{T_1}^{T_2}\frac{c_p}{T_A}dT=\overline{c}_p\ln\frac{T_2}{T_1}-\frac{\overline{c}_p}{T_A}\left(T_2-T_1\right) \tag{2-40}$$

将式(2-40)代入式(2-28)，可得

$$E_{x1}=T_0\overline{c}_p\left[\ln\frac{T_2}{T_1}-\frac{1}{T_A}\left(T_2-T_1\right)\right] \tag{2-41}$$

式中，$\overline{c}_p$为平均定压比热容。

3) 换热过程

如图 2-3 所示，在逆流换热器中，质量流量为 m_1 的热流体由状态 1 放热转变为状态

1′，同时质量流量为 m_2 的低温流体由状态 2 吸热转变为状态 2′。假定在整个换热器的任意界面，流体 1 的温度 T_H 始终高于流体 2 的温度 T_L，不考虑换热器与环境间的热量交换，不计动能和位能的变化。

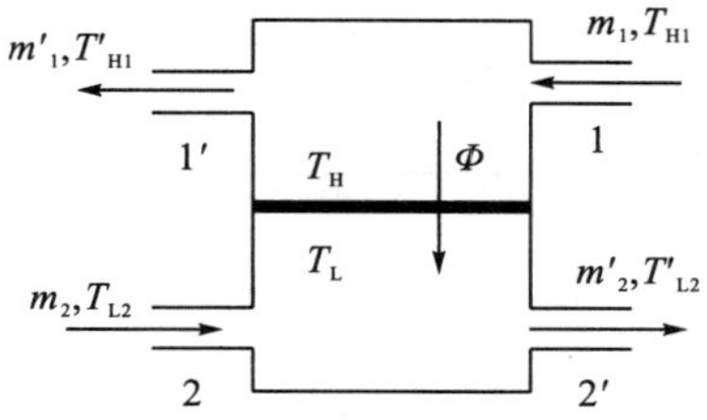

图 2-3　简单换热过程示意图

换热器㶲平衡方程为

$$\begin{aligned}E_{xl}&=\left(E_{x,1}+E_{x,2}\right)-\left(E'_{x,1}+E'_{x,2}\right)\\&=\left[\left(H_1-H_1'\right)-T_0(S_1-S_1')\right]-\left[\left(H_2'-H_2\right)-T_0(S_2'-S_2)\right]\end{aligned} \tag{2-42}$$

将式(2-42)代入式(2-28)，可得㶲损表达式为

$$E_{xl}=T_0[(S_2'-S_2)-(S_1-S_1')]=T_0\Delta S_g \tag{2-43}$$

4) 流体流动过程

对于不考虑传热的流体流动过程，即绝热稳定流动过程，其㶲损主要来源于摩擦阻力，使流动过程中流体的一部分动能转变为摩擦热而被流体吸收，从而产生不可逆熵增，也称为动量㶲向热㶲转变过程中的㶲损。

对于不可压缩流体的流动过程，焓增是由一部分动能克服摩擦阻力转化为热的结果，即流体的摩擦热恰好与流体的焓增相等，由此得流体的熵增为

$$\Delta S=\int\frac{\delta\Phi_f}{T_f}=-\int_{T_1}^{T_2}mc_v\cdot\frac{dT}{T_f}=-m\overline{c}_v\ln\frac{T_2}{T_1} \tag{2-44}$$

结合式(2-44)和式(2-28)，可得液体流动过程的㶲损为

$$E_{x1}=-mT_0\overline{c}_v\ln\frac{T_2}{T_1} \tag{2-45}$$

式中，m 为流体的质量；T_2、T_1 分别表示终端、始端的流体温度；$\overline{c}_v$ 为流体在 T_1～T_2 的平均定容比热。

对于气体绝热流动过程，如图 2-4 所示，其中，1-2 为不可逆绝热流动过程，1-2′为可逆绝热流动过程。压力 p_1、p_2 与温度 T_1、T_2 都可以由实测得到。

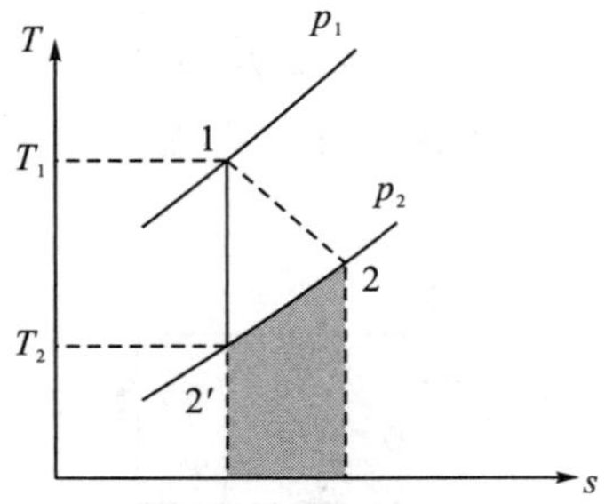

图 2-4　气体绝热流动过程

设过程 1-2 中气体吸收摩擦热产生的熵增为$\Delta s_{1\text{-}2}$，为便于计算，设想有一个气体的定压加热过程 2′-2，对理想气体，可得

$$\Delta s_{1\text{-}2} = \overline{c}_p \ln\left(\frac{T_2}{T_1\left(\dfrac{p_2}{p_1}\right)\dfrac{\kappa-1}{\kappa}}\right) = \overline{c}_p\left[\ln\left(\frac{T_2}{T_1}\right) - \frac{\kappa-1}{\kappa}\ln\left(\frac{p_2}{p_1}\right)\right] \tag{2-46}$$

式中，κ 为绝热指数。流动过程㶲损为

$$e_{\mathrm{xl}} = T_0\overline{c}_p\left[\ln\left(\frac{T_2}{T_1}\right) - \frac{\kappa-1}{\kappa}\ln\left(\frac{p_2}{p_1}\right)\right] \tag{2-47}$$

5) 节流过程

节流是典型的不可逆过程[3]。由于节流孔前后的流体焓值是相等的，而焓又是与过程无关的状态参数，因此，可以取定焓过程来计算不可逆节流过程的熵增。对于不可压缩流体，v 为常数，则

$$\Delta s = \frac{v}{T}\ (p_1 - p_2) \tag{2-48}$$

因此，节流过程的㶲损为

$$e_{\mathrm{xl}} = \frac{1}{T}vT_0(p_1 - p_2) \tag{2-49}$$

6) 散热过程

散热过程实质是温差不可逆传热过程，但散热㶲的计算与散热量的计算有所不同。散热量计算一般取设备表面温度为散热温度，而在散热㶲的计算中则不是，这是因为能质的损失应是从设备中的流体开始的，温度应取设备中的流体温度，因而有

$$\Delta S = \frac{\Phi}{T_0} - \frac{\Phi}{T_{\mathrm{f}}} = \Phi\left(\frac{1}{T_0} - \frac{1}{T_{\mathrm{f}}}\right) \tag{2-50}$$

故散热㶲损为

$$E_{x1}=T_0\Phi\left(\frac{1}{T_0}-\frac{1}{T_f}\right)=\Phi\left(1-\frac{T_0}{T_f}\right) \tag{2-51}$$

2.3.4　烟分析基本方法及评价准则

烟分析主要由烟值的计算及过程烟损的计算两部分组成，在完成各项计算后，即可对设备或系统进行烟分析。

1. 烟分析的一般步骤

对工程问题的烟分析可以分为两大类，一类是依据工程设计数据进行的烟分析，称为设计参数烟分析，另一类是依据对运行中设备或系统的测试数据进行的烟分析，称为运行参数烟分析。为了全面考察、评价一个用能系统的状况，这两类烟分析都是必要的。从分析的方法步骤来看，两类分析基本是相同的，区别仅在于取得原始数据的方式不同。

烟分析的一般步骤是：①对分析对象进行全面调查、考察，重点要弄清设备或系统中的能流状况；②分析系统中的能量转换关系，特别是各设备之间的能量关系；③拟定分析模型；④计算物流的烟值和/或过程的烟损；⑤计算各项烟分析指标，即烟分析的评价准则；⑥应用热力学理论分析所得结果，提出分析结论；⑦依据分析结果及结论，提出设备或系统的节能改造方案或改进意见。

2. 烟分析评价准则

烟分析评价准则是指用来评定设备或系统用能合理性的技术指标。烟分析的对象可以是一个用能过程、一台用能设备，也可以是一个含有若干设备的生产系统。对于不同的对象，除了采用一些通用的评定准则，还应该有一些反映不同对象特征的专用指标。

1)用能过程评价准则

用能过程主要表现为过程的不可逆性，从热力学角度只能是对过程不可逆性加以比较。过程的烟损越小，其不可逆性也越小，表明该过程的热力学完善性越好。反之，过程的烟损越大，其不可逆性也越大，表明该过程的热力学完善性越差。虽然烟损可以说明过程的热力学完善性，然而作为对过程评定的准则，却不能直接用烟损来衡量。通常情况下，采用热力学完善度作为过程烟分析的通用评定准则，其定义为过程中输出的烟流值 $E_{x,out}$ 与输入烟流值 $E_{x,in}$ 之比，用符号 ε 表示，即

$$\varepsilon=\frac{E_{x,out}}{E_{x,in}}=1-\frac{E_{x1,in}}{E_{x,in}} \tag{2-52}$$

当过程的㶲损为零，即 $E_{\text{xl,in}}=0$ 或 $E_{\text{x,out}}=E_{\text{x,in}}$ 时，则 $\varepsilon=1$，表明过程的热力学完善度最高。当过程的㶲损最大，以至于 $E_{\text{x1,in}}=E_{\text{x,in}}$ 时，则 $E_{\text{x,out}}=0$，$\varepsilon=0$，表明过程的热力学完善度最差。通常 $0<\varepsilon<1$，ε 越大，表明过程的热力学完善度越高。对于任何过程，包括能量转换过程和能量传递过程，均可用 ε 来评定其热力学完善性。

2) 单元设备的评定准则

对于单元用能设备的㶲分析，至少要弄清以下几点：输入设备的㶲有多少获得了有效利用，设备的热力学完善性怎样，以及设备中所进行的各过程中哪一个是薄弱环节。设备的㶲分析评定准则不能像过程㶲分析那样，只取热力学完善度一个指标就行了。通用的准则至少还包括设备的㶲效率、设备的热力学完善度和设备中过程㶲损系数。

(1) 设备的㶲效率

由㶲源供给设备的㶲被设备有效利用的百分率称为设备的㶲效率，即

$$\eta_{\text{ex}}=\frac{\text{收益㶲}}{\text{代价㶲}}=1-\frac{\text{有效耗㶲}}{\text{供给㶲}}\times 100\% \tag{2-53}$$

根据㶲平衡方程，设备㶲效率也可表示成如下形式：

$$\eta_{\text{ex}}=\frac{E_{\text{x,efc}}}{E_{\text{x,sup}}}=1-\frac{\sum E_{\text{x1}}}{E_{\text{x,sup}}} \tag{2-54}$$

式中，$E_{\text{x,efc}}$ 和 $E_{\text{x,sup}}$ 分别为有效耗㶲和供给㶲。

需要强调的一点是，式(2-54)中的供给㶲只是指由能源或起能源作用的物质供给设备的㶲。有效耗㶲是指为了满足生产要求或达到工艺要求，理论上必须消耗的㶲。因此，有效耗㶲只与该设备的工艺机理和相应的工艺要求有关。然而，对于某些设备来说，供给㶲与有效耗㶲的确定也会遇到困难，甚至在解释上带有一定的主观随意性，致使㶲效率的数据失去可比性。合理的解决办法是统一技术名称的定义，使之规范化，以求得一致的认识。

上述㶲效率定义是从工程的观点出发的，对工程㶲分析来说，这是一个基本定义式。从理论或学术的观点看，还可以有多种形式的㶲效率定义。如杨东华[21]从不同方面评价设备热力学性能的角度提出了四种效率，何耀文等[26]按分析的对象及作用提出了三种㶲效率等，丰富了㶲分析理论，都有其理论价值和实际意义。

(2) 设备的热力学完善度

在大部分情况下，设备内部过程的不可逆性将对设备的用能起决定性作用，因此应建立一个表示设备内部过程热力学完善性的准则，即设备的热力学完善度。

设备的热力学完善度定义为由设备输出的总㶲与设备输入的总㶲的比值，即

$$\varepsilon=\frac{\text{设备输出的总㶲}}{\text{设备输入的总㶲}}=\frac{\sum E_{\text{x,out}}}{\sum E_{\text{x,in}}}=1-\frac{\sum E_{\text{x1,in}}}{\sum E_{\text{x,in}}} \tag{2-55}$$

式(2-55)表明，输入设备的总㶲 $\sum E_{\text{x,in}}$ 一定时，ε 只取决于设备内部的㶲耗散，当

$\sum E_{x1,in}=0$，则 $\varepsilon=1$，表明设备内进行的是可逆过程，热力学完善性最好。当$\sum E_{x1,in}=\sum E_{x,in}$时，则 $\varepsilon=0$，表示输给系统的㶲全部在设备内耗散，热力学完善性最差。通常，设备的热力学完善度为 $0<\varepsilon<1$。

表 2-3 清晰地说明了设备的㶲效率与热力学完善度在热力学意义上的显著区别。可以看出，当设备的㶲效率为零时，其热力学完善度可以不等于零，表明此时设备的热力学完善性不一定最差，如对输出的无效㶲进行再生或再利用的话，仍可以获得节能效益。当设备的㶲效率与热力学完善度均为零时，显然这是最差的设备。当热力学完善度为 1 时，㶲效率则不一定等于 1，因为此时仍可以有外部㶲损。只有当热力学完善度与㶲效率均为 1 时，才是设备用能的最佳工况，但这只是一种理想情况，实际是达不到的。

表 2-3　设备㶲效率及热力学完善度比较

准则	$\eta_{ex}=0$	$\varepsilon=0$	$\eta_{ex}=1$	$\varepsilon=1$
㶲平衡关系	$\Sigma E_{x1}=\Sigma E_{x,Sup}$	$\Sigma E_{x1,in}=\Sigma E_{x,in}$	$\Sigma E_{x1}=0$ $E_{x,efc}=E_{x,sup}$	$\Sigma E_{x1,in}=0$ $E_{x,out}=E_{x,in}$
热力学意义	供给㶲全部损失，可以有外部㶲损，无有效㶲输出	供给㶲均在内部耗散，无外部㶲耗散，无有效㶲输出	无内部㶲耗散，无外部㶲损失，有效㶲等于供给㶲	无内部㶲耗散，可以有外部㶲损失，有效㶲输出
结果	$\varepsilon \geqslant 0$	$\eta=0$	$\varepsilon=1$	$\eta \leqslant 1$

(3) 设备中过程㶲损系数

过程㶲损系数定义为：该过程的㶲损与设备供给㶲的比值，即

$$\lambda_i=\frac{E_{x1,i}}{E_{x,sup}} \tag{2-56}$$

考虑到供给㶲只是设备输入㶲$E_{x,in}$中由能源供给的㶲，而将输入㶲中除供给的部分在输出㶲中的相应项中扣除，则设备的㶲平衡方程可以表示为

$$E_{x,sup}=E_{x,efc}+E_{x1,in}+E_{x1,out} \tag{2-57}$$

将式(2-57)除以 $E_{x,sup}$，并将式(2-56)代入即得

$$\eta_{ex}+\lambda_{in}+\lambda_{out}=1 \tag{2-58}$$

式中，λ_{in}和 λ_{out}分别为设备内部和外部㶲损系数。当设备内部和外部均有多个过程时，则

$$\lambda_{in}=\sum_i \lambda_{in,i},\lambda_{out}=\sum_j \lambda_{out,j} \tag{2-59}$$

$$\eta_{ex}+\sum_i \lambda_{in,i}+\sum_j \lambda_{out,j}=1 \tag{2-60}$$

式(2-60)可以看作是㶲平衡方程的另一种形式。

根据设备各过程的㶲损系数 λ_i和 λ_j，不仅可以揭示设备中的“薄弱环节”，而且可以在计算出各过程的㶲损系数时，计算出设备的㶲效率。由式(2-60)可得

$$\eta_{ex}=1-\sum_i \lambda_{in,i}-\sum_j \lambda_{out,j} \tag{2-61}$$

由此式计算得到的㶲效率 η_{ex} 可以和由式(2-54)计算所得的㶲效率 η_{ex} 进行比较，以判别计算结果的可靠性，并以㶲效率的偏差率 γ 作为判别指标，二者偏差越大，计算结果的可靠性越差。

依据设备中各过程的㶲损率或㶲损系数及过程的热力学完善度 ε，即可判别设备的“薄弱环节”。一般说来，λ 高、ε 低的过程就是薄弱环节，但要注意，薄弱环节不一定就是具有节能潜力的环节。判别一个过程是否具有节能潜力，除了依据 λ 和 ε，还应对以下几方面做具体分析：该过程的㶲损能否降低，可能有多大的降低幅度；降低该过程的㶲损能否提高整个设备的㶲效率；当考虑对该环节采用技术改造措施时，要进一步做技术经济分析。以锅炉为例，任何锅炉设备中的燃烧过程的㶲损率总是很高的，但也有降低的可能，采用常规技术，往往难以收到降低㶲损的显著效果，而采用先进的燃烧技术，又将增加投资，这在一般情况下是不适宜的。因此，可以把燃烧过程定为“薄弱环节”，但并不宜将其作为节能潜力大的环节进行改造。

(4) 单位㶲耗

对于直接生产产品的设备，生产单位数量产品所耗费的供给㶲叫作产品的单位㶲耗，以符号 e_x 表示，其计算式为

$$e_x = \frac{E_{x,sup}}{G_p} \tag{2-62}$$

式中，G_p 为产品数量，e_x 的单位为 kJ/kg 或 kJ/m^3。

对于同类设备来说，可以用单位㶲耗来比较设备的用能水平，还可以用它来计算设备的能耗量，因此，单位㶲耗是在工程上广泛应用的评定准则。

3) 生产系统的评定准则

为达到某种生产目标，采用多类(台)设备组成若干生产环节而形成的系统为生产系统。生产系统的㶲分析评定准则，一般可以取下列几个。

系统的效率：

$$\eta_x = 1 - \frac{E_{x1}}{E_{x,sup}} = 1 - \frac{\sum_i E_{x1,i}}{E_{xf} + \varphi_e E_{xe} + \varphi_s E_{xs}} \tag{2-63}$$

式中，$E_{x1,i}$ 为系统中单元设备的㶲损；E_{xf} 为系统消耗的燃料㶲；E_{xe} 为系统消耗的电㶲；E_{xs} 为系统消耗的蒸汽㶲；φ_e 为电㶲折算系数；φ_s 为蒸汽㶲折算系数。

对于不同类型的生产系统，或同类但流程不同的生产系统，若同时以燃料、电、蒸汽作为能源时，为便于比较，应统一取一次能源作为计算基准，这就需要将电、蒸汽等二次能源折算为一次能源。

在不少情况下，对应于实际生产系统都可以找到一个与之对应的理想或理论的工作系统，如与柴油机系统相对应的混合加热理论循环系统或定压加热理论循环系统，与蒸汽动力装置相应的朗肯循环系统，与实际气体制冷机相应的布雷顿循环系统等。在相应的条件

下，理想系统的效率是最高的，它是相应的实际系统㶲效率的极限。这样，便可以取实际系统效率 η_{ex} 与理想系统㶲效率 η_{ex}^{o} 的比值，来表示该系统接近理想系统的程度，把它叫做比㶲效率系数，即

$$\xi = \eta_{ex} / \eta_{ex}^{o} \tag{2-64}$$

系统中设备㶲损率的分布或设备的㶲损系数分别为

$$e_{x1,i} = E_{x1,i} / \sum_i E_{x1,i} \tag{2-65}$$

$$\lambda_i = \frac{E_{x1,i}}{E_{x,sup}} = \frac{\sum_i E_{x1,i}}{E_{xf} + \varphi_e E_{xe} + \varphi_s E_{xs}} \tag{2-66}$$

对于系统来说，当 λ 已知时，应用㶲平衡原理，同样可以得

$$\eta_{ex} = 1 - \sum_i \lambda_i \tag{2-67}$$

2.4 能级平衡分析法

无论是热平衡法还是㶲分析法，都是以能量转换、传递和用能三种过程为分析对象的。㶲分析对于揭示设备或系统中的用能薄弱环节非常有效。然而，从合理组织用能的观点来看，任何设备、系统以至过程，都存在供能与需能之间的匹配问题。能量的供需方能否合理匹配，对于能量的合理利用是一个极为重要的问题。能级分析法目前仍处于研究和发展阶段，这里主要对能级分析基本思想进行阐述。

2.4.1 系统能级分析法

能级定义为㶲和能量的比值，对于只包含功的能量系统而言，能级 $\Omega=1$ 。

对于只包含热量的能量系统：

$$\Omega=\eta_c=1-\frac{T_c}{T} \tag{2-68}$$

对于稳态流动系统：

$$\Omega=\Delta E_x / \Delta H \tag{2-69}$$

在能级分析中，常以设备的供能能级与用户用能能级之间的差值 $\Delta\Omega$ 或能级平衡系数 ξ_Ω 作为设备的能量利用合理性的质量指标。

以采暖设备为例，若采用电暖风器，设备的能级分析模型如图 2-5 所示。

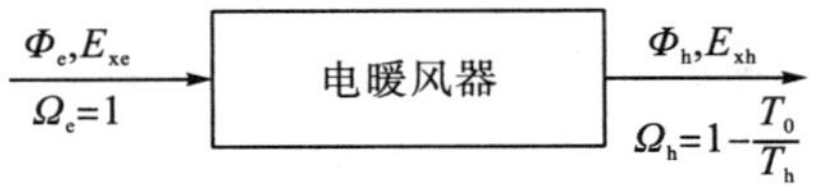

图 2-5 电暖风器能级分析模型

供给电暖风器电能的能级 Ω_e=1，由电暖风器输出为室内空气吸收的热量能级为

$$\Omega_h = 1 - \frac{T_0}{T_h} \tag{2-70}$$

若环境温度 T_0=273K，室内空气温度为 T_h=293K，则 Ω_h=0.0683，得到电暖风器输入能级与用户用能能级差为 $\Delta\Omega=\Omega_e-\Omega_h$=0.932。显然，供需能级差很大，因此这种用能过程是不合理的。

若采用地热水采暖，设地热水温 t_w=70℃，环境温度和室温与电暖风器采暖相同，则采暖设备进口与用户之间的能级差为

$$\Delta\Omega = \left(1-\frac{T_0}{T_w}\right) - \left(1-\frac{T_0}{T_h}\right) = T_0\left(\frac{1}{T_h}-\frac{1}{T_w}\right) = 273\left(\frac{1}{293}-\frac{1}{343}\right) = 0.136$$

可见，若以地热水采暖，设备进口与用户之间能级差相当小。因此，用能过程是合理的。

从能级分析的观点看，炕不是不可利用的能，而是可利用的能。以热泵装置为例，其分析模型如图 2-6 所示。输入热泵的能量有两种，一种是能级 Ω =1 的机械能，压缩功率为 P; 另一种是从环境中吸取的能级 Ω =0 的热量，热泵输出的是能级为 $\Omega_2 = 1-\dfrac{T_0}{T_2}$ 的热量。

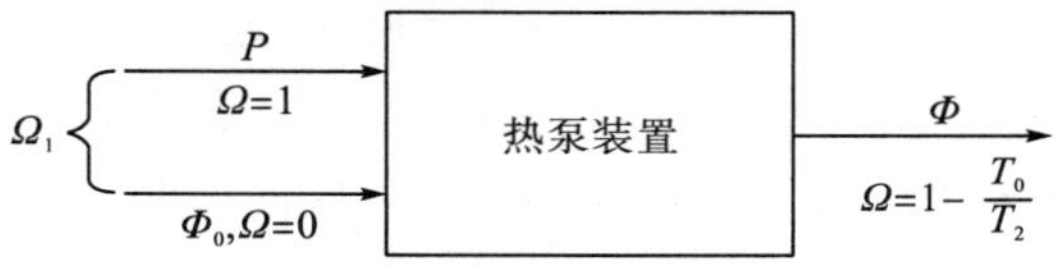

图 2-6 热泵能级分析示意图

热泵输入端的能级

$$\Omega_1 = \frac{P}{P+\Phi_0} < 1 \tag{2-71}$$

尽管输入热泵的机械能能级为 1，但由于热泵同时吸入了能级 Ω=0 的炯，从而使热泵输入端的能级 Ω_1＜1，热泵进出口的能级差 $\Delta\Omega=\Omega_1-\Omega_2$ 也相应缩小。这种情况下炕的存在，使得能量能级降低，而能的数量却得到了增大。

再以制冷装置为例，其能级分析模型如图 2-7 所示。

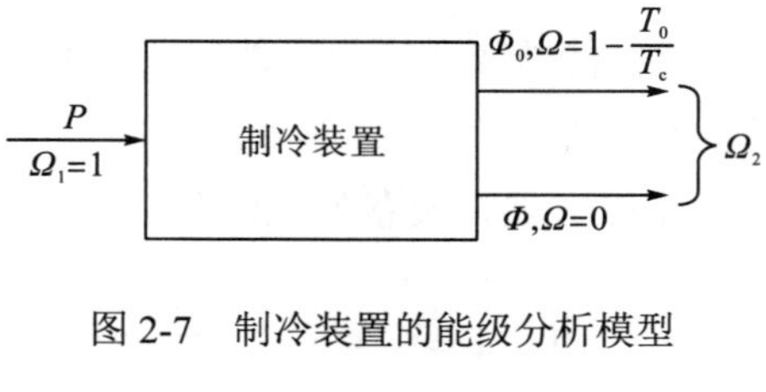

图 2-7 制冷装置的能级分析模型

输入制冷装置的能量为 Ω_1=1 的机械能 P，用户得到的是能级 $\Omega=1-T_0/T_c$ 的冷量 Φ_0，

T_c 为冷藏室温度，制冷装置同时还向环境输出热量 $\Phi=\Phi_0+P$，这部分热量为环境所吸收，转化为炕，因此它的能级 $\Omega=0$。倘若将制冷装置输给环境的热量供给用户使用，则制冷装置输出端的能级为

$$\Omega_2=\frac{\left(1-\frac{T_0}{T_c}\right)\Phi_0}{-\Phi_0+\left(\Phi_0+P\right)}=\frac{\left(1-\frac{T_0}{T_c}\right)\Phi_0}{P} \tag{2-72}$$

对于按逆向卡诺循环工作的热机来说

$$\left(1-\frac{T_0}{T_c}\right)\Phi_0=P \tag{2-73}$$

由此得

$$\Omega_2=1 \tag{2-74}$$

因此，装置输入与用户之间的能级差 $\Delta\Omega=\Omega_1-\Omega_2=0$。在此种情况下，炕起到了“浓缩”低级能的作用，使其能级提高，设备进、出口的能级差相应减小。

从上述热泵以及制冷装置的能级分析可以看出，炕可以作为调节设备输入端或输出端能级的“添加剂”，从而缩小设备输入端与用户间的能级差，提高设备用能过程的合理性。炕的这种调节作用在㶲分析中是不存在的，只有能级分析才能显示出来，这是能级分析的一个重要特点。

按照能级分析的统一模型，可以得到能级平衡系数 ξ_Ω、Ω 与设备的㶲效率 η_{ex} 和能效率 η_t 三者之间的关系式为

$$\xi_\Omega=\frac{\Omega_1-\Omega_2}{\Omega_1}=1-\frac{\eta_{ex}}{\eta_t} \tag{2-75}$$

式中，Ω_1 和 Ω_2 分别为输入设备能量的能级和设备输出给用户的能级。

2.4.2　能级分析的几点说明

1. 能级分析的对象及范围

能级分析并不是在任何情况下都可以采用。对于只取能级为 1 的电能、机械能(包括压力能、动能、位能、机械功等)作为分析项的能量系统，能级分析意义不大。只有当设备的入口与输给用户的能量中含有能级 $\Omega<1$(不包括接近于 1)的能量时，能级分析才有意义，也只有此种情况下的设备入口与用户之间的能级差才能作为设备用能合理性的质量指标。

2. 对于热力系统(包括供热、换热、用热系统)可以采用过程能级分析法

过程能级分析是对系统中流的能级降和设备的能级损失所进行的能量分析。过程能级

分析可用于揭示用能过程中能级递降的规律，寻找系统中能级匹配不合理的环节。以供热系统为例，其基本组成如图 2-8 所示。

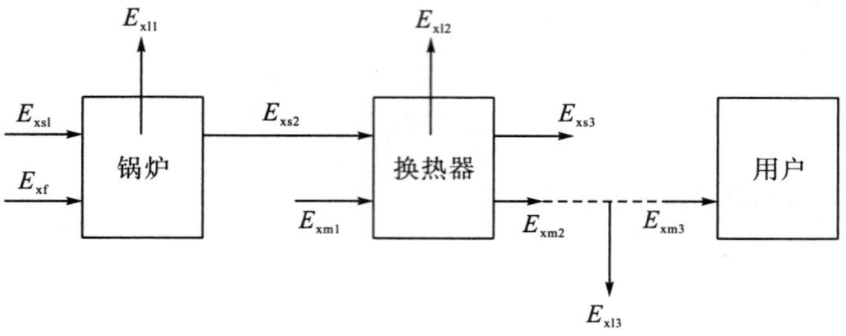

图 2-8　供热系统的过程能级分析示意图

图 2-8 中，标有下标“s”的参数为水或蒸汽的参数，标有下标“m”的参数为物流参数。

对于锅炉，由能平衡和㶲平衡方程可得

$$\frac{E_{xf}}{E_f}=\frac{E_{xs2}-E_{xs1}}{E_{s2}-E_{s1}}+\frac{E_{x1}}{E_{s2}-E_{s1}} \tag{2-76}$$

也可写为

$$\delta\Omega_1=\Omega_f-\bar{\Omega}_{12}=\Omega_{11} \tag{2-77}$$

式中，Ω_f 为燃料能的能级；$\bar{\Omega}_{12}$ 为锅炉中由入口到出口蒸汽流的平均能级；Ω_{11} 为锅炉设备中的能级损失。

对于换热器，联立其㶲平衡方程与能平衡方程可得

$$\delta\Omega_2=\bar{\Omega}_{s23}-\bar{\Omega}_{m12}=\Omega_{12} \tag{2-78}$$

式中，$\bar{\Omega}_{s23}$ 为换热器中蒸汽流的平均能级；$\bar{\Omega}_{m12}$ 为换热器中受热物流的平均能级；Ω_{12} 为换热器的能级损失。

对于输送管道，有

$$\delta\Omega_3=\Omega_{m2}-\Omega_{m3}=\Omega_{13} \tag{2-79}$$

式中，Ω_{m2} 和 Ω_{m3} 分别为换热器出口与用户入口物流的能级；Ω_{13} 为输送管道的能级损失。

将式(2-77)～式(2-79)相加，整理后得

$$\Omega_f=\left(\bar{\Omega}_{12}-\bar{\Omega}_{s23}\right)+(\bar{\Omega}_{m12}-\bar{\Omega}_{m23})+\Omega_{11}+\Omega_{12}+\Omega_{13} \tag{2-80}$$

式中，

$$\bar{\Omega}_{m23}=\Omega_{m2}-\Omega_{m3} \tag{2-81}$$

式(2-80)为过程能级分析得到的能级平衡方程。该方程表明，系统入口端燃料的能级等于热介质(水或蒸汽)和受热物流的能级降与系统中各设备的能级损失之和。

若式(2-80)除以 Ω_f 可得

$$\xi_{s1\text{-}3}+\xi_{m1\text{-}3}+\theta_{11}+\theta_{12}+\theta_{13}=1 \tag{2-82}$$

式中，

$$\xi_{s1-3} = \frac{\bar{\Omega}_{s12} - \bar{\Omega}_{s23}}{\Omega_f}；\quad \xi_{m1-3} = \frac{\bar{\Omega}_{m12} - \bar{\Omega}_{m23}}{\Omega_f}；\tag{2-83}$$

θ 为能级损失系数，$\theta_i = \dfrac{\Omega_i}{\Omega_f}$，并且，能级降系数与能级损失系数之和为 1。

采用式(2-80)和式(2-82)可以分析系统在能量传递、转换过程中能级匹配是否合理。一般来说，能级降系数或能级损失系数高的环节可能就是能级匹配不合理的环节。

系统中各环节的能级降及能级损失也可以用图表直观表示，当给定条件为：t_{s1}=120℃，t_{s2}=190℃，t_{s3}=120℃，t_{m1}=50℃，t_{m2}=110℃，t_{m3}=100℃，P_m=0.3 Mpa 时，计算得到的能级分布如图 2-9 所示，可以看出，该系统中锅炉设备的供、需能级差最大，能级匹配最不合理，因此锅炉是系统中主要用能不合理的环节，其次是换热器。

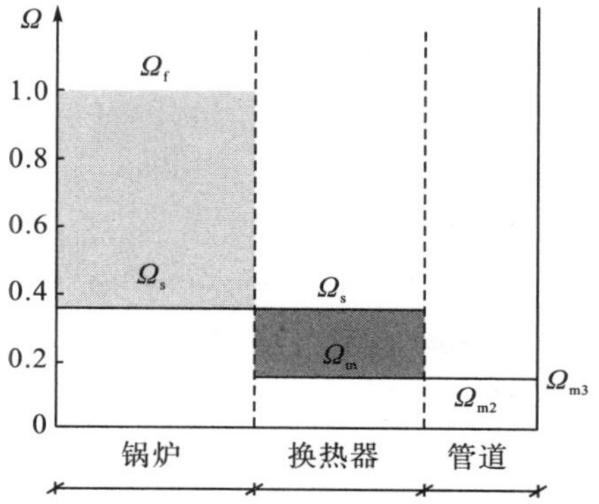

图 2-9　供热系统的能级变化图

参 考 文 献

[1] Gengel Y A，Boles M A. Thermodynamics：An Engineering Approach[M]. Boston：McGraw-Hill，2008.

[2] 徐剑锋，彭琦，付加林. 火电厂热力系统㶲分析[J]. 能源工程，2001(5)：21-24.

[3] 曾丹苓，敖越，张新铭，等. 工程热力学[M]. 第 3 版. 北京：高等教育出版社，2002.

[4] Bejan A. Fundamental of exergy analysis，entropy generation minimization and the generation of flow achitecture[J]. International Journal of Energy Research，2010，26(7)：10-43.

[5] Chen L，Xia S，Sun F. Entropy generation minimization for isothermal crystallization processes with a generalized mass diffusion law[J]. International Journal of Heat and Mass Transfer，2018，116：1-8.

[6] Wu S Y，Chen S J，Xiao L，et al. Numerical investigation on developing laminar forced convective heat transfer and entropy generation in an annular helicoidal tube[J]. Journal of Mechanical Science & Technology，2011，25(6)：1439-1447.

[7] Rant Z. Exergy，a new name for technical availability[J]. Forschung Ingenieurwissenschaftlichen Wesen，1956，23(1)：38-39.

[8] Gong X W，Wang X Q，Li Y R，et al. Thermodynamic performance analysis of a coupled transcritical and subcritical organic Rankine cycle system for waste heat recovery[J]. Journal of Mechanical Science & Technology，2015，29(7)：3017-3029.

[9] Ng K C, Shahzad M W, Son H S, et al. An exergy approach to efficiency evaluation of desalination[J]. Applied Physics Letters, 2017, 110(18): 184101.

[10] Mozhiarasi V, Speier C J, Rose P M B, et al. Variations in generation of vegetable, fruit and flower market waste and effects on biogas production, exergy and energy contents[J]. Journal of Material Cycles and Waste Management, 2019, 3(21): 713-728.

[11] Schlueter A, Ahesseling F. Building information model based energy/exergy performance assessment in early design stages[J]. Automation in Construction, 2009, 18(2): 153-163.

[12] Wu S Y, Yuan X F, Li Y R.Two non-dimensional exergy transfer performance parameters of heat exchanger[J]. International Journal of Exergy, 2010, 7(1): 130-145.

[13] 蒋爱华. 泛(㶲)分析方法及其应用研究[D]. 长沙：中南大学，2011.

[14] 张学学. 热工基础[M]. 北京：高等教育出版社，2015.

[15] 朱明善. 能量系统的㶲分析[M]. 北京：清华大学出版社，1988.

[16] 吴双应，李友荣.粗糙管强化传热性能的熵产分析和评价[J]. 电站系统工程，1997(6)：9-13.

[17] 谢公南，王秋旺，罗来勤.管内强化传热性能的熵产分析与性能评价[J]. 化工学报，2006，57(2)：241-245.

[18] 陈嘉璐. 内凸式螺纹管管程流动与传热过程数值模拟研究与熵产特性分析[D]. 哈尔滨：哈尔滨工业大学.

[19] Butcher C J, Reddy B V. Second law analysis of a waste heat recovery based power generation system[J].International Journal of Heat & Mass Transfer, 2007, 50(11): 2355-2363.

[20] Dizaji H S, Khalilarya S, Jafarmadar S, et al. A comprehensive second law analysis for tube-in-tube helically coiled heat exchangers[J]. Experimental Thermal & Fluid Science, 2016, 76: 118-125.

[21] 杨东华. 㶲分析和能级分析[M]. 北京：科学出版社，1986.

[22] 夏翔鸣. 基于能级分析和场协同原理的歧化系统节能技术研究[D]. 上海：华东理工大学，2011.

[23] 张红方，王勇，田松峰，等.基于等效焓降法的低压省煤器系统经济性分析[J]. 节能技术，2011，29(5)：457-461.

[24] 闫水保，王庆丽，张晓东.循环函数法、矩阵法与等效焓降法之间的联系[J]. 汽轮机技术，2009，51(4)：249-251.

[25] 项新耀. 㶲分析节能技术[M]. 北京：石油工业出版社，1995.

[26] 何耀文，孙志发，蒋楚生. 有效能分析法的作用与发展[J].石油化工，1984(11)：44-56.

第 3 章　热经济学分析方法

3.1　热经济学分析概述

3.1.1　热经济学的形成与发展

无论是焓、熵、㶲分析还是能级分析，均属于热力学分析范畴，可称为纯技术分析，其所涉及的全都是热力学参数。然而，热力学分析这一技术的最终目的还是优化系统，提高经济效益。当热力学分析一旦成为获取经济利益的工具时，就必然与经济相联系。另一方面，从热力学的观点来看，基于热力学第二定律的分析方法是优于热力学第一定律分析方法的，然而，从实际工程角度来看，这些分析方法都不是完整无缺的。首先，由热力学第二定律得出的结论具有理论指导性，但不能作为工程决策依据，任何技术性指导意见是否获得工程采用，都需要基于经济分析以及社会效益等才能决策；其次，㶲分析涉及的能量等价，在工程上并不等价，如 1kJ 的电、1kJ 的煤以及蒸汽的工程价值是不同的，对电、煤以及蒸汽的工程应用，需要不同的工程设备，因而也就存在投资不同的经济问题。要解决这些问题，只有将热力学分析和经济学分析有效地结合起来，才能形成热经济学分析方法。

Keenan[1]是最先提出㶲经济概念的学者，他在 1932 年就提出能耗费用的计算应以“有效能”而不是以“一般能”为基础。1956 年，Rant[2]正式命名了“㶲”这一参数，此后，Evans 等[3]在对海水淡化装置进行的研究中引入了“㶲经济”概念，提出了热经济学这个新的学科名称。同时，德国学者 Gaggioli[4]在电厂蒸汽管线及保温优化设计中也采用了“㶲经济”概念，并提出了蒸汽㶲的成本计算方法，同时对热回收系统、燃煤电厂蒸汽管线以及煤气化装置等进行了㶲经济分析，逐渐完善了㶲经济分析方法。之后，热经济学在世界范围内迅速发展，热经济学家们一方面在理论上探索并研究新的热经济学分析方法，如 Stecco 等[5]提出的㶲因子和投资费用因子的概念，Ghamarian 等[6]提出以最小逼近经济温度对换热网络进行热经济优化；EI-Sayed 等[7]采用优化合成的方法指导能量系统设计等；另一方面，也有大量学者以实际工程应用为研究对象，以解决实际系统中的热经济学问题为目的，不断改进热经济学优化方法。

自 20 世纪 80 年代起，我国学者王家璇等[8]、朱明善[9]、杨东华[10]等也积极投入热经济学的研究工作中，在热经济学理论和应用方面均做出了较大贡献，使得热经济学在我国有了长足发展。

3.1.2 热经济学的主要研究内容

1. 基本特点

从方法上看，热经济学既不属于单纯的热力学领域，也走出了单纯的经济学领域，是一门融系统工程技术和经济学理论为一体的综合学科。热经济学同时考虑了包括环境压力、温度、化学势等在内的物理环境和描写市场价格的经济环境。在热经济学分析中，㶲作为价值化的基本商品，具有不等价性。在任何一个实际过程中，由于不可逆性，㶲流减少。由于投资、经济流增大，㶲流和经济流的增减互为逆向，相互依存。热经济学最终目的是研究系统内部㶲流与经济流的分布与依赖关系，在热力学参量与经济学参量之间寻找到合适的折中，以热力学完善性和经济学完善性俱佳作为最终决策依据。

2. 主要研究内容

热经济学的中心问题是探讨㶲损的热力学代价和经济代价之间相互联系的本质，提出同时具备热力学和经济学完善性的可行性方案，热经济学的研究内容和范围很广，主要可以概括为四个方面。

①能量系统的热经济学优化设计。采用热经济学的会计统计与热经济学优化相结合的方法，建立能量系统的热经济学模型，寻求能量系统的最佳设计。

②能量系统的热经济最优化运行研究。采用和优化设计相同的方法，寻求能量系统的最佳运行方式、最佳运行参数等，如余热利用的最小温差、电站最佳排气参数等。

③合理确定能量系统各种产品的成本和㶲单价。根据系统生成过程中能量品质、技术和经济等因素，确定产品的合理价格、成本，如热电联产中的热价、热电比价、产品成本等。

④能量系统的经济决策及可行性研究。在热经济学分析的基础上，结合社会效益分析，综合考虑环境、人文等因素，为企业、地区甚至国家的能源开发与利用、能源结构及能源政策提供决策性依据，对能量系统的设备改造、更新进行决策；确定能量系统可行性研究方案等。

根据热经济学所研究的具体内容，原则上又可将其进一步划分为：热经济学分析(thermoeconomic analysis)、热经济学优化(thermoeconomic optimization)和热经济学综合(thermoeconomic synthesis)三个方面。本章将就热经济学分析和热经济学优化做系统介绍。

3.2　能量价值与价格

3.2.1　价值和价格

热经济学的研究对象是能量系统的经济行为，而所谓的能量系统，是指通过能量的传递与转换，可对社会提供有用商品的一个技术组合实体。能量系统的最终输出是商品，价值是商品的社会属性，当从热力学角度跨越到经济学范畴来考察能量的传递和转换时，必然涉及能量的价值。从工程经济角度来看，能量具有使用价值与经济价值双重属性。能量之所以具有使用价值，是因为它具有促成变化的能力，提供通常所说的动力。例如，储存在汽油中的化学能，可以通过内燃机来驱动汽车；储存在水坝上游的高水位水头的势能，可以推动水轮发电机组发电；消耗一定的能量可以促进化学反应的进行等。从经济范畴来看，一般能量资源都具有稀缺性，特别是不可再生的能源更为明显，地球上的煤炭、石油、天然气储量都在一天天地减少，能源危机的阴影常常笼罩着全球。即使是可再生的能源，其开发和利用都需要花费高额资金，付出代价，因此能量资源又具有经济价值。

如果经济学将能量看作商品的话，那么商品必须具有使用价值，才会有经济价值，能量的使用价值是经济价值存在的物质承担者，是产生经济价值的基础。以大气环境为例，处于热力学平衡状态的物质虽具有大量的热能，但从能量转换的角度来说，已不具有使用价值，因此也不具有经济价值[2]。再如大海中含有大量的氘元素，如能通过聚变反应，可释放出巨大的能量，但在能维持稳定运行的核聚变装置制造出来之前，氘元素在能量转换与利用上仍不具有使用价值，因而也没有经济价值。反过来，具有使用价值的能量，未必都有经济价值，如太阳的辐射能，是“万物能量的源泉”，对人类是非常有用的，但它却不具有经济价值，因为它没有稀缺性。

价值是看不见、摸不着的，它只有在商品的交换中通过一种商品和另外一种商品的相互交换才能表现出来。价值是交换价值的内容，而交换价值是价值的具体体现形式。价值问题是一个规范经济学问题，它是一种抽象概念。商品能够满足人们的需求，说明商品具有价值，但人们的需要各种各样，不同人需要它的目的不同，因此在市场商品交换中，价值问题就转变为如何确定商品价值的具体数值这样一个实证经济学问题，即价格问题[11]。商品的价值是价格的基础，而价格是价值的货币表现。这里涉及的能量价格主要是指单位能量的经济价值的货币表现。

3.2.2　能量定价

能量定价通常分为以热定价、以焓定价以及热经济学分析中通常采用的以㶲定价。

1. 以热定价

以热定价是将不同能源按热值统一折算进行比较的方法。热值是指单位重量(固体/液体)或单位体积(气体)的燃料完全燃烧所放出的热量。例如，普通煤炭热值为 20.93 MJ/kg，而劣质煤炭的热值为 10.46 MJ/kg，重油的热值为 41.86MJ/kg，三种燃料的热值比为 2∶1∶4。以热值定价，若一次能源劣质煤炭价格为 0.4 元/kg，那么按热值比，普通煤炭的价格为 0.8 元/kg，重油的价格为 1.6 元/kg。这种方法思路简单，但是并不能准确反映能源的价值，因为区别燃料的特性除了其热值，还有其他特性，如燃料的组分(水分、硫分、灰分、挥发分等)、炼焦煤的黏结指数、胶质层最大厚度以及煤粒度等都会影响其价格。相同热值下，组分不同的燃料，燃烧稳定性和燃烧特性都有所区别，其污染物排放有所差异，并且最终使用效果也并不相同[12-13]。

2. 以焓定价

顾名思义，以焓定价是将能量按其焓值进行统一折算的方法。以热电联产系统为例，如图 3-1 所示，煤、天然气等燃料以一次能源的形式进入热电联产动力系统，产生蒸汽。其中，高压蒸汽主要用于发电，低压蒸汽则用于供热或者供冷，从而达到能量梯级利用。按焓值计算热电联产机组所输出的不同压力的低压蒸汽单位成本如图 3-2 所示，当低压蒸汽的压力为 0.0032MPa(饱和温度为 25℃)时，蒸汽的成本约为 0.022 元/kg，当蒸汽压力为 0.475MPa 时，蒸汽的成本约为 0.027 元/kg，二者相差甚微，显然，这是不合理的。0.0032MPa 的蒸汽已无法加以利用，但其价格却与有使用价值的 0.475MPa 的蒸汽价格相差不多，所以以焓定价具有片面性，不能准确反映能量的使用价值，更不能得到与蒸汽相符的经济价值。

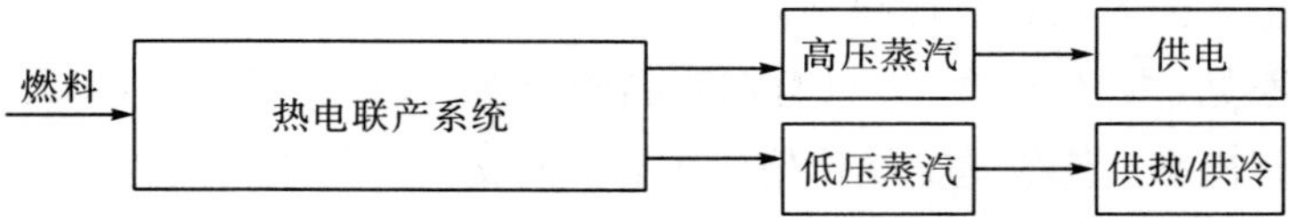

图 3-1 热电联产系统示意图

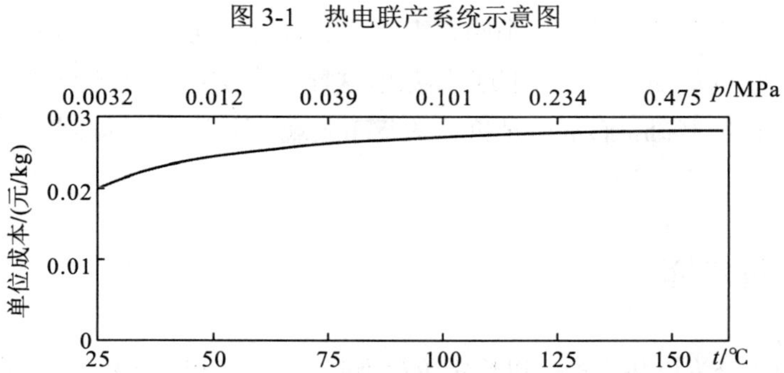

图 3-2 低压蒸汽单位成本曲线

3. 以㶲定价

热经济学是在㶲分析的基础上发展起来的，㶲概念是㶲分析的核心[14-15]。而且，由前面㶲的定义可知，势函数是表征能量价值的物理量，它综合运用了热力学第一定律和热力学第二定律，不但从“量”的方面，更从“质”的方面强调了能量的价值。可以说，一定量的能量中包含着多少㶲可直接反映这种能的质量。因此，只有以㶲来确定能量价值，才能使其使用价值与经济价值得到吻合[16]。同样以图 3-1 所示的热电联产系统中低压蒸汽成本计算为例，采用以㶲为基础得到的成本曲线如图 3-3 所示，可见，当蒸汽压力降低至环境压力时，其使用价值为零，因此，相应的成本也为零，随着蒸汽压力的提升，其单位成本有明显的上升趋势，显然，相对于以焓定价的方式，以㶲定价更能正确地反映低压蒸汽的使用价值。

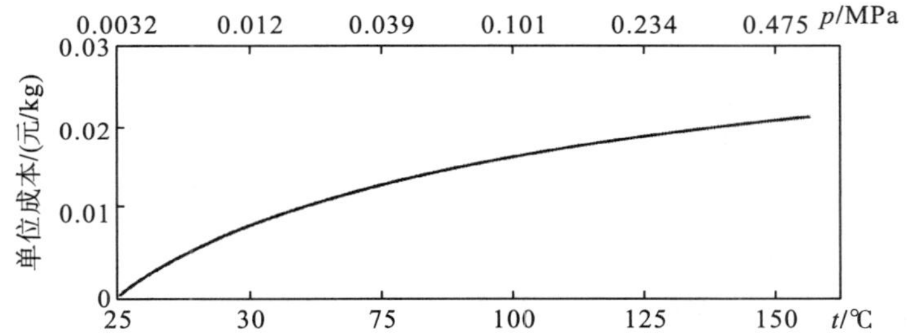

图 3-3　以㶲为基础得到的低压蒸汽单位成本曲线

以㶲定价在能量“质”的方面体现了其使用价值，但也不是说进行任何能量系统的分析时，都必须以㶲来定价，而绝对排除以能(焓)来定价。那么何时可以以能定价，何时必须以㶲定价呢？这个问题需要根据所分析的能量系统的性质而定。为了分析方便，把能量系统按照其输出产品的性质分成两类[8]：第一类为只输出质量特性固定的单一产品的能量系统，如生产固定压力和温度的蒸汽的锅炉，以及生产单一的电能产品的凝汽式发电厂等；第二类是输出可变质量特性的单一产品，以及输出多种不同质量特性产品的能量系统。

第一类系统产品单一，且其质量特性稳定，其含能量与含㶲量的比值是一个常数，因此，这类系统以能定价和以㶲定价之间只差一个比例系数，以能定价与以㶲定价并无原则区别。例如，生产固定参数蒸汽的锅炉所输出的蒸汽，在已知的环境基准态下，所含㶲与焓之比为 0.4，其蒸汽的㶲单价为 0.06 元/(kW·h)，而以焓为基础所算出的能的单价为 0.024 元/(kW·h)，若把两者都折合成单位质量的蒸汽价格，则均为 0.022 元/kg。两种计算结果是一致的，因而无须区分以㶲定价还是以能定价。

对于第二类系统，虽然也有可能只产出一种产品，但其质量特性不固定，产品的㶲与焓之间没有固定的比值，以㶲定价与以能定价就将产生差别，这种差别反映了能量不同的可利用性，因而其使用价值也就不一样。对于生产多种不同品位产品的系统，更无法求得其与焓之间的固定比值。因此，以㶲定价与以能定价将得出不同的价格，在这种情况下以㶲定价更为合理。

由此可见，以能定价与以㶲定价的一致性只能在特定的系统条件下才能获得，而这种特定的系统是系统分析中很少遇到的特例，实际上在热经济学分析与优化中所遇到的系统往往是较复杂的，不同定价方式将产生不同的价格分析结果。但无论是哪类能量系统，以㶲定价都适用，所以在热经济学分析和优化中，一般均采用以㶲定价，以㶲为基础进行分析计算。由此也可以理解为什么热经济学要以热力学第二定律㶲分析为基础了。

3.3 热经济学成本方程与分摊方法

3.3.1 㶲成本方程

热力学第一定律把能看成与环境无关的物理量，因此采用热力学第一定律进行系统分析时，不考虑环境影响，只根据能的量，计算其进、出系统的代数和，这种分析只需要一个能平衡方程。而基于第二定律的㶲分析过程就必须考虑环境因素。前面提到，㶲是一个势参数，它是系统与环境共有的参数，无论是系统改变，还是环境改变都会引起㶲的变化。因此，对㶲进行分析时，先要确定㶲计算的基准态，这个基准态就是在进行㶲分析时所设定的环境，描述这个环境的参量是温度、压力、化学势等物理量，因此，可把这个环境叫作物理环境[17-18]。然而，对于热经济学分析来说，除了计算㶲值变化的物理环境，还需考虑经济环境，描述经济环境的参量则为价格、银行利率、通货膨胀率等一系列经济参量或经济信息。

热经济学的另一基本思路，就是把系统中(包括系统与环境之间)相互作用的物质能量以及现金都看成是流，它们都遵循着严格的规律，从系统的某一部分流入或流出，或由系统流入环境或从其中流出，描述这些流的规律的数学表达式就是方程。因此，在能量系统的热经济学分析中，描述系统流规律的方程除了质量守恒方程、能量守恒方程(包含㶲平衡方程)，还需要增加一个现金平衡方程，又称为㶲成本方程或热经济学成本方程。㶲成本方程描述的就是经济参量流动的现金流之间的关系。热经济学分析就是要根据这些流在系统中所构成的质量平衡、能量平衡(包括㶲平衡)及经济平衡，进行各类量的计算，以获得评价能量系统所需的各种信息。所谓经济平衡，就是指系统的产品成本与为了获得此项产品而支付的全部费用之间的平衡，这些费用一般包括一次性的初始投资和运行费用(包括燃料费用和动力费用、修理费、工资和管理费用等)，表现这种经济平衡的数学式就是㶲成本方程[8, 19]。

提到成本，必然涉及各种㶲的单价或者价值。㶲成本就是用年度化费用表示的成本，一般情况下，获得能量产品所付出代价的成本，有直接的能量性消耗，也有非能量性的消耗，从这一事实出发，可将能量成本划分成能量费用和非能量费用两部分。例如锅炉产出蒸汽，要消耗燃料，这就是蒸汽成本中的燃料费用(也就是能量费用)部分，为了使锅炉正常运行，必须有厂房及设备的折旧、维修，以及管理、操作人员的工资、奖金、福利费等其他非能量费用的消耗。

根据图 3-4(a)所示㶲成本模型，可以建立相应的㶲成本方程

$$C_{\mathrm{pr}} = C_{\mathrm{in}} + C_{\mathrm{n}} \tag{3-1}$$

式中，C_{pr}表示产品的㶲成本；C_{in}表示能量成本；C_{n}为非能量成本，$C_{\mathrm{n}} = \sum_{i=1}^{n} Z_i + R$，$Z$为各种设备的折旧费，$R$为工资、管理、福利等费用。

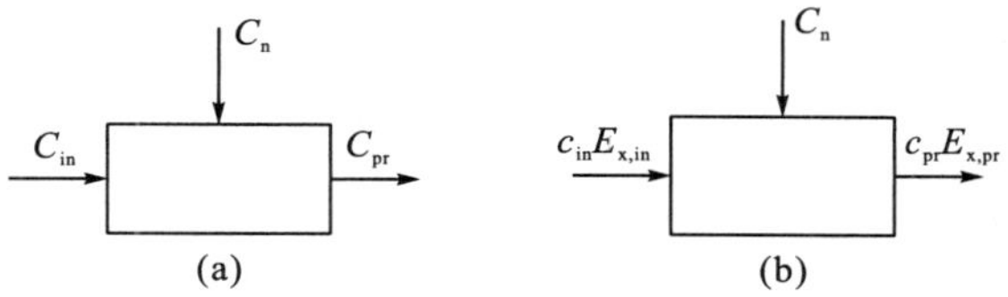

图 3-4 㶲成本(a)和单价形式(b)表征的㶲成本模型示意图

若㶲的平均单价以c表示，产品㶲成本和能量成本均可表示为㶲单价c和㶲流E的乘积，如图 3-4(b)所示，则式(3-1)的㶲成本方程也可表示为

$$c_{\mathrm{pr}} E_{\mathrm{x,pr}} = c_{\mathrm{in}} E_{\mathrm{x,in}} + C_{\mathrm{n}} \tag{3-2}$$

式中，c_{pr}和c_{in}分别为产品单价和能耗单价，由市场决定；$E_{\mathrm{x,in}}$和$E_{\mathrm{x,pr}}$分别为输入系统的能耗㶲及产品㶲。这样一来，由式(3-2)可得产品的㶲单价

$$c_{\mathrm{pr}} = c_{\mathrm{in}} \frac{E_{\mathrm{x,in}}}{E_{\mathrm{x,pr}}} + \frac{C_{\mathrm{n}}}{E_{\mathrm{x,pr}}} \tag{3-3}$$

根据㶲平衡原理，$E_{\mathrm{x,pr}}$是产品㶲，也可理解为系统的收益㶲，$E_{\mathrm{x,in}}$是消耗㶲，系统的㶲效率可表示为

$$\eta_{\mathrm{E_x}} = E_{\mathrm{x,pr}} / E_{\mathrm{x,in}} \tag{3-4}$$

其值等于产品㶲流和输入㶲流的比值。

将式(3-4)代入㶲单价表达式(3-3)，则可得

$$c_{\mathrm{pr}} = \frac{c_{\mathrm{in}}}{\eta_{\mathrm{E_x}}} + \frac{C_{\mathrm{n}}}{E_{\mathrm{x,pr}}} \tag{3-5}$$

从式(3-5)可以看到，产品㶲的平均单价一定高于输入的能耗㶲，因为㶲效率$\eta_{\mathrm{E_x}}$<100%，而且还要加上非能耗㶲部分；若设法提高$\eta_{\mathrm{E_x}}$，在C_{n}保持不变的条件下，㶲的平均单价c_{pr}会降低；但若$\eta_{\mathrm{E_x}}$的提高造成了C_{n}的增加，那么c_{pr}不一定降低，即节能不一定省钱。因此，在对设备系统进行评价时，要统筹兼顾，综合考虑㶲效率与经济成本间的关系。

3.3.2 多级子系统㶲成本方程

由前文可知，以㶲定价后，热力学量就变成了经济学量。根据经济平衡，可以写出式(3-1)的成本方程。由式(3-1)和图(3-4)可以看出，㶲的价格是在系统边界上确定的。这样做很方便，很符合系统分析的“黑箱法”(不管系统内部情况如何，只以输入和输出系统的各股物流、能流、㶲流及现金流平衡求解的方法)。当对系统分析的精度有更高的要求时，可将系统划分成若干子系统，各子系统的㶲价在子系统边界上确定。而且子系统的划分是没有限制的，子系统可以是一个实际部件，也可是某部件划分成的几个子系统之一，又或者是几个部件的组合，其划分的疏密度叫粒度，也可叫作集成度。

依然取一最简单的系统，如图 3-5 所示，把它分成 1 和 2 两个子系统后，㶲流 $E_{x,in}$ 先进入子系统 1，然后再由子系统 1 向子系统 2 输出㶲流 $E_{x,1,2}$，经过子系统加工后，由子系统 2 输出产品㶲流 $E_{x,pr}$。进入子系统 1 的㶲是从市场买入的㶲，或其他原料㶲，其价格 c_{in} 为市场价格，由子系统 1 输出的㶲价就等于输入子系统 2 的㶲价 $c_{1,2}$，而由子系统 2 输出的㶲是产品㶲，要到市场上出售，因此 c_{pr} 也是由市场价格所决定的。

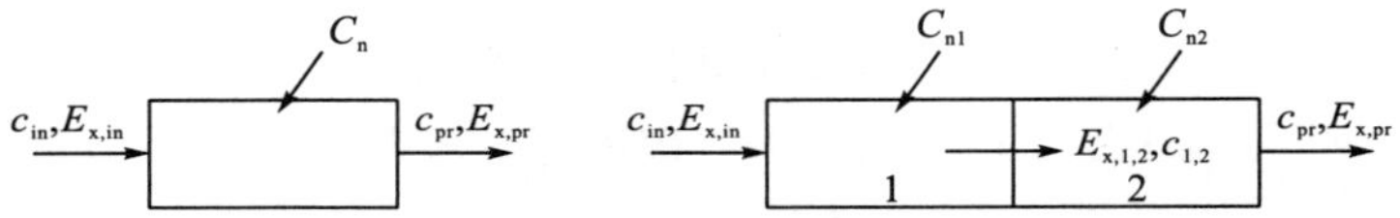

图 3-5 子系统划分示意图

厘清以上关系后，根据式(3-2)可写出子系统 1 的成本方程

$$E_{x,1,2}c_{1,2} = c_{in}E_{x,in} + C_{n1} \tag{3-6}$$

式中，$E_{x,1,2}$ 和 $c_{1,2}$ 为由子系统 1 输入子系统 2 的㶲及其单位成本。

对于子系统 2，其输入㶲流为 $E_{x,1,2}$，其成本方程同样根据式(3-2)可写成

$$c_{pr}E_{x,pr} = c_{1,2}E_{x,1,2} + C_{n2} \tag{3-7}$$

整个系统的产品㶲成本不因划分子系统而有所改变，因此有

$$c_{pr}E_{x,pr} = c_{in}E_{x,in} + C_{n1} + C_{n2} \tag{3-8}$$

式(3-8)表明，子系统 2 输入㶲的单位价格等于子系统 1 输出产品㶲的单位成本，这是因为子系统与子系统之间的㶲交换不计利润，即这种㶲价格仅计算子系统加工㶲所消耗的成本，这种成本沿子系统逐级增值，因此相应的㶲价也称为传递价格。系统输入和输出㶲的定价 c_{in} 和 c_{pr} 由市场价格决定，将其看作外部价格的话，那么传递价格 $c_{1,2}$ 就是内部价格。

在分成子系统写其成本方程时，需注意以下几点。子系统的成本方程必须满足经济平衡准则，即子系统的产品㶲成本也应包括两项：能量费用与非能量费用。每个子系统向其

下一个子系统输出产品时，应遵守内部经济法则，不加利润，只按其成本定价。

子系统划分得越细，子系统越多，其集成度就越低，由各子系统建立的方程数目多，系统成本方程组未知数增加，计算量加大，但计算精度将有所提高，并且子系统成本分布的数据更多，能更有利于进行成本形成过程的分析；反之，子系统划分得越粗，计算量有所下降，所获得的分析精度也降低，因此子系统的划分要根据分析的目的和要求，以及详略程度来决定。

当每一子系统都是单一输入和单一输出时，各子系统成本方程就是一元齐次的，计算较为简单。当各子系统不全是单一输入和输出时，讨论两种情况：一种是多输入和单一输出，即汇流系统；另外一种是单一输入和多输出，即分支系统。对子系统 k 来讲，输入部分为原料 $\mathrm{in_k}$，输出为产品 $\mathrm{pr_k}$，子系统 k 的成本方程为

$$c_{\mathrm{pr}}^{\mathrm{k}} E_{\mathrm{x,pr}}^{\mathrm{k}} = c_{\mathrm{in}}^{\mathrm{k}} E_{\mathrm{x,in}}^{\mathrm{k}} + C_{\mathrm{n}}^{\mathrm{k}} \tag{3-9}$$

对于汇流系统，设输入㶲流为 $E_{\mathrm{X,in},j}$，唯一输出㶲流为 $E_{\mathrm{X,pr}}$，那么汇入㶲平均单价可表示为

$$c_{\mathrm{pr}}^{\mathrm{k}} = \left[\sum\left(E_{\mathrm{x,in},j}^{\mathrm{k}} c_{\mathrm{in},j}^{\mathrm{k}}\right) + C_{\mathrm{n}}^{\mathrm{k}}\right] / E_{\mathrm{X,pr}}^{\mathrm{k}} \tag{3-10}$$

对每一汇流系统都会有相应的输出流的平均成本 c_{pr}，这样就实现了为不同种类流的定价，以便进行相应热经济学成本计算。对分支系统，设其唯一输入㶲流为 E_{in}，任意输出㶲流为 $E_{\mathrm{X,pr}}$，那么有

$$\sum\left(c_{\mathrm{pr},j}^{\mathrm{k}} E_{\mathrm{x,pr},j}^{\mathrm{k}}\right) = c_{\mathrm{in}}^{\mathrm{k}} E_{\mathrm{x,in}}^{\mathrm{k}} + C_{\mathrm{n}}^{\mathrm{k}} \tag{3-11}$$

最后根据所有子系统的方程形成的方程组可求出相应的成本分布，进而进行分析和评估。

3.3.3　㶲的不等价性

在热力学中，采用㶲这个物理量把各种形式的能量等同起来，因为㶲指能量的可转换部分。因此可以忽略不同形式能量的差别，这是㶲分析的特点[20,21]。但不能因此就把一切㶲的经济价值也随之完全等同起来，因为在系统中的各部位，在过程进行的不同阶段，为获得㶲所付出的代价不同，能量消耗和非能量消耗都是越接近系统末端越大，而接近初端越小，故在经济上是不等价的。

为了进一步说明问题，再分析一个所有的子系统都依次排列的链式系统，如图 3-6 所示，可以依次列出各子系统的成本方程。

子系统 1 的成本方程为

$$C_1 = E_{\mathrm{x,in}} c_{\mathrm{in}} + C_{\mathrm{n1}} \tag{3-12}$$

式中，C_1 为子系统 1 输出产品㶲 $E''_{\mathrm{x,1}}$ 的总成本。

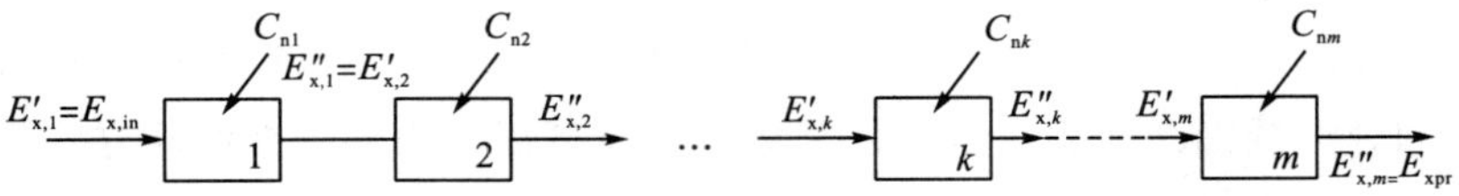

图 3-6 链式系统示意图

子系统 2 的输出产品 $E''_{x,2}$ 的总成本为

$$C_2 = C_1 + C_{n2} = E_{x,in} c_{in} + C_{n1} + C_{n2} \tag{3-13}$$

依次类推，可以得到子系统 k 的总成本为

$$C_k = c_{in} E_{x,in} + \sum_{i=1}^{k} C_{ni} \tag{3-14}$$

子系统 k 经历累计㶲损后所需输入㶲为

$$E_{x,in} = E''_{x,k} \Big/ \prod_{i=1}^{k} \eta_i \tag{3-15}$$

将式(3-15)代入式(3-14)，可得

$$C_k = \frac{c_{in} E''_{x,k}}{\prod_{i=1}^{k} \eta_i} + \sum_{i=1}^{k} C_{ni} \tag{3-16}$$

将式(3-16)左、右两边同时除以 $E''_{x,k}$，并联立式(3-15)可得其输出㶲 $E''_{x,k}$ 单位成本为

$$c_k = \frac{C_k}{E''_{x,k}} = \frac{c_{in}}{\prod_{i=1}^{k} \eta_i} + \frac{\sum_{i}^{k} C_{ni}}{E''_{x,k}} = \frac{c_{in} + \sum_{i=1}^{k} C_{ni} / E_{x,in}}{\prod_{i=1}^{k} \eta_i} = \beta_k c_{in} \tag{3-17}$$

$$\beta_k = \frac{c_k}{c_{in}} = \frac{1 + \sum_{i=1}^{k} C_{ni} / C_{in}}{\prod_{i=1}^{k} \eta_i} \tag{3-18}$$

式中，β_k 为子系统 k 的单位成本增长系数。

每个子系统的㶲效率 η_i 都小于 1，$\sum_{i=1}^{k} C_{ni} / C_{in}$ 这一项始终大于零，而且随着子系统的累积只会越来越大，因此 β_k 总是大于 1，且随着 k 的增大而不断增大。这说明在系统不同环节㶲成本是不同的，换句话说，就是㶲在经济上是不等价的。㶲损和非能量费用的累积增加是造成㶲不等价的根本原因。

3.3.4 成本分摊方法

对于只有一种产品输出的系统，其产品成本可采用成本方程唯一地予以确定。但对于具有多种产品输出的系统，进行热经济学分析和优化时，几种产品之间如何分摊所消耗的费用是一个很重要的环节。分摊方法的不同会导致不同的产品成本或产品价格，进而影响经济效益，而分摊方法受设备结构、技术目的以及经济速度等多方面的影响。因此，寻求合理的成本分摊原则与方法，也是热经济学分析和优化所面临的重要课题[8]。

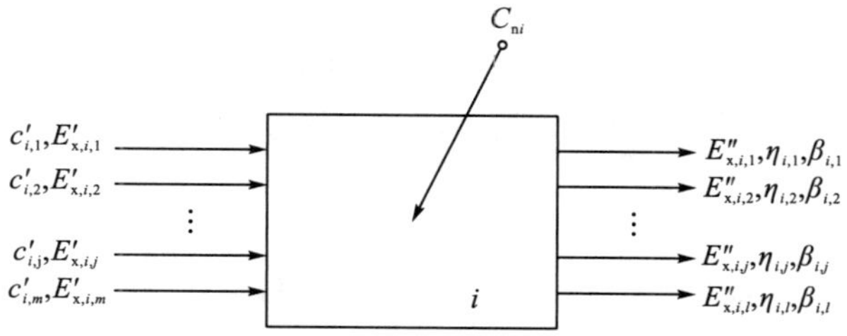

图 3-7　多输入多输出子系统示意图

以图 3-7 所示的多输入和多输出子系统为例，其中 $E'_{x,i,j}$ 表示进入子系统 i 的第 j 股输入㶲流，$c'_{i,j}$ 为其内部传递价格，$E'_{x,i,j}$ 表示子系统 i 的第 j 股输出㶲流，$\eta_{i,j}$ 为㶲效率，由㶲平衡可知：

$$\frac{E''_{x,i,j}}{\eta_{i,j}} = E'_{x,i,j} \tag{3-19}$$

由单位㶲成本增长系数定义可得

$$\beta_{i,j} = c''_{i,j} / c_{in} \tag{3-20}$$

式中，$c''_{i,j}$ 为 $E''_{i,j}$ 的单位㶲成本；c_{in} 为子系统 i 所在的整个系统的输入㶲流的平均单位㶲成本。

子系统 i 的每股㶲流的成本分配，可按照各自的输入㶲流的消耗量计算，即

$$C''_{i,j} = c_{i,j}E_{i,j} = \frac{E''_{x,i,j}}{\eta_{i,j}\Sigma E'_{i,j}}\left(\Sigma c'_{i,j}E'_{x,i,j} + C_{ni}\right) \tag{3-21}$$

子系统 i 的所有输入㶲流平均价格为

$$\overline{c}_i' = \Sigma E'_{x,i,j}c'_{i,j} / \Sigma E'_{i,j} \tag{3-22}$$

子系统 i 的非能量费用均摊到其输入㶲流的单位㶲费用中，简称子系统 i 的比非能量费用，其表达式为

$$\overline{c}_{ni} = C_{ni} / \Sigma E'_{x,i,j} \tag{3-23}$$

将式(3-23)和式(3-24)代入式(3-22)，可得 $c''_{i,j}$ 的表达式

$$c''_{i,j} = \frac{\overline{c}_i' + \overline{c}_{ni}}{\eta_{i,j}} \tag{3-24}$$

结合式(3-24)和 $\beta_{i,j}$ 的定义，得

$$\beta_{i,j}=\frac{\overline{c}_i'+\overline{c}_{ni}}{\eta_{i,j}c_{in}} \tag{3-25}$$

可以看出，㶲成本增长系数与 $\overline{c}_i'$ 与 $\overline{c}_{ni}$ 之和成正比，而与㶲效率成反比。并且，由成本方程及式(3-20)可得

$$\Sigma\beta_{i,j}c_{in}E''_{i,j}=\Sigma c'_{i,j}E'_{i,j}+C_{ni} \tag{3-26}$$

对于分支子系统，如图 3-8 所示，其中，子系统 3 为分支子系统，它与子系统 2 之间也有流通过。

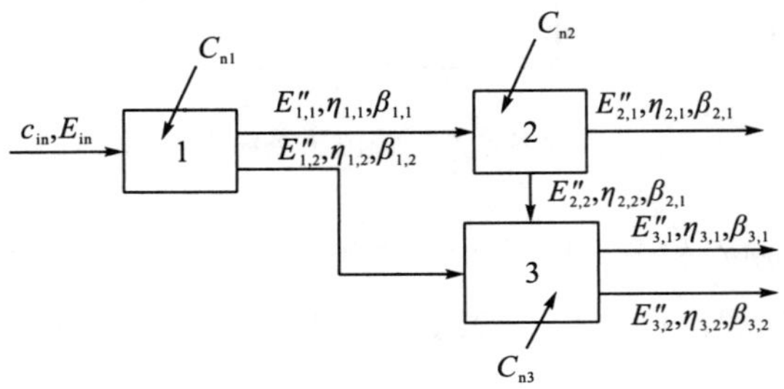

图 3-8　分支子系统示意图

对这类系统的产品成本分摊，只要按各子系统进行分析，也可以得到较合理的结果。其基本步骤如下：①根据式(4-22)和式(4-23)计算出子系统的比能量费用 $\overline{c}_1'$ 和比非能量费用 $\overline{c}_{n1}$；②根据式(3-25)分别求出 $E''_{1,1}$ 和 $E''_{1,2}$ 的成本增长系数 $\beta_{1,1}$ 和 $\beta_{1,2}$；③再根据式(3-20)分别求出 $E''_{x,1,1}$ 和 $E''_{x,1,2}$ 的单位㶲成本 $c''_{1,1}$ 和 $c''_{1,2}$，以此类推，算出各子系统的单位㶲成本。计算结果如表 3-1 所示。

表 3-1　㶲成本计算结果

子系统	项目					
	$\overline{c}_i'$	$\overline{c}_{ni}$	$\beta_{i,1}$	$\beta_{i,2}$	$c''_{i,1}$	$c''_{i,2}$
i=1	c_{1n}	$\frac{C_{n1}}{E_{in}}$	$\frac{\overline{c}_1'-\overline{c}_{n1}}{\eta_{1,1}c_{in}}$	$\frac{\overline{c}_1'-\overline{c}_{n1}}{\eta_{1,2}c_{in}}$	$\beta_{1,1}c_{in}$	$\beta_{1,2}c_{in}$
i=2	$c''_{1,1}$	$\frac{C_{n2}}{E''_{1,1}}$	$\frac{\overline{c}_2'-\overline{c}_{n2}}{\eta_{2,1}c_{in}}$	$\frac{\overline{c}_2'-\overline{c}_{n2}}{\eta_{2,2}c_{in}}$	$\beta_{2,1}c_{in}$	$\beta_{2,2}c_{in}$
i=3	$\frac{E''_{2,2}c''_{2,2}+E''_{1,2}c''_{1,2}}{E''_{2,2}+E''_{1,2}}$	$\frac{C_{n3}}{E''_{2,2}+E''_{1,2}}$	$\frac{\overline{c}_3'-\overline{c}_{n3}}{\eta_{3,1}c_{in}}$	$\frac{\overline{c}_3'-\overline{c}_{n3}}{\eta_{3,2}c_{in}}$	$\beta_{3,1}c_{in}$	$\beta_{3,2}c_{in}$

以如图 3-9 所示的背压式汽轮机为例，它输出电(机械功)和热(蒸汽)两种产品，该系统较简单，无须划分子系统。其成本方程为

$$c_{in}E_{x,in}+C_{nT}=W_{sh}c_{sh}+E_{x,v}c_v \tag{3-27}$$

式中，C_{nT}为非能量费用，是包括初投资、运行、维护等费用的年度化成本；W_{sh}和c_{sh}为输出轴功㶲及其单价；$E_{x,v}$和c_v为输出低压蒸汽㶲及其单价。通常情况下，W_{sh}和$E_{x,v}$是已知的，但c_{sh}和c_v是两个未知数，只有一个方程式(3-27)，因此为了求解，需要附加一个关于成本分摊的方程。

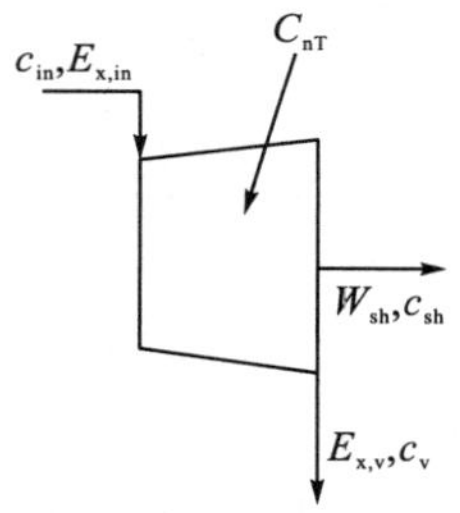

图 3-9　背压式汽轮机系统示意图

常用的热电分摊方法为产品㶲等价法和蒸汽等价法。

1. 产品㶲等价法

这种方法认为各种产品㶲单价是等价的，即

$$c_{sh}=c_v \tag{3-28}$$

这样，成本方程式(3-27)可改写为

$$c_{sh}=c_v=\frac{c_{in}E_{x,in}+C_{nT}}{E_{x,v}+W_{sh}} \tag{3-29}$$

由式(3-28)可见，低压蒸汽(排汽)与汽轮机发出的轴功的㶲成本增长系数是相等的，结合式(3-26)和式(3-29)可得

$$\beta_v=\beta_{sh}=\frac{c_{in}+\overline{c}_{nT}}{\left(\dfrac{E_0+W_{sh}}{E_{in}}\right)c_{in}} \tag{3-30}$$

式中，c_{in}既是输入蒸汽的㶲单价，又是背压汽轮机输出两种产品所消耗的比能量费用。$\overline{c}_{nT}$是背压汽轮机的比非能量费用。

2. 蒸汽等价法

如果汽轮机的目的唯一，为了产生轴功，那么轴功应承担汽轮机的全部费用以及为了获取轴功而耗费的蒸汽㶲的费用，这时，进口处的高压蒸汽与排出汽轮机的低压蒸汽的㶲单价相等，即

$$c_{\mathrm{v}} = c_{\mathrm{in}} \tag{3-31}$$

相应的烟成本方程为

$$c_{\mathrm{sh}} = \frac{c_{\mathrm{in}}\left(E_{\mathrm{x,in}} - E_{\mathrm{x,v}}\right)}{W_{\mathrm{sh}}} + \frac{C_{\mathrm{nT}}}{W_{\mathrm{sh}}} \tag{3-32}$$

低压蒸汽的烟成本增长系数：$\beta_{\mathrm{v}}=1$。

由式(3-32)可得汽轮机的轴功烟成本增长系数：

$$\beta_{\mathrm{sh}} = \frac{c_{\mathrm{sh}}}{c_{\mathrm{in}}} = \frac{c_{\mathrm{in}} + \overline{c}_{\mathrm{nT}}\left(\dfrac{E_{\mathrm{x,in}}}{E_{\mathrm{in}} - E_{\mathrm{x,v}}}\right)}{\left(\dfrac{W_{\mathrm{sh}}}{E_{\mathrm{x,in}} - E_{\mathrm{x,v}}}\right)c_{\mathrm{in}}} \tag{3-33}$$

式(3-33)中 c_{in} 可由汽轮机前锅炉设备成本方程确定，因此，式(3-33)可用于计算轴功单价。但是，这种方法确定的汽轮机轴功烟价是偏高的，而低压蒸汽的烟价偏低，因为汽轮器和蒸汽的费用全部由轴功承担了。因此，只有当这类电厂主要用轴功来发电，而低压蒸汽只当作副产品时，才能使用这种分摊法。

除了上述两种方法，还有其他分摊方法[22-25]。但无论采用什么方法，都存在一定的人为因素，因此要想得到客观、合理的成本分摊结果，要视研究对象与分析目的等具体情况而定。

3.4 代数模式热经济学分析方法

热经济学分析方法结合了热力学分析方法和经济学分析方法的特点，它与以往热力学分析方法的不同之处主要在于：使用热力学方法对能量系统进行分析，往往是以热力学指标(如能效率或者效率)来评判系统的优劣；而热经济学分析方法在考虑了系统热力学性能的同时，还考虑了系统的经济因素，其原因是任何实际生产过程都是与经济效益挂钩的，如果单一地追求热力学指标，就有可能使设备的初投资和运行费用大大增加，造成“得不偿失”的局面。因此，从实际生产的角度出发，必须综合考虑设备的热力学特性和经济特性。热经济学通过采用对系统中流价格化的方法，实现了热力学和经济学的结合，同时又引入成本差和经济因子的概念，从而为热经济性分析提供了有力的工具。

自热经济学的概念提出以来，很多研究者提出了各种不同的分析方法，发展了多种模式的热经济学分析方法。这里主要介绍代数模式热经济学分析方法中的典型代表：会计法热经济学分析。它同一般财务会计法非常相似，但是它所统计的内容不只是现金，而是能量系统中的物流、能流、烟流和现金流。运用热经济学会计法时，一般都要进行两个方面的统计和计算：一方面是热力学的统计和计算，如系统中的各股物流与烟流的分布，以及这些能流的焓和烟，从而进一步计算各子系统的烟耗和烟损；另一方面则是经济量的计算，统计和计算系统中的能量费用和非能量费用，以及各股㶲流的㶲单位价格。进行计算时，首先依据流程图找出划分子系统，逐一进行计算，然后将各自计算结果以图表形式列出用于比较，找出㶲耗和经济消耗最大的子系统或部位。在能量系统的设计方案比较中，决定因素一般来说是经济效益，对能量系统进行分析时，不仅要考虑能量费用，还要考虑非能量费用，在能量费用方面又要全面考虑㶲在系统的不同部位或不同阶段的不等价性。一般情况下，能量系统输出产品的单位㶲成本总是高于输入㶲的单位成本，而高出部分是由系统的能量费用、各种㶲损及非能量费用所构成的。热经济分析的最终目的不仅要设法降低能量费用，改善系统，减少㶲损，而且还要降低非能量费用。然而，很多时候，工程上会遇到为了降低㶲损而增添设备的情况，这样一来，能量费用降低了，但非能量费用(如新添设备投资等)却增加了，因此就要在二者间进行优化、权衡取舍[18,26]。

3.4.1　简单系统热经济学分析

前面提到，热经济分析统计包括能量系统的物流、能流、㶲流以及现金流，这些流都是按照一定方向流动的，其中现金流总是与能流或者㶲流方向相反。各流之间分别维持平衡，如一个环节向下一环节输出一定量的㶲流，那么它总是从下一环节获得相应的现金流。当采用数学关系式来表述这些流之间的关系时，就可以得到如下四个平衡方程式：

物质平衡方程式：

$$\sum m_{\text{in}} - \sum m_{\text{out}} = \Delta m \tag{3-34}$$

能量平衡方程式：

$$\left(\sum \varPhi_{\text{in}} - \sum \varPhi_{\text{out}}\right) + \left(\sum H_{\text{in}} - \sum H_{\text{out}}\right) + \left(\sum P_{\text{in}} - \sum P_{\text{out}}\right) = \Delta E \tag{3-35}$$

㶲平衡方程式：

$$\sum E_{\text{x,in}} - \sum E_{\text{x,out}} - \sum I_{\text{r}} = \Delta E_{\text{x}} \tag{3-36}$$

现金平衡方程式：

$$\sum M_{\text{in}} - \sum M_{\text{out}} = PL \tag{3-37}$$

式中，m 代表物质流；M 表示现金流；I 表示㶲损；PL 表示盈利(profit)或者损失(loss)。前三个方程属于热力学守恒定律范畴，最后一个方程属于经济学范畴，遵守经济学规律，此方程中，PL 可以大于零(盈利)、小于零(亏损)、甚至等于零(盈亏相抵)，因此式(3-37)也称为盈亏方程。

四个平衡方程相互独立，为了使热力学量和经济学量相互关联，需要将热力学量价格化，即前面提到的能量定价，相关定价原则也已介绍过。需要指出的是，㶲流的价格都在子系统的边界上确定，子系统与子系统之间的交易属于内部经济，其价格不计利润，即传递价格。

由式(3-37)可以发现，输入系统的现金之和$\sum M_{\text{in}}$实际上就是系统在一定时间内为获得产品而花费的总费用，即产品总成本为

$$C=\sum M_{\text{in}}=C_{\text{e}}+C_{\text{n}}=C_{\text{e}}+\sum C_{\text{n}i} \tag{3-38}$$

式中，C_{e}为系统的总能量费用；C_{n}为非能量费用；$C_{\text{n}i}$为子系统非能量费用。

总能量费用也可由能流单价c_{in}和能流乘积来表示：

$$C_{\text{e}}=\sum E_{\text{in}}c_{\text{in}} \tag{3-39}$$

结合式(3-38)和式(3-39)可得

$$\sum M_{\text{in}}=\sum E_{\text{in}}c_{\text{in}}+\sum C_{\text{n}i} \tag{3-40}$$

系统对外输出产品而换得的现金流即系统的实际收入，若以c_{pr}来表示产品的市场价格，则

$$\sum M_{\text{out}}=\sum c_{\text{pr}}E_{\text{pr}} \tag{3-41}$$

代入式(3-37)可以得到收益情况：

$$PL=\sum M_{\text{out}}-\sum M_{\text{in}}=\sum c_{\text{pr}}E_{\text{pr}}-\sum c_{\text{in}}E_{\text{in}}-\sum C_{\text{n}i} \tag{3-42}$$

能量系统的热经济基本计算就是在上述四个平衡方程式基础上进行的。

1. 单元设备产品成本热经济学分析

对于不同类型的单元设备，应用热经济的通用模型与成本方程，可导得各自的热经济方程，以及直接求取产品成本或单价的计算式。从设备的技术经济特点区分，可将设备分成动力设备和工艺设备两大类[27]。

1）动力设备

动力设备产品是设备输出的各种形态的能量，如热能、机械能等。对于热能动力设备，供给的是燃料的化学能。该类设备的㶲经济模型如图 3-10 所示。

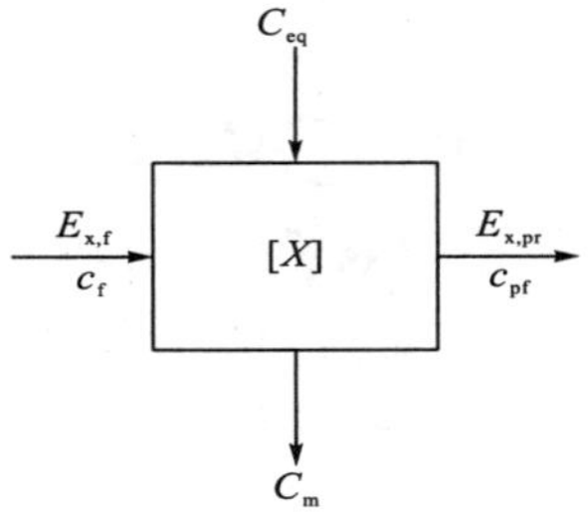

图 3-10 动力设备热经济模型

相应的成本方程为

$$c_{\text{pr}}E_{\text{x,pr}}=c_{\text{f}}E_{\text{x,f}}+C_{\text{n}} \tag{3-43}$$

式中，c_{f}为燃料㶲的㶲单价，元/kJ；$E_{\text{x,pr}}$为设备年耗燃料㶲，kJ/年，C_{n}为能耗费用，元/年，在这里为设备折旧费用C_{eq}和管理费用C_{m}之和。

由式(3-43)可得输出产品能的㶲单价：

$$c_{\mathrm{pr}}=c_{\mathrm{f}}\frac{E_{\mathrm{x,f}}}{E_{\mathrm{x,pr}}}+\frac{C_{\mathrm{n}}}{E_{\mathrm{x,pr}}}=\frac{c_{\mathrm{f}}}{\eta_{\mathrm{ex}}}+c_{\mathrm{n}} \tag{3-44}$$

式中，η_{ex} 为动力设备的㶲效率；c_{n} 为设备单元能耗费用，也可理解为比投资，即输出 1kJ 能量所需的投资费，元/kJ。

由式(3-44)可见，在 c_{n} 和 c_{f} 保持不变条件下，动力设备产品能的㶲单价取决于设备的㶲效率。所以，η_{ex} 就是动力设备的决定性参量。产品㶲单价是随㶲效率的提高而下降的。即㶲效率越高，经济性越好。

2) 工艺设备

工艺设备的供给㶲可以是能级为 1 的电㶲和机械㶲，也可以是能级 $\Omega<1$ 的热㶲，或二者皆有。输出的产品也可以有两种，目的产品和可供再利用的输出余能，输出余能属副产品㶲。该类设备的㶲经济模型如图 3-11 所示。其中，c_{W} 和 c_{q} 分别为输入的功㶲 P_{sup} 和热㶲 E_{xq} 的㶲单价，$E_{\mathrm{x,sup}}$ 和 c_{sup} 分别为各种供给㶲的总和及其平均㶲单价，$E_{\mathrm{x,ex}}$ 和 c_{ex} 分别为附产品㶲及其单价。

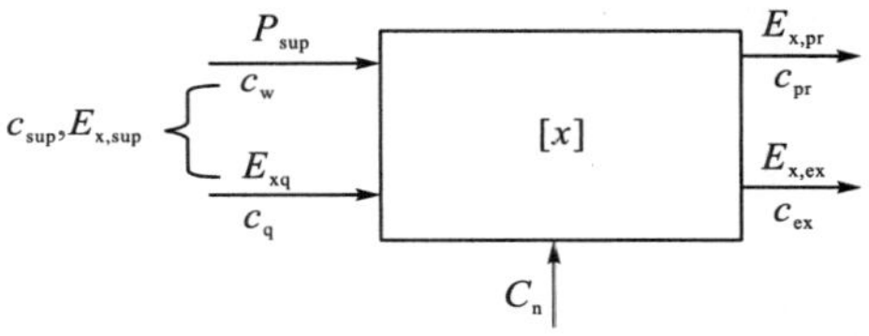

图 3-11　㶲经济模型

由㶲分析得

$$\eta_{\mathrm{ex}}=\frac{E_{\mathrm{x,pr}}+E_{\mathrm{x,ex}}}{E_{\mathrm{x,sup}}}=1-\frac{E_{\mathrm{xl}}}{E_{\mathrm{x,sup}}} \tag{3-45}$$

$$E_{\mathrm{xl}}=E_{\mathrm{x,sup}}\left(1-\eta_{\mathrm{ex}}\right) \tag{3-46}$$

从㶲经济观点看，㶲损失 E_{xl} 是无价值的，其相应的费用分别由产品㶲及副产㶲分摊。因此，由㶲经济平衡方程可得

$$C_{\mathrm{pr}}=c_{\mathrm{sup}}E_{\mathrm{x,sup}}-c_{\mathrm{ex}}E_{\mathrm{x,ex}}+C_{\mathrm{n}}=c_{\mathrm{pr}}E_{\mathrm{x,pr}} \tag{3-47}$$

由设备㶲平衡得

$$E_{\mathrm{x,ex}}=E_{\mathrm{x,sup}}-E_{\mathrm{x,pr}}-E_{\mathrm{xl}} \tag{3-48}$$

结合式(3-46)、式(3-47)以及式(3-48)，得

$$C_{\mathrm{pr}}=E_{\mathrm{x,sup}}(c_{\mathrm{sup}}-c_{\mathrm{ex}})+\left[\rho E_{\mathrm{x,sup}}+(1-\eta_{\mathrm{ex}})\right]c_{\mathrm{ex}}+C_{\mathrm{n}} \tag{3-49}$$

式中，$\rho=\dfrac{E_{\mathrm{x,pr}}}{E_{\mathrm{x,sup}}}$，表示产品的㶲值率。

令 π 为副产品的㶲单价与供给㶲单价之比：$\pi=\dfrac{c_{\mathrm{ex}}}{c_{\mathrm{sup}}}$，则式(3-49)可进一步表示为

$$C_{\mathrm{pr}}=E_{\mathrm{x,sup}}c_{\mathrm{sup}}\left[1+\pi\left(\rho-\eta_{\mathrm{ex}}\right)\right]+C_{\mathrm{n}} \tag{3-50}$$

定义副产㶲的输出率 $\omega=\dfrac{E_{\mathrm{x,ex}}}{E_{\mathrm{x,sup}}}$，式(3-50)可以进一步表示为

$$C_{\mathrm{pr}}=c_{\mathrm{sup}}E_{\mathrm{x,sup}}(1-\pi\omega)+C_{\mathrm{n}} \tag{3-51}$$

式(3-50)和式(3-51)是产品成本的通用计算式。

当设备不输出副产㶲时，$\omega=0$，有：

$$C_{\mathrm{pr}}=c_{\mathrm{sup}}E_{\mathrm{x,sup}}+C_{\mathrm{n}} \tag{3-52}$$

可见，确定产品成本的因素，即设备的㶲经济性的决定性参量 X 可以是六个(c_{sup}、$E_{\mathrm{x,sup}}$、ρ、π、η_{ex} 和 C_{n})，也可以是五个($E_{\mathrm{x,sup}}$、c_{sup}、π、ω 和 C_{n})。当无副产品㶲输出时，决定性参量仅有 c_{sup}、$E_{\mathrm{x,sup}}$ 和 C_{n} 三个。

据式(3-50)和式(3-52)，可以得到降低产品成本的几个基本途径：①降低供给㶲的耗费量 $E_{\mathrm{x,sup}}$ 和㶲单价 c_{sup}；②降低产品的㶲值率 ρ，由于物质产品所携㶲通常是不能利用的，属㶲耗散，必然伴随着经济损失，因此 ρ 越高，经济性越差；③提高设备的㶲效率；④提高副产㶲价比 π，即尽量提高副产㶲的能级。

2. 生产系统产品成本热经济学分析

对于由几种设备所组成的生产系统，其㶲经济分析要比单元设备复杂。因为欲求系统输出产品的㶲单价，必须同时求出各设备结点上相应能流的㶲单价，未知数至少在两个以上。

系统㶲经济分析的基本方法是将一种设备看作一个子系统或组成子系统的网络模型，然后分别列出各个子系统的㶲经济方程，组成系统㶲经济方程组。系统㶲经济分析，实际上就是求解㶲经济方程组。

1) 多种能量并供系统

以锅炉-背压汽轮发电机组成的热电并供系统为例。图 3-12 为 D=60t/h 的中压锅炉和 N=3000kW 的背压汽轮发电机组成的热电并供系统。为便于分析，将该系统分解成产汽与发电两个子系统，产汽系统即锅炉设备，发电系统由背压汽轮机与发电机组成。由此组成子系统串联、热电并供的㶲经济分析模型，如图 3-13 所示。

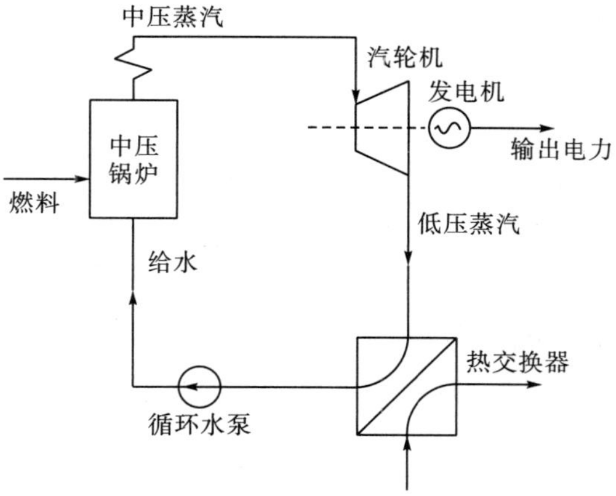

图 3-12　热电并供系统

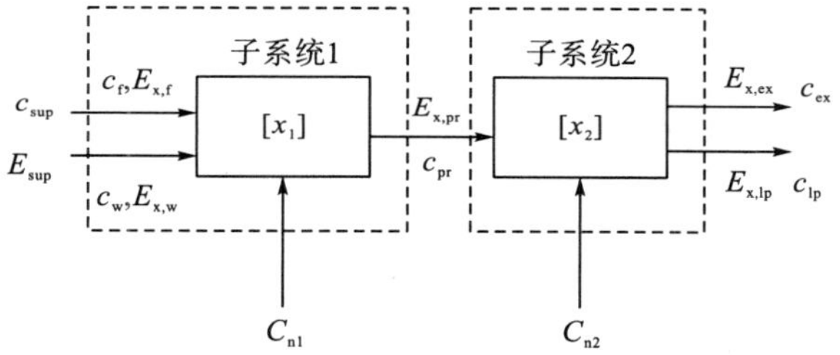

图 3-13　热电并供系统热经济模型

如图 3-13 所示，若对燃料和给水㶲单价 c_f 和 c_w 取加权平均值 $c_{x,sup}$，子系统 1 的热经济方程为

$$c_{pr}E_{x,pr}=c_{x,sup}E_{x,sup}+C_n \tag{3-53}$$

子系统 2 的热经济方程为

$$c_{ex}E_{x,ex}+c_{lp}E_{x,lp}=c_{pr}E_{x,pr}+C_{n2} \tag{3-54}$$

由式(3-53)和式(3-54)组成的系统㶲经济方程组，共有 c_{pr}、c_{lp} 和 c_{ex} 三个未知数，多于方程数。为求解方程组，尚需一个约束性辅助方程。约束性方程通常为成本分摊方程，简单取法有三种：①$c_{ex}=c_{pr}$，即供电与锅炉供汽的㶲单价相等；②$c_{ex}=c_{lp}$，即供电与供热的㶲单价相等；③$c_{1p}=c_{pr}$，即低压蒸汽与中压蒸汽的㶲单价相等。

若取 $C_{n1}=C_{n2}$，各为每吨中压蒸汽固定投资的 10%，给水㶲经济忽略，按上述三种约束性方程分别求解方程组，热经济分析结果如表 3-2 所示。可以看出，采用①、②两种约束性方程，结果比较接近。但从鼓励电厂供热考虑，取②更为适宜。对于约束性方程③，由汽轮发电的㶲损所带来的㶲经济损失全归于发电，因而电价高，热价低，是不太合理的。

表 3-2 热电并供系统的热经济分析结果

㶲单价约束性方程	c_f/(元/10^6 kJ)	c_n/(元/10^6 kJ)	c_{pr}/(元/10^6 kJ)	c_{lp}/(元/10^6kJ)	c_{ex} /(元/10^6 kJ)	c_{ex} /[元/(kW·h)]	c_{lp}/c_{ex}
$c_{ex}=c_{pr}$	5.075	0.287	14.020	15.573	14.020	0.051	1.11
$c_{ex}=c_{lp}$	5.075	0.287	14.020	15.286	15.286	0.055	1.00
$c_{1P}=c_{pr}$	5.075	0.287	14.020	14.020	21.233	0.076	0.66

对于由 n 种能量并供、n 个串联子系统组成的复杂系统，可以列出 m 个㶲经济方程，而未知数则有 $m+n-1$ 个。未知数较方程数多，为 $n-1$ 个，因此需要 $n-1$ 个约束性方程才能求解。

2) 生产工艺系统

图 3-14 为由三个子系统串联起来的系统㶲经济模型[26]。

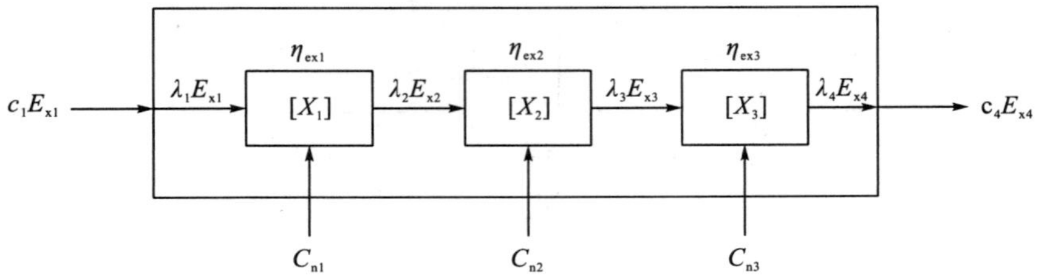

图 3-14 三个子系统串联的㶲经济模型

如果所分析的对象是线性系统，那么对三个子系统可分别列出㶲经济方程。由图 3-14 可知 $\lambda_1=c_1$，$\lambda_4=c_4$，可得

$$\lambda_2E_{x2}=c_1E_{x1}+C_{n1} \tag{3-55}$$

$$\lambda_3E_{x3}=\lambda_2E_{x2}+C_{n2} \tag{3-56}$$

$$c_4E_{x4}=\lambda_3E_{x3}+C_{n3} \tag{3-57}$$

式中，λ_1、λ_2、λ_3 和 λ_4 分别为系统内由各设备边界输入㶲流的单价，称为“边际成本”。

将式(3-55)～式(3-57)相加得

$$c_{pr}=c_4E_{x4}=c_1E_{x1}+C_{n1}+C_{n2}+C_{n3} \tag{3-58}$$

因为

$$c_1E_{x1}+C_{n1}=f([X_1]) \tag{3-59}$$

$$C_{n2}=f([X_2]) \tag{3-60}$$

$$C_{n3}=f([X_3]) \tag{3-61}$$

所以可以得到

$$c_{pr}=f([X_1],[X_2],[X_3]) \tag{3-62}$$

可见，生产系统输出产品的成本是各子系统决定性参量的函数。

为了求出 λ_2、λ_3、λ_4，取

$$\lambda_2 = \frac{\partial}{\partial E_{x2}}\left(\lambda_1 E_{x1} + C_{n1}\right) \tag{3-63}$$

$$\lambda_3 = \frac{\partial}{\partial E_{x3}}\left(\lambda_2 E_{x2} + C_{n2}\right) \tag{3-64}$$

$$\lambda_4 = \frac{\partial}{\partial E_{x4}}\left(\lambda_3 E_{x3} + C_{n3}\right) \tag{3-65}$$

如果各子系统的年投资费(C_{n1}、C_{n2}、C_{n3})只是相应的决定性参量的函数，而与该子系统的年输出总㶲无关，即

$$C_{n1} = F\left(\left[X_1\right]\right) \tag{3-66}$$

于是可得

$$\lambda_2 = \lambda_1 \frac{\partial E_{x1}}{\partial E_{x2}} = c_1 / \eta_{c1} \tag{3-67}$$

$$\lambda_3 = \lambda_2 \frac{\partial E_{x2}}{\partial E_{x3}} = c_1 / \left(\eta_{c1} \cdot \eta_{c2}\right) \tag{3-68}$$

$$\lambda_4 = c_4 = \lambda_3 \frac{\partial E_{x3}}{\partial E_{x4}} = c_1 / (\eta_{c1} \cdot \eta_{c2} \cdot \eta_{c3}) \tag{3-69}$$

对于由 n 个子系统串联而成的系统，输出产品的㶲单价为

$$C_{n+1} = c_1 / \left(\eta_{c1} \times \eta_{c2} \times \cdots \times \eta_{cn}\right) \tag{3-70}$$

由此可见，在由串联子系统组成的生产系统中，其输出产品的㶲单价沿㶲流方向递增。

如果各子系统的年投资费与该子系统的年输出总㶲呈线性关系，即

$$C_{nj} = a_i + b_i E_{x(i+1)} \tag{3-71}$$

代入式(3-67)～式(3-69)得

$$\lambda_2 = b_1 + \frac{c_1}{\eta_{c1}} \tag{3-72}$$

$$\lambda_3 = b_2 + \frac{b_1}{\eta_{c2}} + \frac{c_1}{\eta_{c1} \cdot \eta_{c2}} \tag{3-73}$$

$$\lambda_4 = c_4 = b_3 + \frac{b_2}{\eta_{c3}} + \frac{b_1}{\eta_{c2} \cdot \eta_{c3}} + \frac{c_1}{\eta_{c1} \cdot \eta_{c2} \cdot \eta_{c3}} \tag{3-74}$$

由此可得

$$c_4 = F\left(c_1, b_1, b_2, b_3, \eta_{c1}, \eta_{c2}, \eta_{c3}\right) \tag{3-75}$$

式(3-75)表明，此种情况下输出产品的㶲单价是各子系统的㶲效率与线性系数 b 的函数。

3) 㶲损定价

为简化起见，取一个单一输入、单一输出系统来分析，并且系统为稳定流动。此时，

系统中的储能为零，㶲平衡方程变为

$$E_{\mathrm{x,in}}-E_{\mathrm{x,out}}=E_{\mathrm{x,in}}-E_{\mathrm{x,pr}}=\sum I_{\mathrm{r}} \tag{3-76}$$

式中，$\sum I_{\mathrm{r}}$ 为系统㶲损，由各项不可逆性㶲损(内部损失)和系统向外界排放损失(外部损失)两部分组成。现讨论两个极端情况下㶲损的定价特点，这两种情况都需要满足对外产品供应为恒定值，即 $E_{\mathrm{x,pr}}$=const。

第一种情况是系统输入的能源可充分供应，系统需要多少㶲，外界能源就输入多少㶲，而且不受限制，也就是系统输入的能源取决于系统用户的需求。将式(3-75)和式(3-76)联立，消除输入㶲E_{in}，得到如下经济平衡方程

$$\mathrm{PL}=\left(c_{\mathrm{pr}}-c_{\mathrm{in}}\right)E_{\mathrm{x,pr}}-\left(c_{\mathrm{in}}\sum I_{\mathrm{r}}+\sum C_{ni}\right) \tag{3-77}$$

可以看到，式(3-77)中有 $c_{\mathrm{in}}\sum I_{\mathrm{r}}$ 这一项，说明这对于用户驱动系统，㶲损是由输入㶲价 c_{in} 来定价的。理想情况下生产过程可逆，没有任何的损失和外界排放，那么要生产 $E_{\mathrm{x,pr}}$ 的产品㶲，只需要相同量的输入㶲，即 $E_{\mathrm{x,in}}=E_{\mathrm{x,pr}}$。但实际过程都是不可逆的，而且存在内部损失和外部排放，因此，要保证输出 $E_{\mathrm{x,pr}}$ 的产品㶲，就必须增加输入㶲，即 $E_{\mathrm{x,in}}> E_{\mathrm{x,pr}}$，这部分增加的输入㶲需要从外界能源处获得，因此，㶲损需以能源输入系统的㶲来定价。

第二种情况是输出产品 $E_{\mathrm{x,pr}}$ 依然是固定的，但能源所能提供的㶲是有限的。这种情况下，由于 $E_{\mathrm{x,pr}}$ 是固定的，将式(3-75)和式(3-76)联立消除 $E_{\mathrm{x,pr}}$，可得

$$\mathrm{PL}=\left(c_{\mathrm{pr}}-c_{\mathrm{in}}\right)E_{\mathrm{x,in}}-\left(c_{\mathrm{pr}}\sum I_{\mathrm{r}}+\sum C_{ni}\right) \tag{3-78}$$

可以看出，㶲损是由产品㶲的价格决定的，也就是 c_{pr}。这是由于在㶲损存在条件下，能源所能提供的㶲不可能增加，所以只有用提高市场价格的形式来弥补由此带来的亏额，因此，㶲损须以产品㶲的价格来进行定价。

(1) 成本差

式(3-77)和式(3-78)中都存在 $c_{\mathrm{pr}}-c_{\mathrm{in}}$ 这一项，定义其为成本差。如果一个能量系统可以划分为若干个子系统，那么能流每经过一个子系统后，由于㶲损和非能量消耗，输出㶲成本一定会出现增长，其大小就是每个子系统进、出口㶲价的差值，$\Delta c=c_{\mathrm{out}}-c_{\mathrm{in}}$，显然，这种成本差越大，出口㶲成本越高，对生产越不利，因此，通过对各子系统成本差的计算，可以看出哪个子系统热经济性最差，从而确定能量系统的薄弱环节，即成本差高的环节，进而优先考虑改进。

(2) 热经济因子

如果一个能量系统的㶲成本差价过高，其原因可能由两方面造成，一方面是系统㶲损太大，㶲效率太低；另一方面是非能量损失太高。在讨论㶲损价格问题时，并没有提到非能量损失的影响，然而，㶲损费用和非能量费用往往不是相互独立的。在一定技术条件下，减少某一项，往往会使另外一项增大。因此，可认为二者存在一定的最佳比，在此最佳比下，两项之和应最小。为了弄清这两者之中哪个是导致㶲成本差价过高的主要原因，哪个是次要原因，热经济学引入了热经济因子(或称为㶲经济系数)来反映㶲损费用和非能量费

用之间的比例关系，即

$$f=\frac{\sum C_{\mathrm{n}i}}{c_{i\mathrm{r}}\sum I_{\mathrm{r}}+\sum C_{\mathrm{n}i}} \tag{3-79}$$

式中，$c_{i\mathrm{r}}$为㶲损的单位价格，其值需根据系统边界条件确定，或以输入㶲定价，或以产品㶲定价。

如果系统热经济因子的最佳值是已知的，那么自然也就明确了改进系统应从㶲损还是从非能耗环节着手。当最佳值不确定时，需要通过比较分析，以及必要的计算来确定此最佳值，这也是系统分析和优化的任务。热经济因子过大，则设备投资过大，虽然可减小㶲损失，但往往会节能但不省钱，甚至更为费钱，得不偿失。反之，热经济因子过小，则㶲损就会增大，这时需要增加投资改进设备，降低㶲损。通常情况下，采用如下热经济因子评判标准：①f<0.3，系统㶲损太大，应设法减少㶲损失；②0.3≤f≤0.7，㶲损和非能量费用两方面原因同时存在，应综合考虑并加以优化；③f>0.7，系统非能量费用过高，应设法降低非能量费用。

热经济因子是热经济分析的另一个重要评价指标，它反映了非能量费用占全系统各项消耗总和比例，其表达式简单，但求取这个参数值需要进行全系统的分析和计算，不但要计算㶲损及其费用，还要逐项计算非能量费用，从而计算产品㶲成本，最后通过优化求得热经济因子。

3.4.2　复杂系统热经济学分析

对于简单系统的热经济分析，其计算量相对较小，使用常规求解方程组的方法就可以完成计算。但由于大多数能量系统往往较为复杂，采用常规方法需要相当大的计算量，因此，在热经济学中常常采用矩阵分析方法进行求解。

1. 事件矩阵的概念

事件矩阵也叫关联矩阵，通常以 $\boldsymbol{A}$ 来表征。分析复杂系统时，总是把一个复杂的系统依照各部件的功能划分为若干个子系统，能量系统中总是由㶲流按照工艺流程流经各子系统。这样，采用事件矩阵 $\boldsymbol{A}$ 来描述各股㶲流和子系统之间的关系。设所研究的能量系统共含有 n 个子系统和 m 股㶲流，如果以 n 作为矩阵行数，以 m 作为列数，就可以得到一个 $n\times m$ 的矩阵，称为事件矩阵 $\boldsymbol{A}(n\times m)$。采用 a_{ji} 表示各项元素，i 代表第 i 个子系统，j 代表第 j 股㶲流。规定：①当第 j 股流输入第 i 个子系统时，记为 a_{ij}=+1；②当第 j 股流输出第 i 个子系统时，a_{ij}=−1；③如果第 j 股流既不输入、也不输出第 i 个子系统，则 a_{ij}=0。

2. 矩阵形式的成本方程

㶲流向量记为 $\boldsymbol{E}$，它是㶲流按其序号由小到大排列的顺序，即 m 维的行向量。在各子系统中的㶲损向量记为 $\boldsymbol{I}_{\mathrm{r}}$，代表各子系统中㶲损按其序号排列的 n 维列向量，$\boldsymbol{E}$ 和 $\boldsymbol{I}_{\mathrm{r}}$ 排列构成满秩矩阵 $\boldsymbol{A}$。由 a_{ij} 的取值规定可以得到，子系统 i 的㶲损可写为

$$\boldsymbol{I}_{\mathrm{r}i}=\sum_{j=1}^{m}a_{ij}\boldsymbol{E}_j \tag{3-80}$$

式中，$\boldsymbol{E}_j$ 代表第 j 股㶲流，取正值。需要指出的是，当子系统的排放㶲不再被利用时，也变为㶲损。

由式(3-80)进一步可得

$$\boldsymbol{I}_{\mathrm{r}}=\sum_{i=1}^{n}\sum_{j=1}^{m}a_{ij}\boldsymbol{E}_j=\boldsymbol{A}\times\boldsymbol{E} \tag{3-81}$$

这样，通过矩阵求解，可以得到相应的㶲流及㶲损特征。

同样，系统内部各股㶲流的成本也可以用矩阵求解。在式(3-81)基础上再定义㶲流成本向量 $\boldsymbol{C}$ 和子系统非能量向量 $\boldsymbol{C}_n$。其中，$\boldsymbol{C}$ 是一个 m 维的列向量，其元素 c_j 可表示为第 j 股㶲流的㶲值和单位成本的乘积，即

$$\boldsymbol{C}=[C_1\ \ C_2\ \ C_3\cdots C_m]^{\mathrm{T}} \tag{3-82}$$

$$\boldsymbol{C}_j=c_j\boldsymbol{E}_j\qquad (j=1,2,\cdots,m) \tag{3-83}$$

非能量向量 $\boldsymbol{C}_n$ 是一个 n 维的列向量，其元素 C_{ni} 为第 i 子系统的非能量费用。由子系统的经济平衡关系可以得到

$$C_{ni}=\sum_{j=1}^{m}a_{ij}C_j \tag{3-84}$$

因此，

$$C_n=\sum_{i=1}^{n}\sum_{j=1}^{m}a_{ij}C_j=\boldsymbol{A}\times\boldsymbol{C} \tag{3-85}$$

式(3-85)包含 n 个独立的方程式，但由于系统具有的㶲流数目 m 往往大于子系统数目 n，因此方程组不封闭。要求解向量 $\boldsymbol{C}$，还需增加 $m-n$ 个独立的补充方程，这些方程一部分由边界条件所确定，如市场的电价、煤价等，另一部分则由子系统的成本分摊方程来确定。

如果取㶲流成本为补充方程的未知量，那么这些方程的系数所构成的矩阵就叫补充方程系数矩阵，常以 $\boldsymbol{A}_{\mathrm{a}}$ 来标记。$\boldsymbol{A}_{\mathrm{a}}$ 的行数等于补充方程数 $m-n$，列数为整个系统的㶲流数。补充方程的常数项所构成的 $m-n$ 维列向量称为常数项向量，用 $\boldsymbol{G}$ 表示，因此有

$$\boldsymbol{G}=\boldsymbol{A}_{\mathrm{a}}\times\boldsymbol{C} \tag{3-86}$$

根据矩阵的性质，将式(3-85)和式(3-86)合并，组成新的矩阵：

$$\begin{bmatrix}\boldsymbol{A}\\ \boldsymbol{A}_{\mathrm{a}}\end{bmatrix}\times\boldsymbol{C}=\begin{bmatrix}\boldsymbol{C}_n\\ \boldsymbol{G}\end{bmatrix} \tag{3-87}$$

式(3-87)所代表的矩阵满秩，其所包含的 m 个独立方程所形成的方程组封闭，可以求解。

3. 矩阵分析应用案例

下面以密闭式冷凝水回收系统为例[28]，介绍热经济学矩阵分析方法的应用。图 3-15 所示为密闭式冷凝水回收系统，由于整个系统较为复杂，在进行热经济性分析时，首先将其划分为疏水阀①、集水罐前管路②、集水罐③、冷凝水回收装置④、泵后管路⑤、减温减压阀⑥和阀后管路⑦共 7 个子系统，系统中共有 10 股㶲流(其中 10 为冷凝水回收装置中输入的电能)，根据事件矩阵的建立方法，可以建立一个 7 行 10 列的事件矩阵 $\boldsymbol{A}$，矩阵各行分别代表子系统①～⑦，各列分别代表㶲流 1～10。

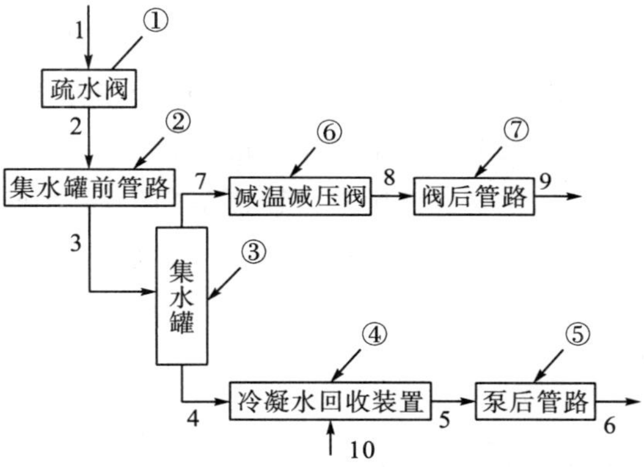

图 3-15　密闭式冷凝水回收系统热经济学模型

首先，列出事件矩阵 $\boldsymbol{A}$：

$$\boldsymbol{A}=\begin{bmatrix} 1 & -1 & 0 & 0 & 0 & 0 & 0 & 0 & 0 & 0 \\ 0 & 1 & -1 & 0 & 0 & 0 & 0 & 0 & 0 & 0 \\ 0 & 0 & 1 & -1 & 0 & 0 & 0 & 0 & 0 & 0 \\ -0 & 0 & 0 & 1 & -1 & 0 & 0 & 0 & 0 & 0 \\ 0 & 0 & 0 & 0 & 1 & -1 & 0 & 0 & 0 & 0 \\ 0 & 0 & 0 & 0 & 0 & 0 & 1 & -1 & 0 & 0 \\ 0 & 0 & 0 & 0 & 0 & 0 & 0 & 1 & -1 & 0 \end{bmatrix} \tag{3-88}$$

通过测量系统各股能流的压力、温度和流量，可以得出各股流量，作为求解单价的已知条件。同时，还需对系统各个子系统的非能量费用进行计算，这主要包括初投资费用和操作费用，可以通过经济学的方法计算，结果列于表 3-3 中。

表 3-3 各子系统非能量费用

子系统	非能量费用/(元/年)
疏水阀	80000
集水罐前管路	2000
集水罐	1100
冷凝水回收装置	45000
泵后管路	2000
减温减压阀	400
阀后管路	2000

求得各股流流量以及子系统的非能量费用之后，可列出包含 7 个方程的方程组，包括 c_1～c_{10} 共 10 个参数，其中 c_1 与 c_{10} 为边界条件，c_{10} 由市场价格决定，c_1 则与锅炉和用气设备的效率以及燃料种类有关。为了求解剩余的 c_2～c_9，还需要增加一个成本分摊方程，因为集水罐输出的冷凝水和闪蒸蒸汽均为产品流，因此根据成本分摊原则，$c_4=c_7$。这样，方程组实现了封闭，可以对各股单价进行求解。若 c_1=0.852 元/MJ，电价 c_{10} 为 0.55 元/kWh，环境温度为 20℃，计算所得的各股㶲流的流量和单价列于表 3-4 中，进而可以得到各子系统进出口的㶲流成本差及相应的热经济因子，如表 3-5 所示。由此可见，各子系统中集水罐和泵后管路的成本差较大，并且它们的热经济因子 f 都小于 0.3，说明泵后管路和集水罐热经济性较差，原因主要是㶲损较大。因此，在对这套系统进行改进时，应该重点设法减小这两个设备的㶲损。

表 3-4 计算所得各㶲流单价

流代号	流量/kW	单价/(元/MJ)
2	496.92	0.8670
3	474.83	0.9071
4	298.78	0.9728
5	328.08	0.9072
6	300.81	0.9913
7	143.96	0.9728
8	140.43	0.9974
9	134.34	1.0433

表 3-5 计算所得各㶲流成本差及相应的热经济因子

子系统	成本差 Δc/(元/MJ)	经济因子 f
疏水阀	0.0150	0.4927
集水罐前管路	0.0401	0.0046
集水罐	0.0657	0.0016
冷凝水回收装置	0.0204	0.3356
泵后管路	0.0841	0.0034
减温减压阀	0.0246	0.0052
阀后管路	0.0459	0.0144

3.5　热经济学优化

热经济分析中，通过会计统计求解方程组和优化是相辅相成的。会计统计分析结果得到的是系统各部位上的㶲流和经济流的分布，这些结果能告诉哪些地方存在改进潜力，但它不能从系统整体分析角度给出某一局部改进或某一参数改变对系统带来的影响。而优化模式恰好可以弥补这一缺陷，它从系统分析角度，研究系统某一局部或某一参数变化对系统整体的影响，获得最佳改进方案[29-31]。

热力系统是一个有机联系的整体，任何部分或参数变化，都会影响其他部分，牵一发而动全身。从优化角度来看，热经济学的主要目的就是分析系统热经济学特性，从系统整体的角度给出系统某一局部改进或某一参数改进对全系统的影响，从而求取系统最大效益。

1. 系统物理参数分析

热力系统所处的物理状态可由系统参量来描述。对一个热力系统来说，整个系统的相关参数应该包括热力学参数 Z 和结构参数 K 两部分。例如，在图 3-16 所示的换热器系统中，两种不同工质在换热器中进行热交换。图中 1～8 表示工质流号。整个系统的热力学参量应包括所有工质流的热力学状态参量和质量流量。如果取压力 p 和焓 h 作为二质的热力学参量，以 m 表示质量流量，则有八组热力学参量，即

$$Z_1=(m_1,p_1,h_1);\quad Z_2=(m_2,p_2,h_2)$$
$$Z_3=(m_3,p_3,h_3);\quad Z_4=(m_4,p_4,h_4)$$
$$Z_5=(m_5,p_5,h_5);\quad Z_6=(m_6,p_6,h_6)$$
$$Z_7=(m_7,p_7,h_7);\quad Z_8=(m_8,p_8,h_8)$$

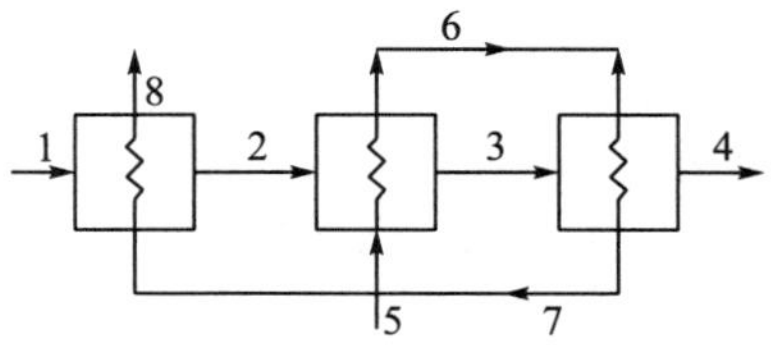

图 3-16　换热器系统热力学参量示意图

系统的结构参数包括所有的结构尺寸，如换热器的换热管管径、管距、管长、管排数等，还包括所有的结构特性，如是逆流还是顺流、单程还是多程及换热面所选用的材料等。显然，宏观的热力学参数一般都可视为连续变量，而结构参量中有的是连续的，有的则是

离散的。热力学参数和结构参数之间是有一定联系的，这种联系是由热力系统的构成以及在系统各部件中所进行过程的性质所决定的。由于这些联系的存在，系统中任何变量的变化都会影响其他变量，从而影响整个系统的各项技术经济指标。系统优化的目的就在于确定一组热力学参量和结构参量，使得预先规定的目标能够最好地得到实现。

2. 独立变量与相关变量

在热力系统中，无论是进行质量传递还是能量传递或转换，所有的过程都要服从能量守恒、质量守恒和㶲平衡(或熵平衡)这三个基本规律。系统的约束方程就是根据这三个基本规律列出的。由于约束方程的存在，系统参数的变化便要受到限制。热力学参数中独立变量的个数等于热力学参数的数目与约束方程数目之间的差值，这个差值叫做“自由度”。

在热力学参数中，独立变量以外的变量称为相关变量。而相关变量的数目正好等于约束方程的数目，因而当给定独立变量的值时，相关变量可以得到唯一解，因此相关变量Z_y可表示为

$$Z_y = Z_y\left(Z_x\right) \tag{3-89}$$

从系统的热力学参量中选择哪些量作为独立变量显然是要受到限制的，因为独立变量和相关变量之间是通过约束方程相互联系着的。在优化设计中，常把独立参数叫做决策参数，而把相关变量叫作状态变量。

优化的目的就是要确定最佳的独立变量值，但往往并不是所有的独立变量都要由优化过程来确定。某些参量是由外部条件所规定的，没有选择的余地，称为由外部条件决定的独立变量$Z_{x,\text{out}}$。于是整个系统的热力学参量可表示为

$$Z = \left(Z_x, Z_{x,\text{out}}, Z_y\right) \tag{3-90}$$

以图3-17所示的汽轮机为例，其热工参量为

$$Z = \left(m_1, p_1, h_1, p_2, h_2, m_2, P\right) \tag{3-91}$$

式中，P为汽轮机输出功率。

能量平衡方程为

$$m_1 h_1 - m_2 h_2 - P = 0 \tag{3-92}$$

质量平衡方程为

$$m_1 - m_2 = 0 \tag{3-93}$$

㶲平衡方程(汽轮机的焓降就是其输出功，故汽轮机的焓降方程可以代替㶲平衡方程)为

$$h_1 - h_2 = \Delta h\left(p_1, h_1, p_2, S\right) \tag{3-94}$$

式中，S为与汽轮机相对内效率相关的结构参量。

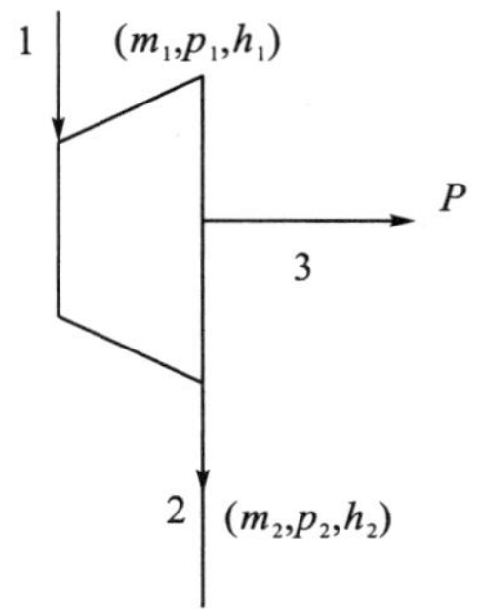

图 3-17　汽轮机热力学参量示意图

由此可见，共有 8 个约束方程。因热力学参量 Z 中所包含的变量共有 7 个，故汽轮机的热力学独立变量为 4 个。如果汽轮机的输出功率 P 要求为定值(由外部条件规定)，那么可供优化的热力学独立变量就剩下 3 个。在热经济学中，往往把可供优化的独立变量称为决策变量，而相关变量叫状态变量。选择哪 3 个参量为决策变量并不是唯一的，但也不是任意的。例如，不能选质量流量 m_1 和 m_2 均为决策变量，因为质量平衡方程显然可见，它们之间不是相互独立的。

除了确定决策变量，优化过程还要确定系统的结构参数。结构参数中的变量也并不都是独立的，也要受到有关方程的约束。例如，对某换热器 j，传热方程就是其约束方程：

$$\Phi_j = k_j A_j \Delta t_j \tag{3-95}$$

式中，Φ_j 为传热量。它也可以从热平衡方程来求得

$$\Phi_j = \Phi_j\left(Z_j\right) \tag{3-96}$$

传热面积 A_j 是该换热器结构参量的函数：

$$A_j = A_j\left(S_j\right) \tag{3-97}$$

传热平均温差 Δt_j 是该换热器热力学参量的函数：

$$\Delta t_j = \Delta t_j\left(Z_j\right) \tag{3-98}$$

传热系数 k_j 则是该换热器热力学参量和结构参量的函数：

$$k_j = k_j\left(Z_j, S_j\right) \tag{3-99}$$

于是由传热方程可得

$$f\left(Z_j, S_j\right) = 0 \tag{3-100}$$

由式(3-100)可在结构参量中消去一个变量。

3. 约束条件

热力学参量和结构参量的取值不可能是任意的，它们只能在技术上可实现的范围内进行变化，这种限制可以用不等式的形式表示

$$Z^B \leqslant Z \leqslant Z^T \tag{3-101}$$

$$K^B \leqslant K \leqslant K^T \tag{3-102}$$

式中，上标 B 和 T 分别表示所容许的下限与上限。

例如，为防止在汽轮机末级叶片上蒸汽湿度过大而发生水击现象，蒸汽在汽轮机内膨胀终止时湿度应不超过某个极限值；某一级回热加热器的抽气压力不应高于前一级抽气压力，也不应低于后一级抽气压力等。此外，还有一种反映系统的物理或经济特性的参数，叫作特征值，它们是最优化过程中所需要确定的热工参量和结构参量的函数，同时又可能是目标函数约束函数的组成项。特征值通常也是要受到技术和经济条件限制的。若以 F 表示系统的特征值，则

$$F^B \leqslant F(Z,K) \leqslant F^T \tag{3-103}$$

例如，为防止锅炉受热面的过度磨损及烟灰的堵塞，锅炉中烟气的流速有上、下限容许值的限制，系统的投资费用有时因投资单位的投资能力而受到限制等。

不等式约束在系统独立变量所构成的多维空间中确定了一个可行域，通过优化过程最终得到的热工参量和结构参量的解必须位于这一可行域内或者是在它的边界上。否则，得出的任何优化结果都是没有实际意义的。

4. 目标函数

要进行优化，首先就要确立优化所要达到的目标，将优化的目标用数学方法表示出来，即目标函数。同是一个系统，因要求的不同可有不同的目标函数。

对于一个热力系统，在实际工程中往往既要考虑其经济性，又要考虑它对环境及社会的影响，这便构成了多目标优化问题。在这里，只是讨论以系统经济效益最佳为目标的单目标优化，至于环境保护等其他方面，可用引入约束条件的方法在给定范围内给予满足。

以经济效益最优为优化目标时，也有多种不同的提法，基本可以分为两种：①在满足所有规定的条件下，从系统得到规定数量的产品所花费的总费用为最小或产品的单位成本最低；②满足所有的规定，且对产品价格先做出规定的条件下，由系统所得到的总净收益为最大。

这两种优化目标各有优缺点。对于运行周期很长的系统，对长时期内的产品价格做出预先规定显然是带有很大的不确定性的，这时第一种优化目标较为适宜。因此，对于运行周期长的系统(如电厂)，最优化的目标可以表述为：在满足所有内部及外部规定的条件下，确定整个系统的热力学参量和结构参量，以便在生产一定数量的产品时，所花的总费用为最小。但是，对于类似余热回收这样的系统，因为其目的并不是为了生产规定数量的某种产品，而是有效地回收余热，所以第二种优化目标更为合适。

例如，燃气轮机装置是用来产生动力的，其优化目标可定为在满足一定产量的前提下年成本最小：

$$\min\phi_o = c_f m_f + C_n \tag{3-104}$$

式中，m_f为年燃料消耗量；c_f为燃料的单位价格；C_n为整个装置的年非能量费用。

5. 最优化的一般数学模型

整个系统内的各种平衡方程式、一些反映内部过程的方程式、反映技术上的或经济上的限制的不等式，以及目标函数等这些数学表达式的综合便构成了热力系统最优化的数学模型。这一模型的一般形式如下。

目标函数：

$$\min(\max)\phi = \phi(Z,S) \tag{3-105}$$

约束条件：

$$\begin{aligned} &\boldsymbol{G}(Z,S)=0 \\ &F^B \leqslant F(Z,S) \leqslant F^T \\ &Z^B \leqslant Z \leqslant Z^T \\ &S^B \leqslant S \leqslant S^T \end{aligned} \tag{3-106}$$

式中，$\boldsymbol{G}$ 表示等式方程的列向量函数。

整个系统的热力学参量可划分为独立变量 Z_x，由外部条件所规定的独立变量 Z_{out}，以及相关变量 Z_y，即

$$Z=\left(Z_x,Z_{out},Z_y\right) \tag{3-107}$$

而相关变量 Z_y 又可表示为独立变量 Z_x 的函数，即 $Z_y=Z(Z_x)$。整个系统的结构参量也可划分为独立变量 S_x 及相关变量 S，即有 $S=(S_x,S_y)$，而其相关变量又可表示成独立变量 K_x 和系统热工参量的函数，即

$$S_y=S_y\left(S_x,Z\right) \tag{3-108}$$

或

$$S_y=S_y\left[S_x,Z_x,Z_y\left(Z_x\right)\right] \tag{3-109}$$

如果系统的结构参量已经确定，这时优化问题就转变为运行参数的优化问题。其数学模型可表示为

$$\begin{aligned} &\min\phi_o=\phi(Z) \\ &\boldsymbol{G}(Z)=0 \\ &F^B \leqslant F(Z) \leqslant F^T \\ &Z^B \leqslant Z \leqslant Z^T \end{aligned} \tag{3-110}$$

6. 优化方法的选择

热力系统的数学模型一般比较复杂，而且往往是非线性的。所以，热力系统的优化问

题常常是非线性优化问题。

非线性优化方法可分为间接优化方法与直接优化方法两种[31]。直接优化方法是一种不使用导数，直接在可行域内比较目标函数值进行寻优的方法。属于这类的非线性优化方法有直接搜索法、遗传算法、人工神经网络法、旋转方向法和正多面体法等[31-32]。由于这种方法不需要对数学表达式求导，因而对比较复杂的热力系统来说，是一种非常实用的方法。间接优化方法是指利用微分、导数等数学分析的手段求目标函数极值的方法。属于这类的非线性优化方法有拉格朗日乘子法、牛顿法、共轭方向法、最速下降法、罚函数法等[11,31]。间接优化方法要求对系统行为能够用数学解析式描述，且数学表达式是可进行微分的。如果系统复杂，求导数就可能遇到困难，有时甚至写不出数学解析式，因而无法使用间接优化方法，所以这种方法具有一定局限性。但是，这类方法能够给出导数，便于分析系统内各个变量及各个部位之间的关系，因此间接方法具有较大的理论分析价值。

优化的成败与所选择的优化方法有很大的关系。选择什么样的优化方法，要根据所要优化的热力系统的具体特性而定。

参 考 文 献

[1] Keenan J H. A steam chart for second law analysis[J]. Trans. ASME，1932，54：195-204.

[2] Rant Z. Exergy，a new name for technical availability[J]. Forschung Ingenieurwissenschaftlichen Wesen，1956，23(1)：38-39.

[3] Evans R B，Tribus M. Thermo-economics of saline water conversion[J]. Industrial and Engineering Chemistry Process Design and Development，1962，4(2)：62-63

[4] Gaggioli R A. Thermodynamics and Non-equilibrium System[M]. Madison：University of Wisconsin，1961.

[5] Stecco S S，Desideri U，Bettagli N. Humid air gas turbine cycle：A possible optimization[J]. ASME Paper，New York，1993.

[6] Ghamarian A，Thomas W R，Robertson J L. Heat exchanger networks：Economical minimum approach temperature，second law analysis of thermal systems[J]. ASME Paper，New York，1987.

[7] El-Sayed Y，Evans R L. Thermoeconomics and the design of heat systems[J]. Journal of Engineering for Gas Turbines and Power，1970，92：27-35.

[8] 王加璇，张恒良. 动力工程热经济学[M]. 北京：中国水利水电出版社，1995.

[9] 朱明善. 能量系统的㶲分析[M]. 北京：清华大学出版社，1988.

[10] 杨东华. 热经济学[M]. 上海：华东化工学院出版社，1990.

[11] 李勤道，刘志真. 热力发电厂热经济性计算分析[M]. 北京：中国电力出版社，2008.

[12] 郑体宽. 热力发电厂[M]. 北京：中国电力出版社，2006.

[13] 项新耀. 㶲分析节能技术[M]. 北京：石油工业出版社，1995.

[14] 吴存真，张诗珍，孙志坚. 热力过程㶲分析基础[M]. 杭州：浙江大学出版社，2000.

[15] Ibrahim D. The role of exergy in energy policy making[J]. Energy Policy，2002，30(2)：137-149.

[16] 曾丹苓，敖越，张新铭，等. 工程热力学[M]. 第 3 版. 北京：高等教育出版社，2002.

[17] 张学学. 热工基础[M]. 北京：高等教育出版社，2015.

[18] 李汝辉，刘德彰，李世武. 能量有效利用[M]. 北京：北京航空航天大学出版社，2013.

[19] Moran M J，Sciubba E. Exergy analysis：Principles and practice[J]. Journal of Engineering for Gas Turbines and Power，1994，116(2)：285-290.

[20] Bejan A. Fundamental of exergy analysis，entropy generation minimization and the generation of flow achitecture[J]. International Journal of Energy Research，2010，26(7)：1-43.

[21] 郭民臣，魏楠. 热电厂供热成本分摊新方法——热耗变换系数法"好处归热法"的新解与理论证明[J]. 中国电机工程学报，2000，20(11)：85-10.

[22] 林克淮.热电厂的热电分摊方法探讨[J]. 区域供热，2007，(1)：18-22.

[23] 王加璇，杨勇平. 我国热价设计理论方法的研究(I)——确定联产的热电成本分摊的损失功率法[J]. 现代电力，1994(4)：68-74.

[24] 刘丹娜. 热电冷多联产机组成本分摊建模与研究[D]. 北京：华北电力大学，2018.

[25] 项新耀. 工程烟分析方法[M]. 北京：石油工业出版社，1990.

[26] Gaggioli R A. Thermodynamics：Second Law Analysis[M]. Washington D.C.：American Chemical Society，1980.

[27] 赵衍海，罗永浩，陆方，等.热经济学分析方法及其在冷凝水回收系统中的应用[J].动力工程学报，2005，25(1)：121-124.

[28] Li Y R，Du M T，Wang J N. Exergoeconomic analysis and optimization of an evaporator for a binary mixture of fluids in an organic Rankine cycle[J]. Journal of Non-Equilibrium Thermodynamics，2012，37(4)：413-431.

[29] Li Y R，Du M T，Wu C M，et al. Economical evaluation and optimization of subcritical organic Rankine cycle based on temperature matching analysis[J]. Energy，2014，68(5)：238-247.

[30] Wang X Q，Li X P，Li Y R，et al. Payback period estimation and parameter optimization of subcritical organic Rankine cycle system for waste heat recovery[J]. Energy，2015，88：734-745.

[31] 肖柳青，周石鹏. 实用最优化方法[M]. 上海：上海交通大学出版社，2000.

[32] Li Y R，Wang X Q，Li X P，et al. Performance analysis of a novel power-refrigerating combined-system driven by the low-grade waste heat using different refrigerants[J]. Energy，2014，73(9)：543-553.

第 4 章　热过程热经济学分析

4.1　概　　述

工程技术的实现需要利用能量，而热能是一种普遍存在的能量形式，因此在现代工业中，有许多装置和系统的设计和完善，都依赖热力学方法。前已述及，分析现代工程系统中热能转换所用的热力学方法，可以归纳为两类，即热力学第一定律分析法或能平衡计算方法；热力学第二定律分析方法，包括熵产分析[又称为熵产生最小化(entropy generation minimization，EGM)技术[1]]、㶲分析和能级分析法[2]，其中以熵产分析法和㶲分析法最为常见。

热经济学分析方法就是在热力学分析方法的基础上，引入经济因素，把基于热力学等学科的技术领域和基于收益费用等经济效果的经济领域有机、巧妙地统一在一起，综合运用热力学、技术经济学及最优化技术等学科知识的一种新的能量系统用能分析方法，主要用来研究各类工程方案的可行性、用能过程的合理性、系统运行的经济性以及系统结构和参数的最优化等问题。作为㶲概念和㶲分析方法不断演化和发展的产物，热经济学(亦称㶲经济学)为㶲分析法进一步实用化开辟出一条新途径。

4.1.1　热过程的熵产分析和㶲分析

一切实际热过程都是不可逆的，实际热过程与现象的多样性造成了不可逆因素的多样性。根据熵产的可加性，实际热过程的熵产即为由多种不可逆因素引起的熵产之和。典型的不可逆现象有温差传热、摩擦、混合、扩散、化学反应(燃烧)等。热过程的熵产分析就是在熵产概念的基础上，依据热力学、传热学和流体力学的知识计算熵产，得到不可逆损失分布，进而达到减小不可逆损失或优化不可逆损失分布的目的。熵产分析法作为热力学第二定律的分析方法，在不可逆现象比较集中的传热与流动系统中得到了广泛的研究，它属于热力学、传热学和流体力学的交叉范畴，它不仅要研究自身的分析方法和评价指标，而且要吸收利用传热学和流体力学的研究成果与研究方法。热过程的㶲分析将热力学第一定律和热力学第二定律结合起来，计算㶲损和㶲效率，从而在量和质两个方面研究热过程。本质上，作为热力学第二定律分析方法的热过程㶲分析和熵产分析是一致的，都是用来评价热过程的完善程度。

1. 基本流动传热过程熵产分析和㶲分析

从基本对流传热过程的单位体积的局部熵产(率)方程可以发现[1]，基本流动传热过程的不可逆(熵产)分布不仅与速度分布有关，还与温度分布有关。由于流动和传热传质过程的复杂性，联立方程多，一般很难得到熵产分布和总熵产的分析解。这时，需借助传热学和流体力学的研究方法，对流场和温度场进行数值模拟，进而可以得到基本流动传热过程中的熵产分布。从这方面讲，基本流动传热过程的熵产分析对传热学和流体力学有着强烈的依赖性。

对基本流动传热过程的熵产分析和㶲分析，已有的研究工作主要包括：充分发展的层流和紊流时恒壁温和恒热流边界条件下管内流动换热的优化以及管内流动在熵产最小时最佳流动雷诺数的研究；变物性时恒壁温和恒热流边界条件下管内流动换热的优化；同时考虑对流和辐射换热时的管内复合换热的热力学分析；壁温不均匀时的管内对流传热的热力学分析；流经平板、扁管、矩形通道、两平行平板之间通道、环形通道等不同截面形状通道的熵产分析；横掠圆管和不同形状单管流动与换热的热力学性能的分析；不考虑传热时的各种流动过程的熵产分析等。总之，对于基本流动传热过程的熵产分析和㶲分析，有对不同流动状态，如对层流和紊流流动换热的研究；有对不同流道形状，如对平板、管道、圆柱、方形通道、环形通道的研究；在熵产最小化的优化研究方面，有对不同的优化参数方面的研究，如最佳雷诺数、最佳管径、最佳板长、最佳间距等。

对于基本流动传热过程的熵产分析和㶲分析，一般只考虑温差传热和黏性流动(摩擦)两个主要的不可逆损失。如果已知流动与传热特性关系式，如摩擦阻力系数 f 或 c_f、传热 j 因子或 Nu 关系式，就可以求出熵产。为研究方便，一般将熵产无因次(量纲)化，引入无因次熵产数，无因次熵产数的形式有很多，但其实质都是一样的。通常认为黏性流动(摩擦)不可逆损失相对于温差传热不可逆损失较小，可以忽略，但对于一些强化传热表面，摩擦阻力急剧增加，两者可能处于可比拟的地位。

对于基本流动传热过程熵产分析和㶲分析的工程应用，主要体现在强化传热的性能评价等方面。近年来，由于节约能源、节省材料和降低成本的需要，强化传热技术在工程上得到了广泛的应用。随着强化传热技术的应用，出现的一个重要课题是强化传热的性能评价问题。目前国际上广泛应用的是 Webb 的性能评价方法[3]，该法具有较强的直观性，能清楚地反映采用强化传热技术后性能的改善，但该方法是以热力学第一定律为基础的评价方法，它未能区分传热量和动力消耗之间能质的差别，同时很难把强化传热时传热量的增加和流动阻力的增加有机地联系起来。为此，很多学者从热力学第二定律的角度对强化传热的性能进行评价，即基于基本流动换热过程熵产分析的普遍化方程，首先建立一般意义下统一的管内外综合热力性能分析和评价方程，然后提出多种形式的强化传热性能评价指标，并在多种限制条件下(如传热量、泵功率或体积一定等)对多种强化传热技术进行性能评价，进而确定合理的流动工况参数、结构参数和合理的强化形式等。

2. 换热器熵产分析和㶲分析

换热器广泛应用于能源动力等工业生产各领域，它是许多工艺过程中必不可少的单元设备之一。换热器是不可逆损失较为集中的热力设备。为了选择最佳的换热器和最佳的工作条件，以及正确地评价换热器的性能，需要准确和可行的性能分析和评价方法。到目前为止，换热器的性能分析和评价方法也常被分为熵产分析法和㶲分析法两种。

在换热器的熵产分析和㶲分析方面，国内外已有较多的文献发表，主要集中在换热器尺寸优化、最佳运行参数选取、不同类型和流动型式的换热器热力学性能的比较、紧凑式换热器的分析与优化等方面。具体地，大多文献在对换热器进行热力学第二定律分析的基础上，提出了诸多评价换热器热力性能的指标，从而把温差及压降对换热器造成的影响都统一到系统熵的变化这一参数上来，从而将换热器的热性能评价指标从以往的能量数量上的衡量提高到能量质量上的评价。另一方面，不同类型换热器，如热管换热器、蓄热式换热器、管翅式换热器、套管式换热器和板式换热器等的热力学性能的熵产分析和㶲分析也受到很多学者的重视。而对不同流动型式的换热器，包括逆流、顺流、叉流和单流程、双流程、三流程等，有学者基于熵产概念分析评价换热器热质传递性能，获得了无因次熵产数与换热器运行参数和结构参数的关系。

应该指出的是，熵产分析法和㶲分析法除了广泛应用于基本流动传热过程和换热器的热力学分析方面，还广泛应用于热能储存系统、电力生产系统等其他方面。特别是国内外一些学者以热力学和传输原理相结合的方法为基础，在㶲传递系统物理模型的基础上，提出了㶲传递理论，建立了通用㶲传递方程，引入了㶲阻和㶲流密度等概念，以揭示传递过程中能质的变化规律。因此，有关㶲传递理论及其工程应用的研究将是现在及今后一个重要的课题。总之，熵产分析法和㶲分析法作为热力学第二定律的分析方法，在能源问题日益突出的今天越来越得到人们的重视，新的研究成果不断涌现，一方面需与传热学和流体力学更加紧密地结合，拓宽研究领域，另一方面需发展更加科学合理的评价理论、方法和指标。

4.1.2 热过程的热经济学分析

热过程的热经济学分析把热过程的热力学分析和计算，以及热过程的经济性评价结合在一起，为最终的热过程决策服务。为实现对热过程的热经济学分析、设计和优化，需引入热经济学目标函数，并基于热过程特点建立能定量描述热经济学目标函数与热过程决策变量之间关系的数学决策模型，通过求解，可以分析评价热过程的能量利用是否合理、经济，并最终获得优化的设计参数。

与热经济学分析法相比，热力学分析法反映不出能量的经济价值差异，虽然㶲能够反映不同能级的能量有质的差别，但是在系统中各处的㶲在理论上都是等价的，即不能反映系统不同部位得到的㶲所具有的不同经济价值。例如对工程上典型的热过程，由热力学分析方法计算得到的不同热过程的热量㶲可能都相同，但反映不出获得相同热量㶲所付出的代价差异。也就是说，如果引入经济学的基本要素，虽然不同的热过程可能获得相同的热量㶲，但它们的㶲价格是不一样的。因此，单纯的热力学分析方法不能科学地分析和评价能量在形式转换和质量变化中价值的变化，也就不能对能量系统做出合理的经济分析和评价。例如在换热器的优化设计方面，Witte[4]研究了可用能费用对换热器优化设计的影响；Zubair 等[5]引入运行维护价格，用年总费用目标代替熵产目标进行优化，得到了最优传热单元数、流体流速和传热面积等；Aceves-Saborio 等[6]将熵产最小化的研究方法进行了扩充，在综合考虑换热器制造材料和运行人员费用、利润以及运行时间等多种因素的条件下，提出了换热器的最优化设计方法。总之，用热经济学优化方法所得到的能量系统的用能和能量系统的投资方案在技术和经济之间能取得合理的协调，使得能量系统的经济效益最佳。

4.2　㶲传递理论

能量的传递和转换过程广泛存在于工业生产各领域，因而加深对能量传递过程的认识，探讨能量传递过程中的基本规律对于控制或改善能量的传递过程具有重要意义。由于能量在传递时具有量的守恒性和质的差异性的双重属性，因此在研究能量传递过程中，除了要研究其量的传递规律，还应该探讨其质的蜕变规律，将量与质结合来分析能量的传递才能正确评价能的价值。能量的传递过程不可避免地伴随其质——㶲的传递过程，㶲传递不仅是一种自然现象，而且渗透到很多工程领域中。然而，由于能量在传递过程中守恒，而㶲在传递过程中不守恒，因而㶲必有其独特的传递规律，㶲的传递过程具有其特殊的意义和价值。

Soma[7]和 Dunbar 等[8]最先建立了㶲传递及㶲传递系数的概念，并提出了一个包含由多种能量的传递和转换引起的㶲传递方程。随后，有关㶲传递过程理论的研究引起国内外很多学者的注意和重视。近年来，有关㶲传递基本概念的提出、多势场作用下物理和数学模型的构建、不同形式能量的传递和转换过程中㶲传递方程(组)的建立及其求解等均取得了一定进展。项新耀[9]利用热力学和传输原理两门学科中的一些基本概念，建立了㶲传递系统，定义了㶲传递过程中的一些基本量，如㶲流密度、㶲阻、㶲传递系数等，并提出了解决工程㶲传递问题的一般步骤。王松平等[10]以热力学体系的一般㶲函数为基础导出了普遍化的㶲传递方程，阐明了不同形式的㶲的传递和转换规律，分析了㶲传递和转换与不可逆过程的定量关系。随着㶲传递研究的深入和范围的拓展，有关㶲传递的研究也逐步从理论方面发展到工程技术领域。

㶲传递体现了能量传递过程中的传输学特性和热力学特性。关于㶲传递的研究一方面侧重从理论上对烟传递现象的原理及一般规律的研究，揭示其蜕变规律；另一方面则侧重对典型或特殊的工程烟传递问题的机理及计算方法的研究。具体概括起来，目前的烟传递理论研究主要从普遍烟传递现象的原理及规律出发，获得复杂的烟传递方程(组)，进而通过分析求解揭示出能量传递和转换过程中烟的传递、转换、利用和损失情况，并通过定义有关烟传递概念获得烟传递特性。然而，由于很多能量传递和转换过程的烟传递方程(组)的非线性以及工程烟传递问题的复杂性，通常不容易直接从烟传递的一般方程(组)中求出实际问题的理论解，特别是对热过程的湍流工况，求得解析解比较困难，从而不便于指导工程实际应用。于是，研究和发展烟传递的唯象方程为烟传递理论的实用化提供了一条重要途径。

总之，随着节能理论与技术研究的日益深入，能量传递过程中的烟传递规律对现代能源系统中能源的控制和高效使用产生重要影响，烟传递规律的研究也随之兴起并深入，一方面从烟传递方程(组)出发，分析烟传递的强度、烟阻产生原因，以及烟传递强度与势差、烟阻之间的协调机制，研究增强和削弱烟传递强度的方法和技术，使热力学与传输原理有机结合起来，进一步揭示能量传递过程中能质变换的规律；另一方面，通过烟传递的优化，获得一些由经典热力学理论所未能得到的新性能界限，提出不同形式烟的传递与转换过程以及工程烟传递的性能评价准则等，从而实现能量传递的可控性和可调性。作为烟分析研究的深入和发展，烟传递理论的研究对揭示给定用能过程烟传递的特殊规律，有针对性地指导用能过程设计，降低能质损失，获得高效节能的新方法和技术，提高系统的综合用能水平具有重要的实用意义。

4.2.1 导热过程热烟传递特性

作为基本的热量传递方式之一，导热过程必然伴随热烟的传递过程，下面将在分析热烟传递基本规律及相应控制方程的基础上，以大平板中一维稳态导热过程为例，讨论其热烟传递特性[11]。

1. 热烟传递基本规律

热烟传递是热量传递规律与烟的热力学特性的结合。在热量传递过程中，基本定律是傅里叶定律，即

$$q = -\lambda \nabla T \tag{4-1}$$

式中，λ 为导热系数。

由式(4-1)可知，温度梯度 ∇T 的存在是产生热流密度 q 的前提，一定的温度场对应一定的热流密度场，由于温差传热是典型的不可逆过程，因此，在热量的传递过程中必然存在一定的烟损失，与热流密度场 q 类似，也必定存在热烟密度场 e，显然，热烟密度场与

热流密度场同向，其大小等于单位面积上传递的㶲。若取环境为计算基准(环境温度为 T_0)，则

$$e = q(1 - T_0 / T) \tag{4-2}$$

利用傅里叶定律，式(4-2)变为

$$e = -\lambda\nabla \cdot [T - T_0 - T_0 \ln(T / T_0)] \tag{4-3}$$

引入变量 Θ，即

$$\Theta = T - T_0 - T_0 \ln(T / T_0) \tag{4-4}$$

则有

$$e = -\lambda\nabla\Theta \tag{4-5}$$

式(4-5)与傅里叶定律、斐克定律等在形式上完全一致，可认为是热㶲传递过程的一个基本定律。

由式(4-1)和式(4-5)可知，当温度分布均匀时，$\nabla T = 0$，$\nabla\Theta = 0$，因此 q=0，e=0；而当温度在空间呈线性分布时，$\nabla T =$常数，q=常数，但 e 却不断减小，也就是说，在热流密度不变的传热过程中，热㶲密度却是不断减小的，即在热㶲传递过程中，总是存在着由于不可逆性引起的㶲损失，因此，热流密度场在无内热源时为守恒场，而热㶲密度场为非守恒场，这就是热量传递与热㶲传递的本质区别，也正是需要研究热㶲传递规律的原因之一。

与热量传递过程不同，在热㶲传递过程中，总是存在着㶲损失。定义单位体积内产生的㶲损失为㶲损率，用 e_l 表示(单位为 W/m^3)，这样，㶲损率分布就构成了一个㶲损率场，显然，它是一个标量场。由于㶲损率的分布直接反映㶲流密度的变化，因此㶲损率的确定就成为研究热㶲传递特性时需要解决的主要问题之一。

2. 热㶲传递方程与㶲损率方程

若介质中存在温度梯度，则会产生热量的传递，其传热控制方程为[12]

$$\rho c \frac{\partial T}{\partial \tau} = \lambda\nabla^2 T + \Phi_v + \psi \tag{4-6}$$

式中，ρ 为介质密度；c 为介质比热容；Φ_v 为介质中内热源项；ψ 为耗散函数。由于热㶲传递过程中总是存在着㶲损失，因此输入内热源的种类不同，其热㶲传递方程和㶲损率方程的形式则不同，下面分两种情况进行讨论。

1) 内热源为输入功

若内热源是由外部输入功 W_v(如电功等)耗散为热而形成的，则功输入时全部为㶲，因此，根据㶲平衡关系可导得热㶲传递方程为

$$\rho c \frac{\partial \Theta}{\partial \tau} = \lambda\nabla^2 \Theta + W_v + \psi - e_l \tag{4-7}$$

当输入功 W_{v} 耗散为 Φ_{v} 时，有

$$W_{\mathrm{v}}=\Phi_{\mathrm{v}}=\left(1-\frac{T_0}{T}\right)\Phi_{\mathrm{v}}+\frac{T_0}{T}\Phi_{\mathrm{v}} \tag{4-8}$$

上式右边第一项为内热源 Φ_{v} 中的㶲，第二项为内热源 Φ_{v} 中的 ，将式(4-8)代入式(4-7)得

$$\rho c\frac{\partial\Theta}{\partial\tau}=\lambda\nabla^2\Theta+\left(1-\frac{T_0}{T}\right)\Phi_{\mathrm{v}}+\frac{T_0}{T}\Phi_{\mathrm{v}}+\psi-e_1 \tag{4-9}$$

再利用传热方程式(4-6)可得㶲损率 e_1 方程为

$$e_1=\frac{T_0}{T}\Phi_{\mathrm{v}}+\frac{T_0}{T}\psi+\frac{\lambda T_0}{T^2}(\nabla T)^2 \tag{4-10}$$

式中，右边第一项为内部输入功 W_{v} 耗散为热 Φ_{v} 时引起的㶲损失；第二项为介质内部对流耗散引起的㶲损失；第三项为不等温传热引起的㶲损失。

比较式(4-6)、式(4-7)与式(4-9)可知，热量传递与热㶲传递过程的本质区别在于：热量传递是一个守恒过程，是热力学第一定律的一种表述形式；而在热㶲传递过程中，由于存在各种耗散，因此总是存在各种㶲损失，其大小必须根据热力学第二定律计算。

2) 内热源为输入热

若内热源由输入热量 Φ_{v}(如反应热、辐射热等)形成，则在输入热量的同时，输入的热㶲为 $(1-T_0/T)\Phi_{\mathrm{v}}$，根据㶲平衡关系，同样可导得热㶲传递方程

$$\rho c\frac{\partial\Theta}{\partial\tau}=\lambda\nabla^2\Theta+\left(1-\frac{T_0}{T}\right)\Phi_{\mathrm{v}}+\psi-e_1 \tag{4-11}$$

利用式(4-4)，则有

$$e_1=\left(1-\frac{T_0}{T}\right)\left(-\rho c\frac{\partial T}{\partial\tau}+\lambda\nabla^2T+\Phi_{\mathrm{v}}+\psi\right)+\frac{T_0}{T}\psi+\frac{\lambda T_0}{T^2}(\nabla T)^2$$

即

$$e_1=\frac{T_0}{T}\psi+\frac{\lambda T_0}{T^2}(\nabla T)^2 \tag{4-12}$$

式(4-12)即为内热源为输入热时的㶲损率方程。其中，右边第一项为介质内部对流耗散引起的㶲损失，第二项为不等温传热引起的㶲损失。

㶲损率确定之后，则传递过程中某区域 V 内总㶲损失 e_{t} 为

$$e_{\mathrm{t}}=\int_V e_1\mathrm{d}V \tag{4-13}$$

3. 大平板中一维稳态热㶲传递特性

研究热㶲传递过程的主要目的，一是给出计算热㶲传递过程中㶲流密度分布和㶲损率的方法，二是分析影响㶲损率的因素，从而为改进㶲传递过程提供依据。下面以最简单但

普遍存在的大平板中一维稳态热烟传递为例，来讨论热烟传递原理应用的一般方法，并分析比较热量传递和热烟传递的区别与联系。

如图 4-1 所示，设有一块厚度为 δ 的大平板 $(0\leqslant x\leqslant\delta)$，在平板两侧 $x=0$ 和 $x=\delta$ 处分别维持恒定温度 T_1 和 T_2，若物性为常数，则平板内的温度分布 T、温度梯度 ∇T 和通过平板的热流密度 q 分别为 $T=T_1-(T_1-T_2)x/\delta$；$\nabla T=-(T_1-T_2)/\delta$；$q=\lambda(T_1-T_2)/\delta$。

同样，由式(4-4)和式(4-5)有 $\Theta=T-T_0-T_0\ln(T/T_0)$；$\nabla\Theta=-(T_1-T_2)(1-T_0/T)/\delta$；$e=\lambda(T_1-T_2)(1-T_0/T)/\delta$。

利用式(4-13)可得单位平板表面积上总烟损失为

$$e_{\mathrm{t}}=\int_0^{\delta}\frac{\lambda T_0}{T^2}\left|\nabla T\right|^2\mathrm{d}x=qT_0\left(\frac{1}{T_2}-\frac{1}{T_1}\right)\tag{4-14}$$

同时，e_{t} 也可按平板两侧烟流的降低来计算，即

$$e_{\mathrm{t}}=e\big|_{x=0}-e\big|_{x=\delta}=qT_0\left(\frac{1}{T_2}-\frac{1}{T_1}\right)\tag{4-15}$$

两种方法计算的值完全相同，这正是所预料的结果。

通过上面的计算可知，温度分布的不均匀性是热量传递和热烟传递的前提，这是两者的共同之处，但是在传递过程中两者之间又存在着鲜明的区别，即热流密度 q 为常数，而热烟密度 e 却不断减小，且 $e\leqslant q$（当 $T>T_0$ 时）。为了比较 q 与 e 的差异，引入无因次热流密度 q^* 和无因次烟流密度 e^*，则有

$$q^*=\frac{q}{\lambda(T_1-T_2)/\delta}=1;\quad e^*=\frac{e}{\lambda(T_1-T_2)/\delta}=1-\frac{T_0^*}{T_1^*-x^*},$$

式中，

$$x^*=x/\delta,\quad T_0^*=T_0/(T_1-T_2),\quad T_1^*=T_1/(T_1-T_2)。$$

图 4-2 给出了传递过程中无因次密度的变化规律，由图可见：①无因次热流密度恒等于 1；②无因次热烟密度 e^* 随着 x^* 的增大而不断减小；③传递过程温度水平越低，则烟流密度越小，烟流密度变化越大，总烟损失越大。

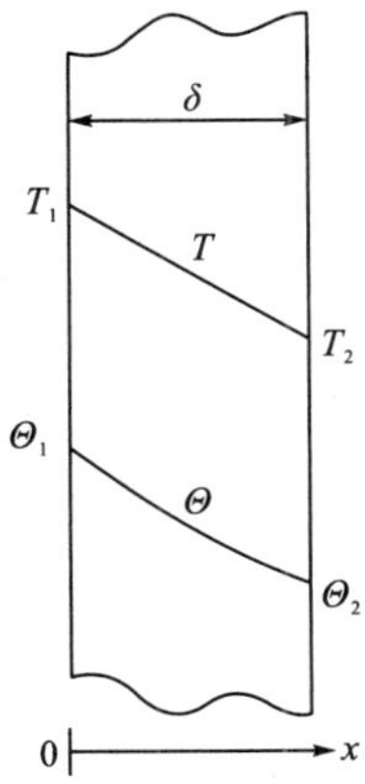

图 4-1　大平板中的传递过程

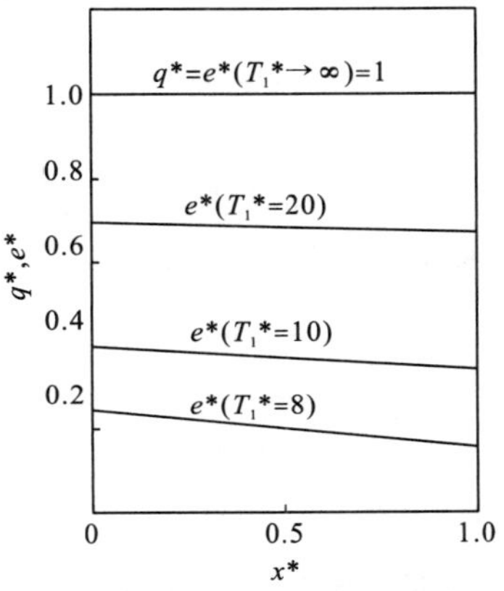

图 4-2　无因次密度变化规律 $(T_0^*=6)$

4.2.2 对流传热过程㶲传递特性

管内对流传热过程作为重要的热过程之一，广泛存在于各种换热设备中。管内对流传热过程一般包含由有限温差引起的传热过程和有压力损失的黏性流体流动过程，这两种过程均是典型的不可逆过程，必然引起可用能的损失。相应地，在管内对流传热过程中，工质㶲的变化一方面取决于温差传热，称为温度㶲或热量㶲；另一方面取决于流动摩擦阻力，称为压力㶲损失。通过分析管内对流传热的㶲传递过程，可确定合理的流动工况参数和结构参数，从而实现能量的合理有效利用。下面以常见的管内对流传热过程为例，分析和讨论其㶲传递特性[13-15]。

从上述的导热过程热㶲传递方程式(4-5)可看出，当只存在一种势场时，其㶲流密度与势场梯度之间呈线性唯象关系。非平衡热力学指出，当不可逆过程中的某种流受多种力支配时，它们之间的关系可以写成[16]：

$$J_j = \sum_{k=1}^{n} L_{jk} X_k \tag{4-16}$$

式中，J_j表示某一种流；X_k代表产生J_j的所有各种力；L_{jk}表示由第k种力所产生的第j种流的唯象系数。

当某种㶲流受到多种势场影响时，由式(4-16)得

$$e_j = \sum_{k=1}^{n} L_{ejk} X_{ek} \tag{4-17}$$

式中，e_j表示某种㶲流；X_{ek}表示产生e_j的所有各种势场力；L_{ejk}表示由第k种势场力所产生的第j种㶲流的唯象系数。如假定第j种㶲流仅以第j种势场梯度为推动力；忽略j种势场梯度对j种㶲流唯象系数的影响，但仍可考虑该势场的分布对㶲传递系数的作用；为补偿其他势场对第j种㶲流的作用，将所有此类作用归结为对第j种㶲流的唯象系数的影响来体现，则式(4-17)可简化为

$$e_j = -h_{ej}\left(\mu_1, \mu_2, \cdots, \mu_n\right) \nabla \mu_j \tag{4-18}$$

式中，h_{ej}为第j种㶲流的传递系数(唯象系数)，即为体系中所有参与作用的势场的函数；μ_j为第j种势场的势。式(4-18)即为适用于工程㶲传递过程的场协同唯象律。

对于对流传热过程，温度场和压力场(速度场)有着直接影响对流传热效果的耦合关系。如认为主导势场为温度场，且用势差代替势场梯度，则二者协同作用的㶲传递方程可写为

$$e = h_e\left(T, p\right) \Delta T \tag{4-19}$$

或

$$E = h_e A \Delta T \tag{4-20}$$

式(4-20)即为对流传热过程的㶲传递方程。式中，h_e为传㶲系数，定义为单位面积、

单位温差时的炽流量，W/(m^2·K)；e 为单位时间内通过单位面积传递的炽，即炽流密度，W/m^2；E 表征单位时间内通过某一给定面积 A 的传炽量，W；ΔT 为传炽温差，K。

对应的炽传递过程的炽阻 R_e 和面积炽阻 r_e 分别为

$$R_e = 1/(h_e A)\,,\quad r_e = 1/h_e \tag{4-21}$$

为了弄清管内对流传热过程的炽传递特性，建立如图 4-3 所示的内径为 d_i 的管内强制对流传热过程模型，假定：①流体为不可压缩流体或理想气体；②流动与传热过程均处于充分发展区，流体物性为常数；③对流传热系数在整个对流传热过程中为常数；④无散热损失；⑤沿流动方向的轴向导热忽略不计；⑥对流传热过程为稳态。

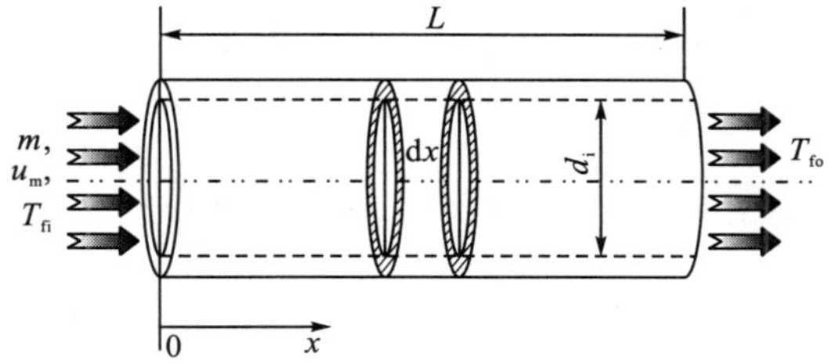

图 4-3　管内强制对流传热过程

设工质进口温度为 T_{fi}，经过管长 L 后出口温度为 T_{fo}，流动截面上的平均流速为 u_m，流体质量流率为 m，$m=\rho u_m(\pi d_i^2/4)$；环境温度为 T_0。考虑到管内对流传热过程的炽传递特性与热边界条件密切相关，以下将分恒壁温和恒热流两种工况进行分析和讨论。

1. 恒壁温工况下管内对流传热过程炽传递特性

换热管维持恒壁温 T_w，取如图 4-3 中所示的长度为 dx 的微元控制体，由能量平衡得

$$\delta\Phi = mc_p \mathrm{d}T_f = h(T_w - T_f)P\mathrm{d}x \tag{4-22}$$

即

$$\frac{\mathrm{d}T_f}{\mathrm{d}x} + \frac{hP}{mc_p}T_f - \frac{hP}{mc_p}T_w = 0 \tag{4-23}$$

式中，P 为管子周长，$P=\pi d_i$，m；h 为管内平均对流传热系数，W/(m^2·K)；T_f 为流体截面平均温度，K；Φ 为传热量，W。

利用入口边界条件 $x=0$，$T=T_{fi}$，积分式(4-23)可得到流体温度 T_f 的变化关系式为

$$T_f = T_w - \Delta T_i e^{-\frac{4St}{d_i}x} \tag{4-24}$$

式中，$\Delta T_i=T_w-T_{fi}$，称为入口温差，K；$St=h/(\rho c_p u_m)$ 为斯坦顿数。

于是可得出口温度 T_{fo} 为

$$T_{fo} = T_w - \Delta T_i e^{-4St\cdot N_L} \tag{4-25}$$

式中，N_L 为无量纲长度，即长径比，$N_L=L/d_i$。

对流传热平均温差 ΔT 为

$$\Delta T=\frac{T_{fo}-T_{fi}}{\ln\left(\dfrac{T_w-T_{fi}}{T_w-T_{fo}}\right)}=\frac{\Delta T_i(1-e^{-4StN_L})}{4StN_L} \tag{4-26}$$

对如图 4-3 所示的微元控制体，由式(4-20)可写出其㶲传递方程为

$$dE=h_{ex}dA\Delta T_x=h_{ex}\pi d_i dx(T_w-T_f) \tag{4-27}$$

式中，h_{ex} 为对流传热过程局部传㶲系数。

如果忽略稳定流动工质的宏观动能与位能，此时稳定物流的㶲就只考虑焓一种形式的能量㶲，即焓㶲，于是由式(1-95)可得开口系稳定物流的比㶲，即比焓㶲的变化量 $de_{x,H}$ 为

$$de_{x,H}=c_p\left(1-\frac{T_0}{T}\right)dT+\left[v-(T-T_0)\left(\frac{\partial v}{\partial T}\right)_p\right]dp \tag{4-28}$$

又由热力学关系式(1-53)，有

$$\left(\frac{\partial h}{\partial p}\right)_T=T\left(\frac{\partial s}{\partial p}\right)_T+v\left(\frac{\partial p}{\partial p}\right)_T=-T\left(\frac{\partial v}{\partial T}\right)_p+v \tag{4-29}$$

对不可压缩液体和理想气体，如果忽略焓随压力的变化，则由式(4-28)和式(4-29)得

$$de_{X,H}=c_p\left(1-\frac{T_0}{T}\right)dT+\frac{v}{T}T_0dp \tag{4-30}$$

于是，对长度为 dx 的微元体，根据㶲的变化量等于传㶲量(㶲传递量)，则在质量流率为 m 的条件下，其传㶲量 dE 可写为

$$dE=m\left[c_p\left(1-\frac{T_0}{T_f}\right)dT_f+\frac{v}{T_f}T_0dp\right] \tag{4-31}$$

结合式(4-27)和式(4-31)可得对流传热的局部传㶲系数 h_{ex} 为

$$h_{ex}=mc_p\frac{1}{(T_w-T_f)\pi d_i}\left(1-\frac{T_0}{T_f}\right)\frac{dT_f}{dx}+m\frac{v}{T_f}\frac{1}{(T_w-T_f)\pi d_i}T_0\frac{dp}{dx} \tag{4-32}$$

根据

$$-\frac{dp}{dx}=\frac{f\rho u_m{}^2}{2d_i} \tag{4-33}$$

结合式(4-24)，式(4-32)可改写成：

$$h_{ex}=h\left(1-\frac{1}{N_{Tw1}-N_{Ti}e^{-4\frac{St}{d_i}x}}\right)-fRe^3\cdot\frac{\eta c_p}{8N_{Ti}\cdot N_{Tw2}\cdot d_i}\cdot\frac{1}{e^{-4\frac{St}{d_i}x}}\cdot\frac{1}{1-\theta\cdot e^{-4\frac{St}{d_i}x}} \tag{4-34}$$

式中，f 为摩擦阻力系数；ρ 为流体密度，kg/m^3，η 为流体动力黏度，kg/(m·s)，c_p 为流体定压比热容，J/(kg·K)，Re 为雷诺数；N_{Ti}、N_{Tw1}、N_{Tw2} 和 θ 分别为以下无量纲量，即

$$N_{\mathrm{Ti}}=\frac{\Delta T_{\mathrm{i}}}{T_0};\quad N_{\mathrm{Tw1}}=\frac{T_{\mathrm{w}}}{T_0};\quad N_{\mathrm{Tw2}}=\frac{T_{\mathrm{w}}}{\eta^2/\rho^2c_pd_{\mathrm{i}}^2};\quad \theta=\frac{\Delta T_{\mathrm{i}}}{T_{\mathrm{w}}}=\frac{N_{\mathrm{Ti}}}{N_{\mathrm{Tw1}}}。$$

定义对流传热的局部传煅Nusselt 数 Nu_{ex} 为

$$Nu_{\mathrm{ex}}=\frac{h_{\mathrm{ex}}\cdot d_{\mathrm{i}}}{\lambda} \tag{4-35}$$

式中，λ 为流体导热系数，W/(m·K)。

于是由式(4-34)和式(4-35)可得对流传热的局部传煅Nusselt 数 Nu_{ex} 为

$$Nu_{\mathrm{ex}}=Nu\left(1-\frac{1}{N_{\mathrm{Tw1}}-N_{\mathrm{Ti}}e^{-4StX}}\right)-fRe^3Pr\cdot\frac{1}{8N_{\mathrm{Ti}}N_{\mathrm{Tw2}}}\cdot\frac{1}{e^{-4StX}}\cdot\frac{1}{1-\theta\cdot e^{-4StX}} \tag{4-36}$$

式中，X 为无因次截面位置，$X=x/d_{\mathrm{i}}$；Pr 为普朗特数。

对流传热的平均传煅系数 h_{e} 的定义如下：

$$h_{\mathrm{e}}A\Delta T=\int_0^L h_{\mathrm{ex}}(T_{\mathrm{w}}-T_{\mathrm{f}})\pi d_{\mathrm{i}}\mathrm{d}x \tag{4-37}$$

把式(4-34)代入上式并结合式(4-24)和式(4-26)，化简可得对流传热的平均传烜系数 h_{e} 为

$$h_{\mathrm{e}}=h+\frac{h}{N_{\mathrm{Ti}}(e^{-4StN_{\mathrm{L}}}-1)}\cdot\ln\frac{1-\theta\cdot e^{-4StN_{\mathrm{L}}}}{1-\theta}-\frac{f\eta^3Re^3}{8\rho^2d_{\mathrm{i}}^3N_{\mathrm{Ti}}}\cdot\frac{1}{e^{-4StN_{\mathrm{L}}}-1}\cdot\frac{1}{T_{\mathrm{w}}}\cdot\left(-4StN_{\mathrm{L}}+\ln\frac{1-\theta}{1-\theta\cdot e^{-4StN_{\mathrm{L}}}}\right) \tag{4-38}$$

式中，右边第一、二项为温差传热引起的传煅(煅传递)系数，右边第三项为黏性流动引起的传煅系数。式(4-38)即为恒壁温工况下管内对流传热过程的传煅系数方程，它给出了对流传热过程中温差传热与黏性流动这两种不可逆过程对传煅影响的定量关系。

定义对流传热的平均传煅Nusselt 数 Nu_{e} 为

$$Nu_{\mathrm{e}}=\frac{h_{\mathrm{e}}\cdot d_{\mathrm{i}}}{\lambda} \tag{4-39}$$

把式(4-38)代入式(4-39)得

$$Nu_{\mathrm{e}}=Nu+\frac{Nu}{N_{\mathrm{Ti}}(e^{-4StN_{\mathrm{L}}}-1)}\cdot\ln\frac{1-\theta\cdot e^{-4StN_{\mathrm{L}}}}{1-\theta}-\frac{fRe^3Pr}{8N_{\mathrm{Tw2}}N_{\mathrm{Ti}}}\cdot\frac{1}{e^{-4StN_{\mathrm{L}}}-1}\cdot\left(-4StN_{\mathrm{L}}+\ln\frac{1-\theta}{1-\theta\cdot e^{-4StN_{\mathrm{L}}}}\right) \tag{4-40}$$

把式(4-40)改写为如下形式：

$$Nu_{\mathrm{e}}=Nu_{\mathrm{eT}}-Nu_{\mathrm{ep}} \tag{4-41}$$

式中，Nu_{eT} 为由温差传热引起的传煅Nusselt 数，即

$$Nu_{\mathrm{eT}}=Nu+\frac{Nu}{N_{\mathrm{Ti}}(e^{-4StN_{\mathrm{L}}}-1)}\ln\frac{1-\theta\cdot e^{-4StN_{\mathrm{L}}}}{1-\theta} \tag{4-42}$$

Nu_{ep} 为由黏性流动引起的传煅Nusselt 数，即

$$Nu_{\mathrm{ep}}=\frac{fRe^3Pr}{8N_{\mathrm{Tw2}}N_{\mathrm{Ti}}}\cdot\frac{1}{e^{-4StN_{\mathrm{L}}}-1}\cdot\left(-4StN_{\mathrm{L}}+\ln\frac{1-\theta}{1-\theta\cdot e^{-4StN_{\mathrm{L}}}}\right) \tag{4-43}$$

由式(4-20)、式(4-26)和式(4-38)，可得整个对流传热过程的传煅量 E 为

$$E=T_0mc_p\left[N_{\mathrm{Ti}}\left(1-e^{-4StN_{\mathrm{L}}}\right)-\ln\left(\frac{1-\theta\cdot e^{-4StN_{\mathrm{L}}}}{1-\theta}\right)+\frac{f}{8Nu}\cdot\frac{Re^3Pr}{N_{\mathrm{Tw2}}}\cdot\left(-4StN_{\mathrm{L}}+\ln\frac{1-\theta}{1-\theta\cdot e^{-4StN_{\mathrm{L}}}}\right)\right] \tag{4-44}$$

式中，右边第一、二项为温差传热时流体所得到的热量㶲，第三项为流体黏性流动引起的㶲损失。

相应地，可得到局部㶲流密度 e_x 的表达式为

$$e_x = h_{ex}\Delta T_x = \left[h\left(1-\frac{T_0}{T_w-\Delta T_i e^{-4St\cdot X}}\right)-\frac{fRe^3\eta^3T_0}{8\rho^2d_i^3\Delta T_i}\cdot\frac{1}{e^{-4St\cdot X}}\cdot\frac{1}{T_w-\Delta T_i e^{-4St\cdot X}}\right]\Delta T_i e^{-4St\cdot X} \quad (4\text{-}45)$$

对于整个管长可以得到平均㶲流密度 e 为

$$e=\frac{1}{L}\int_0^L e_x\mathrm{d}x=\frac{T_0\lambda}{L}\left[N_{Ti}\cdot\frac{RePr}{4}\left(1-e^{-4StN_L}\right)-\frac{RePr}{4}\cdot\ln\frac{1-\theta\cdot e^{-4StN_L}}{1-\theta}+\frac{1}{4St}\cdot\frac{fRe^3Pr}{8N_{Tw2}}\left(-4StN_L+\ln\frac{1-\theta}{1-\theta\cdot e^{-4StN_L}}\right)\right] \quad (4\text{-}46)$$

分别定义无量纲传㶲量 E^* 和无量纲㶲流密度 e^* 为

$$\begin{aligned}E^*=\frac{E}{mc_pT_0}&=N_{Ti}\left(1-e^{-4StN_L}\right)-\ln\frac{1-\theta\cdot e^{-4StN_L}}{1-\theta}\\&+\frac{f}{8Nu}\cdot\frac{Re^3Pr}{N_{Tw2}}\left[-4StN_L+\ln\left(\frac{1-\theta}{1-\theta\cdot e^{-4StN_L}}\right)\right]\end{aligned} \quad (4\text{-}47)$$

$$\begin{aligned}e^*=\frac{e}{T_0\lambda/L}&=N_{Ti}\cdot\frac{RePr}{4}\left(1-e^{-4StN_L}\right)-\frac{RePr}{4}\ln\frac{1-\theta\cdot e^{-4StN_L}}{1-\theta}\\&+\frac{1}{4St}\cdot\frac{fRe^3Pr}{8N_{Tw2}}\left(-4StN_L+\ln\frac{1-\theta}{1-\theta\cdot e^{-4StN_L}}\right)\end{aligned} \quad (4\text{-}48)$$

式(4-47)可改写为

$$E^*=E_T^*-E_p^* \quad (4\text{-}49)$$

式中，$E_T{}^*$ 和 $E_P{}^*$ 分别为由有限温差传热和流体黏性流动引起的无量纲传㶲量，即

$$E_T{}^*=N_{Ti}\left(1-e^{-4StN_L}\right)-\ln\frac{1-\theta\cdot e^{-4StN_L}}{1-\theta} \quad (4\text{-}50)$$

$$E_p{}^*=-\frac{f}{8Nu}\cdot\frac{Re^3Pr}{N_{Tw2}}\left[-4StN_L+\ln\left(\frac{1-\theta}{1-\theta\cdot e^{-4StN_L}}\right)\right] \quad (4\text{-}51)$$

同理根据式(4-48)可定义分别由有限温差传热和流体黏性流动引起的无量纲㶲流密度 $e_T{}^*$ 和 $e_p{}^*$。

2. 恒热流工况下管内对流传热过程㶲传递特性

仍取如图 4-3 所示的管内受迫对流传热过程为研究对象，管壁热流 q_w 恒定，其他参数同恒壁温工况。对长度为 dx 的微元控制体，由能量平衡得

$$\delta\Phi=mc_p\mathrm{d}T_f=q_w\pi d_i\mathrm{d}x \quad (4\text{-}52)$$

即

$$\frac{\mathrm{d}T_f}{\mathrm{d}x}=\frac{q_w\pi d_i}{mc_p}=\frac{4q_w}{\rho c_pu_md_i} \quad (4\text{-}53)$$

利用入口边界条件 $x=0$，$T=T_{\mathrm{fi}}$ 积分式(4-53)，并整理可得到流体温度 T_{f} 的变化关系式为

$$T_{\mathrm{f}}=T_{\mathrm{fi}}+\frac{4q_{\mathrm{w}}}{\rho c_{p}u_{\mathrm{m}}d_{\mathrm{i}}}x=T_{\mathrm{fi}}+\frac{4q_{\mathrm{w}}x}{hd_{\mathrm{i}}}St \tag{4-54}$$

由 $q_{\mathrm{w}}=h(T_{\mathrm{w}}-T_{\mathrm{f}})$ 得管壁温度 T_{w} 的变化关系式为

$$T_{\mathrm{w}}=T_{\mathrm{f}}+\frac{q_{\mathrm{w}}}{h} \tag{4-55}$$

由式(4-54)可得介质出口温度 T_{fo} 为

$$T_{\mathrm{fo}}=T_{\mathrm{fi}}+\frac{4q_{\mathrm{w}}}{h}StN_{\mathrm{L}} \tag{4-56}$$

结合式(4-27)、式(4-31)、式(4-54)和式(4-55)，可得对流传热的局部传㶲系数 h_{ex} 为

$$h_{\mathrm{ex}}=h\left[1-\frac{T_{0}}{T_{\mathrm{fi}}+\dfrac{4q_{\mathrm{w}}}{h}StX}\left(1+\frac{fRe^{3}\eta^{3}}{8q_{\mathrm{w}}d_{\mathrm{i}}^{3}\rho^{2}}\right)\right] \tag{4-57}$$

于是可得对流传热的局部传㶲Nusselt 数 Nu_{ex} 为

$$Nu_{\mathrm{ex}}=\frac{h_{\mathrm{ex}}d_{\mathrm{i}}}{\lambda}=Nu\left[1-\frac{1}{N_{\mathrm{Ti}}'}\cdot\frac{1}{1+\dfrac{4N_{\mathrm{q}}X}{RePr}}\left(1+\frac{fRe^{3}}{8N_{\mathrm{qw}}}\right)\right] \tag{4-58}$$

式中，N_{Ti}'、N_{q} 和 N_{qw} 分别为以下无量纲参数，即

$$N_{\mathrm{Ti}}'=\frac{T_{\mathrm{fi}}}{T_{0}}；\quad N_{\mathrm{q}}=\frac{q_{\mathrm{w}}d_{\mathrm{i}}}{\lambda T_{\mathrm{fi}}}；\quad N_{\mathrm{qw}}=\frac{q_{\mathrm{w}}}{\eta^{3}/(\rho^{2}d_{\mathrm{i}}^{3})}$$

由式(4-58)可见，Nu_{ex} 不仅和 Re、Pr 有关，还与 N_{Ti}'、N_{q}、N_{qw} 和 X 有关，而 Nu_{x} 一般不随 N_{Ti}'、N_{q}、N_{qw} 和 X 而变。

由式(4-37)和式(4-57)得对流传热的平均传㶲系数 h_{e} 为

$$h_{\mathrm{e}}=h\left[1-\frac{RePr}{4N_{\mathrm{q}}N_{\mathrm{Ti}}'N_{\mathrm{L}}}\left(1+\frac{fRe^{3}}{8N_{\mathrm{qw}}}\right)\ln\left(1+\frac{4N_{\mathrm{q}}N_{\mathrm{L}}}{RePr}\right)\right] \tag{4-59}$$

式(4-59)即为在恒热流工况下管内对流传热过程的平均传㶲系数方程，它同样给出了对流传热过程中温差传热和黏性流动这两种不可逆过程对传㶲系数的影响。

对流传热的平均㶲传递 Nusselt 数 Nu_{e} 为

$$Nu_{\mathrm{e}}=\frac{h_{\mathrm{e}}d_{\mathrm{i}}}{\lambda}=Nu\left[1-\frac{RePr}{4N_{\mathrm{q}}N_{\mathrm{Ti}}'N_{\mathrm{L}}}\left(1+\frac{fRe^{3}}{8N_{\mathrm{qw}}}\right)\ln\left(1+\frac{4N_{\mathrm{q}}N_{\mathrm{L}}}{RePr}\right)\right] \tag{4-60}$$

式中，由温差传热引起的传㶲Nusselt 数 Nu_{eT} 为

$$Nu_{\mathrm{eT}}=Nu\left[1-\frac{RePr}{4N_{\mathrm{q}}N_{\mathrm{Ti}}'N_{\mathrm{L}}}\ln\left(1+\frac{4N_{\mathrm{q}}N_{\mathrm{L}}}{RePr}\right)\right] \tag{4-61}$$

由黏性流动引起的传㶲Nusselt 数 Nu_{ep} 为

$$Nu_{\text{ep}} = Nu\left[\frac{RePr}{4N_{\text{q}}N'_{\text{Ti}}N_{\text{L}}} \cdot \frac{fRe^3}{8N_{\text{qw}}}\ln\left(1+\frac{4N_{\text{q}}N_{\text{L}}}{RePr}\right)\right] \tag{4-62}$$

由式(4-20)、式(4-55)、式(4-59)可得整个管长内对流传热的传㶲量 E 为

$$E = h_{\text{e}}A\Delta T = mc_pT_0\left[\frac{4N_{\text{q}}N'_{\text{Ti}}N_{\text{L}}}{RePr} - \left(1+\frac{fRe^3}{8N_{\text{qw}}}\right)\ln\left(1+\frac{4N_{\text{q}}N_{\text{L}}}{RePr}\right)\right] \tag{4-63}$$

式中，右边括号内第一、二项为温差传热时工质所得到的热量㶲，第三项为工质黏性流动引起的㶲损失。

相应可得到局部㶲流密度表达式，即

$$e_x = h_{\text{ex}}\Delta T_x = q_{\text{w}}\left[1 - \frac{1}{N'_{\text{Ti}}} \cdot \frac{1}{1+\dfrac{4N_{\text{q}}X}{RePr}}\left(1+\frac{fRe^3}{8N_{\text{qw}}}\right)\right] \tag{4-64}$$

整个管长的平均㶲流密度为

$$e = \frac{1}{L}\int_0^L e_x \text{d}x = q_{\text{w}}\left[1 - \frac{RePr}{4N_{\text{q}}N'_{\text{Ti}}N_{\text{L}}}\left(1+\frac{fRe^3}{8N_{\text{qw}}}\right)\ln\left(1+\frac{4N_{\text{q}}N_{\text{L}}}{RePr}\right)\right] \tag{4-65}$$

分别定义无量纲传㶲量 E^*和无量纲㶲流密度 e^*如下

$$E^* = \frac{E}{mc_pT_0} = \frac{4N_{\text{q}}N'_{\text{Ti}}N_{\text{L}}}{RePr} - \left(1+\frac{fRe^3}{8N_{\text{qw}}}\right)\ln\left(1+\frac{4N_{\text{q}}N_{\text{L}}}{RePr}\right) \tag{4-66}$$

$$e^* = \frac{e}{T_0\lambda/L} = N_{\text{q}}N'_{\text{Ti}}N_{\text{L}} - \frac{RePr}{4}\left(1+\frac{fRe^3}{8N_{\text{qw}}}\right)\ln\left(1+\frac{4N_{\text{q}}N_{\text{L}}}{RePr}\right) \tag{4-67}$$

由有限温差传热引起的无量纲传㶲量 E_{T}^*为

$$E_{\text{T}}^* = \frac{4N_{\text{q}}N'_{\text{Ti}}N_{\text{L}}}{RePr} - \ln\left(1+\frac{4N_{\text{q}}N_{\text{L}}}{RePr}\right) \tag{4-68}$$

由流体黏性流动摩擦阻力引起的无量纲㶲损失 E_{p}^*为

$$E_{\text{p}}^* = \frac{fRe^3}{8N_{\text{qw}}}\ln\left(1+\frac{4N_{\text{q}}N_{\text{L}}}{RePr}\right) \tag{4-69}$$

同理根据式(4-67)可定义分别由有限温差传热和流体黏性流动引起的无量纲㶲流密度 e_{T}^*和 e_{p}^*。

3. 管内对流传热过程能量传递特性

为比较方便，以下给出反映管内对流传热过程能量传递特性的相关表达式。

1) 恒壁温工况

对如图 4-3 所示的管内强制对流传热过程，局部热流密度 q_x 为

$$q_x = h\Delta T_x = h(T_w - T_f) = h\Delta T_i e^{-4St\cdot X} \tag{4-70}$$

于是，整个管长的平均热流密度 q 为

$$q = \frac{1}{L}\int_0^L q_x \mathrm{d}x = \frac{1}{L}\int_0^L h\Delta T_i e^{-4\frac{St}{d_i}x}\mathrm{d}x = \frac{T_0\lambda}{L}\cdot\frac{RePr}{4}\cdot N_{Ti}\left(1-e^{-4StN_L}\right) \tag{4-71}$$

整个管长内对流传热过程的传热量 Φ 为

$$\Phi = mc_p(T_{fo} - T_{fi}) = mc_p\Delta T_i\left(1-e^{-4StN_L}\right) \tag{4-72}$$

分别定义对流传热过程无量纲热流密度 q^*和无量纲传热量 Φ^*为

$$q^* = \frac{q}{T_0\lambda / L} = \frac{RePr}{4}\cdot N_{Ti}\left(1-e^{-4StN_L}\right) \tag{4-73}$$

$$\Phi^* = \frac{\Phi}{mc_pT_0} = N_{Ti}\left(1-e^{-4StN_L}\right) \tag{4-74}$$

2) 恒热流工况

对于整个管长，对流传热过程的局部热流密度 q_x 与平均热流密度 q 相等，即

$$q_x = q = q_w \tag{4-75}$$

整个管长对流传热过程的传热量 Φ 为

$$\Phi = \pi d_i L q_w \tag{4-76}$$

分别定义对流传热过程无量纲热流密度 q^*和无量纲传热量 Φ^*为

$$q^* = \frac{q_w}{T_0\lambda / L} = N_q N'_{Ti} N_L \tag{4-77}$$

$$\Phi^* = \frac{\Phi}{mc_pT_0} = \frac{4N_q N'_{Ti} N_L}{RePr} \tag{4-78}$$

4. 计算实例

为了直观反映管内对流传热过程的火用传递特性，以恒壁温工况为例给出管内紊流强制对流传热时火用传递特性的计算结果。其他工况和不同流态下的计算结果可参阅文献[15]。其中，工质为空气，管长 L=3000mm，管径 d_i=20mm，环境温度 T_0=298K，进口温度 T_{fi}=303K。对于管内充分发展紊流流动及传热过程，其换热和流动阻力计算式分别为 $Nu=0.023Re^{0.8}Pr^{0.4}$ 和 $f=0.184Re^{-0.2}$。取空气进口温度 T_{fi}＝303K 下的物性为：ρ=1.165kg/m^3，c_p=1005J/(kg·K)，λ=2.67×10^{-2}W/(m·K)，η=18.6×10^{-6}kg/(m·s)，Pr=0.701。下面将分析不同参数对管内紊流强制对流传热时火用传递特性的影响，并比较传火用与传热特性的差异。

图 4-4 给出了在对流传热过程中，局部传火用Nusselt 数 Nu_{ex} 随 X 的变化关系。可以看

出，在相同的 Re 下，虽然局部传热 Nusselt 数 Nu_x 为一常数，但是 Nu_{ex} 随 X 的增加呈现先增加、后减小的规律，即存在某一无量纲截面位置使得 Nu_{ex} 最大。一旦超过该无量纲截面位置 X，Nu_{ex} 随 X 的增加而急剧降低，特别是在 Re 较大时，且使 Nu_{ex} 达到最大的无量纲截面位置 X 随 Re 的增大而减小。图 4-5 给出了平均传㶲Nusselt 数 Nu_e 和平均传热 Nusselt 数 Nu 随 Re 的变化。从 Nu_e 和 Nu 的对比中可以看出，Nu 随 Re 的增加而单调递增，而 Nu_e 随 Re 的增加先增大、后减小，即存在一个最佳 Re 使得 Nu_e 最大。从图中还可看出，随着 θ(壁温 T_w) 的增加，Nu_e 也增加。同时由于㶲传递考虑了能量中“质”的传递，因而 Nu_e 小于 Nu。

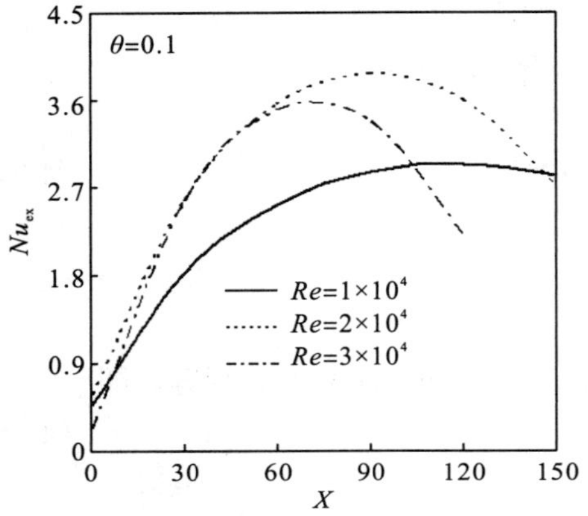

图 4-4　Nu_{ex} 随 X 的变化

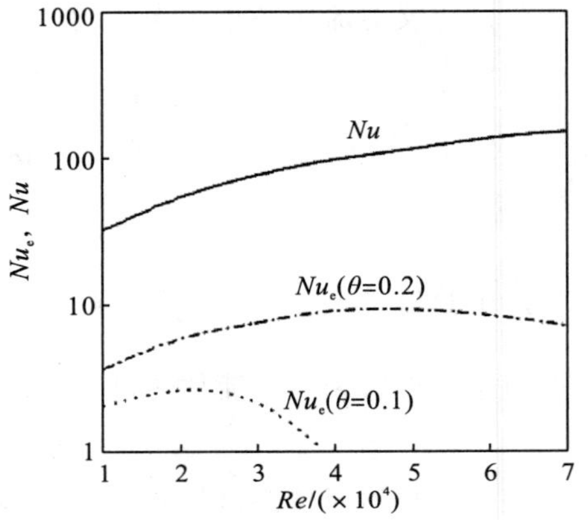

图 4-5　Nu_e 和 Nu 随 Re 的变化

为进一步分析 Nu_e 的变化特性，图 4-6 给出了不同 θ 下 Nu_e、Nu_{ep} 和 Nu_{eT} 随 Re 的变化。由图可见，当 θ 一定时，Nu_{eT} 和 Nu_{ep} 均随 Re 的增加而增大，但在超过使 Nu_e 达到最大值的最佳 Re 后，由流体黏性流动摩擦阻力引起的可用能损失增加幅度增大，即此时的 Nu_{ep} 增加幅度超过了 Nu_{eT}，从而使得 Nu_e 减小。另外，对于无量纲参数 θ(与壁温有关)等于 0.1，如图 4-6(a)所示，当 $Re>42000$ 时，Nu_{eP} 大于 Nu_{eT}，此时出现管内对流传热过程的传㶲Nusselt 数 Nu_e 小于零，这在工程上是没有实际意义的。从图 4-6(a)和图 4-6(b)的对比可见，增加管壁温度即 θ，管内对流传热过程由温差传热引起的传㶲Nusselt 数 Nu_{eT} 增加，而由流体黏性流动摩擦阻力引起的可用能损失 Nu_{ep} 却减小，从而管内对流传热过程的传㶲Nusselt 数 Nu_e 将增大。可见提高壁温可增加 Nu_e，且最佳 Re 和使得 $Nu_e=0$ 的临界 Re 均随 θ 即壁温的增加而增大。

图 4-7(a)和图 4-7(b)分别给出了 e_x 和 q_x 随 Re 和 X 的变化对比曲线。从图 4-7(a)可以看出，当 Re 一定时，q_x 随 X 的增大单调减少，而 e_x 随 X 的增大先增大、后减小，即在此过程中存在某一个无量纲截面位置 X 使得该处的㶲流密度最大。由图 4-7(b)可见，在不同的无量纲截面位置 X 处，其 e_x 不同；且在同一无量纲截面位置 X 处，q_x 随 Re 的增大

单调递增，而 e_x 随 Re 的增大先增大、后减小，即存在一个最佳 Re 使得局部㶲流密度 e_x 最大。

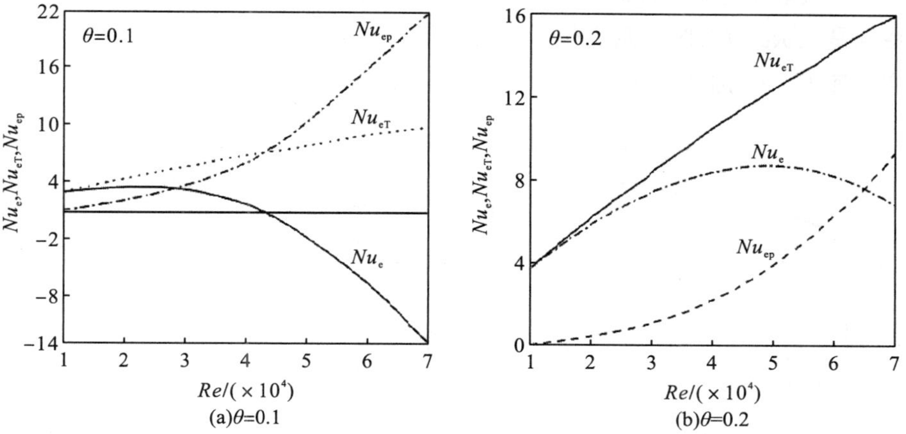

图 4-6　Nu_e、Nu_{ep}、Nu_{eT} 随 Re 的变化

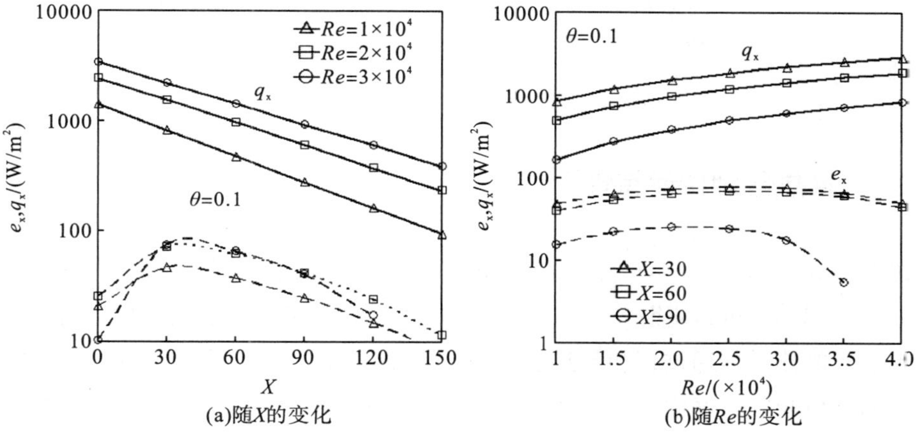

图 4-7　e_x 和 q_x 的比较

图 4-8(a)和图 4-8(b)分别给出了无量纲热流密度 q^* 和无量纲㶲流密度 e^* 以及无量纲传热量 Φ^* 和无量纲传㶲量 E^* 随 Re 的变化。从图 4-8(a)可看出，当其他条件相同时，q^* 随 Re 的增大单调增大，而 e^* 随 Re 的增大先增大、后减小，即存在一个最佳 Re 使得 e^* 达到最大。一旦超过最佳 Re，随 Re 的增大，由流体黏性流动摩擦阻力引起的可用能损失增加幅度增大。当流体黏性流动摩擦阻力引起的可用能损失增加幅度大于由有限温差传热引起的㶲传递的增加幅度时，e^* 将随 Re 的增大而逐渐减小。从传热与传㶲的对比曲线图 4-8(b)可以看出，管内对流传热的无量纲传热量 Φ^* 与无量纲传㶲量 E^* 均随 Re 的增大单调递减。由图 4-8(a)和图 4-8(b)可进一步看出，由于㶲传递考虑了能量质的传递，在管内对

流传热过程中，㶲流密度远小于热流密度，传㶲量远小于传热量，即在同一 Re 下 q^*远大于 e^*，Φ^*远大于 E^*。另外，进一步从不同 θ 下 E^*、$E_T{}^*$和 $E_P{}^*$随 Re 变化的计算结果发现，$E_T{}^*$随 Re 的增大单调递减，且减小趋势缓慢；而 $E_P{}^*$随 Re 的增大单调递增，且增大趋势较明显，特别是在 Re 较大时，两者的综合效果使得 E^*随 Re 的增大单调递减；增加 θ 即壁温，可增大使 E^*=0 的临界 Re 值。

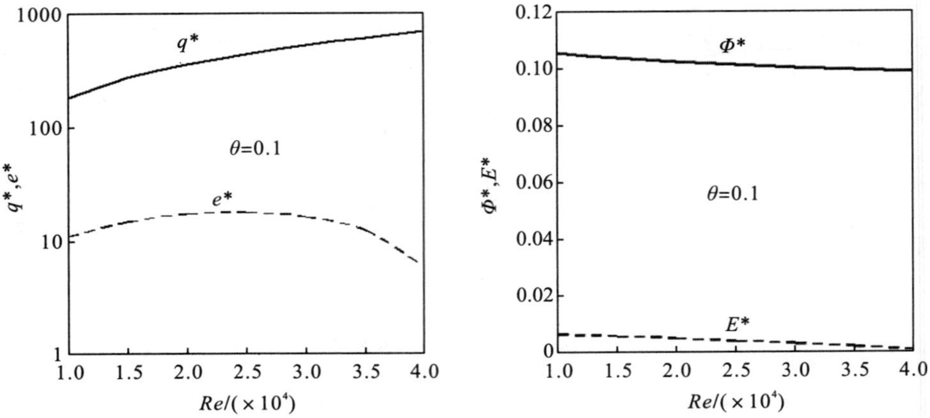

(a)e^*和q^*　　(b)Φ^*和E^*

图 4-8　e^*、q^*以及 Φ^*、E^*随 Re 的变化

4.2.3　换热器㶲传递特性

换热器作为工程上广泛应用的热工设备之一，其合理设计、性能改善将直接关系着能量的有效合理利用。和其他很多热过程一样，在换热器的能量传递过程中，同样包含有由有限温差引起的热量传递过程和导致压力损失的流体黏性流动过程，这两种典型的不可逆过程一方面会引起换热器中的可用能损失，另一方面会导致换热器中的㶲传递特性不同于其能量传递特性。换热器在传热过程中会不可避免地伴随着传㶲。在实际的工程应用中，不仅一直关注流体之间以能量(热能)利用为目的的传热，而且更需关注以可用能利用为目的的传㶲，即工程中某种目标工质(流体)所获得的㶲量。在这里，引入两个重要的无量纲㶲传递参数来分析和研究换热器的㶲传递特性[17-19]。

1. 传㶲单元数

考察如图 4-9 所示的换热器中的典型传热过程，假定：①流体为不可压缩流体或理想气体；②流动与传热过程均处于稳定状态，流体物性为常数；③传热过程中无散热损失；④不计换热器轴向导热损失；⑤传热系数在整个换热过程中为常数。设环境温度为 T_0，热流体的入口温度和压力为 T_{hi}、p_{hi}，冷流体的入口温度和压力为 T_{ci}、p_{ci}，热流体的出口

温度和压力为 T_{ho}、p_{ho}，冷流体的出口温度和压力为 T_{co}、p_{co}，热流体的质量流率为 m_h，冷流体的质量流率为 m_c。

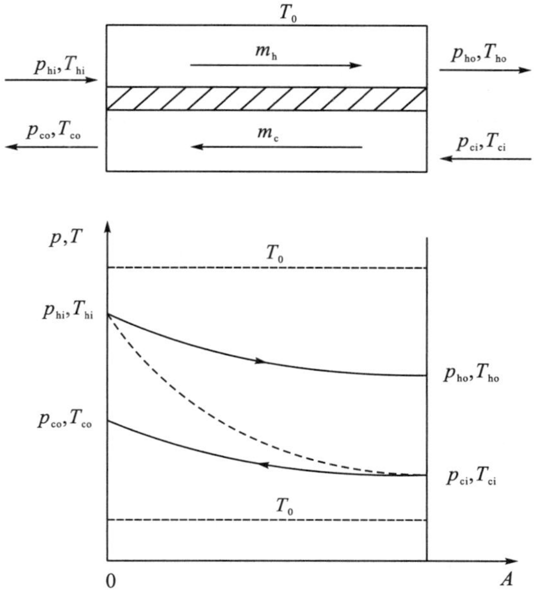

图 4-9　换热器中的典型传热过程

随着换热器能量传递过程的进行，换热器中目标工质(流体)㶲的变化仍然可以采用式(4-28)来计算，即目标工质㶲的变化等于由有限温差传热获得的热㶲减去由于黏性流体流动引起的压力㶲损失。然而与一般热过程不同的是，在常规条件下运行的换热器，其黏性流体流动引起的不可逆性(熵产)与有限温差传热引起的不可逆性相比较小，有时甚至可以忽略[20]，于是为简单起见，在这里讨论目标工质㶲的变化时，只考虑由有限温差传热获得的热㶲，而由于黏性流体流动引起的压力㶲损失暂不考虑(考虑压力㶲损失时的结果可参阅文献[17]和文献[19])。则式(4-28)可简化为

$$de_{x,H}=c_p\left(1-\frac{T_0}{T}\right)dT \tag{4-79}$$

另一方面，㶲作为一个与环境状态有关的参数，对于工作在高于或低于环境温度下的换热器，获得㶲的目标介质是不同的，即对工作在高于环境温度下的换热器，冷流体吸收热量，获得热㶲，冷流体为㶲传递的目标工质；而对工作在低于环境温度下的换热器，热流体放出热量，获得热㶲，热流体为㶲传递的目标工质。

把式(4-79)从进口到出口积分，则可得到对质量流率为 m 的目标工质的㶲的变化 $\Delta E_{x,H}$，即换热器的传㶲量 E。对工作在高于环境温度下的换热器，有

$$E_c=m_c c_{pc}[T_{co}-T_{ci}-T_0\ln(T_{co}/T_{ci})] \tag{4-80}$$

对工作在低于环境温度下的换热器，有

$$E_{\mathrm{h}} = G_{\mathrm{h}} c_{ph}\left[T_0 \ln(T_{\mathrm{ho}}/T_{\mathrm{hi}}) - (T_{\mathrm{ho}} - T_{\mathrm{hi}})\right] \tag{4-81}$$

基于同样的原理，由式(4-20)可以写出换热器的㶲传递方程，即传㶲方程为

$$E = K_{\mathrm{e}} A \Delta T_{\mathrm{m}} \tag{4-82}$$

式中，K_{e}为换热器传㶲系数，W/(m^2·K)；ΔT_{m}为对数平均温差，K。

结合式(4-80)～式(4-82)，可以分别写出工作在高于或低于环境温度下的换热器的传㶲系数为

$$K_{\mathrm{ec}} = m_{\mathrm{c}} c_{pc}[T_{\mathrm{co}} - T_{\mathrm{ci}} - T_0 \ln(T_{\mathrm{co}}/T_{\mathrm{ci}})]/(A\Delta T_{\mathrm{m}}) \tag{4-83}$$

$$K_{\mathrm{eh}} = m_{\mathrm{h}} c_{ph}\left[T_0 \ln(T_{\mathrm{ho}}/T_{\mathrm{hi}}) - (T_{\mathrm{ho}} - T_{\mathrm{hi}})\right]/(A\Delta T_{\mathrm{m}}) \tag{4-84}$$

引入反映换热器传热性能的无量纲参数，即传热有效度ε和冷热流体热容量比R：

$$\varepsilon = \frac{T_{\mathrm{co}} - T_{\mathrm{ci}}}{T_{\mathrm{hi}} - T_{\mathrm{ci}}},\quad R = \frac{m_{\mathrm{c}} c_{pc}}{m_{\mathrm{h}} c_{ph}} = \frac{T_{\mathrm{hi}} - T_{\mathrm{ho}}}{T_{\mathrm{co}} - T_{\mathrm{ci}}}$$

则

$$T_{\mathrm{co}} = T_{\mathrm{ci}} + \varepsilon(T_{\mathrm{hi}} - T_{\mathrm{ci}}) \tag{4-85}$$

$$T_{\mathrm{ho}} = T_{\mathrm{hi}} - \varepsilon R(T_{\mathrm{hi}} - T_{\mathrm{ci}}) \tag{4-86}$$

又由换热器的热平衡得

$$A\Delta T_{\mathrm{m}} = \Phi / K = m_{\mathrm{c}} c_{pc}(T_{\mathrm{co}} - T_{\mathrm{ci}})/K \tag{4-87}$$

结合式(4-83)～式(4-87)，可以得到工作在高于或低于环境温度下的换热器的传㶲系数与换热器传热系数K之间的关系为

$$\frac{K_{\mathrm{ec}}}{K} = \frac{\varepsilon(1-c) - c_0 \ln\left[1 + \varepsilon(1/c - 1)\right]}{\varepsilon(1-c)} \tag{4-88}$$

$$\frac{K_{\mathrm{eh}}}{K} = -\frac{\varepsilon R(1-c) + c_0 \ln\left[1 - \varepsilon R(1-c)\right]}{\varepsilon R(1-c)} \tag{4-89}$$

式中，c和c_0分别为无因次温度，即$c=T_{\mathrm{ci}}/T_{\mathrm{hi}}$，$c_0=T_0/T_{\mathrm{hi}}$。

与换热器传热单元数的形式类似，定义换热器传㶲单元数$\mathrm{NTU_e}$为

$$\mathrm{NTU_e} = \frac{K_{\mathrm{e}} A}{(mc_p)_R} \tag{4-90}$$

式中，$(mc_p)_R$可以根据两种流体热容量比R的定义来选择，即如果$R=m_{\mathrm{c}}c_{pc}/m_{\mathrm{h}}c_{ph}$，则$(mc_p)_R=m_{\mathrm{c}}c_{pc}$；如果$R=m_{\mathrm{h}}c_{ph}/m_{\mathrm{c}}c_{pc}$，则$(mc_p)_R=m_{\mathrm{h}}c_{ph}$。

考虑$(mc_p)_{\mathrm{R}}=m_{\mathrm{c}}c_{pc}$，则式(4-88)和式(4-89)可分别改写为

$$\frac{\mathrm{NTU_{ec}}}{\mathrm{NTU}} = \frac{\varepsilon(1-c) - c_0 \ln\left[1 + \varepsilon(1/c - 1)\right]}{\varepsilon(1-c)} \tag{4-91}$$

$$\frac{\mathrm{NTU_{eh}}}{\mathrm{NTU}} = -\frac{\varepsilon R(1-c) + c_0 \ln\left[1 - \varepsilon R(1-c)\right]}{\varepsilon R(1-c)} \tag{4-92}$$

2. 传㶲有效度

对于给定的换热器，当入口或者出口温度给定时，传热有效度 ε 的引入使得换热器传热量的确定更加容易。类似于传热有效度 ε，定义换热器传㶲有效度 ε_e 如下

$$\varepsilon_e = \frac{E}{E_{max}} \tag{4-93}$$

式中，E 表示换热器实际传㶲量(目标工质实际的㶲变化)，E_{max} 表示换热器最大可能的传㶲量(目标工质最大可能的㶲变化)。

显然，通过引入传㶲有效度，在给定换热器入口和出口温度时，换热器传㶲量的计算就更加容易。在实际的换热器性能分析中，可以通过对各种类型换热器传㶲有效度的比较，来选择最好和最适合的换热器完成一定的㶲传递目的。

如前所述，对于工作在环境温度以上的换热器，热流体放出热量给冷流体，其热㶲减少；但是冷流体吸收热量，其热㶲增加。换热器获得的是冷流体热㶲的增加，消耗的是热流体热㶲的减少，因此目标工质是冷流体。其目标工质最大可能的㶲变化为换热器在逆流流型理想状态下的最大㶲变化，即逆流流型下冷流体的出口温度 T_{co} 等于热流体的进口温度 T_{hi}，且压力㶲损失为零时的㶲变化。于是，对工作在环境温度以上的换热器，根据式(4-80)，其传㶲有效度 ε_{ec} 为

$$\varepsilon_{ec} = \frac{T_{co} - T_{ci} - T_0 \ln(T_{co}/T_{ci})}{T_{hi} - T_{ci} - T_0 \ln(T_{hi}/T_{ci})} \tag{4-94}$$

引入换热器的传热有效度 ε 和冷热流体热容量比 R，则上式变为

$$\varepsilon_{ec} = \frac{\varepsilon(1-c) - c_0 \ln\left[1 + \varepsilon(1-c)/c\right]}{1 - c + c_0 \ln c} \tag{4-95}$$

类似地，对于工作在环境温度以下的换热器，热流体为㶲传递的目标工质，其最大可能的㶲变化为换热器在逆流流型下热流体的出口温度 T_{ho} 等于冷流体的进口温度 T_{ci}，且压力㶲损失为零时的㶲变化。根据式(4-81)并引入换热器的传热有效度 ε 和冷热流体热容量比 R，其传㶲有效度 ε_{eh} 可写为

$$\varepsilon_{eh} = \frac{T_0 \ln(T_{hi}/T_{ho}) - (T_{hi} - T_{ho})}{T_0 \ln(T_{hi}/T_{ci}) - (T_{hi} - T_{ci})} \tag{4-96}$$

$$\varepsilon_{eh} = \frac{\varepsilon R(1-c) + c_0 \ln\left[1 - \varepsilon R(1-c)\right]}{1 - c + c_0 \ln c} \tag{4-97}$$

3. 传㶲单元数和传㶲有效度之间的关系

对于工作在环境温度以上的换热器，结合式(4-91)和式(4-95)，可以得到传㶲单元数 NTU_{ec} 和传㶲有效度 ε_{ec} 之间的关系为

$$\varepsilon_{ec}=\frac{\mathrm{NTU}_{ec}\varepsilon(1-c)}{\mathrm{NTU}(1-c+c_0\ln c)} \tag{4-98}$$

对于工作在环境温度以下的换热器，结合式(4-92)和式(4-97)，可以得到传㶲单元数 NTU_{eh} 和传㶲有效度 ε_{eh} 之间的关系为

$$\varepsilon_{eh}=-\frac{\mathrm{NTU}_{eh}\varepsilon R(1-c)}{\mathrm{NTU}(1-c+c_0\ln c)} \tag{4-99}$$

值得说明的是，对一定流型的换热器，其传热有效度是传热单元数 NTU 和冷热流体热容量比 R 的函数，即 $\varepsilon=f$(NTU，R，换热器流型)，如对逆流换热器有[21]

$$\varepsilon=\frac{1-\exp[-\mathrm{NTU}(1-R)]}{1-R\exp[-\mathrm{NTU}(1-R)]} \tag{4-100}$$

对顺流换热器，有[21]

$$\varepsilon=\frac{1-\exp[-\mathrm{NTU}(1+R)]}{1+R} \tag{4-101}$$

对一种流体横向混合，另一种流体不横向混合的交叉流换热器有[21]

$$\varepsilon=\{1-\exp[-R(1-e^{-\mathrm{NTU}})]\}/R \tag{4-102}$$

由上述的关系式可知，对一定流型的换热器，其㶲传递有效度 ε_e 与换热器的传㶲/传热单元数 NTU_e/NTU 和冷热流体热容量比 R 有关，即 $\varepsilon_e=f$(NTU_e，NTU，R，换热器流型)。然而，如果考虑到 NTU_e 和 NTU 的关系式(4-91)和式(4-92)，实际上，一定流型的换热器的㶲传递有效度 ε_e 只与换热器的传热单元数 NTU 和冷热流体热容量比 R 有关，即 $\varepsilon_e=f$(NTU，R，换热器流型)。

4. 计算结果

图 4-10 给出了工作在环境温度以上的不同流型换热器的 NTU_{ec}/NTU 随 NTU 和 R 的变化。从图 4-10(a)中可看出，在 R 一定时，NTU_{ec}/NTU 随 NTU 单调递增，但在 NTU 较大时，NTU_{ec}/NTU 的增大趋势变缓，特别是对顺流和交叉流换热器，由于 NTU 与换热器传热系数直接相关，这也就意味着在 NTU 较小时，采用强化传热措施提高换热器传热系数可有效改善换热器的㶲传递性能。从图 4-10(b)中可看出，在 NTU 一定时，NTU_{ec}/NTU 随 R 单调递减，并且 R 越大，递减趋势变缓。另外，比较不同流型的 NTU_{ec}/NTU 发现，均有 NTU_{ec}/NTU 小于 1，这是由于㶲传递考虑了能量中质的缘故。在相同的条件下，逆流的 NTU_{ec}/NTU 最大，交叉流(一种流体横向混合，另一种流体不横向混合)次之，顺流最小。其中，在 R 一定，NTU 较小时，不同流型的 NTU_{ec}/NTU 差异较小，如图 4-10(a)所示；而在 NTU 一定，R 较小时，不同流型的 NTU_{ec}/NTU 差异较大，如图 4-10(b)所示。

图 4-11 给出了工作在环境温度以下的不同流型换热器的 NTU_{eh}/NTU 随 NTU 和 R 的变化。可看出，和工作在环境温度以上的换热器一样，由于㶲传递考虑了能量中质的传递，不同流型换热器的 NTU_{eh}/NTU 都小于 1；并且在 R 一定时，NTU_{eh}/NTU 随 NTU 单调递

增，但在 NTU 较大时，NTU_{eh}/NTU 的增加趋势变缓，特别是对顺流和交叉流换热器，如图 4-11(a)所示。然而，在 NTU 一定时，NTU_{eh}/NTU 随 R 单调递增，并且 R 越大，递增趋势变缓，这与工作在环境温度以上的换热器的 NTU_{ec}/NTU 随 R 的变化正好相反，如图 4-11(b)所示。流型对工作在环境温度以下的换热器的 NTU_{eh}/NTU 的影响和工作在环境温度以上的换热器一样，都呈现出在相同的条件下，逆流的 NTU_{eh}/NTU 最大，交叉流次之，顺流最小。

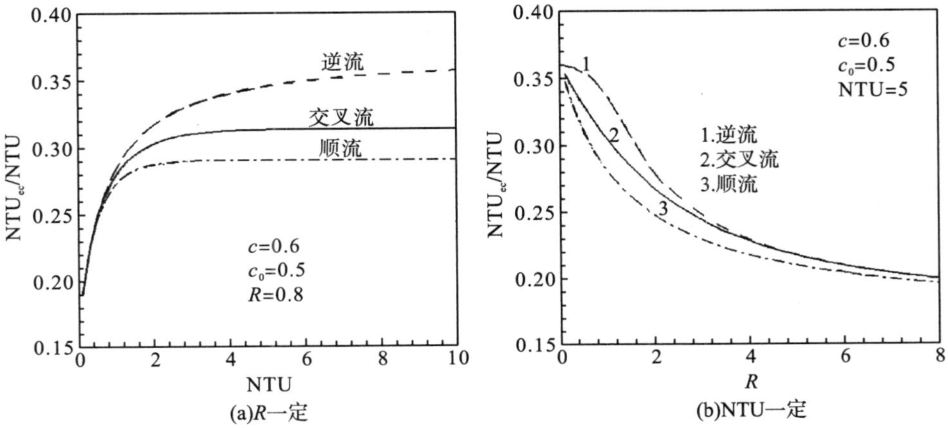

图 4-10　工作在环境温度以上的不同流型换热器的 NTU_{ec}/NTU 随 NTU 和 R 的变化

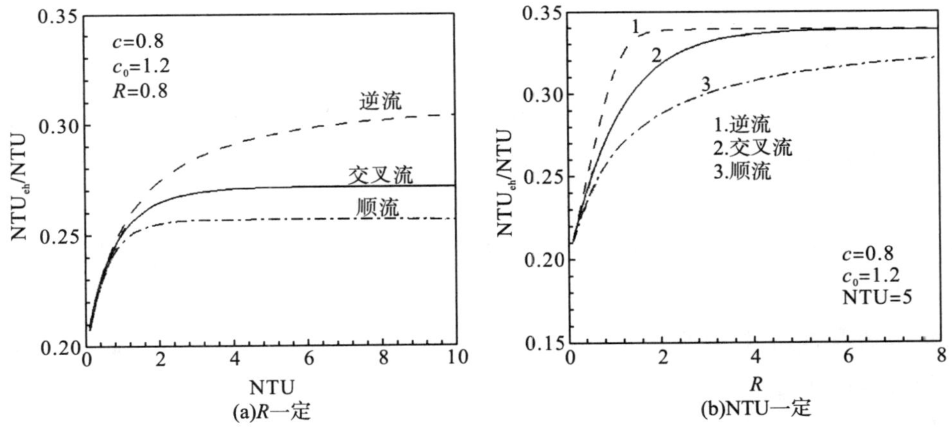

图 4-11　工作在环境温度以下的不同流型换热器的 NTU_{eh}/NTU 随 NTU 和 R 的变化

图 4-12 给出了工作在环境温度以上的不同流型换热器的传㶲有效度 $\varepsilon_{e,c}$ 随 NTU 和 R 的变化。可以看出，流型在 NTU 较大(R 一定)或 R 较小(NTU 一定)时，对换热器的传㶲有效度 $\varepsilon_{e,c}$ 影响较大，即在 NTU 或 R 一定的条件下，逆流换热器的传㶲有效度总是最大，接着是交叉流换热器，最小的是顺流换热器。另外，由图 4-12(a)可见，当 R 一定时，$\varepsilon_{e,c}$

都随 NTU 的增大而增大，最后都趋近于一个稳定的值。而由图 4-12(b)可见，当 NTU 一定时，传㶲有效度 $\varepsilon_{e,c}$ 都随 R 的增大而减小，最后趋于一个稳定的值。进一步计算还发现，和不同流型换热器的传热有效度 ε 相比，传㶲有效度 $\varepsilon_{e,c}$ 较小，但两者随 NTU 或 R 的变化规律类似；对同一种流型的换热器，观察一定 R 时 $\varepsilon_{e,c}$ 随 NTU 的变化，当 NTU 较小时，R 对 $\varepsilon_{e,c}$ 的影响不明显，反之当 NTU 较大时，R 对 $\varepsilon_{e,c}$ 影响明显；观察一定 NTU 时 $\varepsilon_{e,c}$ 随 R 的变化情况，当 R 较小时，NTU 对 $\varepsilon_{e,c}$ 有明显的影响，但是当 R 较大时，NTU 对 $\varepsilon_{e,c}$ 影响很小。比较图 4-12 和图 4-10 发现，工作在环境温度以上的不同流型换热器的 $\varepsilon_{e,c}$ 和 NTU_{ec}/NTU 随 NTU 和 R 的变化关系曲线很类似。

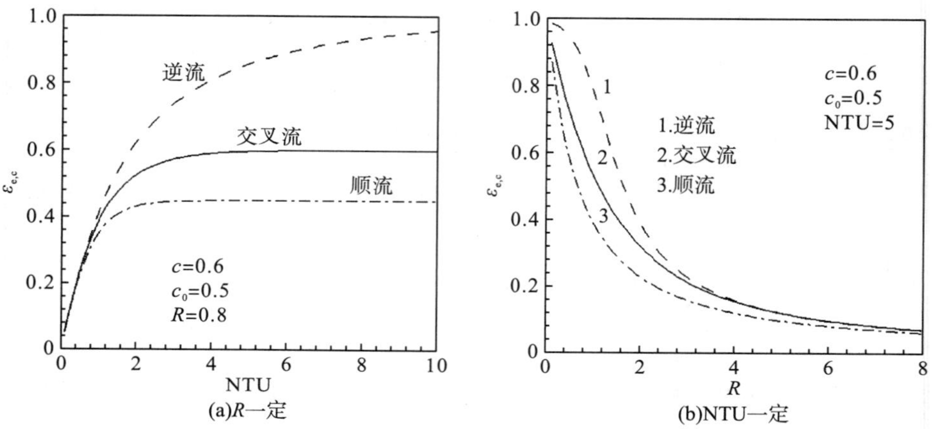

图 4-12 工作在环境温度以上的不同流型换热器的 $\varepsilon_{e,c}$ 随 NTU 和 R 的变化

对于工作在环境温度以下的不同流型换热器的传㶲有效度 $\varepsilon_{e,h}$ 随 NTU 和 R 的变化关系曲线与 NTU_{eh}/NTU 随 NTU 和 R 的变化关系曲线呈现出类似的规律，并且 $\varepsilon_{e,h}$ 与工作在环境温度以上的换热器的传㶲有效度 $\varepsilon_{e,c}$ 的差异和 NTU_{eh}/NTU 与 NTU_{ec}/NTU 的差异也类似，这里不再赘述。然而，工作在环境温度以下和工作在环境温度以上的换热器的传㶲有效度 $\varepsilon_{e,h}$ 和 $\varepsilon_{e,c}$ 与传热有效度 ε 的差异是不同的。前已述及，对工作在环境温度以上的换热器的传㶲有效度 $\varepsilon_{e,c}$ 和传热有效度 ε 仅存在数值上的差异，总有 $\varepsilon_{e,h}<\varepsilon$，且随 NTU 或 R 的变化规律类似；而对工作在环境温度以下的换热器的传㶲有效度 $\varepsilon_{e,h}$ 和传热有效度 ε 不仅存在数值上的差异，而且随 NTU 或 R 的变化规律也不一样，如图 4-13 所示。从图 4-13(a)可看出，$\varepsilon_{e,h}$ 和 ε 都随 NTU 的增大而单调递增，总有 $\varepsilon_{e,h}<\varepsilon$，这一点与工作在环境温度以上的换热器相同；而从 $\varepsilon_{e,h}$ 和 ε 随 R 的变化来看，如图 4-13(b)所示，ε 随 R 增大单调减小，这一点与工作在环境温度以上的换热器相同，但 $\varepsilon_{e,h}$ 随 R 的增大却单调递增，这一点与工作在环境温度以上的换热器不同，即 $\varepsilon_{e,h}$ 和 ε 随 R 的变化曲线存在交点，在交点之前有 $\varepsilon_{e,h}<\varepsilon$，在交点之后则有 $\varepsilon_{e,h}>\varepsilon$。

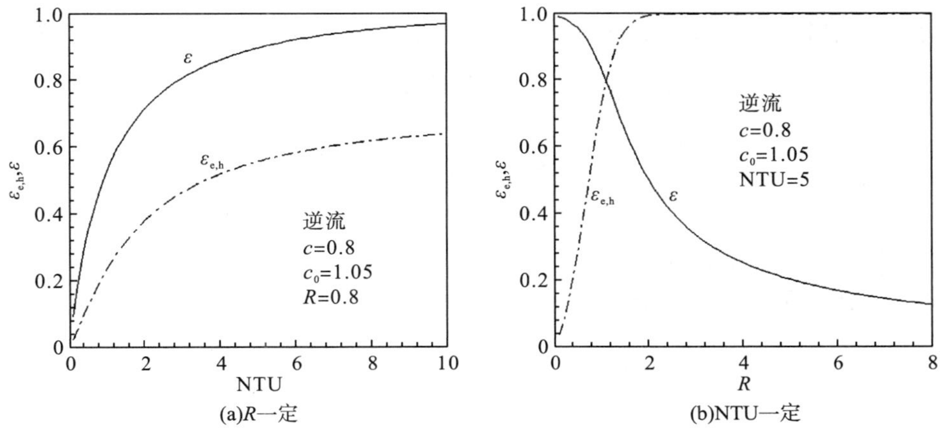

图 4-13　工作在环境温度以下的逆流换热器的 $\varepsilon_{e,h}$ 和 ε 与 NTU 和 R 的变化

4.3　对流传热过程热经济学分析

前已述及，工程上广泛存在的管内强制对流传热过程，是一种典型的不可逆过程，其[火用]损耗包含两部分，即由于有限温差传热引起的[火用]损耗和由于黏性流动阻力引起的[火用]损耗。从[火用]传递的角度出发，传热必然伴随着传[火用]，工质(流体)在获得一定热量收益的同时，通过[火用]的变化获得一定的[火用]量。由此，在对对流传热过程进行热经济分析时，也相应地存在两种角度，即热经济学费用角度和热经济学收益角度。

4.3.1　对流传热过程热经济学费用和收益方程

基于前述的对流传热过程的热力学分析并结合经济学理论，可以获得对流传热过程的热经济学费用和收益方程[22-23]。

1. 对流传热过程热经济学费用方程

仍然取如图 4-3 所示的典型对流传热过程为研究对象，其他假定条件和已知参数亦同前。如果流体为不可压缩流体或理想气体，对于长度为 dx 的控制体，其温差传热熵产(率)$S_{g,T}$ 和黏性流动熵产(率)$S_{g,p}$ 分别为[24]：

$$\frac{\mathrm{d}S_{g,T}}{\mathrm{d}x}=mc_p\cdot\frac{T_w-T_f}{T_w\cdot T_f}\cdot\frac{\mathrm{d}T_f}{\mathrm{d}x}\tag{4-103}$$

$$\frac{\mathrm{d}S_{g,p}}{\mathrm{d}x}=\frac{m}{\rho T_f}\cdot\left(-\frac{\mathrm{d}p}{\mathrm{d}x}\right)\tag{4-104}$$

显然，对流传热过程的熵产与热边界条件有关，对恒壁温热边界条件，T_w 为恒定值，

把 T_f 的表达式(4-24)和 dp/dx 的表达式(4-33)分别代入式(4-103)和式(4-104)进行积分得

$$S_{g,T}=mc_p\left[\ln\left(\frac{1-\theta\cdot e^{-4StN_L}}{1-\theta}\right)-\theta\left(1-e^{-4StN_L}\right)\right] \tag{4-105}$$

$$S_{g,p}=\frac{mc_p fRe^3 Pr}{8NuN_{Tw2}}\left[\ln\left(\frac{1-\theta\cdot e^{-4StN_L}}{1-\theta}\right)+4StN_L\right] \tag{4-106}$$

对恒热流热边界条件，q_w 为恒定值，把 T_f 的表达式(4-54)和 dp/dx 的表达式(4-33)分别代入式(4-103)和(4-104)进行积分得

$$S_{g,T}=mc_p\left[\ln\left(1+\frac{N_q}{Nu}\right)-\ln\left(1+\frac{1}{Nu/N_q+4StN_L}\right)\right] \tag{4-107}$$

$$S_{g,p}=\frac{mc_p fRe^3}{8N_{qw}}\ln\left(1+\frac{4N_qN_L}{RePr}\right) \tag{4-108}$$

式(4-105)～式(4-108)中，相关参数的定义和物理意义同前。

假定环境温度为 T_0，则由有限温差引起的㶲损耗和由黏性流动引起的㶲损耗分别为

$$E_{L,T}=T_0S_{g,T} \tag{4-109}$$

$$E_{L,p}=T_0S_{g,p} \tag{4-110}$$

从热经济学的观点来看，在管内强制对流传热过程中所得到的收益为传热量 Φ 或传㶲量 E(工质获得的㶲)，而所付出的代价包括传热㶲损耗费用、流动㶲损耗费用和换热管成本费用三部分。同时应当指出的是，传热㶲损耗和流动㶲损耗对传热过程所起的作用是不同的，传热㶲损耗对传热过程起直接推动作用，其大小取决于传热温差，而流动㶲损耗只能通过影响对流传热系数来间接对传热过程起推动作用，其主要消耗在克服流动阻力上；另一方面，传热㶲损耗费用和流动㶲损耗费用也是不等价的，传热㶲损耗费用是热量的㶲损失，流动㶲损耗费用是泵或风机的功率消耗(运行费用)，由机械功(电功)来补偿，由于泵或风机的机械功和流动㶲之间转换的效率较低，实际的流动㶲损耗比式(4-110)计算得到的值要大得多，于是传热㶲损耗费用和流动㶲损耗费用之间必然存在机械功和㶲的折算系数 α，该折算系数一般远大于 1[25]，但文献[26]建议取 α=3～5。

由技术经济学原理，设备的初投资一般发生在经济活动的期初，而运行费用发生在每期期末，因此在选择方案时可在相同的经济目标条件下比较它们的年费用。为简单起见，假定传热管每年的运行费用都发生在每年年末并保持不变，于是，从费用(㶲损耗费用)的角度出发，对长度为 L 的传热管，运行一年时间的年总费用 TCV 为

$$\mathrm{TCV}=\tau\xi_e(E_{L,T}+\alpha E_{L,P})+[I_0-\mathrm{SV}(P/F,i,n)](A/P,i,n) \tag{4-111}$$

式中，τ 为传热管年运行时间，s；ξ_e 为热㶲价格，美元/J；I_0 是传热管的一次性初投资费用，一般与管长有关，即 $I_0=\lambda_L\cdot L$，其中 λ_L 为单位管长的价格，美元/m；n 为传热管生命周期，年；SV 为传热管生命周期末的残值，美元；$(P/F,i,n)$ 和 $(A/P,i,n)$ 分别表示一次支付现值系数和等额分付系列资金回收系数，由资金的等值计算，有

$$(P/F,i,n)=(1+i)^{-n};\ (A/P,i,n)=i/[1-(1+i)^{-n}] \tag{4-112}$$

由式(4-105)、式(4-106)并结合式(4-111)，恒壁温热边界条件下管内对流传热过程热经济学费用方程进一步具体化为

$$\begin{aligned}\mathrm{TCV}=\tau\xi_{\mathrm{e}}mc_pT_0\left\{\left[\ln\left(\frac{1-\theta\cdot e^{-4StN_L}}{1-\theta}\right)-\theta\left(1-e^{-4StN_{\mathrm{L}}}\right)\right]+\alpha\frac{fRe^3Pr}{8NuN_{\mathrm{Tw2}}}\left[\ln\left(\frac{1-\theta\cdot e^{-4StN_{\mathrm{L}}}}{1-\theta}\right)+4StN_{\mathrm{L}}\right]\right\}\\+[I_0-\mathrm{SV}(P/F,i,n)](A/P,i,n)\end{aligned} \tag{4-113}$$

同样地，由式(4-107)、式(4-108)并结合式(4-111)，恒热流热边界条件下管内对流传热过程热经济学费用方程进一步具体化为

$$\begin{aligned}\mathrm{TCV}=\tau\xi_{\mathrm{e}}mc_pT_0\left\{\left[\ln\left(1+\frac{N_{\mathrm{q}}}{Nu}\right)-\ln\left(1+\frac{1}{Nu/N_{\mathrm{q}}+4StN_{\mathrm{L}}}\right)\right]+\alpha\frac{fRe^3}{8N_{\mathrm{qw}}}\ln\left(1+\frac{4N_{\mathrm{q}}N_{\mathrm{L}}}{RePr}\right)\right\}\\+[I_0-\mathrm{SV}(P/F,i,n)](A/P,i,n)\end{aligned} \tag{4-114}$$

显然，如果要从费用的角度对管内对流传热过程进行热经济优化，就可以从上述的热经济学费用方程出发，寻求使年总费用 TCV 最小的优化设计参数。

2. 对流传热过程热经济学收益方程

根据技术经济学原理，基于费用角度对项目或技术方案进行经济评价时，一般用于收益相同或收益很难定量化的项目或技术方案。而对工程上广泛存在的对流传热过程，由于不同的应用场合和参数等，不仅花费的代价可能不同，而且其收益也可能不同，这时一方面需要确定对流传热过程的收益，另一方面还需确定所花费的代价，即从净收益(收益减去费用)的角度出发对对流传热过程进行热经济分析和评价则更加科学合理。另外，一个项目或技术方案的费用总是大于零的，只能用于不同项目或技术方案之间的比较，不能用于自身的经济效益的评价，而净收益可能大于零、小于零或等于零，不仅可以用于不同项目或技术方案之间的比较，而且可以发现净收益等于零时的临界参数(因为净收益小于零的项目或技术方案在经济上是不能接受的)，从而为工程上项目或技术方案的设计和运行提供更多的经济参考。

要建立对流传热过程的热经济学收益方程，首先需明确和获得对流传热过程的收益。基于㶲传递的观点，对流传热过程的收益即为工质(流体)所获得的㶲量。由式(4-44)和式(4-63)可看出，不管是恒壁温热边界条件还是恒热流热边界条件，流体获得的㶲量(传㶲量)E 可以分为两大部分，第一部分为由有限温差传热获得的热量㶲E_{T}，第二部分为黏性流动的压力㶲损失 E_{P}，即为式(4-106)、式(4-108)和式(4-110)所示的㶲损耗 $E_{\mathrm{L,P}}$。于是对流传热过程工质(流体)所获得的㶲量可统一写为

$$E=E_{\mathrm{T}}-E_{\mathrm{p}}=E_{\mathrm{T}}-E_{\mathrm{L,p}} \tag{4-115}$$

对恒壁温热边界条件，由式(4-44)可得

$$E_{\mathrm{T}} = mc_pT_0\left[N_{\mathrm{Ti}}\left(1-e^{-4StN_{\mathrm{L}}}\right)-\ln\left(\frac{1-\theta\cdot e^{-4StN_{\mathrm{L}}}}{1-\theta}\right)\right] \tag{4-116}$$

$$E_{\mathrm{L,p}} = -mc_pT_0\frac{f}{8Nu}\cdot\frac{Re^3Pr}{N_{\mathrm{Tw2}}}\left[-4StN_{\mathrm{L}}+\ln\left(\frac{1-\theta}{1-\theta\cdot e^{-4StN_{\mathrm{L}}}}\right)\right] \tag{4-117}$$

对恒热流热边界条件，由式(4-63)可得

$$E_{\mathrm{T}} = mc_pT_0\left[\frac{4N_{\mathrm{q}}N'_{\mathrm{Ti}}N_{\mathrm{L}}}{RePr}-\ln\left(1+\frac{4N_{\mathrm{q}}N_{\mathrm{L}}}{RePr}\right)\right] \tag{4-118}$$

$$E_{\mathrm{L,p}} = mc_{\mathrm{p}}T_0\frac{fRe^3}{8N_{\mathrm{qw}}}\ln\left(1+\frac{4N_{\mathrm{q}}N_{\mathrm{L}}}{RePr}\right) \tag{4-119}$$

同样地，假定设备的初投资发生在期初，而收益和运行费用发生在每期期末并保持不变，于是从收益的角度出发，对长度为 L 的传热管，运行一年时间的年净收益 NPV 为

$$\mathrm{NPV} = \tau\xi_{\mathrm{e}}(E_{\mathrm{T}}-\alpha E_{\mathrm{L,p}})-[I_0-\mathrm{SV}(P/F,i,n)](A/P,i,n) \tag{4-120}$$

由式(4-116)、式(4-117)并结合式(4-120)，恒壁温热边界条件下管内对流传热过程热经济学收益方程进一步具体化为

$$\begin{aligned}\mathrm{NPV} = {}&\tau\xi_{\mathrm{e}}mc_pT_0\left\{N_{\mathrm{Ti}}\left(1-e^{-4StN_{\mathrm{L}}}\right)-\ln\left(\frac{1-\theta\cdot e^{-4StN_{\mathrm{L}}}}{1-\theta}\right)+\alpha\frac{f}{8Nu}\frac{Re^3Pr}{N_{\mathrm{Tw2}}}\left[-4StN_L+\ln\left(\frac{1-\theta}{1-\theta\cdot e^{-4StN_{\mathrm{L}}}}\right)\right]\right\}\\&-[I_0-\mathrm{SV}(P/F,i,n)](A/P,i,n)\end{aligned} \tag{4-121}$$

由式(4-118)、式(4-119)并结合式(4-120)，恒热流热边界条件下管内对流传热过程热经济学收益方程进一步具体化为

$$\begin{aligned}\mathrm{NPV} = {}&\tau\xi_{\mathrm{e}}mc_pT_0\left[\frac{4N_{\mathrm{q}}N'_{\mathrm{Ti}}N_{\mathrm{L}}}{RePr}-\left(1+\frac{fRe^3}{8N_{\mathrm{qw}}}\alpha\right)\ln\left(1+\frac{4N_{\mathrm{q}}N_{\mathrm{L}}}{RePr}\right)\right]\\&-[I_0-\mathrm{SV}(P/F,i,n)](A/P,i,n)\end{aligned} \tag{4-122}$$

显然，如果要从收益的角度对管内对流传热过程进行热经济优化，就可以从上述热经济学收益方程出发，寻求使年净收益 NPV 最大的优化设计参数。

4.3.2 应用实例：管内强化传热性能的热经济分析和评价

为减小换热设备体积、降低材料消耗、保证换热设备安全经济运行，强化传热广泛应用于工程领域。一般情况下，强化传热的同时，流动阻力也增加，权衡两者，使其具有良好的能量综合利用性能一直是人们追求的目标。目前，国内外学者已相继研制出多种强化传热管，这就产生了这样一个问题，即如何从众多的强化传热管中选择合适的强化传热管，这也就迫切需要进一步解决强化传热管的综合性能评价问题。尽管目前有很多学者基于热力学第一定律和热力学第二定律提出了强化传热管的性能评价方法和指标，如熵产分析法、㶲分析法等，但大多未考虑强化传热管的加工制造成本等经济因素。因此，开展以管

内强制对流传热过程的热经济分析为基础，同时考虑包括传热能力提高、流动阻力增大和加工制造成本增加等因素在内的强化传热性能评价具有重要的理论和实用意义。下面以螺纹管为例，对其强化传热的热经济性能进行分析和评价[22-23]。

1. 性能评价指标

为了方便对强化传热管的性能进行热经济分析和评价，同时考虑采用强化传热管前后一定时间内热负荷可能发生的变化，分别基于费用和收益的角度提出强化传热性能的热经济评价指标，即单位热负荷的总费用 η_{c} 和单位热负荷的净收益 η_{p} 为

$$\eta_{\mathrm{c}}=\frac{\mathrm{TCV}}{\Phi_{\tau}}=\frac{\mathrm{TCV}}{mc_{p}(T_{\mathrm{fo}}-T_{\mathrm{fi}})\tau} \tag{4-123}$$

$$\eta_{\mathrm{p}}=\frac{\mathrm{NPV}}{\Phi_{\tau}}=\frac{\mathrm{NPV}}{mc_{p}(T_{\mathrm{fo}}-T_{\mathrm{fi}})\tau} \tag{4-124}$$

2. 工程约束条件

为了对强化传热管的性能进行有针对性的评价，一般以未采取强化传热措施的光滑管作为强化传热管性能评价的基准。强化传热管与光滑管相比，在工程上不同的设计约束条件下，可能产生多种性能变化。例如，强化传热管增加了摩擦阻力，对应的泵功消耗增加，工程上为了不增加因采用强化传热管而多消耗泵功，经常设置等泵功(压降)约束条件，这时可以通过减小流体的流速(雷诺数)来达到采用强化传热管前后等泵功(压降)的目的，然而流速的减小有可能导致其他方面的性能变化，这一点在强化传热的性能评价时必须要综合考虑。因此，开展在工程约束条件下的强化传热性能评价更具有理论和实用意义。

为方便起见，后面用下标“s”表示与光滑管有关的参数，用下标“a”表示与强化传热管有关的参数，同时假定强化传热管和光滑管的长度 L 相等。对充分发展的光滑管内紊流强制对流传热有[27]

$$Nu_{\mathrm{s}}=0.023Re_{\mathrm{s}}^{0.8}Pr_{\mathrm{s}}^{0.4} \tag{4-125}$$

$$f_{\mathrm{s}}=0.316Re_{\mathrm{s}}^{-0.25} \tag{4-126}$$

常见的工程约束条件有以下三种：等(相同)流量、等(相同)泵功(率)和等(相同)压降。

1) 等流量条件

如果采用强化传热管前后的质量流率相等，则有

$$\rho_{\mathrm{a}}\cdot A_{\mathrm{c,a}}\cdot u_{\mathrm{m,a}}=\rho_{\mathrm{s}}\cdot A_{\mathrm{c,s}}\cdot u_{\mathrm{m,s}} \tag{4-127}$$

式中，A_{c} 为流通截面积。假定强化传热管和光滑管中的工质(流体)物性相同，则强化传热管和光滑管的雷诺数 Re 的比值为

$$\frac{Re_a}{Re_s}=\left(\frac{\rho_a\cdot u_{m,a}\cdot d_a}{\eta_a}\right)\Big/\left(\frac{\rho_s\cdot u_{m,s}\cdot d_s}{\eta_s}\right)=\left(\frac{u_{m,a}}{u_{m,s}}\right)\cdot\left(\frac{d_a}{d_s}\right)=\left(\frac{A_{c,s}}{A_{c,a}}\right)\cdot\left(\frac{d_a}{d_s}\right)=\left(\frac{d_s}{d_a}\right) \tag{4-128}$$

式中，d 为管径，这里取管内径 d_i。

2) 等泵功(率)条件

根据工质的体积流量 V，泵或风机所消耗的功率 P 可定义为

$$P=V\cdot\Delta p=u_m A_c\cdot f(Re)\cdot\frac{L}{d}\cdot\frac{1}{2}\rho u_m^{\ 2} \tag{4-129}$$

由等泵功(率)约束条件，即 $P_a=P_s$，再结合 $L_a=L_s$、$\rho_a=\rho_s$，有

$$A_{c,a}\cdot f_a(Re_a)\cdot\frac{u_{m,a}^{\ 3}}{d_a}=A_{c,s}\cdot f_s(Re_s)\cdot\frac{u_{m,s}^{\ 3}}{d_s} \tag{4-130}$$

根据雷诺数 Re 的定义以及常物性的假定，式(4-130)变为

$$A_{c,a}\cdot f_a(Re_a)\cdot\frac{Re_a^{\ 3}}{d_a^{\ 4}}=A_{c,s}\cdot f_s(Re_s)\cdot\frac{Re_s^{\ 3}}{d_s^{\ 4}} \tag{4-131}$$

根据光滑管摩擦阻力系数的表达式(4-126)，强化传热管的摩擦阻力系数可表示为

$$f_a(Re_a)=\frac{f_a(Re_a)}{f_s(Re_a)}\cdot 0.316Re_a^{\ -0.25} \tag{4-132}$$

把式(4-132)代入式(4-131)化简得

$$\frac{Re_a}{Re_s}=\left(\frac{A_{c,a}}{A_{c,s}}\right)^{-1/2.75}\left[\frac{f_a(Re_a)}{f_s(Re_a)}\right]^{-1/2.75}\left(\frac{d_a}{d_s}\right)^{4/2.75}=\left(\frac{d_a}{d_s}\right)^{2/2.75}\left[\frac{f_a(Re_a)}{f_s(Re_a)}\right]^{-1/2.75} \tag{4-133}$$

3) 等压降条件

采用类似的方法可以写出采用强化传热管前后压降相等的约束条件的表达式为

$$f_a(Re_a)\cdot\frac{L_a}{d_a}\cdot\frac{1}{2}\rho_a u_{m,a}^{\ 2}=f_s(Re_s)\cdot\frac{L_s}{d_s}\cdot\frac{1}{2}\rho_s u_{m,s}^{\ 2} \tag{4-134}$$

根据雷诺数 Re 的定义，如果 $L_a=L_s$，且考虑常物性，则上式变为

$$f_a(Re_a)\cdot\frac{Re_a^{\ 2}}{d_a^{\ 3}}=f_s(Re_s)\cdot\frac{Re_s^{\ 2}}{d_s^{\ 3}} \tag{4-135}$$

联合式(4-132)和式(4-135)得

$$\frac{Re_a}{Re_s}=\left(\frac{d_a}{d_s}\right)^{3/1.75}\left[\frac{f_a(Re_a)}{f_s(Re_a)}\right]^{-1/1.75} \tag{4-136}$$

3. 评价结果

利用上述热经济学费用和收益方程、评价指标以及工程约束条件，对具有较好综合热力性能的单头螺纹管进行热经济评价，其中，单头螺纹管的结构如图 4-14 所示。

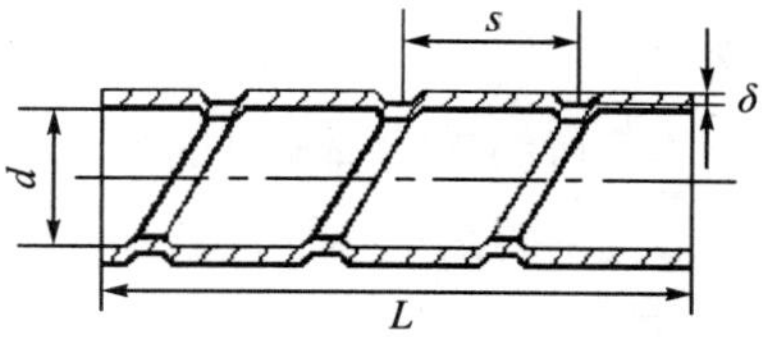

图 4-14　单头螺纹管的结构

单头螺纹管的流阻和传热关联式为[28]

$$Nu_{\mathrm{a}} = 1.138 Re_{\mathrm{a}}^{0.606} \left(\frac{s}{d} \right)^{-0.383} \left(\frac{\delta}{d} \right)^{0.478} Pr_{\mathrm{a}}^{0.4} \tag{4-137}$$

$$f_{\mathrm{a}} = 23.1 Re_{\mathrm{a}}^{-0.075} \left(\frac{s}{d} \right)^{-0.7} \left(\frac{\delta}{d} \right)^{1.55} \tag{4-138}$$

式中，s、δ 的定义如图 4-14 所示。其他需要的评价参数如表 4-1 所示。以下给出恒壁温热边界条件下的性能评价结果，至于恒热流热边界条件下的性能评价结果参阅文献[23]。

表 4-1　热经济评价所需参数

参数		符号	取值	单位
物性参数（空气）	导热系数	λ	2.67×10^{-2}	W/(m·K)
	定压比热容	c_p	1005	J/(kg·K)
	动力黏度	η	18.6×10^{-6}	Pa·s
	普朗特数	Pr	0.7	/
结构参数	管长	L	3	m
	管径	d	0.02	m
	节距	s	0.026	m
	槽深	δ	0.001	m
运行参数	入口温度	T_{fi}	303	K
	环境温度	T_0	298	K
	年运行时间	τ	2.592×10^{7}	s
经济参数	光滑管单位管长价格	$\lambda_{\mathrm{L,s}}$	7	美元/m
	强化传热管单位管长价格	$\lambda_{\mathrm{L,a}}$	12	美元/m
	利率	i	10%	/
	强化传热管和光滑管的生命周期	n	20	年
	残值	SV	0	美元
	热煳单价	ξ_{e}	3.38×10^{-8}	美元/J
	折算系数	α	4	/

图 4-15 和 4-16 分别给出了在等质量流率约束条件下螺纹管和光滑管的单位热负荷净收益 η_{p} 随 Re_{a} 和 θ 的变化。从图 4-15 可看出，当 θ 保持不变时，η_{pa} 和 η_{ps} 均随 Re_{a} 的增加而单

调减小，这是由于随着 Re_a 的增加，黏性流动引起的流动炯损失增加较多的缘故。从图 4-16 可看出，当 Re_a 一定时，由于流体获得的热量炯随 θ 的增加而增加，从而导致 η_{pa} 和 η_{ps} 均随 θ 的增加而单调递增。基于等质量流率的约束条件，当 θ=0.3、10^4<Re_a<5×10^4 时，η_{pa} 总是小于 η_{ps}，即强化传热管的热经济性能不如光滑管。而当 θ 较大，如 θ=0.4 和 θ=0.5 时，η_{pa} 和 η_{ps} 的曲线出现交叉，这表明一旦 Re_a 超过某一定值时，η_{pa} 小于 η_{ps}。另外，从图 4-15 和图 4-16 还可看出，当 Re_a 和 θ 超过某一临界值时，η_{pa} 和 η_{ps} 变为负值。进一步由图 4-15 可知，由于 η_{pa} 随着 Re_a 增大而减小的速率大于 η_{ps} 随着 Re_a 增大而减小的速率，从而导致强化传热管的临界 Re_a 小于光滑管的临界 Re_a；而当 θ 较大时，由于流体获得的热量炯增多，需要更大的流动炯损失来平衡使得 η_p=0，而流动炯损失与 Re_a 密切相关，则此时的临界 Re_a 必然变大。由图 4-16 可见，也正是由于 Re_a 和 θ 的增大对流体获得的净炯（热量炯扣除流动炯损失）的影响相反，导致在 Re_a 较大时，使得 η_p=0 的临界 θ 值也变大。

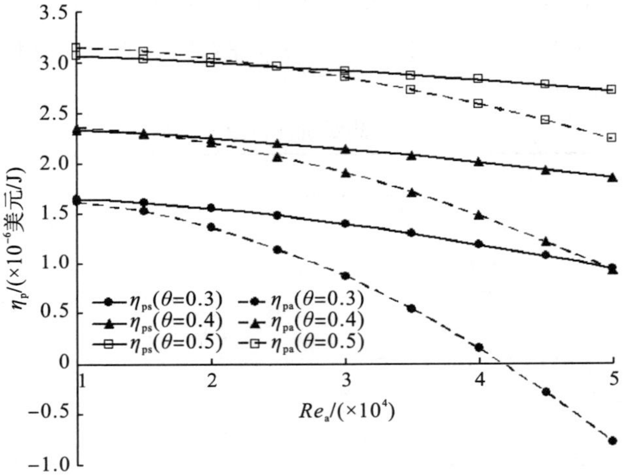

图 4-15 等质量流率约束条件下 η_p 随 Re_a 的变化

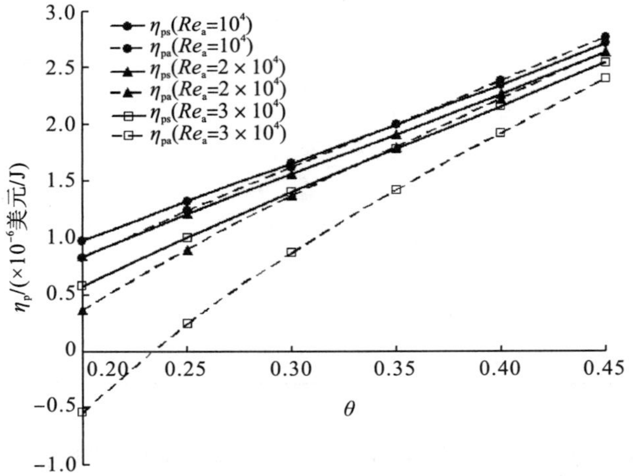

图 4-16 等质量流率约束条件下 η_p 随 θ 的变化

图 4-17 和 4-18 分别给出了在等质量流率约束条件下螺纹管和光滑管的单位热负荷总费用 η_c 随 Re_a 和 θ 的变化。比较图 4-17、图 4-18 与图 4-15、图 4-16 发现，其显著的差异在于 η_c 总是正值，而在有些情况下 η_p 会是负值。从图 4-17 可见，对于一定的 θ，当 Re_a 增大时，η_{cs} 增大得较慢，而 η_{ca} 增大得较快，这是由于 f_a 随 Re_a 的变化比 f_s 随 Re_a 的变化较快的缘故。另外，随着 θ 的增大，η_{ca} 和 η_{cs} 的增大速率减小，这是由于 θ 对总费用 TCV 存在负面影响，即 θ 越大，流体获得的热量烟越多，从而降低了 η_c 随 Re_a 增大而增大的速率。从图 4-18 发现，η_{cs} 随 θ 的增大单调递增，而 η_{ca} 的变化并不是一直单调的。当 $Re_a=10^4$，η_{ca} 随 θ 的增大而增大，而当 $Re_a=2\times10^4$ 和 3×10^4 时，η_{ca} 先随 θ 的增大而减小，然后逐渐增大。进一步从图 4-17 发现，η_{ca} 和 η_{cs} 的曲线出现相交，这就说明一旦 Re_a 超过某一定值时，有 $\eta_{ca}>\eta_{cs}$，即强化传热管的热经济性能较差。并且，随着 θ 的增大，交点处对应的 Re_a 增大，这就意味着在较宽的 Re_a 范围内有 $\eta_{ca}<\eta_{cs}$。在图 4-18 中也发现类似的现象，即只有 Re_a 和 θ 在合适的范围内，才能保证 $\eta_{ca}<\eta_{cs}$，具体来讲，就是要求 Re_a 越小，θ 越大，强化传热管的热经济性能越好。

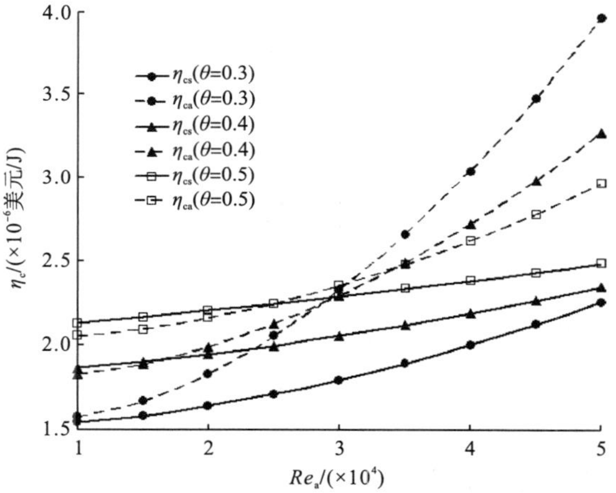

图 4-17　等质量流率约束条件下 η_c 随 Re_a 的变化

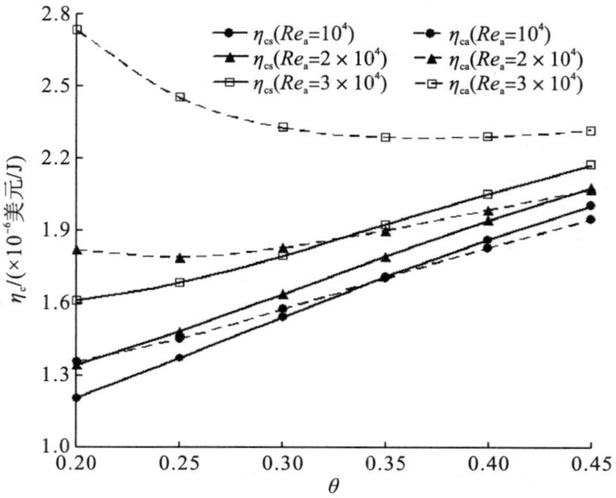

图 4-18　等质量流率约束条件下 η_c 随 θ 的变化

图 4-19 和图 4-20 分别给出了在等泵功(率)约束条件下螺纹管和光滑管的单位热负荷净收益 η_p 随 Re_a 和 θ 的变化。可以发现，图 4-19 和图 4-20 中呈现出的规律与等质量流率约束条件下图 4-15 和图 4-16 所呈现出的规律类似。当 θ 不变时，η_{pa} 和 η_{ps} 随 Re_a 的增大单调递减，而 Re_a 一定时，η_{pa} 和 η_{ps} 随 θ 的增大单调递增。在一定的 Re_a 和 θ 下，η_{pa} 和 η_{ps} 的曲线出现交点，表明在合适的 Re_a 和 θ 范围内，可以实现 $\eta_{pa}>\eta_{ps}$。而且，一旦 Re_a 或 θ 超过某一临界值，η_{pa} 和 η_{ps} 会变为负值，其中，螺纹管的临界 Re_a 小于光滑管的临界 Re_a，而螺纹管的临界 θ 大于光滑管的临界 θ，这个规律与等质量流率约束条件下的结果一致。进一步由图 4-19 发现，θ 越大，对应于 η_p=0 的临界 Re_a 越大；而由图 4-20 发现，Re_a 越大，对应于 η_p=0 的临界 θ 也越大。

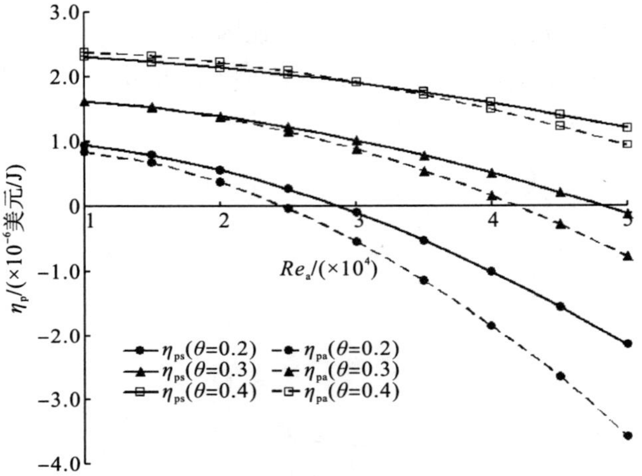

图 4-19 等泵功(率)约束条件下 η_p 随 Re_a 的变化

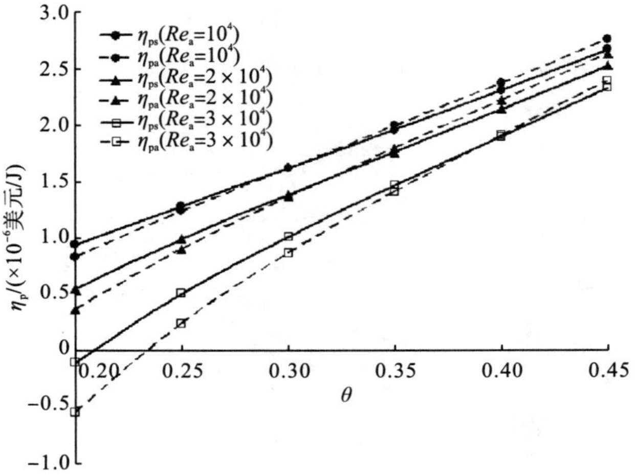

图 4-20 等泵功(率)约束条件下 η_p 随 θ 的变化

图 4-21 和图 4-22 分别给出了在等泵功(率)约束条件下螺纹管和光滑管的单位热负荷总费用 η_c 随 Re_a 和 θ 的变化。从图 4-21 可看出，η_{ca} 和 η_{cs} 均随 Re_a 的增大单调递增，但递增的速率与 θ 有关。当 θ=0.2 时，η_{ca} 总是大于 η_{cs}；当 θ 越大，如 θ=0.3 或 θ=0.4，η_{ca} 和 η_{cs} 的曲线出现相交，这表明如果 Re_a 小于交点处对应的值时，η_{ca} 小于 η_{ps}；θ 越大，交点处对应的 Re_a 也越大。由图 4-22 可见，η_{ca} 和 η_{cs} 的曲线也出现相交，这表明当 θ 和 Re_a 等于某一定值时，η_{ca}=η_{cs}。而且，Re_a 越大，交点处对应的 θ 也越大，这就意味着在 Re_a 较小、θ 较大的条件下，强化传热管体现出较好的热经济性能。

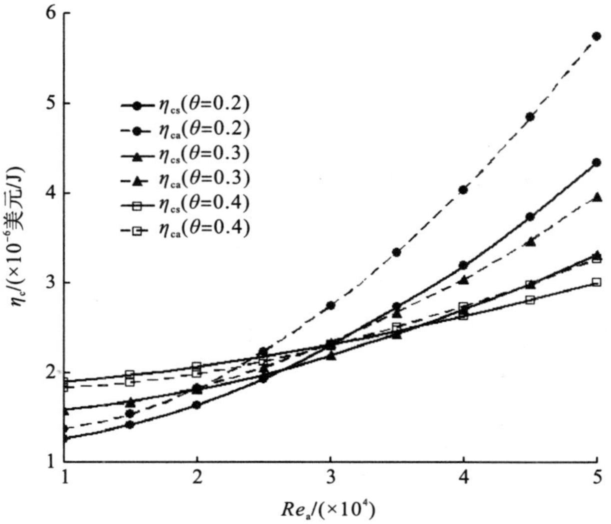

图 4-21　等泵功(率)约束条件下 η_c 随 Re_a 的变化

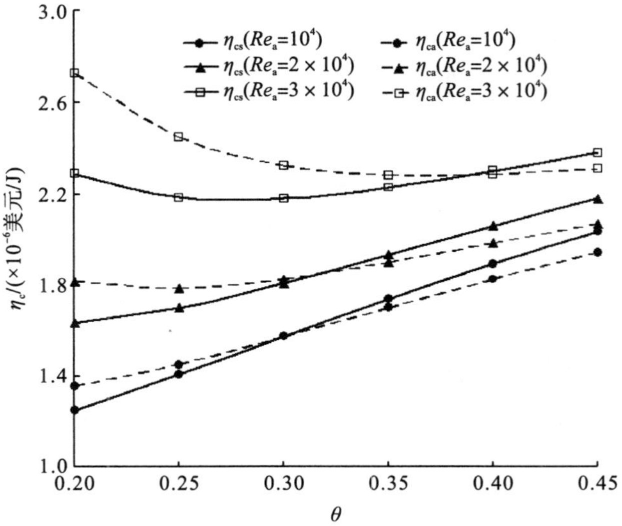

图 4-22　等泵功(率)约束条件下 η_c 随 θ 的变化

图 4-23 和 4-24 分别给出了在等压降约束条件下螺纹管和光滑管的单位热负荷净收益 η_p 随 Re_a 和 θ 的变化。可以看出，除了 Re_a 和 θ 较小的情况，如 $Re_a=10^4$ 和 $\theta=0.2$，η_{pa} 一般大于 η_{ps}。这表明从收益的角度出发，对于等压降约束条件下的大多数情况，强化传热管的热经济性能优于光滑管。由图 4-23 发现，对于较大的 θ($\theta=0.3$，$\theta=0.4$) 和 Re_a ($Re_a=2\times10^4$，$Re_a=3\times10^4$)，η_{pa} 大于 η_{ps}，并且两者的差异随 Re_a 的增大而增大；而从图 4-24 看出，η_{pa} 和 η_{ps} 的差异随 θ 的增大几乎保持不变。与上述的等质量流率和等泵功(率)的两种约束条件类似，在等压降约束条件下，对应于 $\eta_p=0$ 的临界 Re_a 随 θ 的增加而变大；对应于 $\eta_p=0$ 的临界 θ 也随 Re_a 的增加而变大。然而，与上述两种约束条件不同的是，螺纹管的临界 Re_a 大于光滑管，螺纹管的临界 θ 小于光滑管。

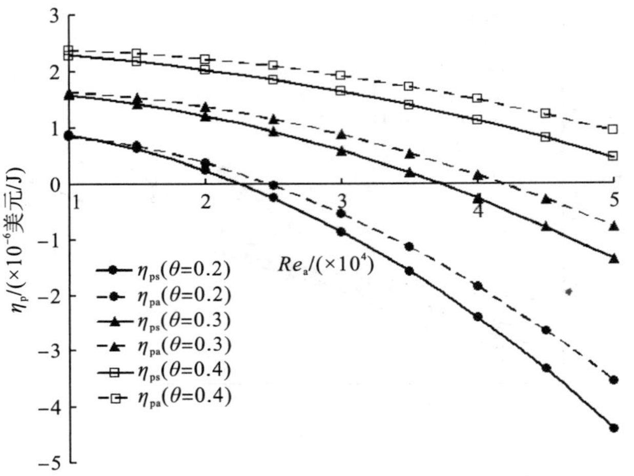

图 4-23 等压降约束条件下 η_p 随 Re_a 的变化

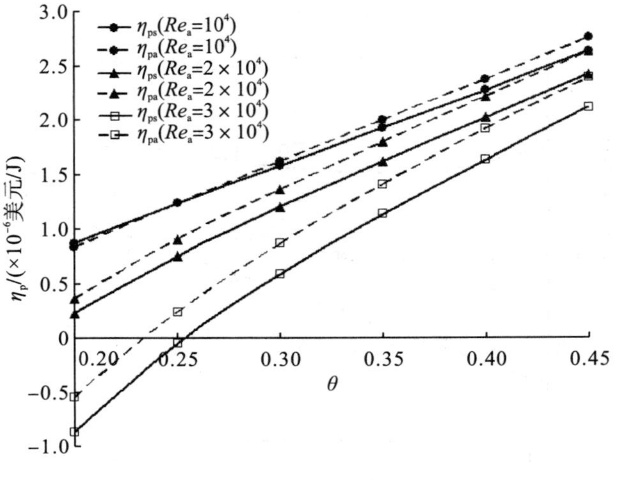

图 4-24 等压降约束条件下 η_p 随 θ 的变化

图 4-25 和图 4-26 分别给出了在等压降约束条件下螺纹管和光滑管的单位热负荷总费用 η_c 随 Re_a 和 θ 的变化。可以看出，除了 θ=0.2（图 4-25）和 $Re_a=10^4$（图 4-26）的情况，η_{ca} 一般都小于 η_{cs}，这反映了从费用的角度出发，螺纹管比光滑管具有更好的热经济性能，这个结果与从收益的角度出发所获得的结果一致。但与等质量流率和等泵功（率）两种约束条件不同的是，在等压降约束条件下，较大的 Re_a 和 θ 也可能实现 $\eta_{ca}<\eta_{cs}$。

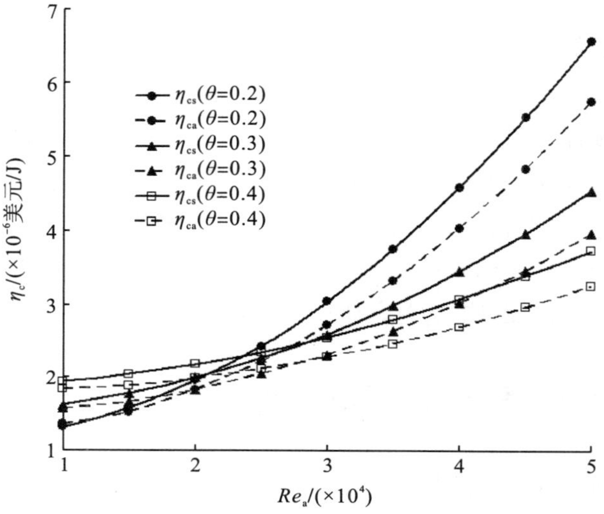

图 4-25 等压降约束条件下 η_c 随 Re_a 的变化

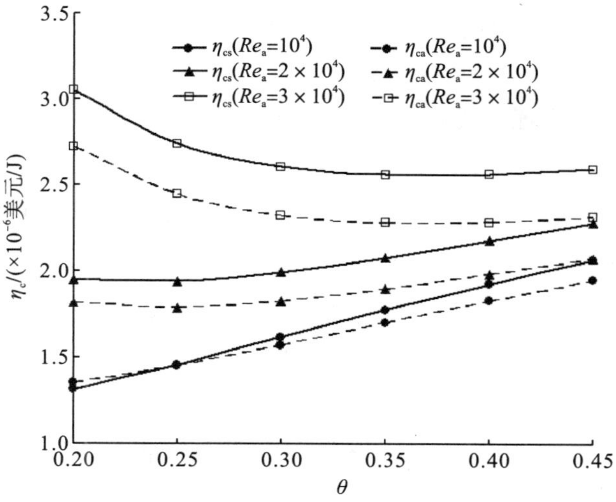

图 4-26 等压降约束条件下 η_c 随 θ 的变化

4.4 换热器热经济学分析

换热器作为能量传递和转换过程中重要的热工设备之一，其热经济性能的提高和改善对整个热力过程或系统具有重要的意义。由于不同的工艺需要和目的，换热器有不同的类型，其中随着能源和节能技术的发展，余热回收换热器得到了越来越多的应用。例如，利用换热器回收工业炉烟气余热来预热助燃空气，是工业炉降低燃料消耗、节约能源的有效措施；它不但可以提高工业炉的热效率，而且还可提高工业炉的有效能效率。另一方面，根据换热器的工质在流动和传热过程中是否存在相变，换热器又可分为单相换热器和相变换热器，如蒸发器和冷凝器等。尽管换热器有不同的类型，也不管工质是否存在相变，和4.3 节的对流传热过程热经济分析一样，在换热器中同样存在着能量费用和非能量费用，它们对换热器的热经济性能都有重要影响。以下将分别以余热回收用空预器和蒸发器为例阐述换热器热经济分析的原理和方法。

4.4.1 余热回收用空预器热经济分析

余热回收用空预器作为工业炉等的重要节能设备，在追求提高工业炉的热效率和有效能效率的同时，总希望它能带来最大的经济效益，并以此来设计或选用换热器。下面就以工业炉用的空预器为例，分析和研究余热回收用空预器的热经济性能[29-30]。

1. 基于热力学第二定律的热经济学收益方程和评价指标

假定烟气和空气均为理想气体，且物性为常数，并不考虑散热损失，则空气得到的热量烟E_{Tc}为

$$E_{\mathrm{Tc}} = m_{\mathrm{c}} c_{p\mathrm{c}} \left[T_{\mathrm{co}} - T_{\mathrm{ci}} - T_0 \ln(T_{\mathrm{co}} / T_{\mathrm{ci}}) \right] \tag{4-139}$$

空气流动烟损失 $E_{\mathrm{L,pc}}$ 为

$$E_{\mathrm{L,pc}} = -\frac{k_{\mathrm{c}} - 1}{k_{\mathrm{c}}} m_{\mathrm{c}} c_{p\mathrm{c}} T_0 \ln\left(1 - \frac{\Delta p_{\mathrm{c}}}{p_{\mathrm{ci}}}\right) \tag{4-140}$$

烟气流动烟损失 $E_{\mathrm{L,ph}}$ 为

$$E_{\mathrm{L,ph}} = -\frac{k_{\mathrm{h}} - 1}{k_{\mathrm{h}}} m_{\mathrm{h}} c_{p\mathrm{h}} T_0 \ln\left(1 - \frac{\Delta p_{\mathrm{h}}}{p_{\mathrm{hi}}}\right) \tag{4-141}$$

式中，$m_{\mathrm{c}}c_{p\mathrm{c}}$ 和 $m_{\mathrm{h}}c_{p\mathrm{h}}$ 分别为空气和烟气的热容量，W/K；k_{c} 和 k_{h} 分别为空气和烟气的绝热指数；T_{ci} 和 T_{co} 为空气的进出口温度，K；p_{ci} 和 p_{hi} 分别为空气和烟气的进口压力，Pa；Δp_{c} 和 Δp_{h} 分别为空气和烟气流经空预器的压降，Pa；T_{o} 为环境温度，K。

假定空气在管内流动，则

$$\Delta p_{\mathrm{c}}=\left(f_{\mathrm{c}}\cdot L/d_{\mathrm{i}}+\zeta_{\mathrm{c}}\right)\cdot\frac{1}{2}\rho_{\mathrm{c}}u_{\mathrm{c}}^{2} \tag{4-142}$$

式中，f_c为管侧沿程阻力系数；ζ_c为管侧局部阻力系数；ρ_c为空气密度，kg/m^3；u_c为空气平均流速，m/s；L/d_i为管子的长径(内径)比。

引入换热器传热单元数 NTU($=KA/m_c c_{pc}$)，式(4-142)进一步简化为

$$\Delta p_{\mathrm{c}}=\frac{1}{8\beta}\cdot\frac{\mathrm{NTU}}{Eu_{\mathrm{c}}St_{\mathrm{c}}}\left(f_{\mathrm{c}}+\frac{d_{\mathrm{i}}}{L}\zeta_{\mathrm{c}}\right)\cdot p_{\mathrm{ci}} \tag{4-143}$$

式中，β 为管子外径与内径比(d_o/d_i)；Eu_c 为空气侧欧拉数[$p_{ci}/(\rho_c u_c^2)$]；St_c 为空气侧斯坦顿数($K/\rho_c c_{pc} u_c$)。

令 $F_{\mathrm{c}}=\frac{1}{8\beta}\cdot\frac{\mathrm{NTU}}{Eu_{\mathrm{c}}St_{\mathrm{c}}}\left(f_{\mathrm{c}}+\frac{d_{\mathrm{i}}}{L}\zeta_{\mathrm{c}}\right)$，则式(4-143)简化为

$$\Delta p_{\mathrm{c}}/p_{\mathrm{ci}}=F_{\mathrm{c}}\mathrm{NTU} \tag{4-144}$$

同理，对烟气侧有

$$\Delta p_{\mathrm{h}}/p_{\mathrm{hi}}=F_{\mathrm{h}}\mathrm{NTU} \tag{4-145}$$

式中，$F_{\mathrm{h}}=\frac{1}{8\beta}\cdot\frac{\mathrm{NTU}}{Eu_{\mathrm{h}}St_{\mathrm{c}}}\left(f_{\mathrm{h}}\cdot\frac{d_{\mathrm{i}}}{d_{\mathrm{H}}}+\frac{d_{\mathrm{i}}}{L}\zeta_{\mathrm{h}}\right)$，其中 d_H 为壳侧当量直径，m。显然，F_c 和 F_h 分别为反映空气流速、管径等因素对空预器空气侧和烟气侧压降影响的系数。

于是，空气流动㶲损失 $E_{L,pc}$ 和烟气流动㶲损失 $E_{L,Ph}$ 可分别写为如下形式：

$$E_{\mathrm{L,pc}}=-\frac{k_{\mathrm{c}}-1}{k_{\mathrm{c}}}m_{\mathrm{c}}c_{pc}T_0\ln\left(1-F_{\mathrm{c}}\mathrm{NTU}\right) \tag{4-146}$$

$$E_{\mathrm{L,ph}}=-\frac{k_{\mathrm{h}}-1}{k_{\mathrm{h}}}m_{\mathrm{h}}c_{ph}T_0\ln\left(1-F_{\mathrm{h}}\mathrm{NTU}\right) \tag{4-147}$$

换热器的年投资分摊费用为[31]

$$I_{\mathrm{N}}=\frac{(I_0+I_{\mathrm{A}}\cdot A)}{N}\left[\frac{1}{2}(i+j)\cdot(N+1)+1+0.07N\right] \tag{4-148}$$

式中，A 为换热器传热面积，m^2；I_0为与传热面积无关的部分投资，元；I_A为与传热面积有关的部分投资，元/m^2；N为投资回收年限；i为贷款利率；j为税率。

对余热回收用空预器，从收益的角度评价其热经济性能较为合理，于是基于热经济学原理，在不考虑空预器寿命期末残值的情况下，其热经济学收益方程可写为

$$\mathrm{NPV}=\tau\xi_{\mathrm{e}}[E_{\mathrm{Tc}}-\alpha(E_{\mathrm{L,pc}}+E_{\mathrm{L,ph}})]-I_{\mathrm{N}} \tag{4-149}$$

式中，NPV 为空预器运行一年时间的净收益，元；τ 为空预器年运行时间，s；ξ_e 为热㶲价格，元/J；α 为考虑热量㶲费用和流动㶲损耗费用不等价时的机械功和㶲的折算系数。

在工程上，对余热回收用空预器，不仅要关心回收热量的多少，同时也要考虑回收㶲的多少。余热回收量比㶲更加直观，且回收的余热量与回收的㶲量之间存在密切的关系，同时对不同流型的换热器而言，在冷、热流体入口温度相同的条件下，它所回收的热量也

是不相同的。于是采用单位余热回收量年净收益 η 作为评价余热回收用空预器热经济学性能的指标，即

$$\eta=\frac{\text{NPV}}{\Phi\tau}=\frac{\tau\xi_{\text{e}}[E_{\text{Tc}}-\alpha(E_{\text{L,Pc}}+E_{\text{L,Ph}})]-I_{\text{N}}}{\Phi\tau} \tag{4-150}$$

式中，单位时间的余热回收量 Φ 为

$$\Phi=m_{\text{c}}c_{p\text{c}}\left(T_{\text{co}}-T_{\text{ci}}\right)=m_{\text{c}}c_{p\text{c}}\varepsilon\left(T_{\text{hi}}-T_{\text{ci}}\right) \tag{4-151}$$

显然，单位余热回收量的年净收益既考虑了回收烟，又考虑了回收热量，在空预器的设计和实际运行过程中可以追求使得 η 能达到最大值的最优参数。引入换热器冷、热流体热容量比 $R(=m_{\text{c}}c_{p\text{c}}/m_{\text{h}}c_{p\text{h}})$ 和传热有效度 $\varepsilon=(T_{\text{co}}-T_{\text{ci}})/(T_{\text{hi}}-T_{\text{ci}})$，由式(4-85)和式(4-86)可分别得到空气和烟气的出口温度 T_{co} 和 T_{ho}，结合式(4-139)、式(4-146)和式(4-147)，并假定空气入口温度 $T_{\text{ci}}=T_{\text{o}}$，则式(4-150)可化为

$$\begin{aligned}\eta=\frac{1}{\varepsilon(\sigma-1)}\Bigg\{\xi_{\text{e}}\Bigg[&\varepsilon\left(\sigma-1\right)-\ln(1+\varepsilon(\sigma-1))+\alpha\cdot\frac{k_{\text{c}}-1}{k_{\text{c}}}\cdot\ln(1-F_{\text{c}}\text{NTU})\\&+\alpha\cdot\frac{k_{\text{h}}-1}{k_{\text{h}}}\cdot\frac{1}{R}\cdot\ln(1-F_{\text{h}}\text{NTU})\Bigg]-\frac{I_{\text{N}}}{m_{\text{c}}c_{p\text{c}}\tau T_0}\Bigg\}\end{aligned} \tag{4-152}$$

式中，σ 为入口温度因子，$\sigma=T_{\text{hi}}/T_0$；传热有效度 ε 取决于换热器的传热单元数 NTU、冷热流体热容量比 R 及换热器流型，即 $\varepsilon=f$(NTU，R，换热器流型)。于是，当空预器入口温度因子 σ 以及冷或热流体的热容量 $m_{\text{c}}c_{p\text{c}}$ 或 $m_{\text{h}}c_{p\text{h}}$ 一定时，有 $\eta=f$(NTU，R，空预器流型)。

从式(4-152)可看出，为了选用合适的空预器，除考虑传热单元数、冷热流体热容量比，还要综合考虑下列一些因素：余热的烟价、空预器的售价、压降、传热系数、换热器入口温度因子、冷或热流体热容量、贷款利率、税率以及换热器寿命等，以期获得较好的经济效益。

2. 基于热力学第一定律的热经济学收益和费用方程

为便于比较，以下给出基于热力学第一定律的热经济学收益和费用方程。

1) 基于热力学第一定律的热经济学收益方程

基于热力学第一定律的空预器热经济学收益方程[32-33]为

$$\text{NPV}_{\text{q}}=\xi_{\text{q}}\Phi\tau-B-I_{\text{N}} \tag{4-153}$$

式中，NPV_{q} 为空预器的年净收益，元/年；ξ_{q} 为余热价格，元/J；Φ 为单位时间的余热回收量，W，由式(4-151)计算；I_{N} 为换热器的年投资分摊费用，元/年，由式(4-148)计算；B 为空预器年运行费用，元/年，主要由烟气侧和空气侧风机运行费用构成：

$$B=\frac{m_{\text{c}}\Delta p_{\text{c}}\tau\xi_{\text{d}}}{3600\times1000\times\rho_{\text{c}}\times\eta_{\text{pf}}}+\frac{m_{\text{h}}\Delta p_{\text{h}}\tau\xi_{\text{d}}}{3600\times1000\times\rho_{\text{h}}\times\eta_{\text{pf}}} \tag{4-154}$$

式中，m_c、m_h 分别为空气和烟气的质量流率，kg/s；ρ_c、ρ_h 分别为空气和烟气的密度，kg/m^3；η_{pf} 为风机总效率，一般为 0.5～0.75；Δp_c、Δp_h 分别为空气侧和烟气侧压降，Pa，由式(4-144)和式(4-145)计算得到；ξ_d 为电价，元/(kW·h)。

2) 基于热力学第一定律的热经济学费用方程

在考虑烟气热损失费用、空预器投资和运行费用的基础上，可采用基于相对费用参数的空预器优化计算方法[34]。设出空预器的烟气物理热为 $\varPhi_g$，在忽略空预器散热损失的情况下，有

$$\varPhi_{\rm g} = \varPhi_{\rm y} - \varPhi \tag{4-155}$$

式中，$\varPhi_y$ 为烟气进空预器的物理热，W，可由下式计算得到：

$$\varPhi_{\rm y} = m_{\rm h} c_{ph} \left(T_{\rm hi} - T_{\rm o}\right) \tag{4-156}$$

于是基于热力学第一定律的空预器热经济学费用方程为

$$\text{TCV}_{\rm q} = \xi_{\rm q} \varPhi_{\rm g} \tau + B + I_{\rm N} \tag{4-157}$$

式中，TCV_q 为空预器的年总费用，元/年；显然，要使空预器的经济效益最佳，也即求出最佳参数使 TCV_q 达到最小。

3. 热量价格(热价)、热㶲价格(㶲价)和电价之间的关系

在余热回收换热器热经济性能分析和评价过程中，影响优化结果的一个重要参数是热价、㶲价和电价，同时为了在同一条件下对各种热经济性能分析和评价方法进行比较，必须明确三者之间的关系。

1) 热价 ξ_q 和㶲价 ξ_e 之间的关系

对工业炉余热回收换热器，㶲价 ξ_e 可由下式计算[35]，即

$$\xi_{\rm e} = \varPhi_{\rm y} \xi_{\rm q} / E_{\rm y} \tag{4-158}$$

式中，E_y 为烟气进换热器的㶲，W，由下式计算得到：

$$E_{\rm y} = m_{\rm h} c_{ph} \left(T_{\rm hi} - T_0 - T_0 \ln \frac{T_{\rm hi}}{T_0} \right) + \frac{k_{\rm h} - 1}{k_{\rm h}} m_{\rm h} c_{ph} T_0 \ln \frac{p_{\rm hi}}{p_0} \tag{4-159}$$

考虑到在实际生产条件下，$p_{hi} \approx p_0$(环境压力)，则上式可简化为

$$E_{\rm y} = m_{\rm h} c_{ph} \left(T_{\rm hi} - T_0 - T_0 \ln \frac{T_{\rm hi}}{T_0} \right) \tag{4-160}$$

由式(4-156)、式(4-158)和式(4-160)可得

$$\xi_{\rm e} = \frac{\sigma - 1}{\sigma - 1 - \ln \sigma} \xi_{\rm q} \tag{4-161}$$

式中，σ 为空预器的入口温度因子($\sigma = T_{hi}/T_0$)。式(4-161)给出了㶲价 ξ_e 和热价 ξ_q 之间的关系。

2) 㶲价 ξ_e 和电价 ξ_d 之间的关系

前已述及，在热经济性能分析和评价过程中，流动㶲损失费用实际上就是风机功率消耗，由机械功来补偿，它间接反映了换热器运行费用(即风机克服压降所耗费用)，因此由式(4-140)、式(4-141)及式(4-154)可得

$$\frac{m_c \Delta p_c \tau \xi_d}{3600 \times 1000 \times \rho_c \times \eta_{pf}} = E_{L,pc} \xi_e \tau \tag{4-162}$$

$$\frac{m_c \Delta p_h \tau \xi_d}{3600 \times 1000 \times \rho_h \times \eta_{pf}} = E_{L,ph} \xi_e \tau \tag{4-163}$$

显然，要找出㶲价 ξ_e 和电价 ξ_d 之间的关系，则需从式(4-162)和式(4-163)出发，由式(4-162)进一步化简得

$$\frac{\Delta p_c \xi_d}{3600 \times 1000 \times \rho_c \times \eta_{pf}} = -\frac{k_c - 1}{k_c} c_{pc} T_o \ln\left(1 - \frac{\Delta p_c}{p_{ci}}\right) \cdot \xi_e \tag{4-164}$$

考虑到在实际生产过程中，空气出换热器的压力 $p_{c0} \approx p_0$，且 $\Delta p_c << p_0$，则

$$\frac{\Delta p_c}{p_{ci}} \approx \frac{\Delta p_c}{\Delta p_c + p_0} \approx \frac{\Delta p_c}{p_0} << 1 \tag{4-165}$$

于是，

$$\ln\left(1 - \frac{\Delta p_c}{p_{ci}}\right) \approx -\frac{\Delta p_c}{p_o} \tag{4-166}$$

对理想气体：

$$k_c = \frac{c_{pc}}{c_{vc}}, \quad R_c = c_{pc} - c_{vc}, \quad p_0 = \rho_c R_c T_0 \tag{4-167}$$

式中，c_{pc} 和 c_{vc} 分别为空气的定压比热容和定容比热容，J/(kg·K)；R_c 为空气的气体常数，J/(kg·K)。

由式(4-166)和式(4-167)并取环境状态下的物性，则式(4-164)可简化为

$$\frac{\xi_d}{3600 \times 1000 \times \eta_{pf}} = \xi_e \tag{4-168}$$

同理，从式(4-163)出发亦可得到式(4-168)。此式给出了㶲价 ξ_e 和电价 ξ_d 之间的关系。

4. 热经济性能评价结果分析

某厂为回收工业炉烟气余热，采用余热回收换热器预热助燃空气。已知空气量为 11940m^3/h，温度为 20℃，空气在管内流动，烟气温度为 650℃；传热系数 K=40W/(m^2·K)；回收余热价 ξ_q 为 3.5×10^{-9} 元/J；换热器投资为 1000+700A 元；年工作时间为 7200h，10 年偿还，贷款利率为 15%，税率为 2%；并取 F_c=0.010、F_h=0.0025、α=4、η_{pf}=0.65 和 T_o=293K，同时假定 $T_{ci}=T_0$。

图 4-27 给出了冷热流体热容量比 R=0.6 时不同流型空预器的单位余热回收量的年净

收益 η 随 NTU 的变化。可以看出，在冷、热流体热容量比 R 一定的条件下，逆流空预器的单位余热回收量的年净收益 η 最大，即总体经济效益最好，顺流最小，交叉流介于两者之间，但同时逆流空预器的换热面积较大，即投资较大。

图 4-28 给出了逆流空预器单位余热回收量年净收益 η 在不同冷热流体热容量比 R 下与 NTU 的关系。从图中可看出，对同一种流型的空预器，单位余热回收量的年净收益随 R 增大而减小，同时其对应的最佳传热单元数(最佳传热面积)也不同。对于不同 R 下的最佳传热单元数可由 η 对 NTU 的偏导数求出。

图 4-29 给出了三种流型空预器最佳传热单元数的计算结果。由图可见，一般情况下，顺流、交叉流空预器的最佳传热单元数随 R 增大而单调减小，而逆流空预器则是在某一较小的范围内，最佳传热单元数随 R 增大而增大，而后在一个较大的范围内单调减小；在 R 增大到某一值时，三种流型空预器的最佳传热单元数趋于某一相同的值。

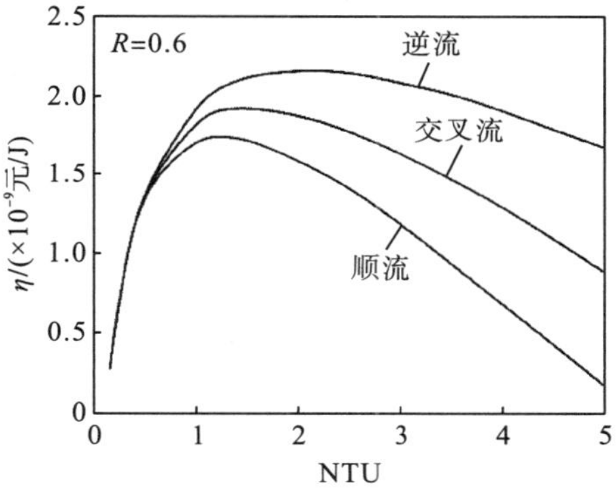

图 4-27　同一 R 不同流型时 η 随 NTU 的变化

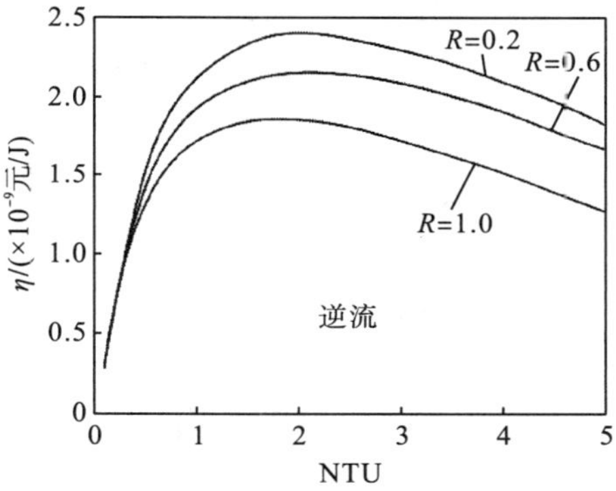

图 4-28　不同 R 逆流时 η 随 NTU 的变化

图 4-30 给出了空气和烟气的热容量比 R=0.6 时，采用基于热力学第二定律的热经济性能评价指标 NPV、η 和基于热力学第一定律的热经济性能评价指标 NPV_q、TCV_q 对逆流空预器进行热经济分析和评价的结果。从图中可看出，①以上四种方法都能得到最佳的传热单元数 NTU(传热面积 A)使空预器的经济效益最好或费用最低，但是应当指出，TCV_q 方法只能得出最佳 NTU，而无法得出能带来正的经济效益的 NTU 的范围，这就给判断运行在非最佳 NTU 的空预器的经济效益带来了困难，而其他三种方法都是从收益的观点出发，从而既能得出最佳 NTU，又能得出产生正经济效益的 NTU 的范围；②由于基于热力学第一定律的方法只考虑能量“量”的多少而没有考虑能量“质”的损失，因此基于热力学第一定律方法所计算出的能取得正值的经济效益的 NTU 范围要大于基于热力学第二定律的热经济分析方法所得出的 NTU 范围，从而表明基于热力学第二定律的热经济分析方法比基于热力学第一定律的热经济分析方法更能揭示空预器的热力性能与空预器各种费用之间的关系；③以上四种评价指标和方法得出的最佳 NTU 不同，对基于热力学第一定律的 NPV_q 和 TCV_q，只不过一个是从收益角度出发，另一个是从费用角度出发，它们的

本质实质上也是一致的，因此它们计算出的最佳传热单元数相同(皆为 2.65)。对基于热力学第二定律的 NPV 和 η，由于考虑了能量“质”的损失，其最佳传热单元数要小于基于热力学第一定律的热经济分析方法的最佳 NTU(为 2.0)；而对单位余热回收量的年净收益法，由于它既考虑了回收热量，又考虑了回收㶲，因而得出的最佳 NTU 最小(1.4)，与基于热力学第一定律的热经济分析方法相比，用该法设计余热回收用空预器可节约近 50%的传热面积，显然这几种方法优化结果差异较大。

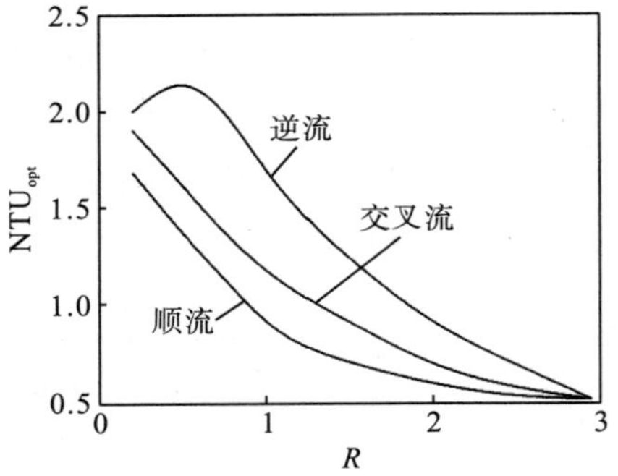

图 4-29 最佳传热单元数与 R 的关系

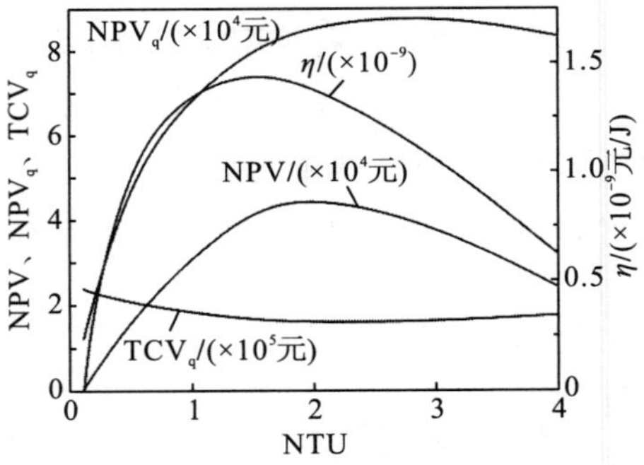

图 4-30 不同热经济分析和评价方法的结果

4.4.2 余热回收用蒸发器热经济分析

低温余热是指温度(品位)相对较低、难以充分利用的热能。随着化石燃料的枯竭及环境问题的日益严峻，低温余热的回收利用技术已经成为节能研究领域的重要课题之一。在低温余热发电技术中，基于朗肯循环并以有机物为工质的发电技术具有显著的优点和广阔的应用前景，各国学者对其进行了广泛的研究。其中，蒸发器是低温余热发电系统中的关键设备，作为系统中不可逆性或㶲损耗的主要来源，其热经济性能对整个低温余热发电系统性能的提高和改善具有重要的影响。下面就以有机朗肯循环中的蒸发器为例，分析和研究余热回收用蒸发器的热经济性能[36]。

1. 热经济分析的物理和数学模型

根据在 T-s 图上的饱和蒸汽线的斜率不同，有机朗肯循环的工质可分为三种，其中斜率为正的工质称为干性流体，与斜率为负的湿流体相比，干工质在蒸发压力下的饱和蒸汽状态进入透平膨胀机做功后直接变成过热状态，这样就避免了液滴对膨胀机叶片的损害，同时也省去了过热段，一方面提高了工质与外界热流体之间的传热系数，另一方面也简化了换热器结构，节省了换热器的投资。为此，这里选择干流体作为蒸发器的工质来分析其热经济性能，即蒸发器的工质出口状态设置为饱和蒸汽状态。

考虑到蒸发器具有预热段，假定蒸发器为逆流型管壳式结构，且管壳程均为一程，其中余热源流体(以烟气为例)在壳程，有机工质干流体在管程。烟气及有机工质在蒸发器中的换热过程及对应的参数变化如图 4-31 所示，即蒸发器由预热段 A 和蒸发(沸腾)段 B 两部分构成，其中，在预热段 A，烟气把过冷的液态有机工质加热到饱和状态；在蒸发(沸腾)段 B，有机工质进一步吸收烟气的热量，由饱和液体状态变成一定温度和压力下的饱和蒸汽状态。

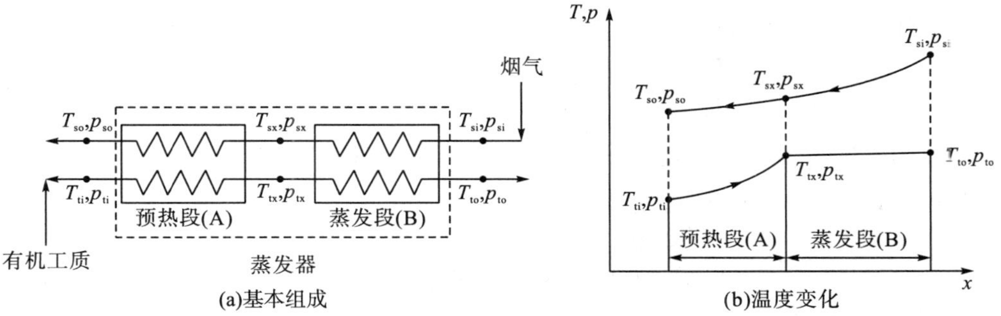

图 4-31　蒸发器工作原理图

质量流率为 m_s、进口温度和压力分别为 T_{si} 和 p_{si} 的烟气在管外流动，烟气首先进入蒸发段 B，然后以温度和压力分别为 T_{sx} 和 p_{sx} 的状态流出，再进入预热段 A，最终经过换热后以 T_{so} 和 p_{so} 的状态流出蒸发器。质量流率为 m_t、进口温度和压力分别为 T_{ti} 和 p_{ti} 的液态有机工质在管内以逆流的方式首先进入预热段 A，在吸收壳侧的烟气显热后以饱和状态(干度为 0)流出预热段(温度和压力分别为 T_{tx} 和 p_{tx})进入蒸发段 B，最后有机工质饱和液体进一步在蒸发段 B 吸热后变成温度和压力分别为 T_{to} 和 p_{to} 的饱和蒸汽(干度为 1)。饱和蒸汽被送到膨胀机做功发电。

为方便对蒸发器性能进行热经济分析，这里做如下假定：蒸发器稳态运行；无额外散热损失；烟气为理想气体；两相流压降对蒸发温度的影响忽略不计，即 $T_{tx}=T_{to}=T_{t,sat}$(沸点)；不考虑管壁的导热热阻和热辐射，在蒸发器中的传热方式主要为热对流；在传热过程中有机工质和烟气的热物性保持不变。

1)蒸发器传热面积和传热系数的计算

根据图 4-31，由整个蒸发器的热平衡得

$$m_s c_{pg}(T_{si}-T_{so})=m_t c_{pl}(T_{t,sat}-T_{ti})+m_t r_{lv} \tag{4-169}$$

由式(4-169)解得 T_{so} 为

$$T_{so}=T_{si}-\frac{c_{pl}(T_{t,sat}-T_{ti})+r_{lv}}{c_{pg}y} \tag{4-170}$$

式中，$y=m_s/m_t$ 为烟气与有机工质的质量流率之比；c_{pg} 和 c_{pl} 分别为烟气和液态有机工质

的定压比热容，J/(kg·K)；r_{lv}为有机工质的汽化潜热，J/kg。

由蒸发段 B 的热平衡，有

$$m_{\mathrm{s}}c_{p\mathrm{g}}(T_{\mathrm{si}}-T_{\mathrm{sx}})=m_{\mathrm{t}}r_{\mathrm{lv}} \tag{4-171}$$

于是可得 T_{sx} 为

$$T_{\mathrm{sx}}=T_{\mathrm{si}}-\frac{r_{\mathrm{lv}}}{c_{p\mathrm{g}}y} \tag{4-172}$$

利用换热器设计的 ε-NTU 法，引入换热器的三个无因次性能参数：传热有效度 ε、热容量比 R 和传热单元数 NTU，对蒸发器的预热段 A 有

$$\varepsilon_{\mathrm{A}}=\frac{T_{\mathrm{sx}}-T_{\mathrm{so}}}{T_{\mathrm{sx}}-T_{\mathrm{ti}}},\quad R_{\mathrm{A}}=\frac{m_{\mathrm{s}}c_{p\mathrm{g}}}{m_{\mathrm{t}}c_{p\mathrm{l}}},\quad \mathrm{NTU}_{\mathrm{A}}=\frac{K_{\mathrm{A}}A_{\mathrm{A}}}{m_{\mathrm{s}}c_{p\mathrm{g}}} \tag{4-173}$$

式中，K_{A}为预热段 A 的传热系数，W/(m^2·K)；A_{A}为预热段 A 的传热面积，m^2。对逆流流型的预热段 A，三者之间的关系为[21]：

$$\varepsilon_{\mathrm{A}}=\frac{1-\exp[-\mathrm{NTU}_{\mathrm{A}}(1-R_{\mathrm{A}})]}{1-R_{\mathrm{A}}\exp[-\mathrm{NTU}_{\mathrm{A}}(1-R_{\mathrm{A}})]} \tag{4-174}$$

于是可得预热段 A 的传热面积 A_{A}为

$$A_{\mathrm{A}}=\frac{c_{p\mathrm{g}}}{K_{\mathrm{A}}}\frac{m_{\mathrm{t}}c_{p\mathrm{l}}y}{c_{p\mathrm{g}}y-c_{p\mathrm{l}}}\ln\frac{c_{p\mathrm{l}}(T_{\mathrm{t,sat}}-T_{\mathrm{ti}})-c_{p\mathrm{g}}y(T_{\mathrm{si}}-T_{\mathrm{ti}})+r_{\mathrm{lv}}}{c_{p\mathrm{g}}y(T_{\mathrm{t,sat}}-T_{\mathrm{si}})+r_{\mathrm{lv}}} \tag{4-175}$$

同样地，对蒸发段 B，有

$$\varepsilon_{\mathrm{B}}=\frac{T_{\mathrm{si}}-T_{\mathrm{sx}}}{T_{\mathrm{si}}-T_{\mathrm{tx}}},\quad \mathrm{NTU}_{\mathrm{B}}=\frac{K_{\mathrm{B}}A_{\mathrm{B}}}{m_{\mathrm{s}}c_{p\mathrm{g}}} \tag{4-176}$$

对于纯工质的等温相变过程，它们两者之间的关系为[21]

$$\varepsilon_{\mathrm{B}}=1-\exp(-\mathrm{NTU}_{\mathrm{B}}) \tag{4-177}$$

于是可以求得蒸发段 B 的传热面积 A_{B}为

$$A_{\mathrm{B}}=-\frac{m_{\mathrm{t}}c_{p\mathrm{g}}y}{K_{\mathrm{B}}}\ln\left[1-\frac{r_{\mathrm{lv}}}{c_{p\mathrm{g}}y(T_{\mathrm{si}}-T_{\mathrm{t,sat}})}\right] \tag{4-178}$$

从式(4-175)和式(4-178)可看出，蒸发器的传热面积与设计参数和运行参数有关，它们一般作为约束性方程用于蒸发器的热经济性能评价。

蒸发器的形式有多种，这里拟选用常用的管壳式换热器进行研究。考虑到管壳式换热器壳侧对流传热远比管侧复杂，为方便计算预热段 A 和蒸发段 B 的传热系数 K_{A}和 K_{B}，以换热管为光管且无折流板的管壳式换热器作为研究对象，且假定换热管束为同心圆布置。对于无折流板的管壳式换热器壳侧传热系数的计算，一般按流体纵向流过管束考虑，按管内对流传热关联式计算，只是用壳侧当量直径代替管径即可。

为计算预热段 A 管侧和壳侧的单相对流传热系数 $h_{\mathrm{t,A}}$ 和 $h_{\mathrm{s,A}}$，对层流采用以下的 Sieder-Tate 关联式[27]：

$$Nu = 1.86(RePr)^{\frac{1}{3}}\left(\frac{d}{L_{\mathrm{A}}}\right)^{1/3}\left(\frac{\eta}{\eta_{\mathrm{w}}}\right)^{0.14} \tag{4-179}$$

该式适用于 0.48<Pr<16700，Re<2200。式中，d 为管径或当量直径，m；L_{A} 为预热段管长，m；$(\eta/\eta_{\mathrm{w}})^{0.14}$ 为考虑变物性的修正系数，如果对常物性，则有 $(\eta/\eta_{\mathrm{w}})^{0.14}\approx 1$。

如果 $2300<Re<10^6$，$0.6<Pr<10^5$，则可采用如下的 Gnielinski 关联式[37]，即

$$Nu = \frac{(0.125f_{\mathrm{g}})(Re-1000)Pr}{1+12.7\sqrt{0.125f_{\mathrm{g}}}(Pr^{2/3}-1)}\left[1+\left(\frac{d}{L_{\mathrm{A}}}\right)^{2/3}\right]c_{\mathrm{f}} \tag{4-180}$$

式中，$f_{\mathrm{g}}=1/(1.82\lg Re-1.64)^2$。如果不考虑变物性，则修正系数 c_{f} 取 1。

于是，蒸发器预热段 A 的传热系数 K_{A} 的计算式为

$$K_{\mathrm{A}} = 1\Bigg/\left(\frac{1}{h_{\mathrm{t,A}}}+\frac{1}{h_{\mathrm{s,A}}}\right) \tag{4-181}$$

对蒸发段 B 的两相流蒸发(沸腾)传热系数也可以通过一些半经验关联式计算，其中广泛采用的管内两相流蒸发(沸腾)传热系数 $h_{\mathrm{t,B}}$ 的计算方法是把单相强制对流传热系数和核沸腾传热系数进行加权叠加，即

$$h_{\mathrm{t,B}} = Mh_{\mathrm{l}} + Nh_{\mathrm{nb}} \tag{4-182}$$

式中，M 为两相对流传热的增强因子；N 为核态沸腾传热的抑制因子；h_{l} 为通过 Dittus-Boelter 关联式[27]获得的单相对流传热系数；h_{nb} 为核态沸腾传热系数。对不同的关联式，M、N 和 h_{nb} 不一样。

然而，研究表明，烟气侧的热阻是蒸发段传热过程的主要热阻，烟气侧的对流传热系数决定了烟气与有机工质传热过程的总传热系数和换热效率[38]，即与壳侧烟气的单相对流传热系数相比，管侧蒸发(沸腾)传热系数要大得多。因此，为简单起见，蒸发段 B 的总传热系数 K_{B} 可通过壳侧烟气的对流传热系数来计算，即

$$K_{\mathrm{B}} \approx h_{\mathrm{s,B}} \tag{4-183}$$

2) 蒸发器性能分析和评价的热经济学收益方程

对于蒸发器中有机工质的传热过程，获得(回收)的热量㶲E_{T}包括在预热段 A 和蒸发段 B 回收的两部分热量㶲$E_{\mathrm{T,A}}$和 $E_{\mathrm{T,B}}$，它们分别对应于下列方程中的第一和第二项：

$$E_{\mathrm{T}} = m_{\mathrm{t}}c_{pl}\left(T_{\mathrm{t,sat}}-T_{\mathrm{ti}}-T_{\mathrm{o}}\ln\frac{T_{\mathrm{t,sat}}}{T_{\mathrm{ti}}}\right)+m_{\mathrm{t}}r_{\mathrm{lv}}\left(1-\frac{T_{\mathrm{o}}}{T_{\mathrm{t,sat}}}\right) \tag{4-184}$$

当用蒸发器回收烟气余热时，烟气侧的流阻增加，这将导致风机的运行费用增加，因此在考虑蒸发器中的流动㶲损失 $E_{\mathrm{L,p}}$ 时，壳侧烟气的流动㶲损失 $E_{\mathrm{L,ps}}$ 和管侧有机工质的㶲损失 $E_{\mathrm{L,pt}}$ 要分别单独计算，即

$$E_{\mathrm{L,p}} = E_{\mathrm{L,ps}} + E_{\mathrm{L,pt}} \tag{4-185}$$

式中，$E_{\mathrm{L,pt}}$包括在预热段 A 产生的流动㶲损失$E_{\mathrm{L,ptA}}$和在蒸发段 B 产生的流动㶲损失$E_{\mathrm{L,ptB}}$，

即 $E_{L,pt}=E_{L,ptA}+E_{L,ptB}$；同样，$E_{L,ps}$ 也包括在预热段 A 产生的流动㶲损失 $E_{L,psA}$ 和在蒸发段 B 产生的流动㶲损失 $E_{L,psB}$，即 $E_{L,ps}=E_{L,psA}+E_{L,psB}$。

预热段 A 管程单相流动㶲损失 $E_{L,ptA}$ 为[39]

$$E_{L,ptA}=T_o S_{g,ptA}=m_t \frac{T_o}{T_{t,avgA}} \frac{\Delta p_{t,A}}{\rho_l} \tag{4-186}$$

式中，$S_{g,ptA}$ 为有机工质在预热段 A 管内流动的熵产，W/K；$T_{t,avgA}$ 为有机工质的平均温度，K，取有机工质进出口温度的对数平均；$\Delta p_{t,A}$ 为预热段 A 有机工质的流动压降，在管内平均流速为 u_A 时，可由下式给出：

$$\frac{\Delta p_{t,A}}{\rho_l}=\frac{f_A L_A u_A{}^2}{2d_A}+0.75u_A^2 \tag{4-187}$$

式中，摩擦阻力系数 f_A 与雷诺数有关，$f_A=64/Re(Re<2100)$ 或 $f_A=0.316/Re^{0.25}(Re=5000\sim10^5)$。值得说明的是，式(4-187)考虑了管程沿程摩擦阻力和进、出口管处的局部阻力，其中进、出口管处的局部阻力系数分别取为 0.5 和 1。

有机工质饱和液体流经蒸发段 B 继续吸热发生相变，由液态变为气态。根据两相流压降模型[39]，蒸发段 B 的流动㶲损失 $E_{L,PtB}$ 可以写为

$$E_{L,ptB}=T_o S_{g,ptB}=m_t \frac{T_o}{T_{t,avgB}} \frac{\Delta p_{t,B}}{2\rho_v} \tag{4-188}$$

式中，$S_{g,ptB}$ 为有机工质在蒸发段 B 管内流动的熵产，W/K；$T_{t,avgB}$ 为蒸发(沸腾)过程的平均温度，K，取饱和沸点温度 $T_{t,sat}$，即 $T_{t,avgB}=T_{t,sat}$；$\Delta p_{t,B}$ 为蒸发段 B 有机工质在管内的两相流动压降，在忽略形状阻力的条件下，可看成是由于摩擦阻力效应引起的压降 $\Delta p_{t,fB}$ 和动量变化引起的压降 $\Delta p_{t,mB}$ 两部分之和，即

$$\Delta p_{t,B}=\Delta p_{t,fB}+\Delta p_{t,mB} \tag{4-189}$$

式中，在换热管根数为 n_B，直径为 d_B 时，两相流摩擦压降 $\Delta p_{t,fB}$ 为[5]

$$\Delta p_{t,fB}=\frac{L_B C_1}{x_e-x_i}[0.36x^{2.8}+2C_2x^{2.33}(0.43-0.14x-0.29x^2)+C_2{}^2x^{1.86}(0.54-0.33x)]\Big|_{x_i}^{x_e} \tag{4-190}$$

式中，x 表示蒸发段 B 中有机工质的干度，其进口干度 x_i 为 0，出口干度 x_e 为 1；常数 C_1 和 C_2 分别为

$$C_1=\frac{0.09\eta_v^{0.2}}{\rho_v d_B{}^{1.2}}\left(\frac{4m_t}{\pi n_B d_B^2}\right)^{1.8}, \quad C_2=2.85\left(\frac{\eta_l}{\eta_v}\right)^{0.053}\left(\frac{\rho_v}{\rho_l}\right)^{0.26}$$

由动量变化引起的两相流压降 $\Delta p_{t,mB}$ 为[5]

$$\Delta p_{t,mB}=\frac{\left(\dfrac{4m_t}{\pi n_B d_B^2}\right)^2}{\rho_v(x_e-x_i)}\left\{x^2+\left(x-x^2\right)\left[\left(\frac{\rho_v}{\rho_l}\right)^{\frac{1}{3}}+\left(\frac{\rho_v}{\rho_l}\right)^{\frac{2}{3}}\right]-2\left(x-\frac{1}{2}x^2\right)\left(\frac{\rho_v}{\rho_l}\right)\right\}\Bigg|_{x_i}^{x_e} \tag{4-191}$$

在蒸发器预热段 A 和蒸发段 B，壳侧烟气单相流动的㶲损失 $E_{L,Ps}$ 为[39]

$$E_{\mathrm{L,ps}} = T_{\mathrm{o}} S_{\mathrm{g,ps}} = m_{\mathrm{s}} \frac{T_{\mathrm{o}}}{T_{\mathrm{s,avg}}} \frac{\Delta p_{\mathrm{s}}}{\rho_{\mathrm{g}}} \tag{4-192}$$

式中，$S_{\mathrm{g,ps}}$ 为烟气在蒸发器壳侧流动的熵产，W/K；$T_{\mathrm{s,avg}}$ 为烟气的平均温度，K，由烟气进出口温度的对数平均确定；Δp_{s} 为壳侧烟气的流动压降，Pa，对于无折流板的情况，在用壳侧当量直径代替管径的条件下，可用管内流动的摩擦阻力系数关联式计算。假定壳侧烟气的流动状态为紊流(流速为 u_{s})，同时考虑沿程摩擦阻力以及回弯阻力、壳侧进出口接管局部阻力时的壳侧烟气的流动压降 Δp_{s} 为

$$\Delta p_{\mathrm{s}} = \left(\frac{0.316}{Re_{\mathrm{s}}^{0.25}} \frac{L}{d_{\mathrm{H}}} + 4 \right) \frac{\rho_{\mathrm{g}} u_{\mathrm{s}}^2}{2} + 1.5 \frac{\rho_{\mathrm{g}} u_{\mathrm{io}}^2}{2} \tag{4-193}$$

式中，L 为管长，m，对预热段 A 有 $L=L_{\mathrm{A}}$，对蒸发段 B 有 $L=L_{\mathrm{B}}$；d_{H} 为壳侧当量直径，m；u_{io} 为烟气在壳侧进出口接管处的流速，m/s，在壳侧进出口接管直径为 d_{io} 时，有

$$u_{\mathrm{io}} = \frac{m_{\mathrm{s}}}{0.25\pi \rho_{\mathrm{g}} d_{\mathrm{io}}^2} \tag{4-194}$$

联立式(4-185)、式(4-186)、式(4-188)和式(4-192)，蒸发器中的流动㶲损失 $E_{\mathrm{L,p}}$ 可写为

$$\begin{aligned} E_{\mathrm{L,p}} &= E_{\mathrm{L,pt}} + E_{\mathrm{L,ps}} = E_{\mathrm{L,ptA}} + E_{\mathrm{L,ptB}} + E_{\mathrm{L,psA}} + E_{\mathrm{L,psB}} \\ &= m_{\mathrm{t}} \frac{T_{\mathrm{o}}}{T_{\mathrm{t,avgA}}} \frac{\Delta p_{t,\mathrm{A}}}{\rho_{l}} + m_{\mathrm{t}} \frac{T_{\mathrm{o}}}{T_{\mathrm{t,avgB}}} \frac{\Delta p_{\mathrm{t,B}}}{2\rho_{\mathrm{v}}} + m_{\mathrm{s}} \frac{T_{\mathrm{o}}}{T_{\mathrm{s,avgA}}} \frac{\Delta p_{\mathrm{s,A}}}{\rho_{\mathrm{g}}} + m_{\mathrm{s}} \frac{T_{\mathrm{o}}}{T_{\mathrm{s,avgB}}} \frac{\Delta p_{\mathrm{s,B}}}{\rho_{g}} \end{aligned} \tag{4-195}$$

定义有机工质获得的㶲量(净回收的㶲量) E 为有机工质获得的热量㶲 E_{T} 减去所消耗的流动㶲损失 $E_{\mathrm{L,p}}$，则得蒸发器的㶲回收方程为

$$\begin{aligned} E = E_{\mathrm{T}} - E_{\mathrm{L,p}} &= m_{\mathrm{t}} c_{\mathrm{pl}} \left(T_{\mathrm{t,sat}} - T_{\mathrm{ti}} - T_{\mathrm{o}} \ln \frac{T_{\mathrm{t,sat}}}{T_{\mathrm{ti}}} \right) + m_{\mathrm{t}} r_{\mathrm{lv}} \left(1 - \frac{T_{\mathrm{o}}}{T_{\mathrm{t,sat}}} \right) \\ &- \left(m_{\mathrm{t}} \frac{T_{\mathrm{o}}}{T_{\mathrm{t,avgA}}} \frac{\Delta p_{\mathrm{t,A}}}{\rho_{\mathrm{l}}} + m_{\mathrm{t}} \frac{T_{\mathrm{o}}}{T_{\mathrm{t,avgB}}} \frac{\Delta p_{\mathrm{t,B}}}{2\rho_{\mathrm{v}}} + m_{\mathrm{s}} \frac{T_{\mathrm{o}}}{T_{\mathrm{s,avgA}}} \frac{\Delta p_{\mathrm{s,A}}}{\rho_{\mathrm{g}}} + m_{\mathrm{s}} \frac{T_{\mathrm{o}}}{T_{\mathrm{s,avgB}}} \frac{\Delta p_{\mathrm{s,B}}}{\rho_{\mathrm{g}}} \right) \end{aligned} \tag{4-196}$$

与对流传热过程的热经济学分析类似，基于热经济学原理，假定蒸发器每年的费用和收益均发生在每年年末并保持不变，从㶲回收即收益的角度提出蒸发器性能分析和评价的热经济学收益方程为

$$\mathrm{NPV} = \tau \xi_{\mathrm{e}} (E_{\mathrm{T}} - \alpha E_{\mathrm{L,p}}) - [I - \mathrm{SV}(P/F, i, n)](A/P, i, n) \tag{4-197}$$

式中，NPV 为蒸发器运行一年时间的净收益，美元；τ 为蒸发器年运行时间，s；ξ_{e} 为热㶲价格，美元/J；α 为机械功和㶲的折算系数，其分析过程可参见对流传热过程的热经济分析；I 为蒸发器的一次性投资费用，一般表示为 $I=I_0+I_{\mathrm{A}}\cdot A$，其中 I_0 表示与蒸发器面积无关的费用，I_{A} 为与面积有关的费用，美元/m²；SV 为蒸发器在寿命期末的残值，美元；$(P/F, i, n)$ 和 $(A/P, i, n)$ 分别表示一次支付现值系数和等额分付系列资金回收系数，由式(4-112)计算。显然，可以从上述的热经济学收益方程出发，寻求使年净收益 NPV 最大的蒸发器设计和运行优化参数。

2. 蒸发器热经济性能分析和评价结果

考虑到工质 R600a 为一种环境友好的新型干性有机工质，在这里选取 R600a 作为有机朗肯循环的循环工质，其临界温度和压力分别为 408.13K 和 3.66MPa。研究表明，R600a 的最佳余热回收温度为 363～403K，为此计算中设定余热源烟气在蒸发器入口的温度为 373K，并以此作为选取烟气物性参数的特征温度。另一方面，根据有机朗肯循环系统对冷凝压力、冷却介质和密封的实际要求，计算中设定有机工质在蒸发器的入口温度为 303K，蒸发段有机工质的饱和温度和压力分别为 343K 和 1.0866MPa。基于以上考虑，计算过程中所采用的工质物性参数、蒸发器的结构参数、运行参数及其他经济参数如表 4-2 和表 4-3 所示。

表 4-2　烟气和 R600a 的物性参数

工质	物性参数	符号	取值	单位
烟气（373K）	密度	ρ_g	0.95	kg/m^3
	定压比热容	c_{pg}	1068	J/(kg·K)
	热导率	λ_g	0.0313	W/(m·K)
	动力黏度	η_g	20.4×10^{-6}	Pa·s
	普朗特数	Pr_g	0.69	—
R600a（预热段 A，323K）	密度	ρ_l	517.3	kg/m^3
	定压比热容	c_{pl}	2640	J/(kg·K)
	热导率	λ_l	0.0851	W/(m·K)
	动力黏度	η_l	115.5×10^{-6}	Pa·s
R600a（蒸发段 B，343K，饱和液体）	密度	ρ_l	486.9	kg/m^3
	定压比热容	c_{pl}	2837	J/(kg·K)
	热导率	λ_l	0.0775	W/(m·K)
	动力黏度	η_l	92.9×10^{-6}	Pa·s
R600a（蒸发段 B，343K，饱和蒸汽）	密度	ρ_v	28.30	kg/m^3
	定压比热容	c_{pv}	2285	J/(kg·K)
	热导率	λ_v	0.02264	W/(m·K)
	动力黏度	η_v	9.52×10^{-6}	Pa·s
	汽化潜热	r_{lv}	366.5×10^3	J/kg

表 4-3　蒸发器的结构参数、运行参数和经济参数

类别	名称	符号	取值	单位
结构参数	换热管根数	n_B	331	根
	换热管直径	d_B	30	mm
	管间距	s	38	mm
	壳体直径	d_s	850	mm
	管程进、出口接管管径	d_{io}	500	mm
运行参数	烟气入口温度	T_{si}	373	K
	有机工质入口温度	T_{ti}	303	K
	有机工质的蒸发温度(沸点)	$T_{t,sat}$	343	K
	有机工质的蒸发压力	$p_{t,sat}$	1.0866	MPa
	蒸发器年运行时间	τ	7200	h
	环境温度	T_0	298	K
经济参数	蒸发器初投资	I	$140+100A$	美元
	利率	i	7%	—
	蒸发器生命周期	n	15	年
	蒸发器残值	SV	0	美元
	热量煳价	ξ_e	4.8×10^{-8}	美元/J
	折算系数	α	4	—

图 4-32 给出了在不同流量比 y 下蒸发器年净收益 NPV 随有机工质质量流量 m_t 的变化。由图可知，在流量比 y 一定的条件下，年净收益 NPV 随有机工质流量 m_t 的增加呈现先增加、后减少的变化趋势，即在某一 m_t 下存在一个最大年净收益值 NPV_{max}。这是由于在 m_t 较小时，随着有机工质流量 m_t 的增加，蒸发器回收的热量煳和流动煳损失均增加，但热量煳的增加占主导地位，年净收益 NPV 是增加的；当有机工质流量 m_t 增加到一定程度后，导致流动煳损失增加占主导地位，同时在蒸发温度一定时换热面积(即蒸发器投资)增加明显，因而年净收益值 NPV 随着有机工质流量 m_t 的增加反而减小。另外，从图 4-32 还可以发现，过小或过大的 m_t 都会使得 NPV<0，这在工程上是没有意义的，即存在两个临界的 m_t 使得 NPV=0；并且随着流量比 y 的减小，能够获得经济效益(NPV>0)的有机工质流量 m_t 的可运行范围先增大、后减小。值得指出的是，由流量比 y 的定义，有 $m_s=ym_t$，因此当流量比 y 一定时，图 4-32 也能间接反映 NPV 随烟气流量 m_s 的变化。

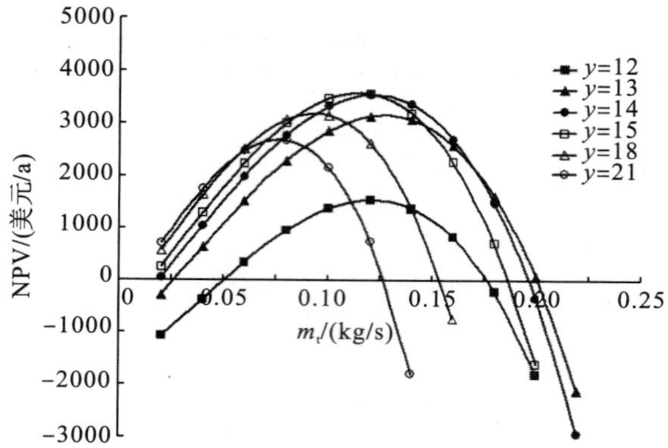

图 4-32　不同流量比 y 下 NPV 随 m_t 的变化

图 4-33 为不同有机工质流量 m_t 下，NPV 随流量比 y 的变化曲线。由图可知，在有机工质流量 m_t 一定时，NPV 随流量比 y，即余热烟气流量 m_s 的增加呈现先增加、后减小的趋势，即存在某一个 y 使得年净收益值最大达到 NPV_{max}。这是由于当 y 较小时，有机工质流量 m_t 一定，流量比 y(或余热烟气流量 m_s)增加，尽管有增加流动㶲损失的趋势，但同时在蒸发温度一定时使得壳侧烟气放热平均温度增加，传热温差增大，进而传热量增加，并占主导地位；同时在蒸发温度一定时，蒸发器换热面积减少，投资降低，并有减小流动㶲损失的趋势，因此最终使得 NPV 增加；当继续增加流量比 y(或余热烟气流量 m_s)到一定程度后，烟气流量 m_s 的增加会导致壳侧的流动㶲损失增加较大，虽然蒸发器投资仍然降低，但最终导致 NPV 缓慢减小，特别是在 m_t 较小时。另外从图中还可发现，当有机工质流量 m_t 增加时，不同 m_t 对应的最大年净收益值 NPV_{max} 先增大、后减小；能够获得经济效益(NPV >0)的流量比 y(或余热烟气流量 m_s)的可调节范围一直减小；y 过大或过小都不能获得较好的经济效益。

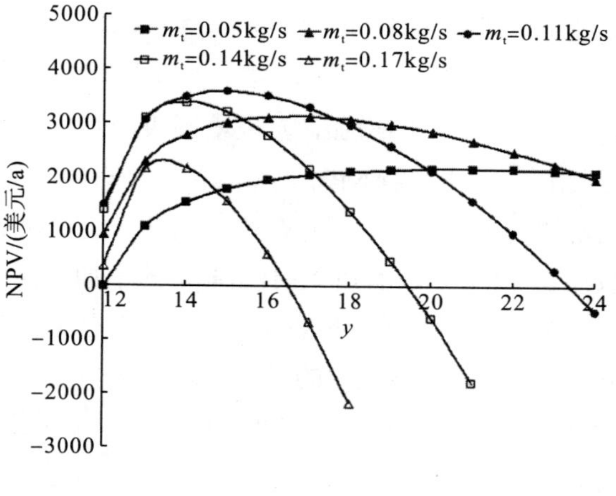

图 4-33　不同 m_t 下 NPV 随 y 的变化

图 4-34 给出了最佳有机工质流量 $m_{t,opt}$ 和其对应的最大年净收益 NPV_{max} 随流量比 y 的变化。从图中可看出，在流量比 y 较小时，随着流量比 y 的增加，最佳有机工质流量 $m_{t,opt}$ 急剧增加，但在流量比 y 较大时，随着流量比 y 的增加，最佳有机工质流量 $m_{t,opt}$ 缓慢减小，即存在某一流量比 y，使得最佳有机工质流量 $m_{t,opt}$ 达到最大，这与图 4-32 描述的现象也是一致的。在现在的计算范围内，当 y 为 12.8 时，最佳工质流量 $m_{t,opt}$ 达到最大，约为 0.125kg/s。

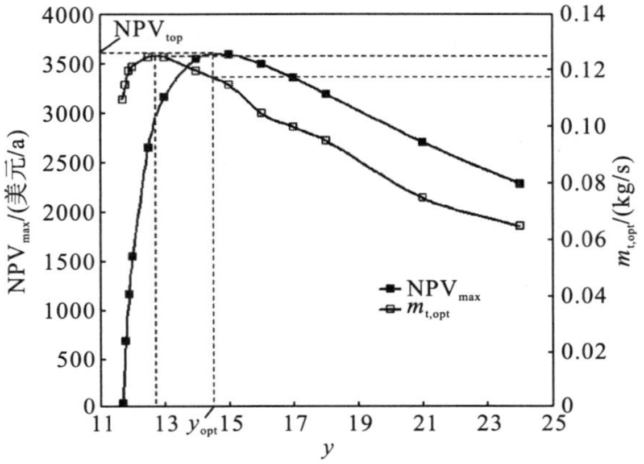

图 4-34　NPV_{max} 和 $m_{t,opt}$ 随 y 的变化

另一方面，从图 4-34 中可看出，随着流量比 y 的增加，与最佳工质流量 $m_{t,opt}$ 对应的最大年净收益 NPV_{max} 也是先急剧增加、再缓慢减小，即存在某一流量比 y_{opt}，使得 NPV_{max} 达到最高值 NPV_{top}。这可能是由于在流量比 y 较小时，随着流量比 y 的增加，最佳有机工质流量 $m_{t,opt}$ 增加，壳侧烟气流量 m_s 也增加，尽管此时的流动煳损失有增大的趋势，但此时的壳侧烟气平均放热温度升高，蒸发器换热温差增大，传热量增多，回收的热量煳增多，且占主导地位，同时在蒸发温度一定时，蒸发器换热面积减小，一方面投资降低，另一方面有减小流动煳损失的趋势，最终使得此时的年净收益的最大值 NPV_{max} 急剧增加。当流量比 y 增加到最佳流量比 y_{opt} 时，继续增加流量比 y，一方面此时仍然有蒸发器换热面积减小，投资降低，同时仍具有减小流动煳损失的趋势，另一方面最佳有机工质流量 $m_{t,opt}$ 减小，导致回收的热量煳减少，且占主导地位，从而使得此时的 NPV_{max} 随 y 的增加而缓慢减小。在计算条件下，质量流量比 y_{opt} 约为 14.5，对应的最佳有机工质流量 m_t 约为 0.118kg/s，最佳烟气流量约为 1.71kg/s，最高的年净收益值 NPV_{top} 约为 3600 美元。显然，$m_{t,opt}$ 的峰值较 NPV_{max} 的峰值来得早些。另外，从上述的最大年净收益 NPV_{max} 随流量比 y 的变化规律可以得到：蒸发器中流量比应选择稍大于 y_{opt} 的值，以确保蒸发器能获得较大的年净收益，并避免蒸发器流量比出现波动时年净收益 NPV 急剧下降。

图 4-35 给出了在不同的流量比 y 条件下，NPV 随蒸发器换热管长度 (L_A+L_B)（换热面

积)的变化。从图中可看出，NPV 随(L_A+L_B)的增加呈现先增加、后减小的趋势，即存在一个(L_A+L_B)$_{opt}$使得年净收益达到最大。这是由于在蒸发温度一定时，对较小的(L_A+L_B)，随着(L_A+L_B)的增加，回收的热量㶲增加幅度大于流动㶲损失和投资增加的幅度，而对较大的(L_A+L_B)则相反的缘故。另外，从图中还可看出，过小或过大的(L_A+L_B)都会使得 NPV<0，这在工程上是没有意义的，即存在两个临界的(L_A+L_B)使得 NPV=0；并且随着流量比 y 的减小，能够获得经济效益(NPV >0)时的(L_A+L_B)的可运行范围增大。不过值得指出的是，在现在的计算条件下，L_A、L_B 均不是独立变量，它们均为有机工质 m_t(余热烟气流量 m_s)以及流量比 y 的函数，因此该图反映的是在 m_t(m_s)以及流量比 y 等独立变量变化过程中，NPV 与(L_A+L_B)之间的关系。

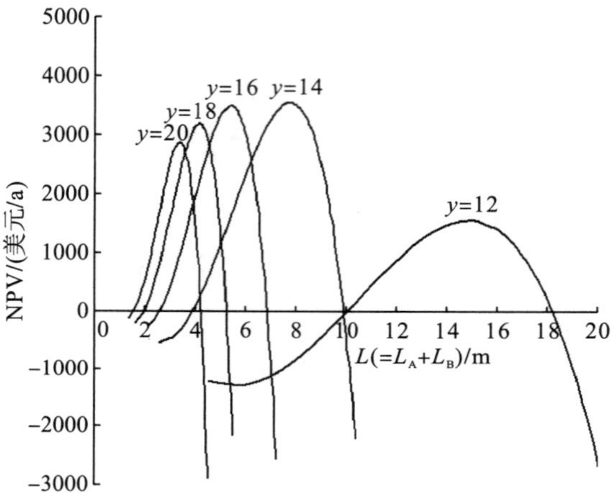

图 4-35 不同流量比 y 下 NPV 随 $L=L_A+L_B$ 的变化

图 4-36 给出了对应图 4-35 所示的(L_A+L_B)$_{opt}$和其相应峰值 NPV$_{max}$随流量比 y 的变化。从图中可看出，随着流量比 y 的增加，蒸发器换热管总长度(L_A+L_B)$_{opt}$一直减小，且开始时减小幅度较大，随后减小幅度较小，这可能是由于随着流量比 y 的增加，烟气流量增大，在蒸发温度一定时蒸发器换热面积减小的缘故。而年净收益的峰值 NPV$_{max}$ 随着流量比 y 的增加则呈现先急剧增加、再平缓减小的规律。在计算条件下，当系统达到最高年净收益 NPV$_{top}$=3600 美元时，对应的(L_A+L_B)$_{opt}$ 约为 7m。上述规律也表明，单从蒸发器投资角度看，若投资初期资金充裕，系统应尽量选择合适的流量比，追求最高的年净收益值 NPV$_{top}$；若投资初期资金不足，则应选择稍微大些的流量比，这样也不会给年净收益带来较大损失。

为将以㶲回收量为指标的性能评价方法与以年净收益值为指标的性能评价方法的结果进行比较，图 4-37 给出了在流量比 y=15 的条件下，蒸发器回收的净㶲量 E 和年净收益 NPV 随流量 m_t 的变化。从图中可看出，蒸发器回收的净㶲量 E 随流量 m_t 的增加呈现先增加、后减小的趋势，即存在一个 m_t 使得蒸发器回收的净㶲量 E 最大。在计算条件下，该 m_t 约为 0.4kg/s。这主要是因为随着有机工质流量 m_t 的增加，回收的热量㶲和流动㶲损失均增加，在开始时回收的热量㶲增加幅度大于流动㶲损失的增加幅度；当流量 m_t 达到某一值后，流动㶲损失增加幅度大于回收的热量㶲增加幅度的缘故。

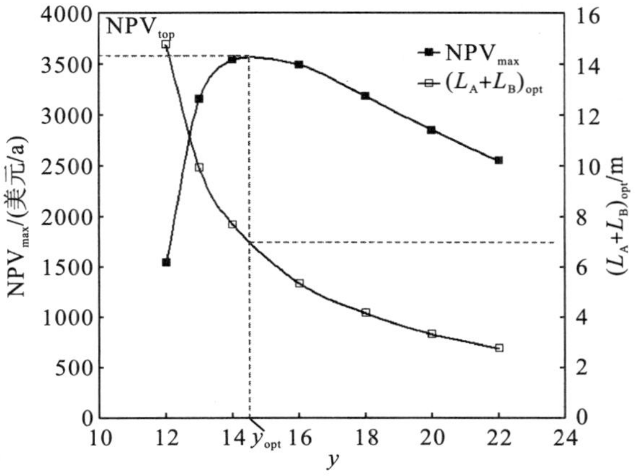

图 4-36　$(L_A+L_B)_{opt}$ 和 NPV_{max} 随 y 的变化

另外从图4-37中还可看出，蒸发器能够获得正年净收益时的有机工质流量 m_t 为0.01～0.18 kg/s，当 m_t 超过 0.18kg/s 时，虽然蒸发器回收的净㶲量 E 继续增加，但蒸发器的年净收益 NPV 已为负值，即利用蒸发器回收余热的收益还不足以支付蒸发器初投资和运行的费用。因此，单纯以热力学第二定律为基础，以回收㶲量为指标的性能评价方法是不完善的，当回收㶲量大于零的时候，蒸发器的经济效益也有可能是零甚至是亏损的。

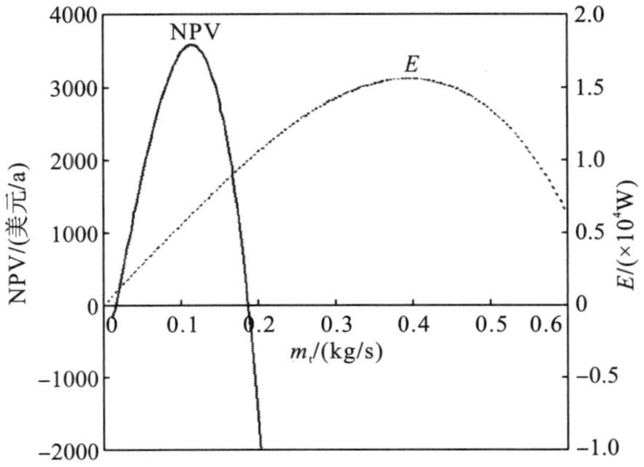

图 4-37　在 y=15 时 E 和 NPV 随 m_t 的变化

4.5　保温层热经济学分析

作为节能措施之一的隔热保温技术广泛应用于机械、冶金、动力和化工等工程领域。传统的热力管道及其保温层设计一般分两步进行，首先根据工质的流量和状态参数选择合理的流速范围，从而确定热力管道的管径；然后根据管径和介质温度，从减小热力管道散热损失费用和保温层初投资费用的角度出发确定最佳的保温层厚度，即经济厚度。显然，这种方法忽略了热力管道管径的选择和保温层厚度的确定是相互关联、相互制约的事实，同时由于合理的流速范围较宽，往往难以确定最佳值。因此，对热力管道管径的确定和保温层厚度的计算应同步进行。另一方面，传统的设计方法从理论基础上讲都是基于热力学第一定律，首先考虑的重要目标都是减小散热量，但是保温层的另外一个功能不被人们重视或者说是忽略了，就是从热力学第二定律观点看，保温层也减小了热力系统的可用能损失或熵增。因为通过保温层发生的是温差传热，在损失热量的同时也损失了热量可用能，也即损失了介质的做功能力。因此，对保温节能的设计从热力学第二定律角度，即从减小能量的质的损失的角度出发应该更加科学全面。本节在对保温节能进行热力学第二定律分析的基础上，从热经济学原理出发，基于对热力管道及其保温层进行同步设计的思想，获得热力管道及其保温层的热经济学费用和收益方程，进而开展保温节能效果的热经济分析和优化。

4.5.1 保温节能的㶲分析

考察如图 4-38 所示的管内工质输送过程，对其保温节能过程进行㶲分析[40]。设工质质量流率为 m kg/s，温度为 T，环境温度为 T_0，热力管道内径为 d_i，外径为 d_o，保温层外径为 d_s。假定管内工质流动过程和通过保温层的散热过程都处于稳定状态；考虑到管壁较薄且导热性能好，管壁导热热阻可忽略不计；忽略稳定流动工质的宏观动能与位能；物性为常数。

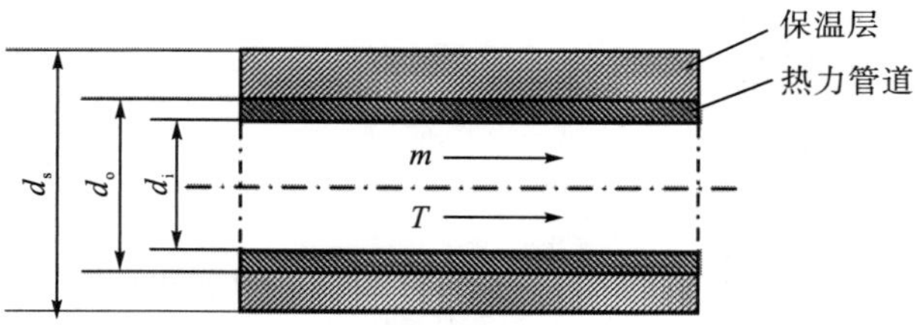

图 4-38 热力管道及其保温层

对如图 4-38 所示的保温管道，取长为 dx 的微元体，由管道内工质流动和传热过程的㶲平衡得

$$\mathrm{d}E_{\mathrm{L,Tp}} = -m\mathrm{d}e_{\mathrm{x,H}} - \mathrm{d}\Phi \frac{T_{\mathrm{w}} - T_0}{T_{\mathrm{w}}} \tag{4-198}$$

式中，T_{w} 为管壁温度，K；$E_{\mathrm{L,Tp}}$ 为㶲损，W；Φ 为散热量(为正)，W；$e_{\mathrm{x,H}}$ 为工质的比焓㶲，J/kg，对不可压缩液体和理想气体，如果忽略焓随压力的变化，开口系稳定物流的比

焓㶲的变化量 $de_{x,H}$ 可由式(4-30)进行计算，于是把式(4-30)代入式(4-198)得

$$dE_{L,Tp}=T_0\left(\frac{1}{T_w}-\frac{1}{T}\right)d\Phi-\frac{mT_0}{\rho_f T}dp \tag{4-199}$$

式中，p 为工质压力，Pa；ρ_f 为工质密度，kg/m^3。由式(4-199)可见，管道内工质流动和传热过程的㶲损失主要由两部分组成，第一部分是由散热引起的热量㶲损失[式(4-199)右端第一项]；第二部分是由于黏性流动引起的㶲损失[式(4-199)右端第二项]。

同理，由保温层导热引起的㶲损失 $dE_{L,s}$ 为

$$dE_{L,s}=d\Phi\left(\frac{1}{T_s}-\frac{1}{T_w}\right)T_0 \tag{4-200}$$

式中，T_s 为保温层外表面温度，K。

由保温层外表面向环境的复合换热引起的㶲损失 $dE_{L,c}$ 为

$$dE_{L,c}=d\Phi\left(1-\frac{T_0}{T_s}\right) \tag{4-201}$$

考虑到保温层外表面流动㶲损失与热力管道及其保温层的同步设计关系不大，故忽略保温层外表面流动㶲损失。于是，对单位长度的热力管道，从工质向环境的整个散热过程的㶲损失 E_{Ll} 可由式(4-199)～式(4-201)相加得到

$$E_{Ll}=\frac{dE_L}{dx}=\frac{d\Phi}{dx}\left(1-\frac{T_0}{T}\right)-\frac{mT_0}{\rho_f T}\cdot\frac{dp}{dx}=q_l\left(1-\frac{T_0}{T}\right)-\frac{mT_0}{\rho_f T}\cdot\frac{dp}{dx} \tag{4-202}$$

式中，q_l 为单位长度管道的散热量，W/m。

从式(4-202)可看出，对单位长度的热力管道，因散热引起的热量㶲损失 E_{Llq} 为

$$E_{Llq}=q_l\left(1-\frac{T_0}{T}\right) \tag{4-203}$$

即在散热量相等的条件下，温度高的工质所损失的做功能力较大。

在《设备及管道绝热技术通则》(GB/T4272−2008)中，规定了不同散热表面温度所允许的最大散热损失，从该通则中可看出，表面温度越高，所允许的最大散热损失越大。例如，对表面温度分别为 200℃和 600℃的平壁来说，允许最大散热损失分别为 140W/m^2 和 296W/m^2。从数量上看，296W/m^2 仅仅是 140W/m^2 的 2.11 倍，即允许最大散热损失相差的倍数 β_2=2.11，但是从㶲的角度看，如果环境温度为 20℃，在假定工质温度和表面温度近似相等的条件下，600℃的散热损失 296W/m^2 与 200℃的散热损失 140W/m^2 所对应的热量㶲损失相比，却达 3.69 倍，即做功能力损失相差的倍数 β_1=3.69。这说明损失的做功能力比其数量上相差的倍数大。因此对工程上温度较高的做功工质的散热，应着重从㶲的角度考虑。

例如，以 200℃的热介质所允许的最大散热损失 140W/m^2 所对应的热量㶲(53.3W/m^2)作为热能损失基数，可以求出 200℃以上工质允许最大散热损失与 200℃工质的允许最大散热损失相差的倍数 β_2 及其对应的做功能力损失相差的倍数 β_1，其结果如图 4-39 所示；

同时也可求出 200℃以上工质在损失相等的热量㶲(53.3W/m^2)时所允许的最大散热损失 q_{max}(计算时环境温度均取为 20℃)，其结果与国家标准在相应表面温度下所允许的最大散热损失的比较如图 4-40 所示。从图中可以看出，随着散热表面温度的升高，做功能力相差的倍数和允许最大散热损失相差的倍数的差异越来越大，且两者随表面温度的升高近似呈线性增大。另外，从图 4-40 还可看出，国家标准规定的最大散热损失曲线随表面温度的变化近似一条直线，而损失相等的热量㶲时的最大散热损失曲线在表面温度较小时变化较快，表面温度较高时变化较慢。这是由于温度较低时，工质具有的做功能力较小；如果损失的做功能力相等，则损失的较低温度的热量就多一些，反之亦然。因此，在工程实际中应根据热能用途的不同，分别制定做功工质和非做功工质所允许的最大散热损失；对做功工质而言，工质温度愈高，所允许的最大散热损失应更小一些。

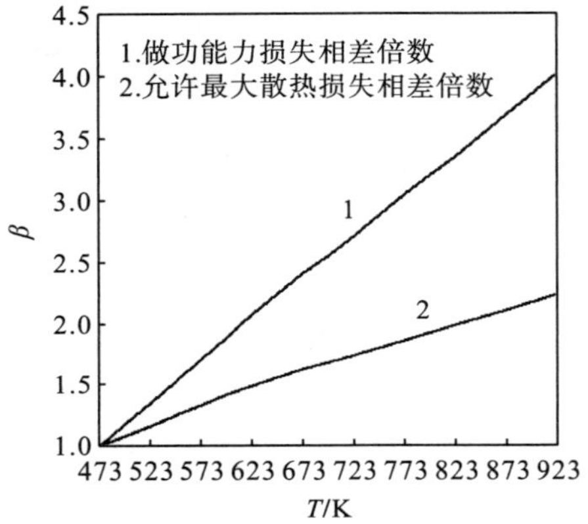

图 4-39 允许最大散热损失和做功能力损失比较

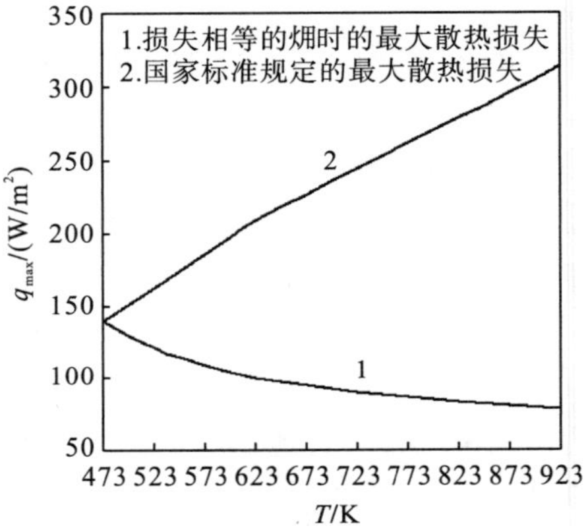

图 4-40 不同工质温度时的最大散热损失

4.5.2 热力管道及其保温层的热经济学费用和收益方程

在工程实际中，由于工质的温度不同，所携带的热能品位也不相同，工质的参数越高，热能品位和做功能力越大。所以，对不同工质参数的管道进行保温，即使节约了相同数量的热能，虽然从所节约的热能“量”的方面看经济效果是相同的，但是从所节约的热能“质”的方面看经济效果又是不同的。下面将分析给出热力管道及其保温层的热经济学费用和收益方程[40-43]。

无保温层时，单位长度热力管道的散热损失 q_{l0} 为

$$q_{l0}=\frac{T-T_0}{1/(\pi d_o h_s)+1/(\pi d_i h_i)} \tag{4-204}$$

式中，h_s 为管道外表面对流传热或复合换热系数，W/(m^2·K)；h_i 为管内对流传热系数，W/(m^2·K)。

对管内紊流对流传热，利用 Dittus-Boelter 公式[27]并化简得

$$h_{\mathrm{i}}=0.0279(\lambda_{\mathrm{f}}/d_{\mathrm{i}}^{1.8})\cdot(m/\eta_{\mathrm{f}})^{0.8}\cdot Pr_{\mathrm{f}}^{0.3} \tag{4-205}$$

式中，λ_{f}为工质的导热系数，W/(m·K)；η_{f}为工质动力黏度，Pa·s；Pr_{f}为工质普朗特数。

有保温层时，单位长度热力管道的散热损失 q_{l} 为

$$q_{\mathrm{l}}=\frac{T-T_{0}}{1/(\pi d_{\mathrm{i}}h_{\mathrm{i}})+1/(2\pi\lambda_{\mathrm{s}})\ln(d_{\mathrm{s}}/d_{\mathrm{o}})+1/(\pi d_{\mathrm{s}}h_{\mathrm{s}})} \tag{4-206}$$

式中，λ_{s}为保温材料的导热系数，W/(m·K)。

假定无保温层时的管道外表面与有保温层时的保温层外表面的散热系数相等，则对外表面散热系数 h_{s}，如为室内管道，一般取 10.44～11.63 W/(m^2·K)；在经济厚度和表面散热损失的计算中，h_{s} 可按下式计算[44]：

$$h_{\mathrm{s}}=1.163\times(6+3\sqrt{u_{\mathrm{w}}}) \tag{4-207}$$

式中，u_{w}为室外平均风速，m/s。

假定管道年运行时间为 τ，则加保温层后单位长度热力管道年节约的热量㶲价值 B_{E} 为

$$\begin{aligned}B_{\mathrm{E}}&=\xi_{\mathrm{e}}\tau\left(1-\frac{T_{0}}{T}\right)(q_{\mathrm{l0}}-q_{\mathrm{l}})\\&=\pi\xi_{\mathrm{e}}\tau\cdot\frac{(T-T_{0})^{2}}{T}\cdot\left[\frac{1}{1/(d_{\mathrm{o}}h_{\mathrm{s}})+1/(d_{\mathrm{i}}h_{\mathrm{i}})}-\frac{1}{1/(d_{\mathrm{i}}h_{\mathrm{i}})+1/(2\lambda_{\mathrm{s}})\ln(d_{\mathrm{s}}/d_{\mathrm{o}})+1/(d_{\mathrm{s}}h_{\mathrm{s}})}\right]\end{aligned} \tag{4-208}$$

式中，ξ_{e}为热㶲价格，元/J。

对于单位长度热力管道，由于流体黏性流动所引起的管内流动㶲损失 $E_{\mathrm{L,pl}}$ 即为式(4-202)右端第二项：

$$E_{\mathrm{L,pl}}=\frac{mT_{0}}{\rho_{\mathrm{f}}T}\left(-\frac{\mathrm{d}p}{\mathrm{d}x}\right) \tag{4-209}$$

式中，$(-\mathrm{d}p/\mathrm{d}x)$为单位长度热力管道管内工质流动压降，Pa/m，可由下式计算得到：

$$-\frac{\mathrm{d}p}{\mathrm{d}x}=f\cdot\frac{1}{d_{\mathrm{i}}}\cdot\frac{\rho_{\mathrm{f}}u_{\mathrm{f}}^{2}}{2}=\frac{8fm^{2}}{\pi^{2}\rho_{\mathrm{f}}d_{\mathrm{i}}^{5}} \tag{4-210}$$

式中，u_{f}为介质流速，m/s；f为工质流动的摩擦阻力系数，在管内流动雷诺数 Re_{f}为 3×10^{3}～10^{6}时，由下式计算[27]得到：

$$f=0.184Re_{\mathrm{f}}^{-0.2}=0.184\left(\frac{4m}{\pi\mu_{\mathrm{f}}d_{\mathrm{i}}}\right)^{-0.2} \tag{4-211}$$

考虑到热量㶲损失和流动㶲损失在技术上的不等价性，取机械功和㶲的折算系数 $\alpha=4$[26]。于是由式(4-209)～式(4-211)得单位长度热力管道年流动㶲损失费用 $B_{\mathrm{E,p}}$ 为

$$B_{\mathrm{E,p}}=1.4025\cdot\frac{\alpha\xi_{\mathrm{e}}m^{2.8}\eta_{\mathrm{f}}^{0.2}T_{0}\tau}{\pi^{2}\rho_{\mathrm{f}}^{2}d_{\mathrm{i}}^{4.8}T} \tag{4-212}$$

若保温结构(含保温层和保护层)价格为 ξ_{s} 元/m^3，管子材料价格为 ξ_{t} 元/kg，则单位长度热力管道和保温结构的年成本费用 B_{s} 为

$$B_s=(\pi/4)\left[(d_s^{\ 2}-d_o^{\ 2})\xi_s+(d_o^{\ 2}-d_i^{\ 2})\rho_t\xi_t\right](A/P,i,n) \tag{4-213}$$

式中，ρ_t 为管材密度，kg/m^3；$(A/P,i,n)$ 表示等额分付系列资金回收系数，可按式(4-112)计算。

对于热力管道，其保温的年净收益等于管道保温年节约的热量㶲的价值 B_E 扣除由于黏性流动所引起的管道年流动㶲损失费用 $B_{E,p}$ 以及管道与保温结构的年成本费用 B_s，于是可得单位长度热力管道及其保温层的热经济学收益方程，即年净收益 NPV 为

$$\begin{aligned}\text{NPV}=&\kappa_0\left\{\frac{1}{1/(d_oh_s)+1/[\kappa_1(d_o-2\delta_t)^{-0.8}]}-\frac{1}{1/(2\lambda_s)\ln(d_s/d_o)+1/(d_sh_s)+1/[\kappa_1(d_0-2\delta_t)^{-0.8}]}\right\}\\&-\kappa_2(d_o-2\delta_t)^{-4.8}-\kappa_3(d_s^{\ 2}-d_o^{\ 2})-4\kappa_4\delta_t(d_o^{\ 2}-\delta_t)\end{aligned} \tag{4-214}$$

式中，δ_t 为管壁厚，m；

$$\kappa_o=\pi\xi_e\tau(T-T_0)^2/T\ ;\quad \kappa_1=0.0279\lambda_f(m/\eta_f)^{0.8}Pr_f^{\ 0.3}\ ;$$

$$\kappa_2=1.4025\cdot\frac{\alpha\xi_e\tau}{\pi^2}\cdot\frac{m^{2.8}\eta_f^{\ 0.2}}{\rho_f^{\ 2}}\cdot\frac{T_0}{T}\ ;\quad \kappa_3=(\pi/4)\xi_s(A/P,i,n)\ ;$$

$$\kappa_4=(\pi/4)\rho_t\xi_t(A/P,i,n)$$

从式(4-214)可看出，在一定的经济环境里，当工质流量和状态参数给定时，热力管道保温的年净收益只与热力管道的管径 $d_o(d_i)$ 和保温层外直径 d_s(保温层厚度 δ)有关。

若从费用角度出发，则可得单位长度热力管道及其保温层的热经济学费用方程，即年总费用 TCV 为

$$\text{TCV}=B_{E,T}+B_{E,p}+B_s \tag{4-215}$$

式中，$B_{E,p}$、B_s 分别为保温管道的年运行费用以及保温管道及保温层的年成本费用，其计算式分别为式(4-212)和式(4-213)；$B_{E,T}$ 为保温管道的热量㶲损失费用，可由式(4-203)和式(4-206)得到

$$B_{E,T}=\pi\xi_e\tau\cdot\frac{(T-T_0)^2}{T}\cdot\frac{1}{1/(d_ih_i)+1/(2\lambda_s)\ln(d_s/d_o)+1/(d_sh_s)} \tag{4-216}$$

为了比较，下面给出从热力学第一定律角度出发的热经济学收益和费用方程。如从收益的角度出发，此时节约的热量价值 B_Φ 为

$$B_\Phi=\pi\xi_q\tau\cdot(T-T_0)\left[\frac{1}{1/(d_oh_s)+1/(d_ih_i)}-\frac{1}{1/(d_ih_i)+1/(2\lambda_s)\ln(d_s/d_o)+1/(d_sh_s)}\right] \tag{4-217}$$

式中，ξ_q 为热量价格，元/J。

单位长度热力管道年运行费用 $B_{\Phi,p}$ 为

$$B_{\Phi,p}=\frac{m\xi_d\tau}{\rho_f}\cdot\left(-\frac{dp}{dx}\right)=1.4025\cdot\frac{\xi_dm^{2.8}\eta_f^{\ 0.2}\tau}{\pi^2\rho_f^{\ 2}d_i^{\ 4.8}\eta_{pf}} \tag{4-218}$$

式中，η_{pf} 为泵或风机的机组效率；ξ_d 为电价，元/(kW·h)。

根据年净收益法的思想，仍然可以得到如式(4-214)所示的热经济学收益方程，只是此时该式中的 κ_0 和 κ_2 分别为

$$\kappa_0 = \pi \xi_q \tau (T - T_0) \quad , \quad \kappa_2 = 1.4025 \cdot \frac{\xi_d \tau}{\pi^2} \cdot \frac{m^{2.8} {\eta_f}^{0.2}}{{\rho_f}^2 \eta_{pf}}$$

同理，可以得到从费用角度出发的热经济学费用方程，此时保温管道热量损失费用 $B_{\Phi,T}$ 为

$$B_{\Phi,T} = \pi \xi_q \tau \cdot (T - T_0) \cdot \frac{1}{1/(d_i h_i) + 1/(2\lambda_s) \ln(d_s / d_o) + 1/(d_s h_s)} \tag{4-219}$$

4.5.3　最佳管径和最佳保温层厚度计算式

最佳管径和最佳保温层厚度是保温工程设计的优化参数，下面将分别给出其计算式[40,43]。由于热力管道管径的计算和保温层厚度的确定是相互关联、相互制约的，为了确定热力管道的最佳管径和最佳保温层厚度，将式(4-214)分别对 d_o 和 d_s 求偏导并令其为零可得

$$\left[\frac{1}{2\lambda_s}\ln\left(\frac{d_s}{d_o}\right) + \frac{1}{d_s h_s} + \frac{1}{\kappa_1 (d_o - 2\delta_t)^{-0.8}}\right]^2 = \frac{\kappa_0}{2\kappa_3}\left(\frac{1}{2\lambda_s {d_s}^2} - \frac{1}{h_s {d_s}^3}\right) \tag{4-220}$$

$$\begin{aligned}&\frac{1/(h_o {d_o}^2) - 0.8/[\kappa_1 (d_o - 2\delta_t)^{0.2}]}{\{1/(d_o h_o) + 1/[\kappa_1 (d_o - 2\delta_t)^{-0.8}]\}^2} - \frac{1/(2\lambda_s d_o) - 0.8/[\kappa_1 (d_o - 2\delta_t)^{0.2}]}{\{1/(2\lambda_s)\ln(d_s/d_o) + 1/(d_s h_s) + 1/[\kappa_1 (d_o - 2\delta_t)^{-0.8}]\}^2} \\ &= \frac{4\kappa_4 \delta_t - 2\kappa_3 d_o - 4.8\kappa_2 (d_o - 2\delta_t)^{-5.8}}{\kappa_0}\end{aligned} \tag{4-221}$$

式(4-220)和式(4-221)即为从收益的角度求解最佳管径和最佳保温层厚度的计算式，同时适用于基于热力学第一定律和热力学第二定律的热经济分析方法，只是两者的 κ_0 和 κ_2 不同。

同理，将式(4-215)分别对管道外径 d_o 和保温层外直径 d_s 求偏导并令其为零，可得从费用角度出发的求解最佳管径和最佳保温层厚度的计算式：

$$\frac{\kappa_0\left(\dfrac{1}{2\lambda_s d_s} - \dfrac{1}{h_s d_s^2}\right)}{\left[\dfrac{1}{2\lambda_s}\ln\left(\dfrac{d_s}{d_0}\right) + \dfrac{1}{d_s h_s} + \dfrac{1}{\kappa_1 (d_0 - 2\delta_t)^{-0.8}}\right]^2} - 2\kappa_3 d_s = 0 \tag{4-222}$$

$$\frac{\dfrac{\kappa_0}{2\lambda_s d_0} - \dfrac{0.8\kappa_0}{\kappa_1 (d_0 - 2\delta_t)^{0.2}}}{\left[\dfrac{1}{2\lambda_s}\ln\left(\dfrac{d_s}{d_0}\right) + \dfrac{1}{d_s h_s} + \dfrac{1}{\kappa_1 (d_0 - 2\delta_t)^{-0.8}}\right]^2} - \frac{4.8\kappa_2}{(d_0 - 2\delta_t)^{5.8}} - 2\kappa_3 d_0 + 4\kappa_4 \delta_t = 0 \tag{4-223}$$

显然，当经济环境、介质流量和状态参数等给定时，式(4-220)～式(4-223)即为包含 d_o 和 d_s 的非线性方程组，可用数值方法求解，以确定最佳管径 $d_{o,opt}$ 和最佳保温层外径 $d_{s,opt}$，这样最佳保温层厚度 δ_{opt} 为

$$\delta_{opt} = (d_{s,opt} - d_{o,opt}) / 2 \tag{4-224}$$

4.5.4 计算实例和结果分析

假定有某工业热风管道，其热风流量 V=500m^3/h，温度 T=373K，周围环境温度 T_0=285K，全年运行时间 τ=8000h=2.88×10^{7}s，室外风速 u_w=1.8m/s，投资偿还年限 n=7 年，年利率 i=10%，保温材料为超细玻纤棉，在工作温度范围内的平均导热系数 λ_s=0.0421W/(m·K)，单位造价 ξ_s=750 元/m^3，热㶲价 ξ_e=4×10^{-8} 元/J，热风管道壁厚 δ_t=6mm，管道材料价格 ξ_t=4 元/kg。如果，从热力学第一定律出发进行热经济分析，则取热价 ξ_q=8×10^{-9} 元/J，电价 ξ_d=0.4 元/(kW·h)，风机机组效率 η_{pf}=0.8，计算结果如下[40,43]。

图 4-41 和图 4-42 分别给出了从热力学第二定律角度出发的管道管径 d_o 和保温层外径 d_s 对年净收益 NPV 的影响。从图中可看出，如果管道管径 d_o 一定，当保温层外直径较小时，由于散热损失较大，使得散热损失费用较大，因此年净收益较小；随着保温层外直径的增大，散热损失费用减小，年净收益将有所上升，但当保温层外直径增大到某一值后，保温层结构的成本费用将很快增加，从而使得年净收益减小，因此存在一个最佳的保温层外直径使对应的年净收益最大；如果保温层外径 d_s 一定，当管径较小时，由于热风流速较高，驱动热风流动费用较大，因此年净收益较小；随着管径的增大，驱动空气流动的费用减小，年净收益将有所上升，但当管径增加到某一值后，散热损失费用和管道成本费用将随管径的增大而很快增加，从而使得年净收益减小，因此亦存在一最佳管径使之对应的年净收益最大。

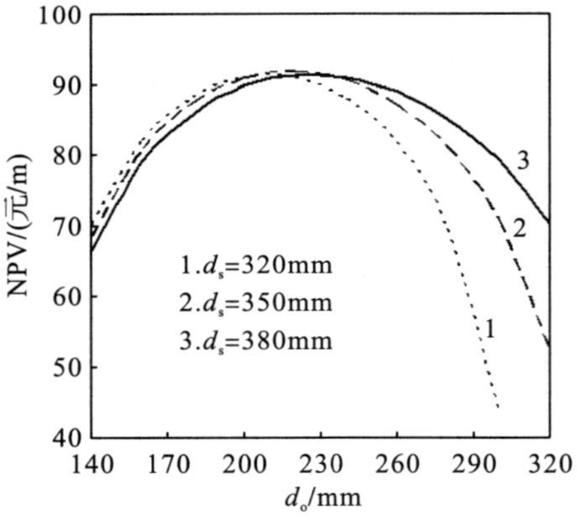

图 4-41 管径 d_o 对 NPV 的影响

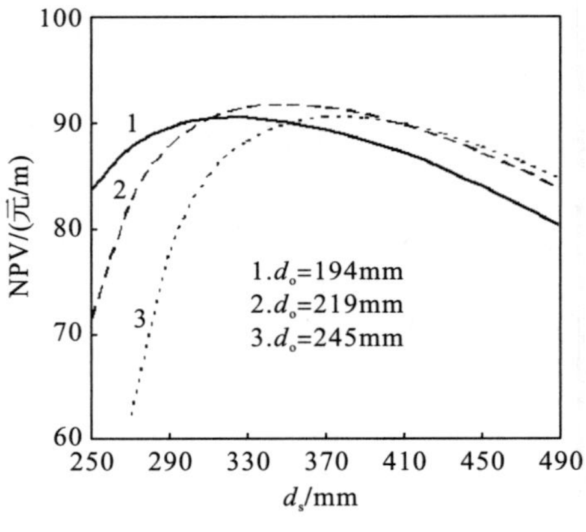

图 4-42 保温层外径 d_s 对 NPV 的影响

图 4-43 给出了从收益角度出发的基于热力学第二定律的热经济学方法和其他方法进行比较的结果。由图发现，当管道管径 d_o 一定时，以热力学第二定律为基础的热经济学方法不管是从收益角度还是从费用角度，得到的最佳保温层外径 $d_{s,opt}$ 都相等(在现在条件下得到的 $d_{s,opt}$=0.35m)；同样，以热力学第一定律为基础的热经济学方法不管是从收益的

角度还是从费用的角度，其得到的最佳保温层外径 $d_{s,opt}$ 也都相等，只不过此时的 $d_{s,opt}$=0.33m，即两种方法得到的最佳保温层外径相差 20mm 左右。但当保温层外径 d_s 一定时，如采用从收益角度出发的基于热力学第二定律的热经济学方法，则得到此时的最佳管道管径 $d_{o,opt}$=0.22m，而从费用角度出发的基于热力学第二定律的热经济学方法得到的最佳管道管径 $d_{o,opt}$=0.17m，两者相差 50mm 左右；如采用从收益角度出发、基于热力学第一定律的热经济学方法，则得到此时的最佳管道管径 $d_{o,opt}$=0.21m，而从费用角度出发的基于热力学第一定律的热经济学方法得到的最佳管道管径 $d_{o,opt}$=0.17m，两者相差 40mm 左右。从以上结果可看出，当管道管径 d_o 或保温层外径 d_s 一定时，采用不同的方法得到的最佳保温层外径或管道管径是有差异的。

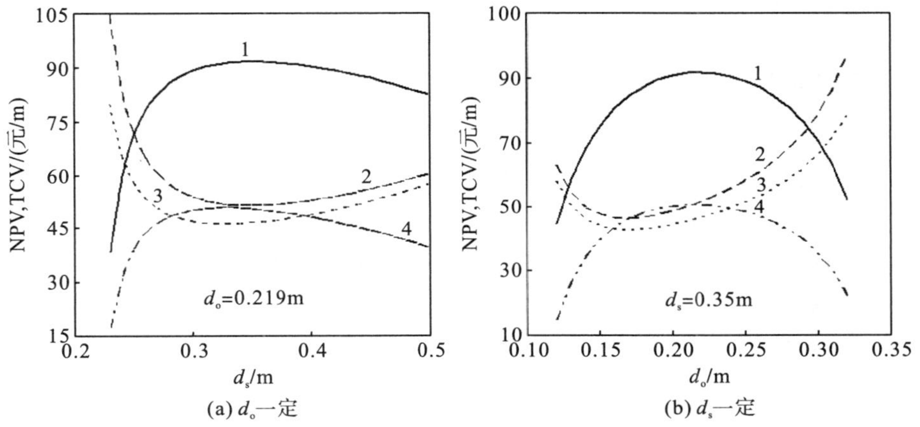

1.基于热力学第二定律的热经济学方法(收益角度)；2.基于热力学第二定律的热经济学方法(费用角度)；

3.基于热力学第一定律的热经济学方法(费用角度)；4.基于热力学第一定律的热经济学方法(收益角度)

图 4-43　年净收益 NPV 和年总费用 TCV 与 d_o 和 d_s 的关系曲线

利用求解非线性方程组的数值方法，联立求解式(4-220)～式(4-223)，可得到如表 4-4 所示的最佳管径和最佳保温层外径(同步设计)的数值计算结果。

表 4-4　最佳管径和最佳保温层外径(同步设计)的数值计算结果

项目	基于热力学第二定律的热经济学方法		基于热力学第一定律的热经济学方法	
	收益角度	费用角度	收益角度	费用角度
最佳管径/mm	218	160	192	150
最佳保温层外径/mm	349	286	300	266
最佳保温层厚度/mm	65.5	63	54	53
保温层外表面散热损失/(W/m^2)	41.36	41.59	50.39	50.43
管内热风流速/(m/s)	5.69	11.03	7.46	11.03
年净收益(费用)/[元/m·a)]	91.9	44.6	51.1	39.7

从以上结果可看出，不管是基于热力学第二定律的热经济学方法还是基于热力学第一定律的热经济学方法，从收益的角度对热力管道及其保温层进行同步设计时的优化结果即最佳管径和保温层外径要大于从费用的角度出发得到的优化结果，但对应的最佳保温层厚度两者的优化结果相差很小，且对应的优化条件下的散热损失亦基本相等，而前者得到的优化的管内介质流速要小于后者对应的管内工质流速。比较基于热力学第二定律的热经济学方法和基于热力学第一定律的热经济学方法的计算结果，还可发现，基于热力学第二定律的热经济学方法的最佳保温层厚度要大于基于热力学第一定律的热经济学方法的最佳保温层厚度，但其对应的散热损失要小，这就可以看出，对管道的保温，节㶲比节能更重要。

以下给出从收益角度出发时，经济环境对基于热力学第二定律的热经济学方法同步设计的影响结果。图 4-44 为热风管道最佳管径 $d_{o,opt}$、最佳保温层外直径 $d_{s,opt}$ 和最佳保温层厚度 δ_{opt} 随热㶲价格 ξ_e 的变化曲线。从图中可看出，随着热㶲价格 ξ_e 的增加，管道最佳管径 $d_{o,opt}$ 增大，最佳保温层外直径 $d_{s,opt}$ 增大，而最佳保温层厚度 δ_{opt} 也增大；并且单位长度管道的年净收益随着热㶲价格 ξ_e 的增加而增加。

图 4-45 给出了热风输送管道的最佳管径 $d_{o,opt}$、最佳保温层外直径 $d_{s,opt}$ 和最佳保温层厚度 δ_{opt} 随着保温材料价格 ξ_s 的变化。显然，随着保温材料价格 ξ_s 的增加，为了减少热风管道的保温投资（增加年净收益），则保温层的厚度必然减小，而热风管道的管径稍有降低，与此同时，最佳条件下的单位长度热风输送管道的年净收益随着保温材料价格的增加而减小。

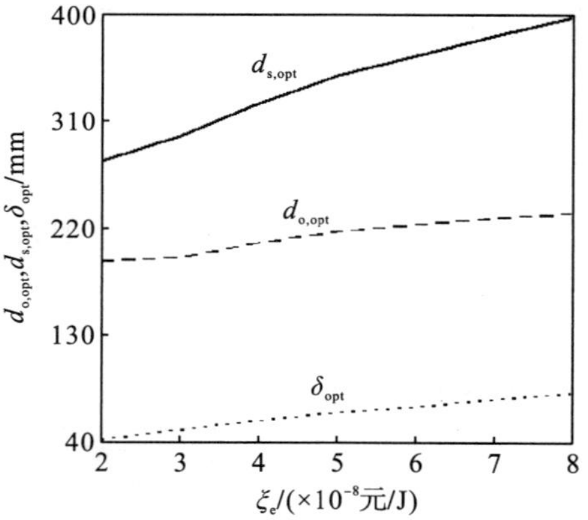

图 4-44 ξ_e 对 $d_{o,opt}$、$d_{s,opt}$ 和 δ_{opt} 的影响

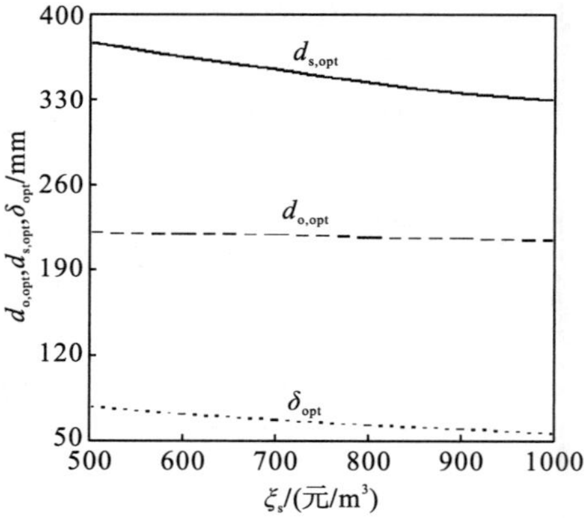

图 4-45 ξ_s 对 $d_{o,opt}$、$d_{s,opt}$ 和 δ_{opt} 的影响

图 4-46 给出了热风输送管道的最佳管径 $d_{o,opt}$、最佳保温层外直径 $d_{s,opt}$ 和最佳保温层厚度 δ_{opt} 随管材价格 ξ_t 的变化规律。显然，随着管材价格 ξ_t 的增加，为了减少管道材料投资，热风管道的管径必然减小，同时管道保温层外径也减小，而管道保温层厚度几

乎不变。与此同时，最佳条件下的单位长度热风输送管道年净收益随着管材价格的增加而减少。

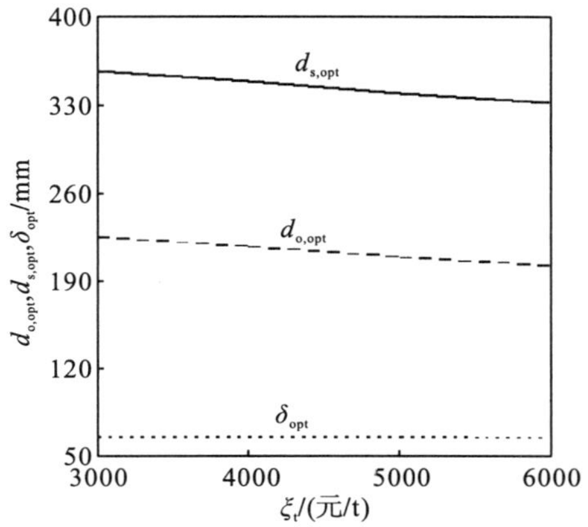

图 4-46　ξ_t 对 $d_{o,opt}$、$d_{s,opt}$ 和 δ_{opt} 的影响

参 考 文 献

[1] Bejan A. Entropy Generation Minimization[M]. Boca Raton：CRC，1996.

[2] 杨东华. 㶲分析和能级分析[M]. 北京：科学出版社，1986.

[3] Webb R L. Performance evaluation criteria for use of enhanced heat transfer surfaces in heat exchanger design[J]. International Journal of Heat and Mass Transfer，1981，24(4)：715-726.

[4] Witte L C. The influence of availability costs on optimal heat exchanger design[J]. Transactions of the ASME，Journal of Heat Transfer，1988，110：830-835.

[5] Zubair S M，Kadaba P V，Evans R B. Second-law-based thermodynamic optimization of two-phase heat exchanger[J]. Transactions of the ASME，Journal of Heat Transfer，1987，109：287-294.

[6] Aceves-Saborio S，Ranasinghe J，Reistad G M. An extension to the irreversibility minimization analysis applied to heat exchangers[J]. Transactions of the ASME，Journal of Heat Transfer，1989，111：29-36.

[7] Soma J. Exergy transfer：A new field of energy endeavor[J]. Energy Engineering，1985，82(4)：219-225.

[8] Dunbar W R，Lior N，Gaggioli A. The component equations of energy and exergy[J]. Journal of Energy Resources Technology，1992，114(1)：75-83.

[9] 项新耀. 浅述㶲传递、热力学分析与节能论文集[M]. 北京：科学出版社，1993.

[10] 王松平，陈清林，尹清华，等. 㶲传递和转换规律的探讨[J]. 华南理工大学学报，1998，26(9)：27-32.

[11] 李友荣，郑丛明，吴双应. 热㶲传递过程基本特性研究[J]. 重庆大学学报，1998，21(3)：1-5.

[12] 张洪济. 热传导[M]. 北京：高等教育出版社，1992.

[13] Wu S Y，Chen Y，Li Y R，et al. Exergy transfer characteristics of forced convective heat transfer through a duct with constant wall heat flux[J]. Energy，2007，32：686-696.

[14] Wu S Y，Li Y R，Chen Y，et al. Exergy transfer characteristics of forced convective heat transfer through a duct with constant wall temperature[J]. Energy，2007，32：2385-2395.

[15] 陈燕. 强迫对流换热的火用传递研究[D]. 重庆：重庆大学，2006.

[16] 曾丹苓. 工程非平衡热动力学[M]. 北京：科学出版社，1991.

[17] Wu S Y，Yuan X F，Li Y R，et al. Exergy transfer effectiveness on heat exchanger for finite pressure drop[J]. Energy，2007，32：2110-2120.

[18] Wu S Y，Yuan X F，Li Y R. Two non-dimensional exergy transfer performance parameters of heat exchanger[J]. International Journal of Exergy，2010，7(1)：130-145.

[19] 袁晓凤. 换热器的火用传递特性研究[D]. 重庆：重庆大学，2007.

[20] Bejan A. The concept of irreversibility in heat exchanger design：Counterflow heat exchangers for gas-to-gas applications[J]. Journal of Heat Transfer，1977，99：374-380.

[21] 张利，李友荣. 换热器原理与计算[M]. 北京：中国电力出版社，2017.

[22] Wu S Y，Xiao L，Chen S M，et al. Exergo-economic criteria for performance evaluation of enhanced heat transfer duct with constant wall temperature[J]. Applied Thermal Engineering，2012，36：393-402.

[23] Wu S Y，Chen S M，Xiao L，et al. Extended exergo-economic performance evaluation criteria for enhanced heat transfer duct with constant wall heat flux[J]. International Journal of Exergy，2012，11(1)：89-111.

[24] Bejan A. Entropy Generation through Heat and Fluid Flow[M]. New York：Wiley，1982.

[25] Sahin A Z，Zubair S M，Al-Garni A Z. Effect of fouling on operational cost in pipe flow due to entropy generation[J]. Energy Conversion and Management，2000，41：1485-1496.

[26] 倪振伟. 换热器的热力学第二定律分析与评价方法[J]. 工程热物理学报，1985，6(4)：311-314.

[27] Holman J P. Heat Transfer，9th ed[M]. New York：McGraw-Hill，2002.

[28] 张忠铭. 单头螺纹管在工业锅炉中的应用[M]. 北京：机械工业出版社，1990.

[29] 吴双应，李友荣. 余热回收换热器性能的火用经济分析与优化[J]. 冶金能源，1996，15(6)：44-47.

[30] 吴双应. 余热回收换热器热(火用)经济设计方法探讨[J]. 冶金能源，1998，17(2)：46-50.

[31] 卿定彬. 工业炉用热交换装置[M]. 北京：冶金工业出版社，1986.

[32] 尾花英朗. 热交换器设计手册(上册)[M]. 徐中权译. 北京：烃加工出版社，1987.

[33] 罗文泉. 热交换器最佳温度效率的计算与应用[J]. 钢铁，1992，27(8)：73-78.

[34] 邱夏陶，韩小良. 基于相对费用参数的换热器优化[J]. 钢铁，1993，28(9)：76-78.

[35] 韩小良，李琦. 换热器优化计算方法[J]. 工业加热，1994，(3)：17-19.

[36] Wu S Y，Jiang L，Xiao L，et al. An investigation on the exergo-economic performance of an evaporator in ORC recovering low-grade waste heat[J]. International Journal of Green Energy，2012，9(8)：780-799.

[37] Gnielinski V. New equations for heat and mass transfer in turbulent pipe and channel flows[J]. International Chemical Engineering，1976，16(2)：359-368.

[38] Franco A，Giannini N. Optimum thermal design of modular compact heat exchangers structure for heat recovery steam generators[J]. Applied Thermal Engineering，2005，25：1293-1313.

[39] London A L，Shah R K. Costs of irreversibilities in heat exchanger design[J]. Heat Transfer Engineering，1983，4：59-73.

[40] 吴双应. 对流换热过程的热力学分析及其应用[D]. 重庆：重庆大学，2004.

[41] 李友荣，吴双应，曾丹苓. 热风管道及其保温层的同步设计法[J]. 钢铁，2001，36(2)：60-62.

[42] 李友荣，吴双应，曾丹苓. 一种新的热力管道及其保温层设计方法[J]. 热能动力工程，2001，16(2)：145-147.

[43] 吴双应，曾丹苓，李友荣. 热力管道及保温层同步设计的费用效益法[J]. 煤气与热力，2004，24(3)：158-163.

[44] 夏敏文. 热能工程设计手册[M]. 北京：化学工业出版社，1998.

第 5 章　余热动力回收系统热经济学分析

5.1　概　述

随着人类社会经济的快速发展以及全球人口的不断增长，能源与环境问题日益严峻。我国存在能源消费总量大、供需不平衡以及结构不合理等特点，目前，已基本形成了“煤为基础，多元发展”的能源生产和消费结构。针对我国的能源利用现状，解决能源供需矛盾及结构不合理的可行办法之一就是“节流”，即提高化石能源利用效率。在今后相当长的一段时间内，化石能源仍占据主导地位，因此“节流”成为解决能源供需矛盾的重要举措，其关键在于充分利用余热资源，进而减少能源浪费、提高能源利用率。

我国工业余热资源十分丰富，并且种类繁多，主要包含高温烟气余热、炉渣余热、冷却介质余热、废气废水余热、化学反应热、可燃废气和废料余热等。其中，包括烟气在内的废气余热占余热总量的比例最大，且废气排放量逐年递增。

根据温度水平不同，可将余热资源分为高温余热、中温余热和低温余热。通常认为温度高于 600℃为高温余热，230～600℃为中温余热，低于 230℃为低温余热。中、高温工业余热利用技术较为成熟，在钢铁、冶金、水泥和化工等行业中得到了广泛应用，主要是通过改进生产工艺回收余热资源，以及采用水蒸气朗肯循环技术将热能转化为机械能两种方式回收。但是，低品位余热资源回收技术不够成熟，浪费也较为突出。统计数据显示，在工业生产中高达 50%以上的低品位余热被直接排放到环境中而浪费掉了。中国能源发展战略坚持“节能优先”，主要措施是“加强工业节能，实施节能工程”。

按照国家质量技术监督局发布的《工业锅炉及火焰加热炉烟气余热资源量计算方法与利用导则》(GB/T 17719−2009)计算，我国电站锅炉和工业锅炉排放的烟气余热资源量高达 1.8 亿 t 标准煤，占工业余热资源总量的 20%，且每年产煤量的 1/3 左右被工业锅炉消耗掉。工业锅炉普遍存在出力不足、燃料燃烧不完全、排烟温度高和锅炉热效率低等问题，其中，排烟热损失是锅炉各项热损失中最大的一项。排烟热损失直接受排烟温度的影响，通常来说，排烟温度每升高 15～20℃，排烟热损失就增加 1%，即锅炉热效率降低 1%。因此，降低排烟温度是减小锅炉排烟热损失、提高热效率的有效途径，同时也是有效利用低温余热资源、提高能源利用率的重要手段之一。

工业锅炉低温烟气余热的利用主要有两种方式，一种为热回收方式，即利用换热设备降低排烟温度、提高锅炉的能源利用效率，如锅炉的空气预热器和省煤器等。在一定条件下，也可采用烟气余热制取生产工艺和厂区生活所需热水。另一种是动力回收，即将余热转化为机械能或者易于运输且适用性更广的电能等高品位能源。有机朗肯循环（organic Rankine cycle，ORC）发电技术就是动力回收低品位能源的重要手段之一[1-2]。

ORC 技术是通过采用低沸点有机物作为循环介质，在较低温度下产生蒸汽推动膨胀机做功，对外输出机械能或电能。ORC 系统主要包括蒸发器、膨胀机、冷凝器和循环泵。其工作原理与水蒸气朗肯循环类似，循环工质在蒸发器中吸收烟气余热后产生蒸汽进入膨胀机做功，降压后的蒸汽在冷凝器中被冷却为液态工质，最后由循环泵升压并进入下一个循环过程。

水蒸气朗肯循环回收低温余热存在系统复杂、运行维护成本高等问题。大量理论计算结果表明，与传统水蒸气朗肯循环相比，采用低沸点有机工质的朗肯循环具有更高的余热回收效率。除此之外，ORC 系统不仅可以降低排烟温度，提高工业锅炉能源利用效率，同时可以实现分布式能源供应新体系，对缓解能源紧张形势和构建部分边远地区电力供应体系具有重大意义。这种热功转换系统与锅炉本身具有很好的匹配特性，对终端用户具有很好的适应性。

除了 ORC，Kalina 循环对于回收低温余热也具有很好的适应性和经济型。Kalina 循环是由 Alexander Kalina 于 1984 年提出的氨水联合循环，主要用于中、低温余热回收。系统采用氨水混合物为工质，因氨水具有变温相变特性，工质与热源在换热过程中具有良好的匹配性，大大减少了传热过程中的不可逆损失，与纯工质的朗肯循环相比，Kalina 循环效率要高 20%以上[3-4]。在回收低温余热方面，同一容量下采用 Kalina 循环系统的电厂初投资成本要比朗肯循环低 30%左右，因此在中低温余热发电方面，Kalina 循环具有显著优势，得到了广泛的应用。

对于回收余热的亚临界 ORC 系统，蒸发器内不可逆损失较大，循环效率低，经济性差。为了解决这一问题，有学者提出了跨临界 ORC 系统。在跨临界 ORC 系统中，工质和热源间有良好的温度匹配，系统性能高于亚临界 ORC 系统。例如，对利用低温地热能的 CO_2 跨临界 ORC 系统和 R245fa 亚临界 ORC 系统性能进行比较，结果表明，CO_2 跨临界 ORC 系统净输出功率要比亚临界 ORC 系统增加 3%～7%，容积膨胀比减少 47%，膨胀机入口工质容积流量减少 84%，而总换热能力是亚临界系统的 1.68 倍[5]。然而，尽管 CO_2 跨临界 ORC 系统具有较好的热力学性能，但是系统的压力却很高，对装置的材料要求高，而且换热器换热面积大，使得系统费用增加。因此，为了进一步提高余热回收效率和增加 ORC 系统的最大净输出功率，在基本 ORC 系统的基础上，改进 ORC 系统以及构建复合 ORC 系统成为备受关注的研究热点，包括增加内置式回热器、抽气式回热器和无泵 ORC 系统，冷电联产、热电联产、冷热电三联产系统和其他耦合系统等[1]。

5.2 ORC 系统热经济分析

5.2.1 ORC 系统构成

由于 ORC 系统具有较高的余热回收效率，因此，在烟气余热动力回收中具有非常广阔的应用前景。ORC 系统主要部件包括蒸发器、膨胀机、冷凝器和循环泵，其中，蒸发器安装在工业锅炉烟道中用以回收低温烟气余热，如图 5-1 所示。

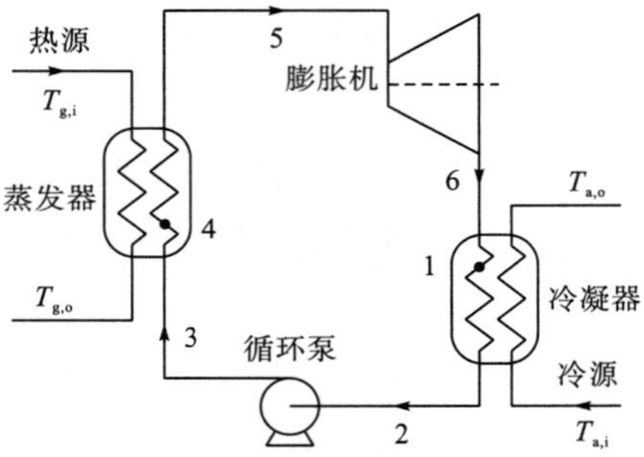

图 5-1 ORC 系统

注：1～6 表示工质状态点，后同

在亚临界 ORC 余热回收系统中，有机工质首先在蒸发器内吸收烟气余热蒸发，随后进入膨胀机做功，降压后的工质乏汽在冷凝器内被冷却介质冷凝为饱和液态工质，然后由循环泵升压并进入蒸发器进行下一个循环过程，对应的循环系统 *T*-*s* 图如图 5-2 所示。工质在换热器内的等压相变过程温度保持恒定，在亚临界 ORC 的蒸发器和冷凝器中，热源流体与工质流体间存在一个最小温差，称为换热器节点温差。节点温差直接影响换热器的余热回收能力和换热面积，是确定换热器蒸发量、排烟温度以及 ORC 系统效率和经济性的重要参数[6]。

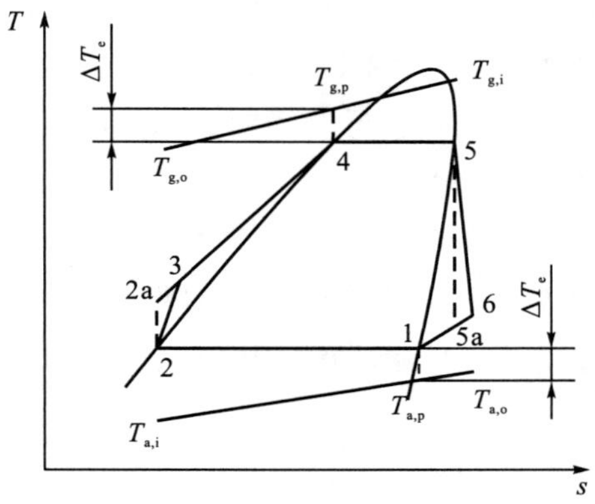

图 5-2 ORC 系统 *T*-*s* 图

ORC 基本工作原理与传统水蒸气朗肯循环类似，不同之处在于该技术采用低沸点有机物作为循环工质，因此与传统水蒸气朗肯循环系统相比，ORC 系统在回收低品位余热过程中具有以下优势。

①因为采用具有较低沸点及较高蒸汽压力的有机物作为循环工质，相对于水蒸气朗肯循环系统，ORC 系统在回收低温余热过程中可以达到更高的系统效率。

②有机工质蒸汽密度大、比热容小，可以有效降低膨胀机末级叶片高度，减小排汽管道和空冷换热器管道尺寸。

③等熵及干型有机工质在膨胀做功过程中，始终保持干蒸汽状态，系统无须加装过热器。不会在膨胀机末端形成工质湿气，进而避免高速小液滴对膨胀机叶片的冲击和腐蚀等损坏，且 ORC 系统在低负荷运行和变工况下具有更强的适应能力。

④在部分水资源匮乏地区，ORC 系统的冷凝器首选空气冷却方式。ORC 发电系统使用的空冷冷凝器与水蒸气朗肯循环发电系统的空冷冷凝器相比，具有体积小、投资成本低的特点。

⑤ORC 系统的膨胀机叶片在低速运行工况下可以获得良好的动力配合，膨胀机在 50Hz 时具有较高效率，且不需要加装齿轮变速箱。冷凝压力高，系统可以在接近和稍高于大气压力条件下工作，可以有效避免循环过程中有机工质泄漏现象。凝固点很低，在较低环境温度下依然可以对外释放热量。在严寒气候条件下可增加系统出力，且冷凝器无需添加防冻设施。

5.2.2　ORC 系统热力学分析

在对 ORC 进行热经济学分析时，首先必须建立 ORC 系统的热力学分析模型，计算 ORC 的循环效率和输出功，分析热源温度及种类、冷却介质特性、工作介质等对循环效率和输出功的影响。

对于 ORC，低温余热源可以是气体，也可以是液体，但以低温烟气为主。冷却介质可以是环境状态下的水，也可以是空气，但以空气为主。对于回收低温烟气余热的 ORC，且冷却介质为空气，为简化起见，假定：①换热器中循环工质压降和热损失均很小，可忽略不计，同时也不考虑管路压损；②工质在冷凝器出口和膨胀机进口分别为饱和液态和饱和气态；③换热器节点温差不小于 5℃；④为防止排烟温度低于酸露点，腐蚀换热设备，设定系统排烟温度不低于 90℃。

如图 5-2 所示，对于给定的热源参数，设工质蒸发温度为 T_e、蒸发压力为 p_e，冷凝温度为 T_c、冷凝压力为 p_c，换热器节点温差为 ΔT，则循环工质质量流量为

$$m_{wf}=\frac{m_g c_{p,g}(T_{g,i}-T_{g,p})}{h_5-h_4}=\frac{m_a c_{p,a}(T_{a,p}-T_{a,i})}{h_1-h_2} \tag{5-1}$$

式中，$T_{g,p}=T_e+\Delta T_e$，$T_{a,p}=T_c-\Delta T_c$；m_g 和 m_a 分别为低温烟气和冷却空气质量流量，$c_{p,g}$ 和 $c_{p,a}$ 分别为低温烟气和空气平均比热容。

有机工质在循环系统中经历了四个热力学过程，即循环泵内的升压过程、蒸发器内的吸热过程、膨胀机内的做功过程和冷凝器内的放热过程。

对于循环泵内的升压过程 2–3（图 5-2），循环泵的绝热效率 η_p 和消耗功率 P_p 可分别表示为

$$\eta_p = (h_{2a} - h_2) / (h_3 - h_2) \tag{5-2}$$

$$P_p = m_{wf}(h_3 - h_2) = m_{wf}(h_{2a} - h_2) / \eta_p \tag{5-3}$$

对膨胀机内的做功过程 5–6（图 5-2），膨胀机的绝热效率 η_{tur} 和功率 P_{tur} 可表示为

$$\eta_{tur} = (h_5 - h_6) / (h_5 - h_{5a}) \tag{5-4}$$

$$P_{tur} = m_{wf}(h_5 - h_6) = m_{wf}\eta_{tur}(h_5 - h_{5a}) \tag{5-5}$$

在蒸发器内的定压吸热过程 3–5（图 5-2）中，工质吸热量为

$$\Phi_e = m_{wf}\left(h_5 - h_3\right) = m_g c_{p,g}\left(T_{g,i} - T_{g,o}\right) \tag{5-6}$$

在冷凝器内的定压放热过程 6–2（图 5-2）中，工质放热量为

$$\Phi_c = m_{wf}\left(h_6 - h_2\right) = m_a c_{p,a}\left(T_{a,o} - T_{a,i}\right) \tag{5-7}$$

在给定热源条件下，选定循环工质，再结合蒸发温度、冷凝温度和换热器节点温差，就可以确定循环工质在 ORC 系统内的状态点参数，从而对整个系统进行热力学分析。

系统对外净输出功率为

$$P_{net} = P_{tur} - P_p \tag{5-8}$$

ORC 系统的热经济性主要取决于蒸发器和冷凝器的换热面积[7-8]。由于管壳式换热器具有结构简单、制造方便，在相同管束条件下其壳体内径最小、管程分程容易等优点，故管壳式换热器在 ORC 系统中得到了广泛的应用。

在蒸发器和冷凝器内，烟气侧和空气侧的换热热阻远大于有机工质侧换热热阻，通常工质侧表面传热系数与气侧表面传热系数不在同一数量级。因此，可以仅考虑气侧热阻对总传热系数的影响[9]。换热器气侧表面传热系数计算方法如下。

蒸发器烟气侧表面传热系数采用 Kern 公式计算

$$K_{og} = 0.36\frac{\lambda}{d_e}Re^{0.55}Pr^{\frac{1}{3}}\left(\frac{\eta}{\eta_w}\right)^{0.14} \tag{5-9}$$

式中，d_e 为流道当量直径。

冷凝器空气侧表面传热系数采用 Brigss 公式计算

$$K_{oa}=0.1378\frac{\lambda_a}{d_r}Re_a^{\ 0.718}Pr_a^{\ 0.333}\left(\frac{s_f}{h}\right)^{0.296}\left(\frac{A_t}{A_o}\right) \tag{5-10}$$

式中，s_f 为翅片间距；h 为翅片高度；A_t 为翅片管外总表面积；A_o 为光管外表面积。

当采用 ORC 技术回收烟气余热时，不同热源温度和有机工质物性可能导致换热器节点温差位于换热器的不同位置，如图 5-3 所示。在回收低温烟气余热时，为了防止发生低温腐蚀现象，对蒸发器出口烟温有严格限制。一般情况下，出口烟温远高于蒸发器进口处

工质温度，蒸发器节点温差出现在蒸发器内部。当热源温度较高、冷凝温度以及蒸发温度较低时，蒸发器节点温差可能在工质进口处，而并非通常所认为的换热器内工质饱和液态点位置，这种情况在回收中高温余热或地热能过程中可能出现。在冷凝器中，受环境温度和冷凝温度限制，冷凝器节点温差均出现在冷凝器内的工质饱和气态点位置。

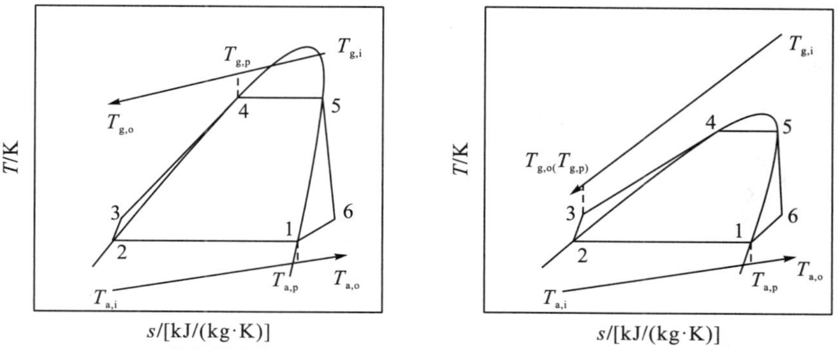

(a)蒸发器内部　(b)蒸发器端口

图 5-3　ORC 系统蒸发器节点温差位置

在蒸发器和冷凝器的不同换热区域，平均传热温差的计算方法不同，因此换热面积计算公式也不一样。

在蒸发器单相区，根据传热方程可得换热面积为[10]

$$A_{e,s}=\frac{\Phi_{e,s}}{K_e\Delta T_{m,es}}=\frac{m_g c_{p,g}(T_{g,p}-T_{g,o})}{K_e\Delta T_{m,es}} \tag{5-11}$$

式中，$\Delta T_{m,es}$ 为蒸发器单相区平均传热温差，按下式计算得到：

$$\Delta T_{m,es}=\frac{T_{g,o}-T_3-\Delta T_e}{\ln\dfrac{T_{g,o}-T_3}{\Delta T_e}}$$

在蒸发器两相区，传热面积为

$$A_{e,tw}=\frac{\Phi_{e,tw}}{K_e\Delta T_{m,etw}}=\frac{m_g c_{p,g}(T_{g,i}-T_{g,p})}{K_e\Delta T_{m,etw}} \tag{5-12}$$

式中，$\Delta T_{m,etw}$ 为蒸发器两相区平均传热温差，按下式计算得到：

$$\Delta T_{m,etw}=\frac{T_{g,i}-T_5-\Delta T_e}{\ln\dfrac{T_{g,i}-T_5}{\Delta T_e}}$$

蒸发器总换热面积为

$$A_e=A_{e,s}+A_{e,tw} \tag{5-13}$$

在冷凝器单相区，传热面积为

$$A_{c,s}=\frac{\Phi_{c,s}}{K_c\Delta T_{m,cs}}=\frac{m_a c_{p,a}(T_{a,o}-T_{a,p})}{K_c\Delta T_{m,cs}} \tag{5-14}$$

式中，$\Delta T_{m,cs}$为冷凝器单相区平均传热温差，按下式计算得到：

$$\Delta T_{m,cs}=\frac{T_6-T_{a,o}-\Delta T_c}{\ln\frac{T_6-T_{a,o}}{\Delta T_c}}$$

在冷凝器两相区，传热面积为

$$A_{c,tw}=\frac{\Phi_{c,tw}}{K_c\Delta T_{m,ctw}}=\frac{m_a c_{p,a}(T_{a,p}-T_{a,i})}{K_c\Delta T_{m,ctw}} \tag{5-15}$$

式中，$\Delta T_{m,ctw}$为冷凝器两相区平均传热温差，按下式计算得到：

$$\Delta T_{m,ctw}=\frac{T_2-T_{a,i}-\Delta T_c}{\ln\frac{T_2-T_{a,i}}{\Delta T_c}}$$

冷凝器总换热面积为

$$A_c=A_{c,s}+A_{c,tw} \tag{5-16}$$

ORC 系统换热器总面积为

$$A_t=A_e+A_c \tag{5-17}$$

单位换热面积净输出功率为

$$\varepsilon=P_{net}/A_t \tag{5-18}$$

在 ORC 系统中，换热器节点温差是平衡换热量和换热面积的重要参数，因此，对 ORC 系统的热力学性能和热经济性能具有至关重要的影响[11-12]。

为了分析 ORC 系统净输出功率和总换热面积随蒸发器节点温差变化的定量关系，设定 ORC 运行条件如表 5-1 所示。对于回收低温烟气余热的 ORC 系统，常用循环工质及其物性参数如表 5-2 所示。

表 5-1 ORC 系统运行条件

运行条件	参数
烟气进口温度/℃	160～200
烟气流量/(kg/s)	10
烟气比热容/[kJ/(kg·K)]	1.085
冷却空气进口温度/℃	20
冷却空气流量/(kg/s)	50
冷却空气比热容/[kJ/(kg·K)]	1.005
膨胀机绝热效率/%	85
循环泵绝热效率/%	80
烟气酸露点/℃	90

表 5-2　常用循环工质及物性参数[13]

工质	热物性				环境参数		
	M/(g/mol)	T_{cri}/℃	P_{cri}/MPa	T_b/℃	ALT/a	ODP	GWP/100a
R600a	58.12	134.66	3.63	−11.75	0.02	0	～20
R142b	100.50	137.11	4.06	−9.12	17.9	0.07	2310
R236fa	152.04	139.29	3.50	6.19	8	0	710
R114	170.92	145.68	3.26	3.59	300	1.0	10040
R600	58.12	151.98	3.80	−0.49	0.02	0	～20
R245fa	134.05	154.01	3.65	15.14	7.6	0	710
n-pentane	72.15	160.59	3.20	9.5	—	—	—
R245ca	134.05	174.42	3.93	25.13	6.2	0	693
R21	102.92	178.33	5.18	8.86	—	—	—
R123	152.93	183.68	3.66	27.82	1.3	0.02	77
R601a	72.15	187.2	3.38	27.83	0.01	0	～20
R601	72.15	196.55	3.37	36.06	0.01	0	～20
R11	137.37	197.96	4.41	23.71	45	1.0	4750
R141b	116.95	204.35	4.21	32.05	9.3	0.12	725
R113	187.38	214.06	3.39	47.59	85	1.0	6130
n-hexane	86.18	234.67	3.03	68.71	—	—	—

注：“～”表示不超过

图 5-4 给出了蒸发器和冷凝器总节点温差$\Delta T_t=\Delta T_e+\Delta T_c=30$℃时、ORC 系统净输出功率和总换热面积随蒸发器节点温差的变化。显然，随着蒸发器节点温差的增大，蒸发器热流量减小并导致工质流量降低，但对应冷凝温度降低，这使得膨胀机单位工质焓降增大，因此膨胀机输出功率先增大、后减小。另一方面，循环泵功耗变化较小，对系统净输出功率影响不大，最终使得系统净输出功率随着蒸发器节点温差的增大先增大、后减小，存在一个极大值。

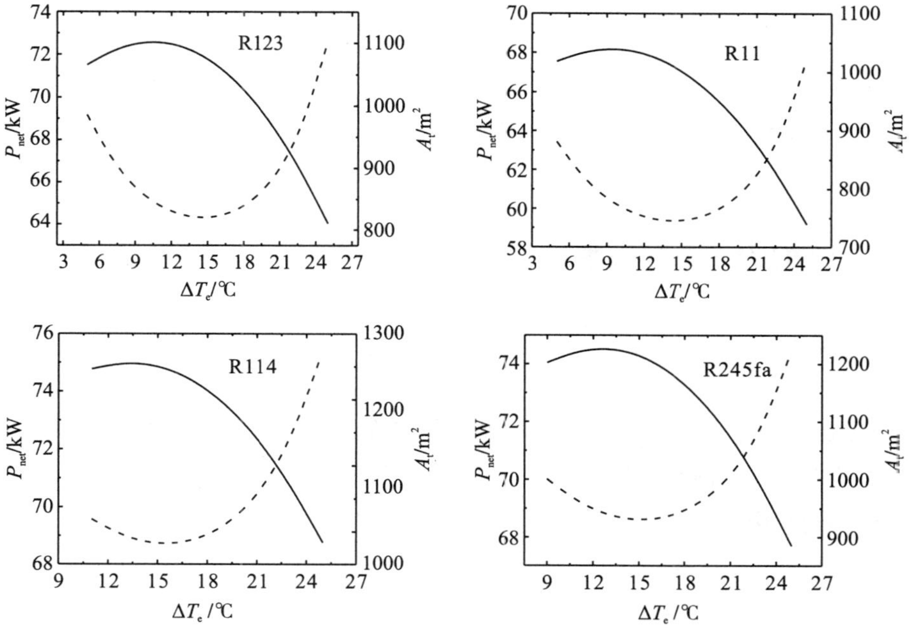

图 5-4　T_e=110℃和 ΔT_t=30℃时 ORC 系统净输出功率和换热面积随 ΔT_e 的变化

---- 换热面积，—— 净输出功率

节点温差对换热面积的影响也十分显著，随着蒸发器节点温差的增大，换热总面积先减小后增大，存在一个极小值。从图中可以看出，不同工质的最大净输出功率对应的蒸发器节点温差不同，而总换热面积最小值对应的蒸发器和冷凝器节点温差均在 15℃左右。

单位换热面积净输出功率是衡量 ORC 系统性能的一个重要指标，图 5-5 给出了 T_e=110℃和 ΔT_t=30℃时四种循环工质对应的单位换热面积净输出功率随蒸发器节点温差的变化。显然，随着蒸发器节点温差的增大，单位换热面积净输出功率先增大、后减小，具有一个极大值。同样，当蒸发器节点温差较小时，以 R245fa 和 R114 为循环工质时，烟气出口温度过低，不满足出口烟温约束条件。以 R11 为循环工质时，在蒸发器节点温差和冷凝器节点温差分别为 12.8℃和 17.2℃时，单位换热面积净输出功率达到最大值(0.090kW/m^2)。以 R114 为循环工质时，在蒸发器节点温差和冷凝器节点温差均为 15℃，系统单位换热面积净输出功率达到最大值(0.076kW/m^2)。由图可知，随着蒸发器节点温差的增大，采用不同有机工质对系统性能的影响逐渐削弱。

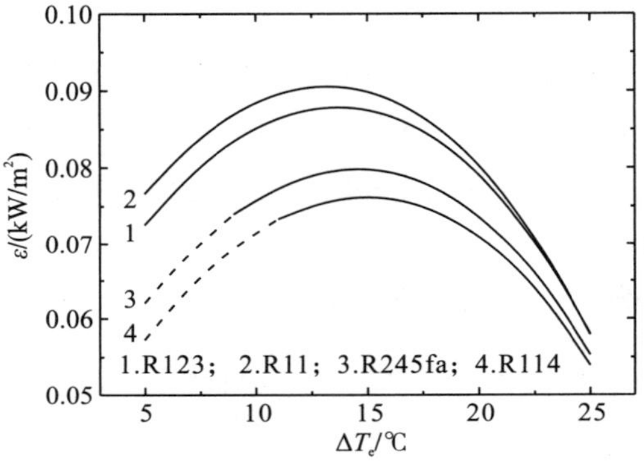

图 5-5 T_e=110℃和 ΔT_t=30℃时单位换热面积净输出功率随 ΔT_e 的变化

---- 表示 $T_{g,o}$<90℃；—— 表示 $T_{g,o}\geqslant$90℃

5.2.3 ORC 系统热经济性

1. 经济模型

在对 ORC 系统进行热经济分析时，关键是准确计算各设备的投资成本。设备投资成本主要包含蒸发器、膨胀机、冷凝器和循环泵费用，分述如下[14-15]。

膨胀机投资费用与其输出功率有关，按下式计算得到：

$$\lg C_{p,tur} = K_{1,tur} + K_{2,tur} \lg P_{tur} + K_{3,tur} (\lg P_{tur})^2 \tag{5-19}$$

$$C_{bm,tur} = C_{p,tur} F_{bm,tur} \tag{5-20}$$

循环泵投资费用与其功耗有关，按下式计算得到：

$$\lg C_{\mathrm{p,p}} = K_{1,\mathrm{p}} + K_{2,\mathrm{p}} \lg P_{\mathrm{p}} + K_{3,\mathrm{p}} (\lg P_{\mathrm{p}})^2 \tag{5-21}$$

$$\lg F_{\mathrm{p,p}} = C_{1,\mathrm{p}} + C_{2,\mathrm{p}} \lg p_{\mathrm{p}} + C_{3,\mathrm{p}} (\lg p_{\mathrm{p}})^2 \tag{5-22}$$

$$C_{\mathrm{bm,p}} = C_{\mathrm{p,p}} F_{\mathrm{bm,p}} = C_{\mathrm{p,p}} (B_{1,\mathrm{p}} + B_{2,\mathrm{p}} F_{\mathrm{m,p}} F_{\mathrm{p,p}}) \tag{5-23}$$

式中，P_{tur}和P_{p}分别为膨胀机输出功率和循环泵功耗；C_{bm}为修正后的设备投资费用。

蒸发器投资费用取决于其换热面积和工作压力，按下式计算得到：

$$\lg C_{\mathrm{p,e}} = K_{1,\mathrm{e}} + K_{2,\mathrm{e}} \lg A_{\mathrm{e}} + K_{3,\mathrm{e}} (\lg A_{\mathrm{e}})^2 \tag{5-24}$$

$$\lg F_{\mathrm{p,e}} = C_{1,\mathrm{e}} + C_{2,\mathrm{e}} \lg p_{\mathrm{e}} + C_{3,\mathrm{e}} (\lg p_{\mathrm{e}})^2 \tag{5-25}$$

$$C_{\mathrm{bm,e}} = C_{\mathrm{p,e}} F_{\mathrm{bm,e}} = C_{\mathrm{p,e}} (B_{1,\mathrm{e}} + B_{2,\mathrm{e}} F_{\mathrm{m,e}} F_{\mathrm{p,e}}) \tag{5-26}$$

冷凝器投资费用也取决于其换热面积和工作压力，按下式计算得到：

$$\lg C_{\mathrm{p,c}} = K_{1,\mathrm{c}} + K_{2,\mathrm{c}} \lg A_{\mathrm{c}} + K_{3,\mathrm{c}} (\lg A_{\mathrm{c}})^2 \tag{5-27}$$

$$\lg F_{\mathrm{p,c}} = C_{1,\mathrm{c}} + C_{2,\mathrm{c}} \lg p_{\mathrm{c}} + C_{3,\mathrm{c}} (\lg p_{\mathrm{c}})^2 \tag{5-28}$$

$$C_{\mathrm{bm,c}} = C_{\mathrm{p,c}} F_{\mathrm{bm,c}} = C_{\mathrm{p,c}} (B_{1,\mathrm{c}} + B_{2,\mathrm{c}} F_{\mathrm{m,c}} F_{\mathrm{p,c}}) \tag{5-29}$$

式中，A_{e}和A_{c}分别为蒸发器和冷凝器换热面积；p_{e}和p_{c}分别为蒸发器和冷凝器工作压力。

上述各式中的 B、C、K 和 F 均为设备投资费用系数，如表 5-3 所示。

表 5-3　ORC 系统设备投资费用系数[14]

系数	膨胀机	循环泵	蒸发器	冷凝器
K_1	3.5137	3.5793	3.2138	3.2138
K_2	0.5888	0.3208	0.2688	0.2688
K_3	0	0.0285	0.07961	0.07961
C_1	—	0.1682	−0.06499	−0.06499
C_2	—	0.3477	0.05025	0.05025
C_3	—	0.4841	0.01474	0.01474
B_1	—	1.8	1.8	1.8
B_2	—	1.51	1.5	1.5
F_{m}	—	1.80	1.25	1.25
F_{bm}	3.5	—	—	—

ORC 系统投资成本即蒸发器、膨胀机、冷凝器和循环泵费用之和。根据化工行业每年发布的化工设备成本指数(CEPCI)，依据当年的物价和经济发展状况等因素确定当年的系统投资成本。

$$\mathrm{Cost}_{1996} = C_{\mathrm{bm,tur}} + C_{\mathrm{bm,p}} + C_{\mathrm{bm,e}} + C_{\mathrm{bm,c}} \tag{5-30}$$

$$\mathrm{Cost}_{2014} = \mathrm{Cost}_{1996}\ \mathrm{CEPCI}_{2014} / \mathrm{CEPCI}_{1996} \tag{5-31}$$

式中，CEPCI_{1996}=382，CEPCI_{2014}=586.77。

进一步考虑设备年运行时间、运行和维护费用以及年投资回收成本等，则可得到 ORC

系统单位千瓦时发电成本[16]

$$EPC = (Cost_{2014}CRF + COM_{pl}) / (t_{op}P_{net}) \tag{5-32}$$

式中，COM_{pl}为系统运行和维护费，约占系统设备投资费用的 1.5%；t_{op}为系统年运行时间，取 8000h；CRF 为年投资回收成本，主要由投资年利率和设备运行年限决定[17]

$$CRF = i(1+i)^{LT_{pl}} / [(1+i)^{LT_{pl}} - 1] \tag{5-33}$$

式中，投资年利率 i 为 5%[8]；LT_{pl}为设备运行年限，可取 20 年[8]。

基于上述模型，在给定热源和冷源条件下，以蒸发器节点温差、冷凝器节点温差、蒸发温度和冷凝温度为自由度，在工程计算软件 EES 上编程，就可以对 ORC 系统热经济性能进行分析。对于回收低温烟气余热的 ORC 系统，为了防止低温烟气腐蚀换热设备，确保系统安全稳定运行，要求蒸发器烟气出口温度高于 90℃。对应地，循环工质临界温度应高于 120℃。

2. 换热器节点温差对系统经济性的影响

对于表 5-1 给出的 ORC 系统运行条件，当热源进口温度 $T_{g,i}$=180℃和蒸发温度 T_e=125℃时，蒸发器节点温差和冷凝器节点温差对 ORC 系统发电成本 EPC 的影响如图 5-6 所示。由图可知，当蒸发器节点温差一定时，随着冷凝器节点温差的增大，系统发电成本先降低、后升高。一方面，冷凝器节点温差过小会导致冷凝器换热面积过大，使得投资费用过高；另一方面，冷凝器节点温差过大会导致冷凝温度升高，从而降低 ORC 系统效率，系统发电量也随之减小。由于节点温差过大或过小都不利于发电成本的降低，存在一个最佳冷凝器节点温差使得系统发电成本存在极小值。

蒸发器节点温差过小同样使得换热面积过大，投资成本过高；蒸发器节点温差过大导致进入系统的热流量减小，进而降低了系统发电量。因此，在一定的冷凝器节点温差下，随着蒸发器节点温差的增大，发电成本也呈现先降低、后升高的变化趋势，存在一个极小值。

由此可知，在一定蒸发温度条件下，存在最佳蒸发器节点温差和冷凝器节点温差使得系统发电成本 EPC 最小。需要注意的是，蒸发温度过高将导致吸热量迅速减小，无法达到烟气余热深度利用的目的，蒸发温度过低则会导致烟气出口温度低于酸露点，进而带来换热器腐蚀等问题。因此，针对不同热源条件，需要选取合理的蒸发温度[12]。

在给定条件下，对于 R245fa 循环工质，当蒸发温度为 125℃时，最佳蒸发器节点温差和冷凝器节点温差分别为 15.3℃和 13.1℃，对应的系统发电成本 EPC 为 0.0738 美元/(kW·h)。而循环工质 R123 在该蒸发温度下的系统最小发电成本为 0.0687 美元/(kW·h)，对应蒸发器节点温差和冷凝器节点温差分别为 11.6℃和 14.9℃。在此基础上，以相同方法对工质合理范围内的蒸发温度进行换热器节点温差优化，可以搜索出循环工质的最佳蒸发温度和换热器节点温差，使得系统发电成本最小。

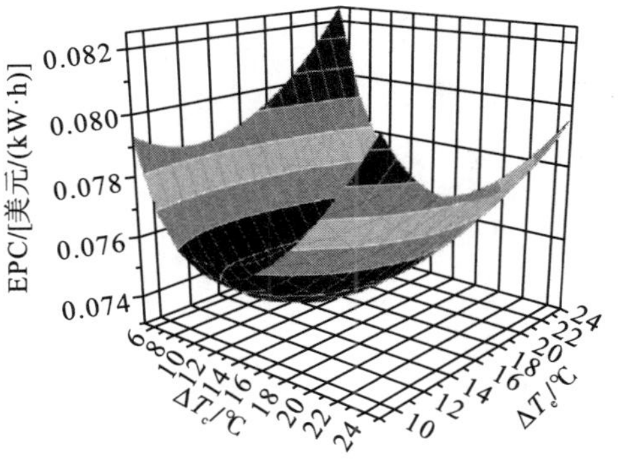

(a)R245fa　(b)R123

图 5-6　T_e=125℃和 $T_{g,i}$=180℃时 EPC 随 ΔT_e 和 ΔT_c 的变化

3. 蒸发温度对系统经济性的影响

图 5-7 给出了在最佳蒸发器和冷凝器节点温差条件下，R245fa 和 R123 在热源进口温度 $T_{g,i}$ 为 180℃和 200℃时蒸发温度对系统热经济性的影响。由图可知，ORC 系统发电成本 EPC 随蒸发温度的升高先降低、后升高，存在一个极小值。在较高热源温度条件下，工质最佳蒸发温度也较高。

当热源温度为 200℃时，R245fa 的最佳蒸发温度为 136℃，对应最小发电成本为 0.0651 美元/(kW·h)；R123 的最佳蒸发温度为 149℃，对应的最小发电成本为 0.0579 美元/(kW·h)。由此可见，采用不同循环工质对系统经济性能影响显著，在 200℃热源条件下，相对于 R245fa，采用 R123 作为循环工质可以将发电成本降低 11.06%。

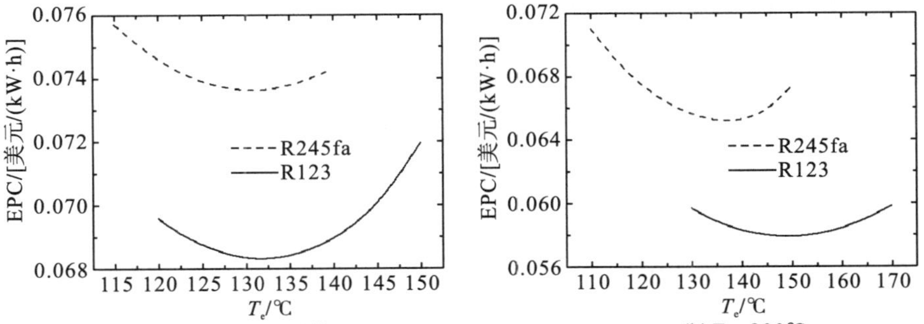

(a)$T_{g,i}$=180℃　(b)$T_{g,i}$=200℃

图 5-7　最佳 ΔT_e 和 ΔT_c 条件下 EPC 随 T_e 的变化

图 5-8 给出了 $T_{g,i}$=180℃时蒸发温度对最佳冷凝温度、冷凝器和蒸发器节点温差的影响。显然，随着蒸发温度的升高，最佳冷凝温度和冷凝器节点温差基本不变，而蒸发器节点温差近似线性减小，说明冷凝温度和冷凝器节点温差对系统经济性不敏感。因此，在选

择合理的冷凝温度和冷凝器节点温差条件下，系统发电成本 EPC 主要受蒸发温度和蒸发器节点温差的影响。针对不同热源温度及循环工质的研究表明，最佳换热器节点温差和冷凝温度随蒸发温度升高均呈现上述变化规律。因此，选取最佳蒸发器节点温差和蒸发温度是提高 ORC 系统发电经济性的有效途径。

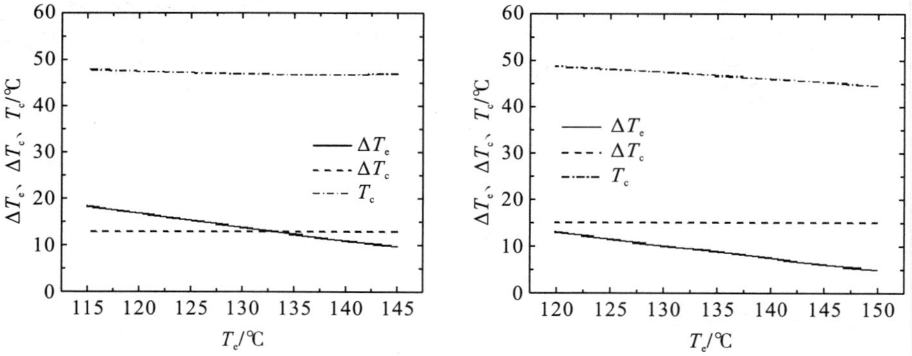

(a) R245fa　　(b) R123

图 5-8　$T_{g,i}$=180℃时 ΔT_e、ΔT_c 和 T_c 随 T_e 的变化

4. 热源温度对系统经济性的影响

热源温度代表着余热能量品质，当烟气流量不变时，进口烟温越高，进入系统有效热能越多。图 5-9 反映了热源温度对发电成本的影响，显然，最小发电成本随热源温度的升高近似线性降低。当热源温度从 160℃升至 200℃时，采用 R123 和 R245fa 为循环工质时，系统最低发电成本可分别降低 23.9%和 28.9%。由此可见，热源温度对系统经济性具有较大影响，这主要是由于热源温度升高后，最优工况下的循环工质流量增大，系统净输出功率增加；对应换热器节点温差变化不大，系统投资费用的增长率小于发电量增长率，因此发电成本明显降低。

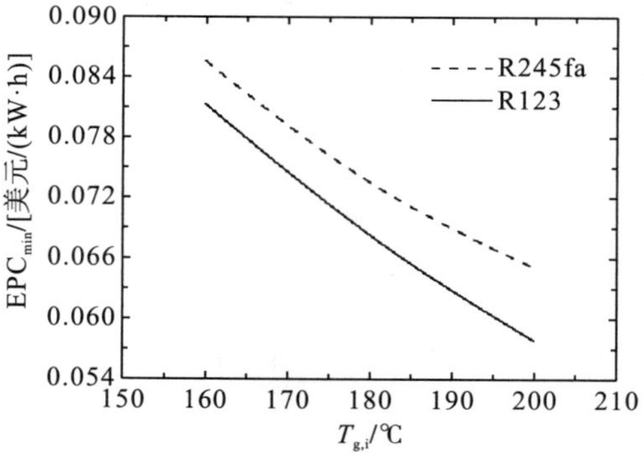

图 5-9　最小 EPC 随 $T_{g,i}$ 的变化

5. 有机工质种类对系统热经济性的影响

影响 ORC 系统热经济性最重要的循环工质物性参数是工质的临界温度。显然，临界温度过低会限制蒸发温度的选取，容易造成排烟温度低于酸露点；临界温度过高又不利于增大系统净输出功率。一般而言，对于回收低温烟气余热的 ORC 系统，工质临界温度基本位于 124.92～224.55℃，如表 5-2 所示。

当热源温度为 180℃时，采用表 5-2 中九种不同临界温度的循环工质对 ORC 系统进行热经济性分析，结果如图 5-10 所示。由图可知，临界温度为 180～210℃的四种有机工质 R123、n-pentane、R11 和 R141b 对应的系统发电成本较低，接近 0.07 美元/(kW·h)。采用临界温度为 124.9℃的 R236fa 作为循环工质时，系统发电成本 EPC 最高，接近 0.09 美元/(kW·h)。这是由于在最佳工况下，R236fa 蒸发温度仅为 112℃，蒸发器节点温差高达 33.2℃，远大于其他工质在最优工况下对应的蒸发器节点温差。尽管进入系统的余热量最大，热效率低导致净输出功率较小，同时冷凝器节点温差小使得冷凝器换热器面积较大，增加了系统投资费用。与 R236fa 工质相比，采用 R123 作为循环工质，可以将系统发电成本降低 23.2%，不同的循环工质对系统热经济性具有显著影响。

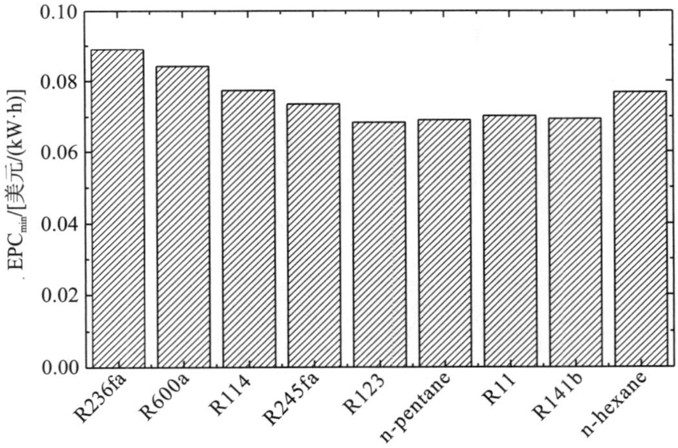

图 5-10　$T_{g,i}$=180℃时不同工质的最小 EPC

当 ORC 系统发电成本最小时，系统净输出功率如图 5-11 所示。以 R245fa 作为循环工质时，系统净输出功率最大，达到 112.6kW。R236fa 作为循环工质时，系统净输出功率最小，为 92.3kW。与图 5-10 对比可知，受系统投资成本影响，系统经济性最佳的循环工质对应的净输出功率并非最大，这说明采用不同的评价标准筛选循环工质时，所得到的结论是不一致的[18]。在一定热源条件下，在 ORC 系统循环工质筛选过程中，一方面要考虑系统余热回收率和系统对外输出功率，另一方面也要考虑回收余热的投资成本。只有在较小发电成本条件下，采用 ORC 系统回收余热资源才具有节能意义。

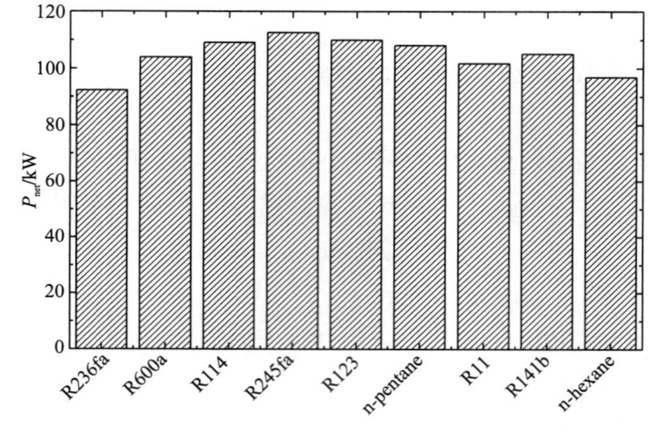

图 5-11　$T_{g,i}$=180℃时不同工质在最小 EPC 工况下的系统净输出功率

图 5-12 给出了不同热源温度条件下工质临界温度 T_{cri} 对 ORC 系统最小发电成本 EPC_{min} 的影响。由图可知，随着工质临界温度的升高，ORC 系统发电成本整体呈现先降低、后升高的趋势。临界温度为 180～205℃的循环工质适合回收该热源温度区间的低品位余热。随着热源温度的升高，有机工质的系统发电成本逐渐降低，且临界温度越高的有机工质，其最小发电成本降低幅度越大。当热源温度从 160℃升高到 200℃时，以临界温度为 234.3℃的 n-hexane 为循环工质，系统最小发电成本可降低 0.03 美元/(kW·h)，降低幅度为 32%；而临界温度为 124.9℃的 R236fa 对应的系统最小发电成本仅降低 0.013 美元/(kW·h)，降低幅度为 13.5%。

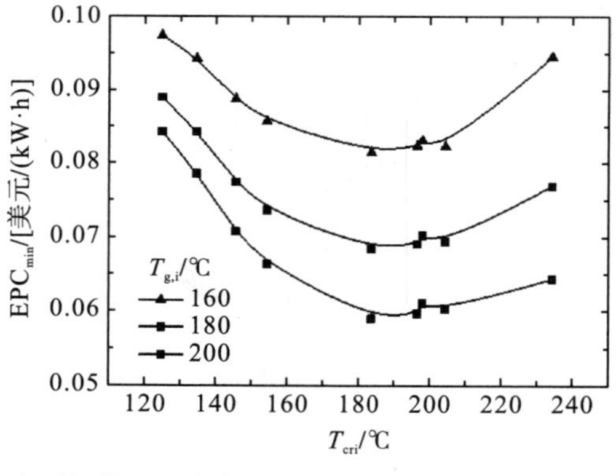

图 5-12　在不同热源温度条件下工质临界温度对最小 EPC 的影响

5.2.4　混合工质 ORC 系统热经济性能分析

1. 混合工质 ORC 系统特点

在纯工质 ORC 系统中，工质在蒸发和凝结时的温度是恒定不变的，但蒸发器内低温

烟气温度随着放热过程的进行会逐渐降低，而冷凝器内冷却介质温度则随着吸热过程的进行逐渐升高，这样一来，在蒸发器和冷凝器内都存在比较大的传热不可逆损失，从而降低了 ORC 热效率和热经济性。相反，非共沸工质在相变过程中因为组分浓度的变化，其温度将不再是恒定不变的，而是随着相变过程的进行升高或降低。因此，在非共沸工质蒸发器和冷凝器内，换热介质之间具有比较好的温度匹配关系，可大大降低蒸发器和冷凝器内的不可逆损失，提高 ORC 系统的性能[19-20]。

图 5-13 为混合工质亚临界 ORC 系统 *T-s* 图。对比图 5-3 可以发现，纯工质在蒸发器和冷凝器内分别经过 4-5 和 1-2 的等温相变过程，而混合工质的 4-5 和 1-2 为非等温相变过程。

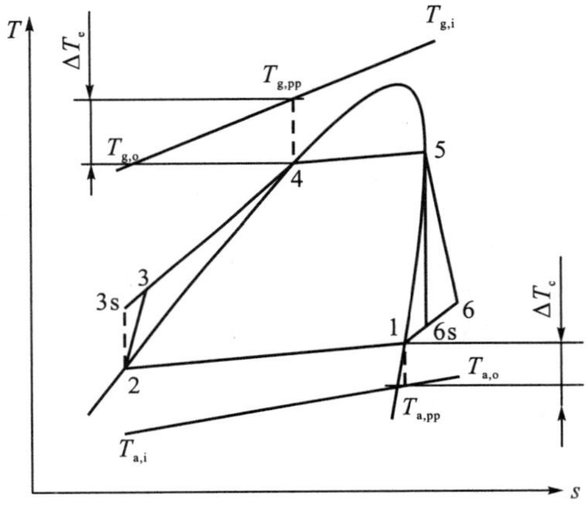

图 5-13 混合工质亚临界 ORC 系统 *T-s* 图

近年来，关于混合工质 ORC 系统的研究越来越多，从研究结果来看，对于混合工质 ORC 系统性能是否一定比纯工质好，并没有一致的结论，冷凝条件直接影响着混合工质与纯工质 ORC 系统的性能。

2. 混合工质 ORC 系统热经济性能

在亚临界 ORC 系统中，蒸发温度直接影响工质循环过程中的热力学状态参数，进而影响工质流量、膨胀机内焓降、泵功等，它是影响系统性能的重要参数。蒸发温度的确定受工质临界温度和热源进口温度的限制，应在合理范围内。为方便起见，设蒸发器和冷凝器节点温差分别为 10℃和 5℃，纯工质冷凝温度为 39℃，混合工质冷凝露点温度为 39℃，其他条件和工质特性见表 5-1 和表 5-2。

图 5-14 和图 5-15 分别给出了纯工质 ORC 系统净输出功率和发电成本随蒸发温度的变化。可以看出，在计算条件下，系统净输出功率随蒸发温度的升高总是先逐渐增大、再

逐渐减小，而发电成本先减小、再增大。由于泵功很小，系统净输出功率的变化几乎与膨胀机输出功率变化一致，而膨胀机输出功率为工质质量流量与工质膨胀过程焓降的乘积。在一定的蒸发器节点温差下，随着蒸发温度的升高，烟气出口温度升高，烟气放热量不断减小，工质质量流量减小；同时，随着蒸发温度的升高，在一定冷凝温度下，工质膨胀过程焓降增大。在蒸发温度较低时，蒸发温度升高引起的工质焓降增大速度大于质量流量减小的速度，所以净输出功率逐渐增大；蒸发温度继续升高时，质量流量的减小更为显著，所以净输出功率又减小。同时，工质质量流量减小，蒸发器与冷凝器的换热量减小，而平均换热温差的变化相对不大，换热面积主要受换热量影响而逐渐减小，所以总费用降低，又因为净输出功率是先增大后减小的，最终使得 EPC 先减小、再增大。净输出功率和发电成本分别存在最大值和最小值，所以系统分别存在使净输出功率最大和发电成本最小的最优蒸发温度。

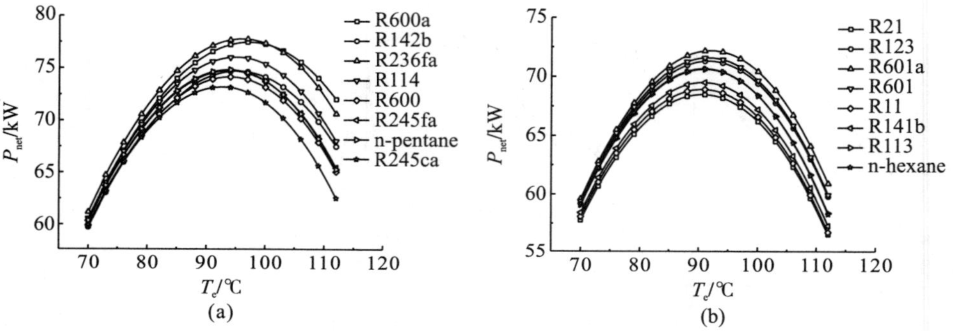

图 5-14 纯工质 ORC 系统 P_{net} 随 T_e 的变化

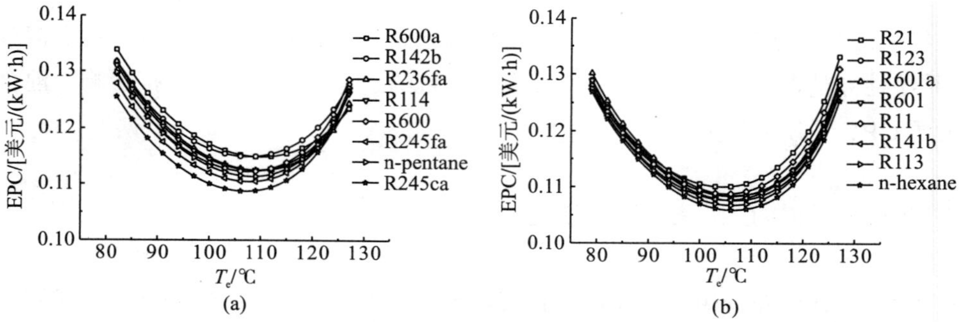

图 5-15 纯工质 ORC 系统 EPC 随 T_e 的变化

图 5-16 和图 5-17 给出了混合工质为 R245fa/R600a 和 R601/R600 的 ORC 系统净输出功率和发电成本随蒸发温度的变化。需要说明的是，为方便描述，混合工质蒸发温度与冷凝温度分别指蒸发或冷凝开始时的温度，即蒸发时的泡点温度和冷凝时的露点温度[21]。如图所示，与纯工质 ORC 系统相同，混合工质系统的净输出功率同样先增大、再减小，发电成本先降低、再升高。

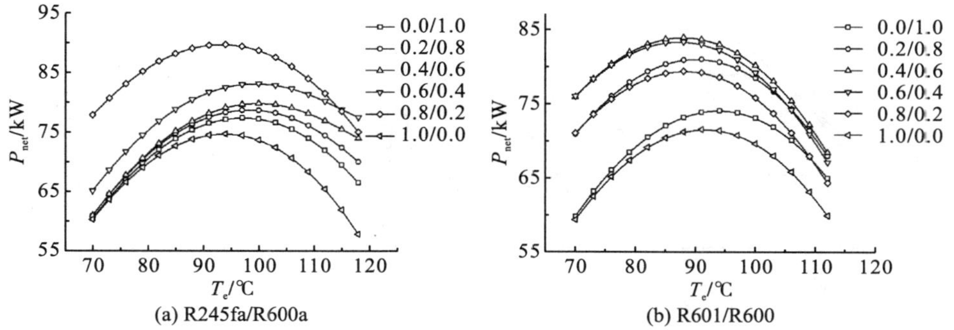

图 5-16　混合工质 ORC 系统 P_{net} 随 T_e 的变化

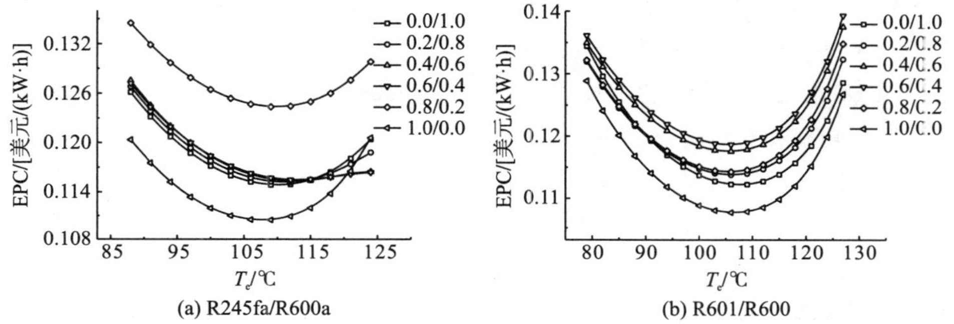

图 5-17　混合工质 ORC 系统 EPC 随 T_e 的变化

混合工质的物性不仅与混合物的组元种类有关，还与各组元所占份额有关。由图 5-16 和图 5-17 可知，混合工质的成分配比对系统性能有较大影响。R245fa/R600a 混合工质 ORC 系统中，R245fa 质量分数为 0.8 时，系统净输出功率较大，R245fa 质量分数为 1.0 时，即纯 R245fa 系统发电成本较低。R601/R600 系统中，R601 质量分数为 0.4 时，系统净输出功率较大，纯 R601 系统发电成本较低。

3. 纯工质与混合工质 ORC 系统性能比较

由于混合工质的温变过程能更好地与冷、热源相匹配，混合工质表现出比纯工质更好的系统性能，然而，更好的温度匹配是基于在比较过程中给定相同的蒸发泡点温度或冷凝露点温度时得到的。当改变比较条件时，混合工质不一定会比纯工质表现出更好的性能，例如，当混合工质和纯工质具有相同的蒸发露点温度和相同的冷凝露点温度时，工质为 R245fa/R152a 的 ORC 系统比纯工质 R245fa 系统热效率更低[21]；当给定冷凝露点温度时，工质为 R141b/RC318 的 ORC 系统比 R141b 系统有更低的热效率[22]。而且，具有不同工质的 ORC 系统存在不同的最佳蒸发温度，所以在比较时设置相同的蒸发泡点或露点温度条件就显得不尽合理。因此，这里在对蒸发温度进行优化后，分别在三种冷凝限制条件下对不同成分配比的混合工质 ORC 系统进行性能对比。图 5-18 为三种冷凝限制条件对应的系统 T-s 简图。

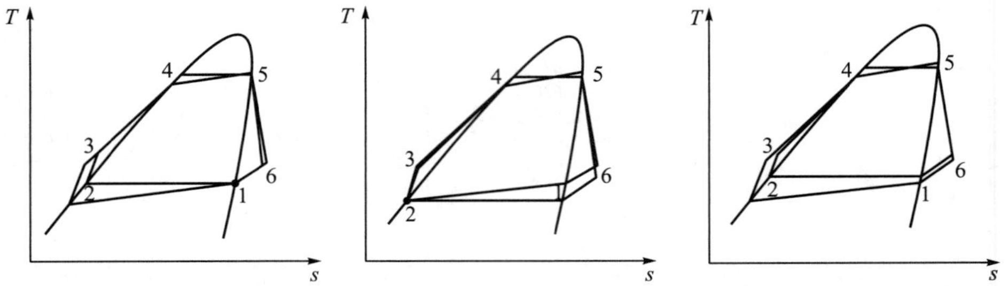

(a) 条件1：T_1=39℃ (b) 条件2：T_2=35℃ (c) 条件3：p_2=p_1=定值

图 5-18 三种冷凝限制条件

下面以 R245fa 与 R600a 混合物为例，分别对纯 R245fa、纯 R600a 及不同比例混合的 R245fa 与 R600a 混合物 ORC 系统进行比较[23]。

图 5-19(a)为给定冷凝露点温度时，R245fa/R600a 工质 ORC 系统在不同质量配比下的最大净输出功率和对应的热效率，以及最小发电成本。可以看出，随着 R245fa 质量分数的增大，它们均是先增大、再减小。当各工质系统的净输出功率最大时，对应的最优蒸发温度、工质流量和膨胀过程中的焓降如图 5-19(b)所示。随着 R245fa 质量分数的增大，膨胀焓降逐渐减小，而工质质量流量逐渐增大，且在 R245fa 质量分数为 0.9 时达到最大，此时的最优蒸发温度最低。膨胀过程中的焓降和工质质量流量的变化导致净输出功率先增大、再减小。对于最优蒸发温度最低的工质 ORC 系统，烟气出口温度最低，蒸发器的换热量最大，换热面积最大；而在冷凝侧，露点温度为给定值，当 R245fa 质量分数为 0.9 时，相变温度滑移最大，所以泡点温度最低，此时冷凝器传热温差最小，换热面积最大。由于 ORC 系统投资费用中，换热器费用占据主要部分，而换热器的费用主要由换热面积决定，所以 R245fa/R600a(0.9/0.1)工质 ORC 系统的投资费用最大，从而导致发电成本最高。各工质系统发电成本最小时的最优蒸发温度、工质流量及膨胀焓降随工质质量分数的变化与净输出功率最大时类似。

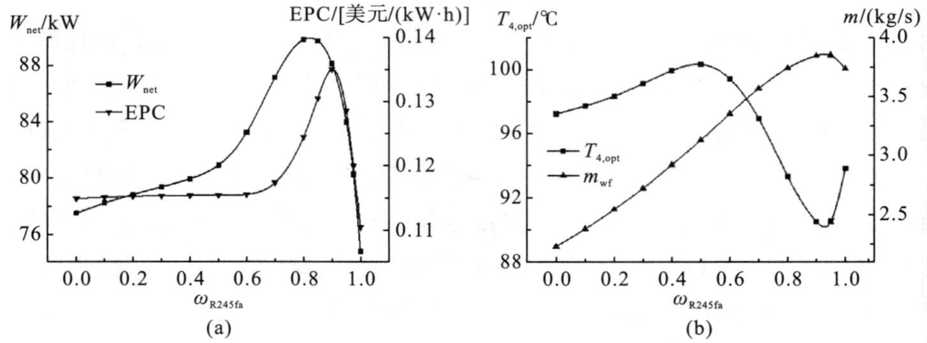

(a) (b)

图 5-19 T_1=39℃时主要参数随 R245fa 质量分数的变化

当冷凝泡点温度固定为 35℃时，不同配比的 R245fa/R600a 各 ORC 系统最大净输出功率和对应的热效率以及最小发电成本如图 5-20(a)所示，各工质 ORC 系统最大净输出功率对应的工质质量流量和膨胀过程焓降等如图 5-20(b)所示。随 R245fa 质量分数的增大，工质质量流量逐渐增大，焓降先增大、后减小，导致净输出功率先增大、后减小，然后再增大的变化。随工质质量流量的增加，蒸发器内单位质量工质吸热量减小，使得蒸发器内的换热量先增大后减小。冷凝器泡点温度给定时，随着 R245fa 质量分数的增加，工质冷凝潜热降低，而工质质量流量增大，冷凝器内的换热量也是先增大再减小。所以，总的换热量及换热面积均是先增大、再减小。结合净输出功率和换热面积对费用的影响，发电成本呈先逐渐升高，在净输出功率最小时达到最大，然后再降低的变化趋势。由图还可见，当 R245fa 质量分数约为 0.5 时，ORC 系统表现出相对较大的净输出功率和较小的发电成本。

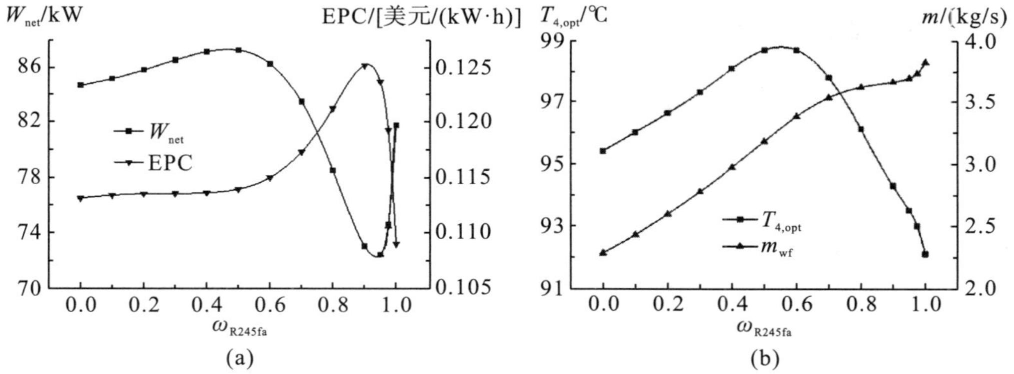

图 5-20　T_2=35℃时主要参数随 R245fa 质量分数的变化

当给定冷凝压力 p=0.465MPa 时，纯 R600a 系统冷凝温度为 35℃，各工质 ORC 系统的最大净输出功率和对应的热效率以及最小发电成本随混合工质成分的变化如图 5-21 所示。冷凝压力相同时，不同工质的冷凝温度不同，R245fa 质量分数为 0.3 时的混合工质 ORC 系统冷凝温度最低，纯 R245 系统冷凝温度最高。如图 5-21(b)所示，在系统的净输出功率最大时，工质质量流量随 R245fa 质量分数的增大先增大、再减小，而焓降不断减小。R245 质量分数较小时，工质质量流量增加而膨胀过程焓降减小，所以净输出功率缓慢增大；随着 R245 质量分数的继续增大，工质质量流量和膨胀焓降均减小，所以系统净输出功率又快速下降，纯 R245fa 系统净输出功率最小。同时，由图可见，受净输出功率变化的影响，发电成本随 R245fa 质量分数的增加不断增大，纯 R600a 系统发电成本最小。

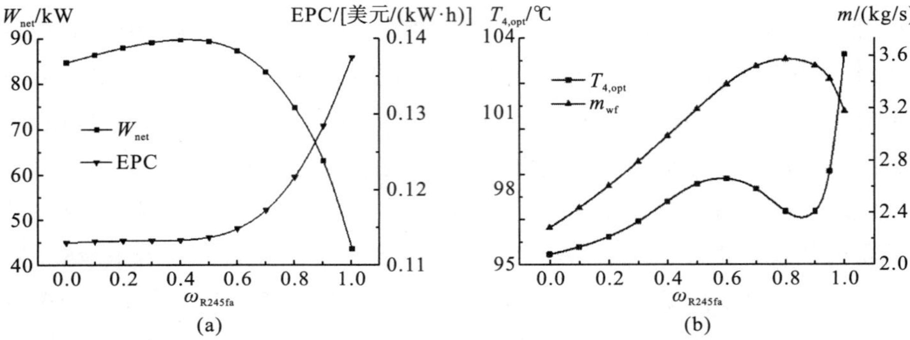

图 5-21　p_1=p_6=const.时主要参数随 R245fa 质量分数的变化

4. 混合工质不同组分及配比对系统性能的影响

为了深入分析混合工质成分和配比对 ORC 系统性能的影响，对 20 组混合工质进行了对比。为简化起见，混合工质写为 A/B 形式，A 的临界压力高于 B。图 5-22 给出了凝结泡点温度为 35℃时，各工质不同混合配比下相变过程露点温度与泡点温度的差值，$\Delta T_{1\text{-}2}=T_1-T_2$。为了使图形更明晰，混合工质按相变滑移温度分为两组。

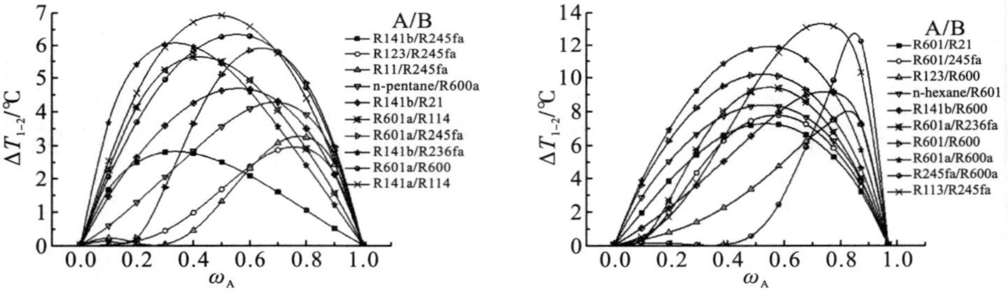

图 5-22　不同成分配比的混合工质相变温度滑移

图 5-23(a)和(b)给出了在三种冷凝限制条件下，各混合工质 ORC 系统的最大净输出功率随工质成分配比的变化。当冷凝露点温度给定时，如图 5-23(a)所示，大多数混合工质 ORC 系统的净输出功率大于纯工质系统，这意味着在这种条件下，混合工质有提高系统性能的潜力，因为混合工质在换热器内与冷热源有更好的温度匹配，混合工质比纯工质表现出更好的性能。同时，由图可见，大部分混合工质在一定配比下，可以使系统净输出功率最大，如混合工质 n-pentane/R600a、R141b/R236fa、n-hexane/R601 和 R113/R245fa 系统，对应的使净输出功率最大的最优配比分别为 0.6/0.4、0.2/0.8、0.5/0.5 和 0.7/0.3。对比图 5-23(a)与图 5-22，可以发现，净输出功率随成分配比的总体变化趋势与随相变温度滑移的变化相似。由于在给定冷凝露点温度下，相变滑移温度越大，冷凝泡点温度越低，图 5-13 中状态点 3 与状态点 4 温度也越低。而随着蒸发泡点温度 T_4 的降低，烟气出口温度降低，换热量增大，工质流量也增大，从而使得净输出功率增大。显然，工质 R245fa/R600a(0.8/0.2)净输出功率最大，其

次是 R113/R245fa(0.7/0.3)、R601a/R600a(0.5/0.5)。

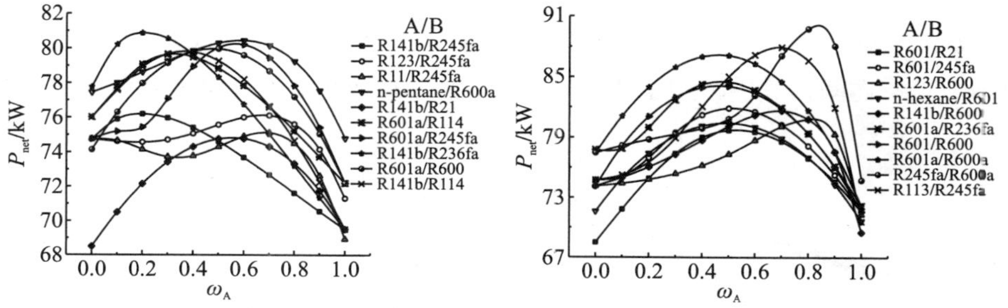

(a) 条件1：T_1=39℃

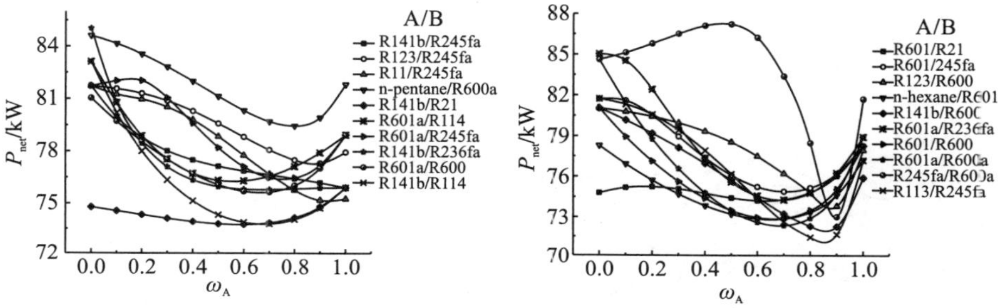

(b) 条件2：T_2=35℃

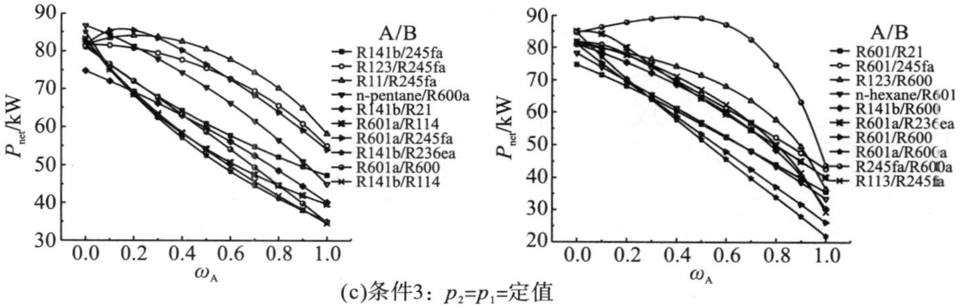

(c)条件3：p_2=p_1=定值

图 5-23　不同成分配比的各混合工质系统净输出功率

给定凝结泡点温度时，如图 5-23(b)所示，大部分混合工质净输出功率小于纯工质系统，净输出功率的变化几乎与图 5-22 中温度滑移的变化相反。对于滑移温度较大的工质，系统净输出功率较小。在这种冷凝条件下，相变滑移温度越大，冷凝露点温度越高，膨胀过程焓降越小，导致净输出功率较小。在给定冷凝泡点温度时，工质 R245fa/R600a(0.5/0.5)、纯 R236fa 和纯 R600a 有较大的净输出功率。

当给定冷凝压力时，如图 5-23(c)所示，各工质系统的净输出功率随混合组分 A 质量分数的增加而减少，混合工质的净输出功率介于两种纯工质之间。这里各工质给定的压力为使纯工质 B 的冷凝温度为 35℃时的压力。在此种条件下，净输出功率的变化主要由冷凝温度的变化决定，随着组分 A 质量分数的增大，平均冷凝温度升高，所以系统净输出功率减少。

图 5-24 给出了在三种冷凝条件下，各混合工质系统的最小发电成本随工质成分配比的变化。如图所示，混合工质系统的发电成本通常大于构成该混合物的纯工质系统，或介于这两种纯工质之间，其中，纯工质 n-hexane、R113、R601 和 R141b 系统的发电成本相对较低。

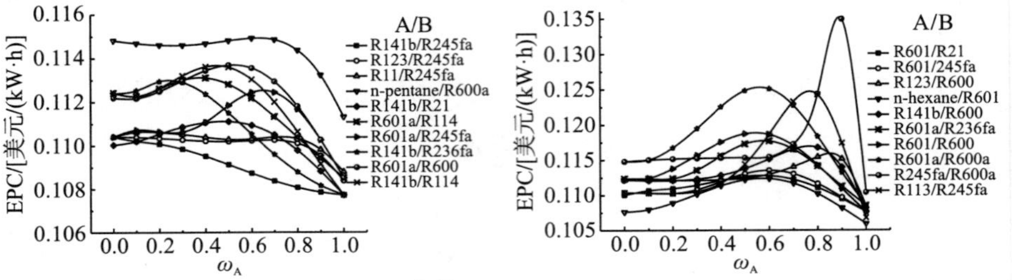

(a) 条件1：T_1=39℃

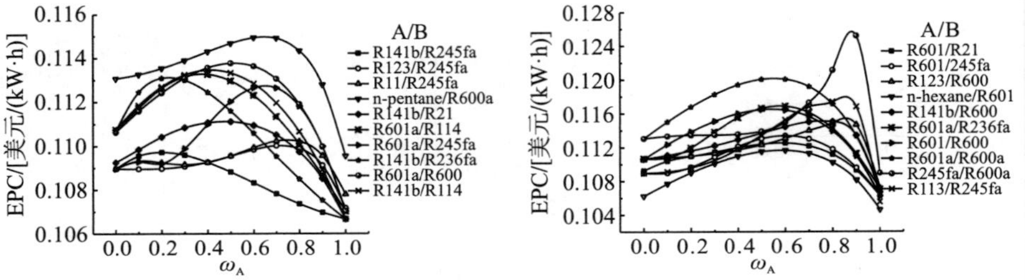

(b) 条件2：T_2=35℃

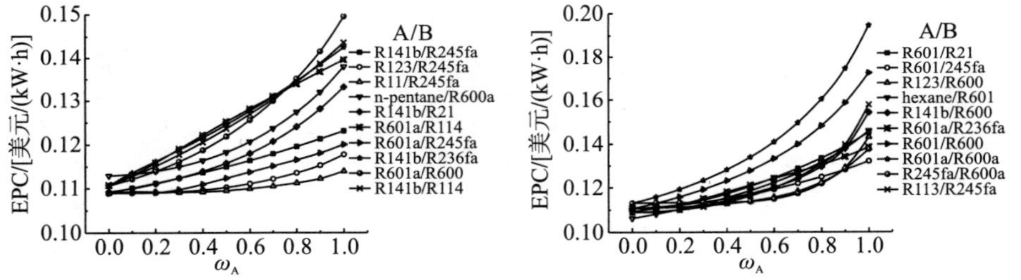

(c)条件3：p_2=p_1=定值

图 5-24 不同成分配比的混合工质系统的发电成本

虽然在一定条件下，采用混合工质减少了换热器内的不可逆损失，但是由于平均传热温差减小，换热面积增大，导致产生更多的投资费用。此外，混合工质有较大的滑移温度，蒸发泡点温度通常较低，使得工质质量流量和蒸发器内换热量较大，导致换热器面积较大，投资费用较大。而且，采用混合工质导致的投资费用的增加比净输出功率的变化更为明显，所以混合工质相变滑移温度越大，系统发电成本通常也越大，如图 5-24(a)和(b)所示。而当给定冷凝压力时，如图 5-24(c)所示，发电成本主要受冷凝温度的影响，随组分 A 质量分数的增大而逐渐升高。如前所述，给定压力时，随组分 A 质量分数的增大，冷凝温度逐渐升高，净输出功率逐渐减小，导致发电成本增大。

5.3　回收余热的 Kalina 循环热经济性能分析

5.3.1　Kalina 循环系统构成

Kalina 循环是以氨水为工质的热力循环系统总称，由 Alexander Kalina 于 1983 年提出，根据热源种类和循环系统用途不同有 35 种之多[24]。当回收低温烟气余热时，适用的是 KCS11 系统[4]，如图 5-25 所示，主要由蒸发器、冷凝器、膨胀机、分离器、回热器以及循环泵组成。其中，在整个循环中一共存在三种不同质量分数的氨水溶液，即基本氨水溶液(7-8-9-10-1)、饱和富氨蒸汽(2-3)和饱和贫氨溶液(4-5-6)。

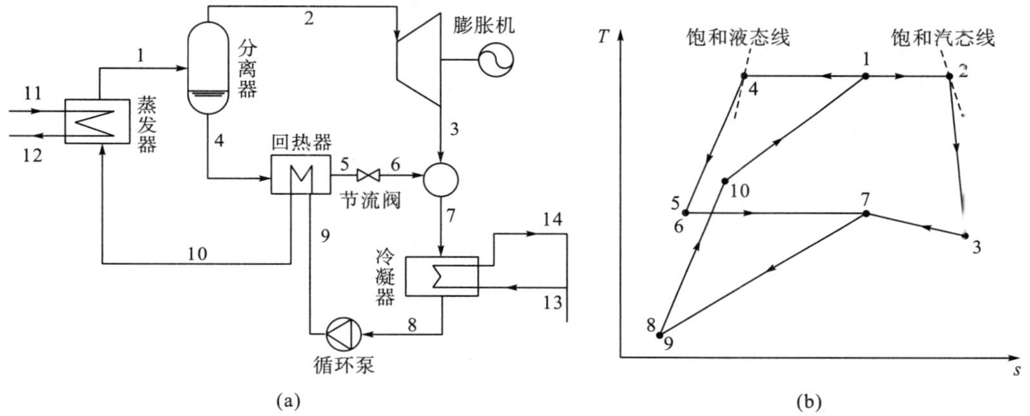

图 5-25　回收低温烟气余热的 KCS11 循环系统(a)及 T-s 图(b)

工质的循环过程如下：状态点 1 的基本氨水溶液在蒸发器中被烟气余热加热形成气液混合物，通过分离器分离成状态点 2 的饱和富氨蒸汽和状态点 4 的饱和贫氨溶液。富氨蒸汽进入膨胀机做功，驱动发电机发电；贫氨溶液进入回热器换热后节流降压到状态点 6，与状态点 3 的透平出口乏汽在混合器中混合成状态点 7 的基本氨水溶液。基本氨水溶液通过冷凝器被冷却水完全冷凝成液态，经工质泵加压后进入回热器中回收贫氨溶液的部分热量，随后进入蒸发器中完成整个循环。

5.3.2　Kalina 循环热经济模型

1. 热力学计算模型

整个循环过程中，在基本氨水溶液的质量分数一定的条件下，确定循环蒸发压力和蒸发器换热端差则可以得出状态点 1 的参数，通过蒸发压力和温度得到 2 点和 4 点的热力参数。在冷却水进口温度和冷凝器换热端差给定条件下，可以确定状态点 8 的温度(饱和状态)，状态点 3 和 9 的参数则可以根据等熵效率和压力确定。由回热器的换热端差得到状态点 5 的参数，而状态点 6 参数通过质量分数、冷凝压力和焓值确定。状态点 7、10 和 11 的参数均由能量守恒定律得到。

考虑到 Kalina 循环发电系统的复杂性，在建立计算模型时，引入以下假定[25]：①忽略系统内各部件与管道的压力损失及换热器的散热损失；②节流阀前后焓值相等；③蒸发器与回热器最小换热端差为 5 K，冷凝器最小换热端差为 3 K；④系统在稳定工况下运行；⑤考虑到系统的实际应用条件，设定系统最高承压能力为 6 MPa，氨水质量分数不大于 0.9。

循环中各状态点的氨水质量流量关系式为

$$m_1 = m_7 = m_8 = m_9 = m_{10},\ m_2 = m_3,\ m_4 = m_5 = m_6 \tag{5-34}$$

蒸发器中换热量为

$$\varPhi_{\mathrm{e}} = m_1\left(h_1 - h_{10}\right) = m_{\mathrm{g}} c_{p\mathrm{g}}\left(T_{11} - T_{12}\right) \tag{5-35}$$

蒸发器对数平均温差为

$$\Delta T_{\mathrm{e}} = \frac{(T_{12} - T_{10}) - (T_{11} - T_1)}{\ln\dfrac{(T_{12} - T_{10})}{(T_{11} - T_1)}}$$

蒸发器换热面积为

$$A_{\mathrm{e}} = \frac{\varPhi_{\mathrm{e}}}{K_{\mathrm{e}}\Delta T_{\mathrm{e}}} \tag{5-36}$$

冷凝器中换热量为

$$\varPhi_{\mathrm{c}} = m_7\left(h_7 - h_8\right) = m_{\mathrm{w}} c_{p\mathrm{w}}\left(T_{14} - T_{13}\right) \tag{5-37}$$

冷凝器的对数平均温差为

$$\Delta T_{\mathrm{c}} = \frac{(T_7 - T_{14}) - (T_8 - T_{13})}{\ln\dfrac{(T_7 - T_{14})}{(T_8 - T_{13})}}$$

冷凝器换热面积为

$$A_{\mathrm{c}} = \frac{\varPhi_{\mathrm{c}}}{K_{\mathrm{c}}\Delta T_{\mathrm{c}}} \tag{5-38}$$

回热器中换热量为

$$\varPhi_h = m_4\left(h_4 - h_5\right) = m_9\left(h_{10} - h_9\right) \tag{5-39}$$

回热器的对数平均温差为

$$\Delta T_{\mathrm{h}} = \frac{(T_4 - T_{10}) - (T_5 - T_9)}{\ln\dfrac{(T_4 - T_{10})}{(T_5 - T_9)}}$$

回热器的换热面积为

$$A_h = \frac{\Phi_h}{K_h \Delta T_h} \tag{5-40}$$

式中，c_{pg} 为烟气的平均比定压热容；c_{pw} 为冷却水的平均比定压热容。K_e、K_c 和 K_h 分别为蒸发器侧总传热系数、冷凝器侧总传热系数和回热器总传热系数，可分别取为 900 W/(m^2·K)、1100 W/(m^2·K) 和 1000 W/(m^2·K)[26]。

透平的输出功率为

$$P_t = m_2(h_2 - h_3) \tag{5-41}$$

透平的等熵效率

$$\eta_t = \frac{h_2 - h_3}{h_2 - h_{3s}} \tag{5-42}$$

分离器热平衡方程为

$$m_1 h_1 = m_2 h_2 + m_4 h_4 \tag{5-43}$$

分离器中氨水质量守恒方程为

$$m_1 = m_2 + m_4 \tag{5-44}$$

分离器中氨水质量分数守恒方程为

$$m_1 x_1 = m_2 x_2 + m_4 x_4 \tag{5-45}$$

式中，x_1、x_2 和 x_4 分别代表状态点 1、2 和 4 处的氨水质量分数。

吸收器热平衡方程为

$$m_3 h_3 + m_6 h_6 = m_7 h_7 \tag{5-46}$$

吸收器中氨水质量守恒方程为

$$m_7 = m_3 + m_6 \tag{5-47}$$

工质泵的耗功率为

$$P_p = m_9(h_9 - h_8) \tag{5-48}$$

工质泵的等熵效率

$$\eta_p = \frac{h_{9s} - h_8}{h_9 - h_8} \tag{5-49}$$

2. 经济学模型

Kalina 循环的总投资成本包括膨胀机、循环泵、蒸发器、冷凝器、回热器和分离器等的投资成本。除分离器，其他部件的投资成本与 ORC 中相应设备的确定方法相同，都可以按照式(5-19)、式(5-21)、式(5-24)和式(5-27)计算。

Kalina 循环系统中的分离器采用的是立式重力气液分离器。分离器内的气体流速为

$$u_e = 0.75 K_s \left(\frac{\rho_l - \rho_g}{\rho_g} \right)^{0.5} \tag{5-50}$$

式中，ρ_l 和 ρ_g 为液体和气体的密度，即状态点 4 和状态点 2 的密度；K_s 为常系数，取 0.0512。

分离器内气体最大体积流量

$$V_{gmax} = 3600 \times 1.35 \times \frac{m_2}{\rho_g} \tag{5-51}$$

式中，m_2 为透平进口处工质的质量流量。

分离器筒体直径可按下式计算

$$D_{se} = 0.0188 \left(\frac{V_{gmax}}{u_e} \right)^{0.5} \tag{5-52}$$

根据分离器筒体的公称直径，查《分离器规范》(SY/T 0515-2007)，即能得到对应的分离器公称容积 V_{se}。

分离器基本投资成本 C_p 可按下式计算

$$\lg C_p = K_1 + K_2 \lg V_{se} + K_3 (\lg V_{se})^2 \tag{5-53}$$

式中，K 为投资费用系数，K_1=4.7116，K_2=−0.5521，K_3=0.0004[27]。

修正后的分离器基本投资费用 C_{BM} 为

$$C_{BM} = C_p F_{BM} \tag{5-54}$$

式中，F_{BM} 为综合修正系数，F_{BM}=6.8 [27]。

对 Kalina 循环而言，热经济性指标主要是发电成本 EPC，按式(5-33)计算。

5.3.3 Kalina 循环热经济性分析

1. 烟气出口温度的影响

烟气出口温度的变化对 Kalina 循环系统热经济性具有重要影响，而且烟气出口温度过低易使烟道在运行过程中出现低温腐蚀问题。为了分析烟气出口温度的影响，假定烟气进口温度为 150℃，质量流量为 10.42kg/s，冷却水进口温度与环境温度相同，都为 20℃，氨水质量分数范围为 0.65～0.9。

图 5-26 给出了不同蒸发压力下系统净输出功率 P_{net} 随烟气出口温度 T_{go} 的变化，可以看出，系统净输出功率随烟气出口温度的升高而近似线性减小。系统净输出功率与膨胀机做功 P_t 和循环泵功耗 P_p 有关，因为膨胀机做功远大于泵功耗，因而 P_{net} 主要取决于 P_t 的大小。烟气出口温度的升高致使蒸发器中的换热量减少，在蒸发器换热端差不变的条件下，状态点 1 处基本氨水溶液质量流量减小，相对应的状态点 2 处质量流量也随之减小。由于 P_t 等于状态点 2 处工质质量流量和膨胀机中工质焓降 (h_2-h_3) 的乘积，因此在蒸发压力 p_e 和冷凝压力 p_c 一定的条件下，工质在膨胀机内焓降不变，导致系统净输出功率随烟气出口温度的升高而减少。

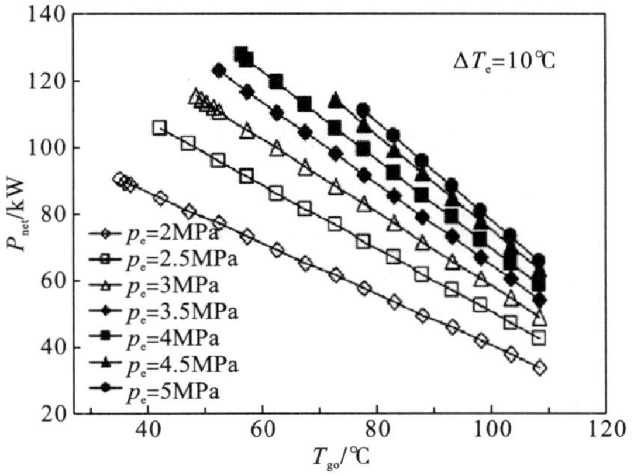

图 5-26　不同蒸发压力 p_e 下 P_{net} 随 T_{go} 的变化

图 5-26 表明，在烟气出口温度一定的条件下，当蒸发压力增大到一定程度后，系统的净输出功率变化缓慢。考虑到在一定压力范围内可能存在一个最佳蒸发压力使系统的净输出功率达到最大，以 T_{go}=82℃为例进行了计算，得到的系统净输出功率随蒸发压力的变化如图 5-27 所示。显然，不同蒸发器换热端差 ΔT_e 下都存在最佳蒸发压力使系统的净输出功率达到最大，且 ΔT_e 越大，对应的最佳蒸发压力越小。这主要是因为蒸发压力的增加导致富氨蒸汽质量流量减小，透平进出口焓降增加，两者变化率不同，一增一减使系统的净输出功率存在最大值。

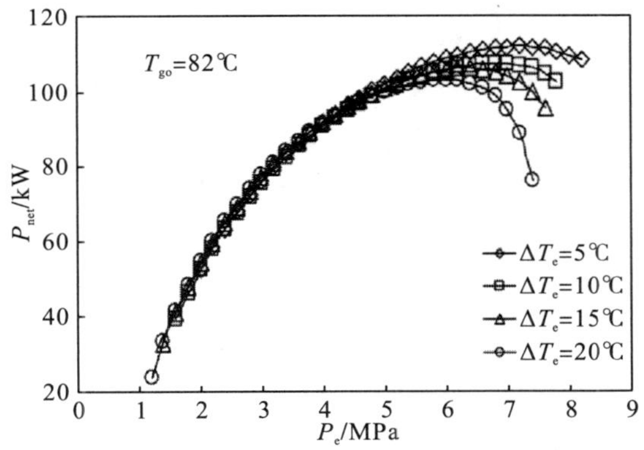

图 5-27　不同蒸发器端差 ΔT_e 下 P_{net} 随蒸发压力 p_e 的变化

图 5-28 给出了当点 1 处基本氨水质量分数为 0.8 时，系统的发电成本 EPC 随烟气出口温度 T_{go} 的变化。由图可知，随着烟气出口温度增加，EPC 呈先减小、后增大的趋势。这主要是因为 EPC 是系统净输出功率 P_{net} 与总投资 C_{tot} 综合作用的结果。随着 T_{go} 的增大，系统净输出功率减小，而系统总费用主要与换热器的换热面积、膨胀机输出功率和泵消耗功率有关。随着 T_{go} 增大，蒸发器内对数平均换热温差呈增大趋势，在换热

量降低的情况下，蒸发器的换热面积逐渐减小；而回热器和冷凝器总负荷与泵耗功、膨胀机输出功率等都因氨水质量流量的减少而减小，即使分离器的基本投资费用随 T_{go} 增大逐渐增大，但就整个循环系统而言，总成本还是随 T_{go} 的增大而减小。以蒸发压力 p_e=4MPa 为例，由图 5-29 可以看出，在烟气出口温度到达最佳值 $T_{go,opt}$ 之前，系统总成本(C_{tot})费用降低的斜率远大于净输出功率降低的斜率，在 $T_{go,opt}$ 之后由于分离器投资费用增加，造成系统总费用降低，斜率小于净输出功率的降低斜率，因此，发电成本 EPC 随 T_{go} 的增大先减小、后增大。

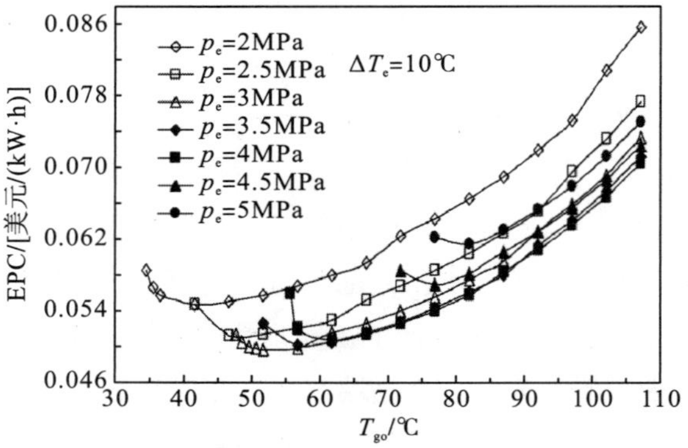

图 5-28 不同蒸发压力下 EPC 随 T_{go} 的变化

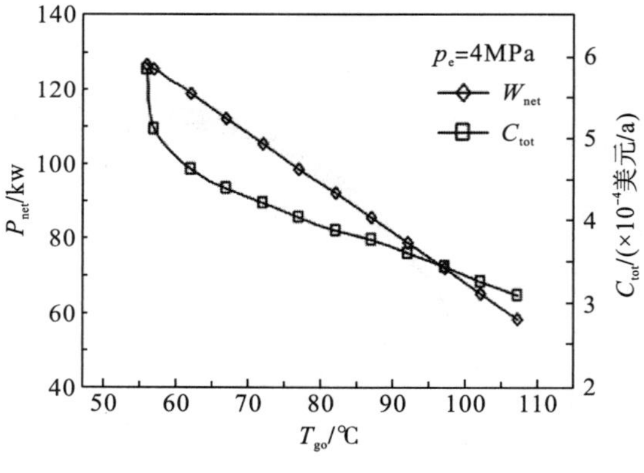

图 5-29 P_{net} 和 C_{tot} 随 T_{go} 的变化

图 5-30 给出了不同蒸发器换热端差 ΔT_e 下，发电成本 EPC 随蒸发压力 p_e 的变化。从图中可以看出，EPC 随 p_e 的增加而先减小、后增大，不同蒸发器换热端差 ΔT_e 下都存在最优蒸发压力使系统经济性能最佳，且蒸发器端差 ΔT_e 越大，系统最佳蒸发压力 p_e 越小。当蒸发器端差为 5℃、10℃、15℃和 20℃时，对应的系统最佳蒸发压力 p_e 分别为 4.1MPa、3.9MPa、3.7MPa 和 3.5MPa。而根据图 5-27，使系统的净输出功率达到最大的最佳蒸发压力 p_e 分别为 7.2MPa、6.8MPa、6.4MPa 和 6MPa。比较图 5-27 和图 5-30 可以发现，以不

同目标参数作为系统评价指标时，其所对应的最佳蒸发压力 p_e 不同，考虑经济因素对系统的最佳 p_e 影响较大，且不考虑经济因素时的系统热力性能对应的最佳蒸发压力总是高于考虑经济因素时的系统热经济性能所对应的最佳蒸发压力。在选择循环的蒸发压力时，应综合考虑系统的经济性与低温烟气腐蚀性问题。

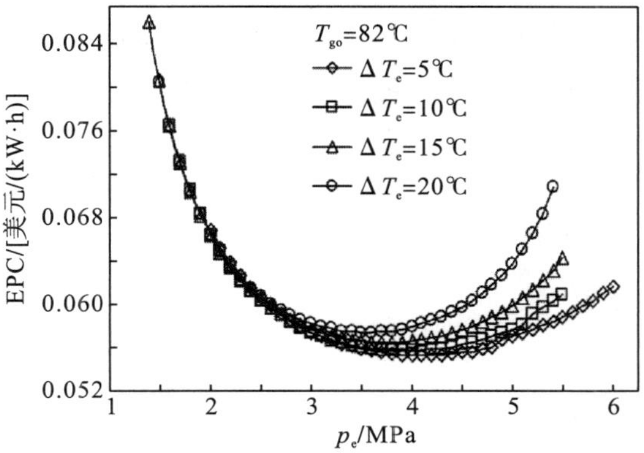

图 5-30　不同蒸发器端差 ΔT_e 下 EPC 随 p_e 的变化

上述结果表明，在不同蒸发器换热端差下，蒸发压力在 4 MPa 左右时系统的热经济性较好，因此在讨论不同蒸发器换热端差下烟气出口温度对 Kalina 系统性能的影响时，蒸发压力定为 4 MPa，烟气进口温度为 150℃，蒸发器换热端差 ΔT_e 为 5～20 K。图 5-31 给出了不同蒸发器端差 ΔT_e 下 P_{net} 随 T_{go} 的变化规律。可以看出，蒸发器换热端差 ΔT_e 对系统净输出功率 P_{net} 没有明显的影响。

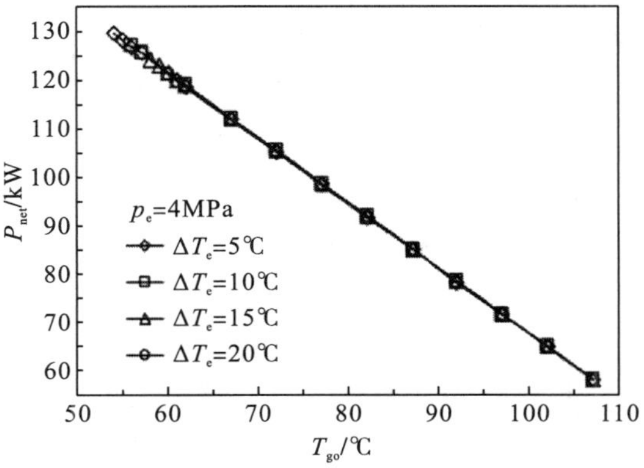

图 5-31　不同蒸发器端差 ΔT_e 下 P_{net} 随 T_{go} 的变化

图 5-32 给出了不同蒸发器端差 ΔT_e 下，系统的发电成本 EPC 随烟气出口温度 T_{go} 的变化。可以看出，随着烟气出口温度的升高，发电成本呈先减小、后增大趋势，且蒸发器换

热端差越大，系统的 EPC 越大，经济性能越差。不同蒸发器换热端差下都存在最优烟气出口温度 $T_{go,opt}$ 使系统的经济性能最佳，而端差 ΔT_e 越大，最优烟气出口温度 $T_{go,opt}$ 越高。然而，使 Kalina 循环系统达到最优经济性的烟气出口温度远低于最低允许排烟温度 82℃，且相比于在最低允许排烟温度时的发电成本，只降低了 8%～9%，但却会引起严重的低温腐蚀问题。所以，在实际运行中，不能盲目追求循环的经济性，应兼顾考虑排烟温度过低引起的腐蚀问题，综合选择合适的运行参数，如蒸发压力和蒸发器换热端差，以达到更佳的系统性能。这也再次说明固定烟气出口温度为最低允许排烟温度是十分必要且合理的。

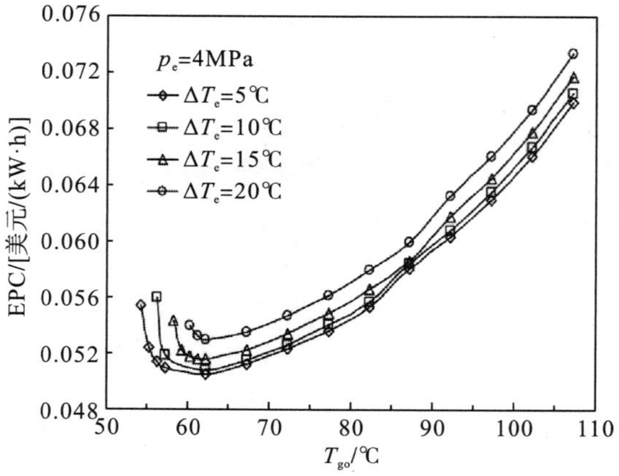

图 5-32　不同蒸发器端差 ΔT_e 下 EPC 随 T_{go} 的变化

另一方面，Kalina 循环中基本氨水溶液的质量分数也会影响系统中其他状态点的物性参数，从而导致循环的热经济性能发生改变。图 5-33 给出了当蒸发压力一定时，不同氨水质量分数 x 下系统净输出功率 P_{net} 随烟气出口温度的变化。可以看出，随着烟气出口温度 T_{go} 的升高，P_{net} 逐渐降低，且在不同的氨水质量分数下，净输出功率的下降速率基本相同。

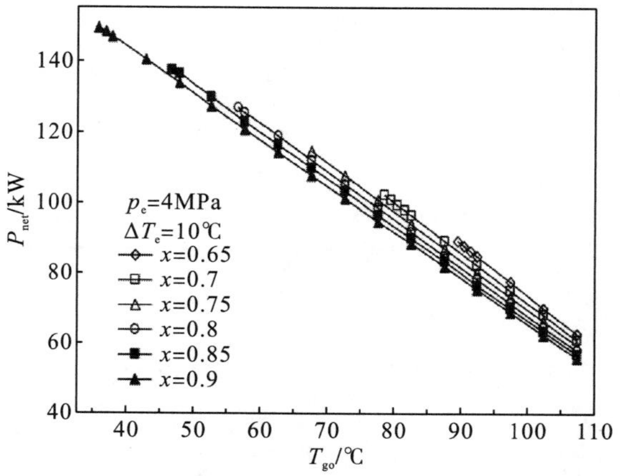

图 5-33　当蒸发压力一定时，不同 x 下 P_{net} 随 T_{go} 的变化

图 5-34 给出了蒸发器端差一定时，不同氨水质量分数 x 下系统净输出功率随蒸发压力的变化。显然，随着蒸发压力的增加，系统净输出功率呈先增大、后减小趋势。存在一个临界蒸发压力，在临界压力之下，氨水质量分数越小，系统的 P_{net} 越大；在临界压力之上，氨水质量分数越小，系统的 P_{net} 越小。并且在相同蒸发器端差下，氨水质量分数越大，其对应的最优蒸发压力也越大。考虑到系统的实际应用，Kalina 循环的最大承压值设定为 6 MPa，因此，在研究范围内，氨水质量分数越大，其系统净输出功率越小。

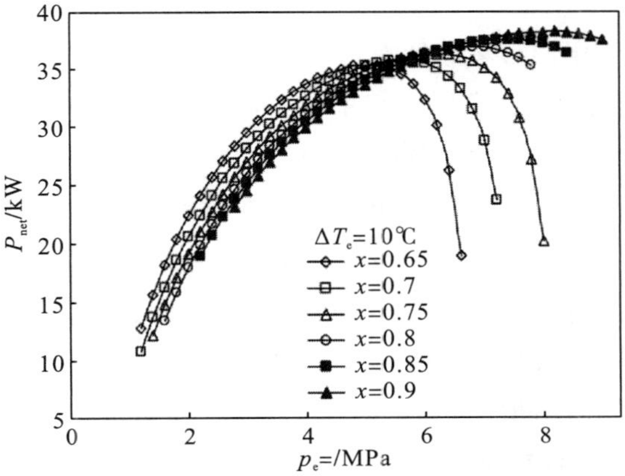

图 5-34　不同 x 下 P_{net} 随 p_e 的变化

图 5-35 给出了不同氨水质量分数 x 下，系统发电成本 EPC 随烟气出口温度的变化。与系统净输出功率变化规律不同，氨水质量分数越大，系统的发电成本越低，经济性越好，对应的最优烟气出口温度也随着 x 的增大而逐渐减小。因此，在选择基本氨水质量分数时应尽量折中选取，不宜过大或过小，从而能够保证系统的综合性能较佳。

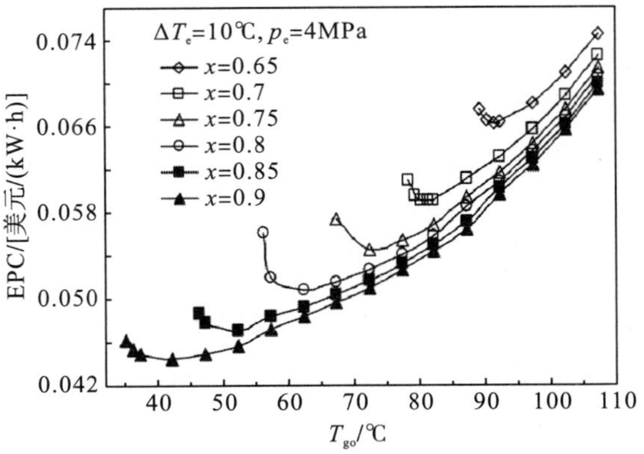

图 5-35　不同 x 下 EPC 随 T_{go} 的变化

在实际系统中，氨水质量分数并不是越大越好，当 x 接近 1 时，所需蒸发压力远远大于系统承压值，而最优烟气出口温度也远低于最低允许排烟温度。目前，Kalina 循环地热电站多选用质量分数约为 0.8 的氨水作为循环工质[28-29]，如图 5-35 所示，此时系统最佳烟气出口温度明显低于 82℃，因此，与在地热能中的应用不同，Kalina 循环在回收低温烟气余热时，应注意氨水质量分数与蒸发压力和蒸发器换热端差的匹配，在保证系统经济性能的同时防止低温腐蚀的产生。

2. Kalina 循环与亚临界 ORC 系统热经济性对比

Kalina 循环与 ORC 作为常见的低温余热动力利用技术，具有广阔的应用前景。关于两者的动力循环性能的对比，已有研究结果表明，当热源温度较高时，Kalina 循环比 ORC 的性能更佳，优势更明显，而在热源温度低于 200 ℃时，采用不同的性能评价指标，得出的结论也各不相同。下面重点介绍从热经济学角度对亚临界 ORC 与 Kalina 循环性能的对比分析结果。

相比于地热源和太阳能等清洁能源，烟气余热在回收过程中容易出现低温腐蚀现象，因此在对循环热经济性进行对比分析时，必须考虑烟气出口温度的限制，故假定最低的烟气出口温度为 82℃，给定的烟气进口温度为 150℃，质量流量为 10.42 kg/s，蒸发器夹点温差为 10℃，冷凝器夹点温差为 5℃，冷却水进口温度为 20℃，平均冷凝温度为 30℃。

图 5-36 给出了 Kalina 循环和亚临界 ORC 的净输出功率 P_{net} 随烟气出口温度 T_{go} 的变化，其中，ORC 中采用了质量分数比都为 9∶1 的 R600a/R601a 和 n-hexane/R601 两种混合工质，Kalina 循环中氨水质量分数比分别为 6∶4 和 7∶3。由图可见，随着烟气出口温度 T_{go} 的升高，Kalina 循环和亚临界 ORC 的净输出功率 P_{net} 表现出不同的变化趋势。在亚临界 ORC 中，P_{net} 随 T_{go} 的升高而先增大、后减小；在 Kalina 循环中，P_{net} 随 T_{go} 的升高而逐渐降低。通过对比发现，当烟气出口温度为 82～97℃时，非共沸混合工质为 R600a/R601a (0.9/0.1) 的亚临界 ORC 的 P_{net} 最大，而当烟气出口温度高于 97℃时，非共沸混合工质为 n-hexane/R601 (0.9/0.1) 的亚临界 ORC 的 P_{net} 最大，但就总体而言，非共沸混合工质亚临界 ORC 的热力性能比 Kalina 循环更优。此外，在烟气出口温度低于 82℃时，Kalina 循环的 P_{net} 介于两个不同混合工质下的 ORC 之间或高于 ORC。但考虑到低温烟气的腐蚀性，最低允许烟气出口温度固定在 82℃，所以在热力学性能方面，非共沸混合工质亚临界 ORC 优于 Kalina 循环。

图 5-37 给出了 Kalina 循环和亚临界 ORC 的发电成本 EPC 随烟气出口温度 T_{go} 的变化。由于氨水浓度的原因，在相同的热源进口温度下，Kalina 循环中蒸发器工质进口处温度高于 ORC，使 Kalina 循环所能利用的烟气出口温度范围远小于亚临界 ORC。但就图中趋势看，可以很容易发现，在烟气出口温度低于 102℃工况下，Kalina 循环的 EPC 最小，经济性能最优。但当烟气出口温度高于 102℃时，用 n-hexane/R601 (0.9/0.1) 作为工质的亚临界 ORC 的 EPC 最低，但与 Kalina 循环对应下的 EPC 相差很小。因此，当选择发电成本 EPC 为经济性评价指标时，Kalina 循环比非共沸混合工质 ORC 经济性能更佳。

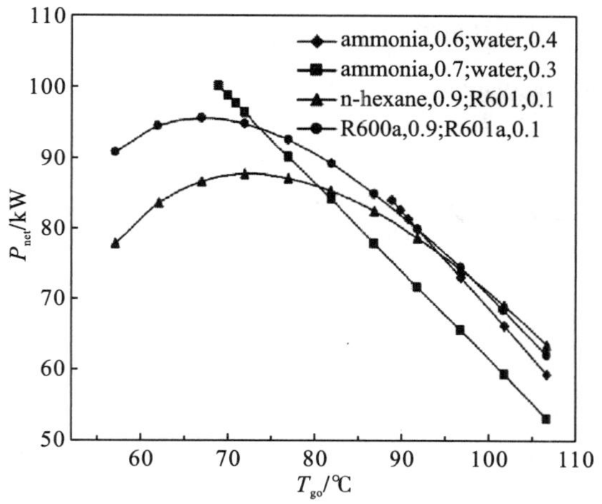

图 5-36　Kalina 循环和亚临界 ORC 的净输出功率 P_{net} 随烟气出口温度 T_{go} 的变化

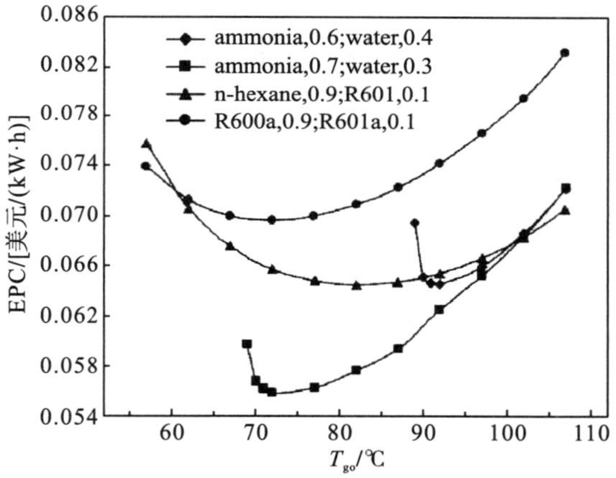

图 5-37　Kalina 循环和亚临界 ORC 的发电成本 EPC 随烟气出口温度 T_{go} 的变化

为了分析烟气进口温度 T_{gi} 对热经济性能的影响，对工质为 ammonia/water (0.7/0.3) 的 Kalina 循环和工质为 n-hexane/R601 (0.9/0.1) 的亚临界 ORC 进行了比较计算，结果如图 5-38 和图 5-39 所示。显然，随着烟气进口温度 T_{gi} 的升高，Kalina 循环和亚临界 ORC 的净输出功率 P_{net} 均逐渐增加，但亚临界 ORC 系统增加的速率大于 Kalina 循环。存在一个临界烟气进口温度 $T_{gi,cr}$，当烟气进口温度 T_{gi} 高于该临界值 $T_{gi,cr}$ 时，亚临界 ORC 系统的净输出功率大于 Kalina 循环，热力性能也更优；当 T_{gi} 低于 $T_{gi,cr}$ 时，Kalina 循环的热力性能优于亚临界 ORC 系统。当烟气出口温度为 82℃时，该临界进口温度为 $T_{gi,cr}$=147℃。需要说明的是，Kalina 循环和亚临界 ORC 所能利用的余热源温度范围是不同的，亚临界 ORC 系统能回收较低温度的烟气余热，而 Kalina 循环则只能回收较高温度的烟气余热。因为在烟气进口温度过低时，Kalina 循环中透平出口处(点 3)干度小于 90%，造成该工况下系统无法正常工作。从图 5-39 可以看出，Kalina 循环和亚临界 ORC 系统的发电成本 EPC 均

随烟气进口温度 T_{gi} 的升高而逐渐降低，且 Kalina 循环的 EPC 总是低于亚临界 ORC 系统，说明 Kalina 循环的经济性能更好。

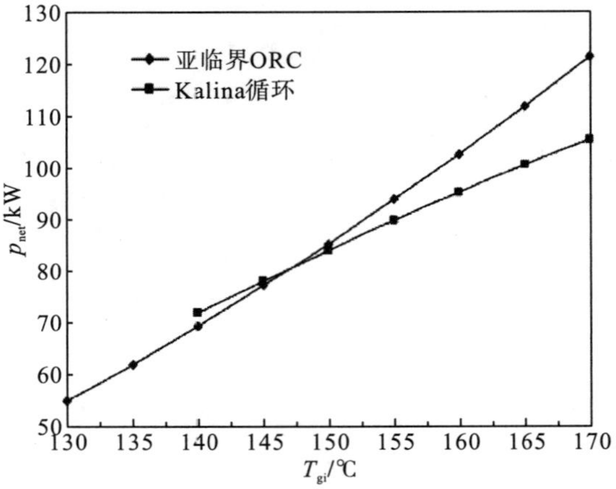

图 5-38 Kalina 循环和亚临界 ORC 的净输出功率 P_{net} 随烟气进口温度 T_{gi} 的变化

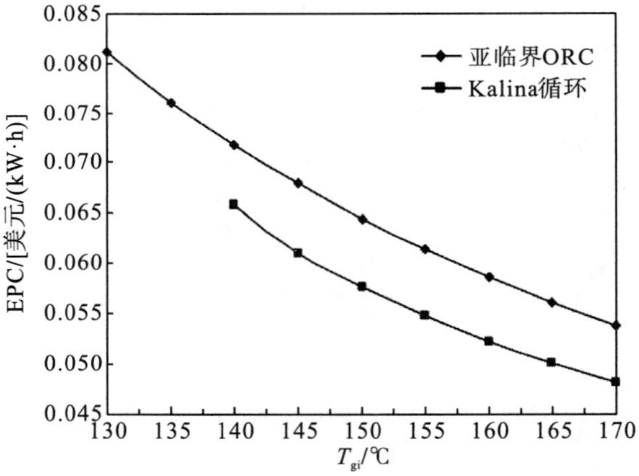

图 5-39 Kalina 循环和亚临界 ORC 的发电成本 EPC 随烟气进口温度 T_{gi} 的变化

5.4 耦合 ORC 系统热经济分析

5.4.1 耦合 ORC 系统流程及理论模型

1. 耦合 ORC 系统流程

构建的耦合跨临界与亚临界 ORC 系统流程如图 5-40 所示，该系统由跨临界 ORC (transcritical organic Rankine cycle，TORC) 和亚临界 ORC (subcritical organic Rankine cycle，SORC）两个子系统组成，通过一个中间换热器实现两个子循环的有效耦合。中间换热器既作为跨临界子系统的冷凝器，提供冷源，又作为亚临界子系统的蒸发器，提供热源。在两个子系统中，根据工作温度不同可以选择不同的循环工质。为了有效回收烟气余热，在亚临界子系统中安装了预热器，对亚临界子系统循环工质进行预热，从而提高系统效率。

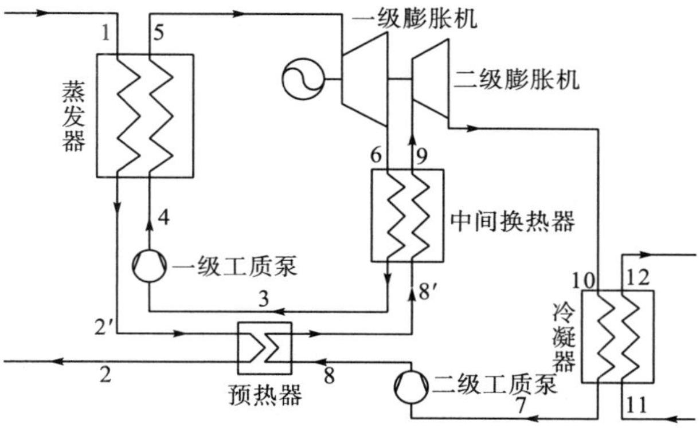

图 5-40　耦合跨临界与亚临界 ORC 系统流程图

在耦合 ORC 系统中，跨临界子系统的循环流程为 3-4-5-6-3，亚临界子系统的循环流程为 7-8-8'-9-10-7，如图 5-40 所示。对于跨临界子系统，循环工质在余热换热器内吸收烟气余热，蒸发至超临界状态，然后进入一级膨胀机做功，推动发电机工作，输出电能；做功后的乏汽进入中间换热器放热，亚临界子系统的循环工质作为冷源对跨临界子系统的乏汽进行冷凝；凝结为饱和液体的循环工质经一级工质泵升压后，进入余热换热器开始下一个循环。对于亚临界子系统，热源为一级膨胀机乏汽，循环工质在中间换热器内吸收一级膨胀机乏汽放热，蒸发至饱和蒸汽状态后进入二级膨胀机做功，推动发电机工作，输出电能；做功后的乏汽进入冷凝器进行冷却凝结，经冷却水冷凝至饱和液态后，循环工质进入二级工质泵升压，然后进入预热器，充分吸收利用烟气余热，预热后的循环工质进入中间换热器进行下一个循环。

耦合 ORC 系统的优点是：①跨临界与亚临界子系统可选用不同循环工质，从而充分利用工质的热力性能，提高系统效率；②两个单螺杆膨胀机与发电机同轴连接，两级膨胀使得膨胀机的压比减小，以保证膨胀机在较高的膨胀效率下运行；③增加预热器，可以充分回收利用烟气余热。

2. 耦合 ORC 系统理论模型

耦合 ORC 系统的 *T-s* 图如图 5-41 所示，在对耦合 ORC 系统进行热力学性能分析时，首先要根据热源及冷源条件对耦合 ORC 系统进行必要的简化[30]，假定：①系统在稳定条件下运行；②换热器及管道内的热损失及压力损失可以忽略；③中间换热器出口及冷凝器出口工质均为饱和状态(饱和液体或饱和蒸汽)；④工质的最大蒸发温度与烟气进口温度之差为 20℃；⑤为了保证跨临界子系统的安全有效运行，余热换热器最小节点温差不小于 5℃。

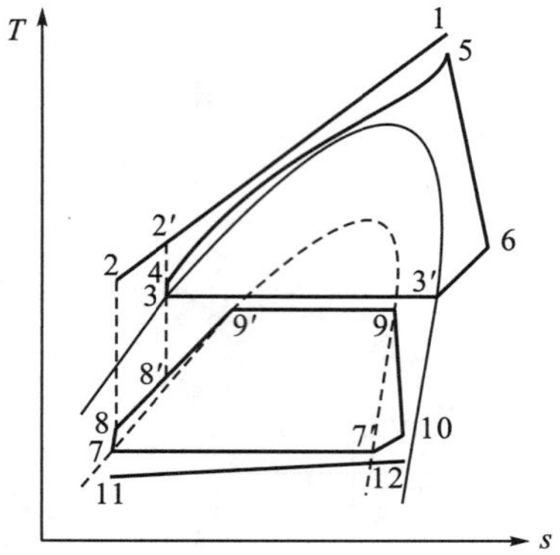

图 5-41　耦合 ORC 系统 T-s 图

在耦合 ORC 系统中，热源为来自工业锅炉或窑炉的排烟余热，由于采用的是双级耦合系统，因此特别适合温度比较高的余热资源。假定烟气温度为 240～400℃，烟气为理想气体混合物，其质量流量为 10kg/s，其他参数与前相同。

对于跨临界子系统，主要包括余热换热器、一级膨胀机、一级工质泵以及中间换热器等。在余热换热器内，工质吸收烟气热量，工质的吸热量及质量流量可按下式计算

$$\Phi_{\mathrm{e}} = m_{\mathrm{g}}(c_{p,\mathrm{g1}}T_1 - c_{p,\mathrm{g2'}}T_{2'}) \tag{5-55}$$

$$m_{\mathrm{wf1}} = \Phi_{\mathrm{e}} / (h_5 - h_4) = m_{\mathrm{g}}(c_{p,\mathrm{g1}}T_1 - c_{p,\mathrm{g2'}}T_{2'}) / (h_5 - h_4) \tag{5-56}$$

式中，T_1 和 T_2' 分别为余热换热器进、出口烟气温度。

一级膨胀机输出功率及一级工质泵的功耗分别为

$$P_{\mathrm{exp1}} = m_{\mathrm{wf1}}(h_5 - h_6) = m_{\mathrm{wf1}}\eta_{\mathrm{exp}}(h_5 - h_{6,\mathrm{a}}) \tag{5-57}$$

$$P_{\mathrm{p1}} = m_{\mathrm{wf1}}(h_4 - h_3) = m_{\mathrm{wf1}}(h_{4,\mathrm{a}} - h_3) / \eta_{\mathrm{p}} \tag{5-58}$$

对于亚临界子系统，主要包括中间换热器、二级膨胀机、二级工质泵、冷凝器以及预热器等。在中间换热器内，跨临界子系统的循环工质放热凝结至饱和液态，亚临界子系统的循环工质吸热蒸发至饱和气态。中间换热器内的换热量以及亚临界子系统工质质量流量为

$$\Phi_{\mathrm{ihe}} = m_{\mathrm{wf1}}(h_6 - h_3) = m_{\mathrm{wf2}}(h_9 - h_{8'}) \tag{5-59}$$

$$m_{\mathrm{wf2}} = \Phi_{\mathrm{ihe}} / (h_9 - h_{8'}) = m_{\mathrm{wf1}}(h_6 - h_3) / (h_9 - h_{8'}) \tag{5-60}$$

二级膨胀机的输出功率以及二级工质泵的功耗分别为

$$P_{\exp2}=m_{\mathrm{wf}2}(h_9-h_{10})=m_{\mathrm{wf}2}\eta_{\exp}(h_9-h_{10,\mathrm{a}}) \tag{5-61}$$

$$P_{\mathrm{p}2}=m_{\mathrm{wf}2}(h_8-h_7)=m_{\mathrm{wf}2}(h_{8,\mathrm{a}}-h_7)/\eta_p \tag{5-62}$$

在冷凝器内，工质被冷却水冷凝至饱和液态，冷凝器内换热量以及冷却水质量流量分别为

$$\Phi_{\mathrm{c}}=m_{\mathrm{wa}}c_{p,\mathrm{wa}}(T_{12}-T_{11})=m_{\mathrm{wf}2}(h_{10}-h_7) \tag{5-63}$$

$$m_{\mathrm{wa}}=\Phi_{\mathrm{c}}/[c_{p,\mathrm{wa}}(T_{12}-T_{11})]=m_{\mathrm{wf}2}(h_{10}-h_7)/[c_{p,\mathrm{wa}}(T_{12}-T_{11})] \tag{5-64}$$

式中，T_{11} 和 T_{12} 分别为冷凝器进出口冷却水温度，℃。

在预热器内，亚临界子系统循环工质吸收烟气余热被预热，其换热量为

$$\Phi_{\mathrm{pre}}=m_{\mathrm{g}}(c_{p,\mathrm{g}2'}T_{2'}-c_{p,\mathrm{g}2}T_2)=m_{\mathrm{wf}2}(h_{8'}-h_8) \tag{5-65}$$

式中，T_2 为预热器出口烟气温度，℃。

在基于热力学第一定律的热力学性能分析中，以耦合 ORC 系统的净输出功率 P_{net} 作为评价指标，则

$$P_{\mathrm{net}}=(P_{\exp1}-P_{\mathrm{p}1})+(P_{\exp2}-P_{\mathrm{p}2}) \tag{5-66}$$

在对耦合 ORC 系统进行热力学性能分析的基础上，进一步分析系统的经济性能，以确认该系统经济上的合理性。根据热经济学理论，采用耦合系统发电成本 EPC 为评价指标，按式(5-32)计算。

5.4.2　耦合 ORC 系统热力学性能

外部条件及内部循环参数对 ORC 系统性能有很大影响，这些参数包括膨胀机压比、烟气进出口温度、蒸发压力及中间换热器节点温差等。

膨胀机压比定义为膨胀机进口压力与出口压力之比，用 ε_{p} 表示。在耦合 ORC 系统中，选用的膨胀机为单螺杆膨胀机，其合适的压比范围为 2～8。一般来说，膨胀机的膨胀效率随压比的变化而变化，但目前还没有具体的方法或公式来描述其变化规律，为了简化计算，选取膨胀机的等熵膨胀效率为 80%。

图 5-42 给出了一级膨胀机压比 $\varepsilon_{\mathrm{p}1}$ 对耦合 ORC 系统净输出功率 P_{net} 的影响，其中，跨临界子系统循环工质为 R123，亚临界子系统循环工质为 R245fa(记为 R123/R245fa)，且 T_1=270℃，T_2'=120℃，T_2=90℃，p_5=1.03P_{cri1}，ΔT_{ihe}=5℃，T_1、T_2' 和 T_2 分别为余热换热器进、出口及预热器出口烟气温度，p_5 为跨临界子系统蒸发压力，p_{cri1} 为跨临界子系统循环工质临界压力，ΔT_{ihe} 为中间换热器的节点温差。由图可见，随着一级膨胀机压比的增加，系统的净输出功率均先增加、后减少，存在一个最佳膨胀压比，使得系统净输出功率最大。然而，在净输出功率最大时，余热换热器的节点温差ΔT_{e} 小于 5℃，超出了余热换热器最小节点温差为 5℃的限制，因此，在满足余热换热器节点温差限制条件下，当一级膨胀机压比为 $\varepsilon_{\mathrm{p}1}$=5.04 时，系统净输出功率最大，为 393.45kW，此时，ΔT_{e}=5℃。因此，在后面的分析中，定义使得系统在满足限制条件下净输出功率最大的膨胀机压比为最佳压

比。亚临界子系统的二级膨胀机压比随一级膨胀机压比的变化而变化，此时，二级膨胀机的最佳压比为 ε_{p2}=6.05。

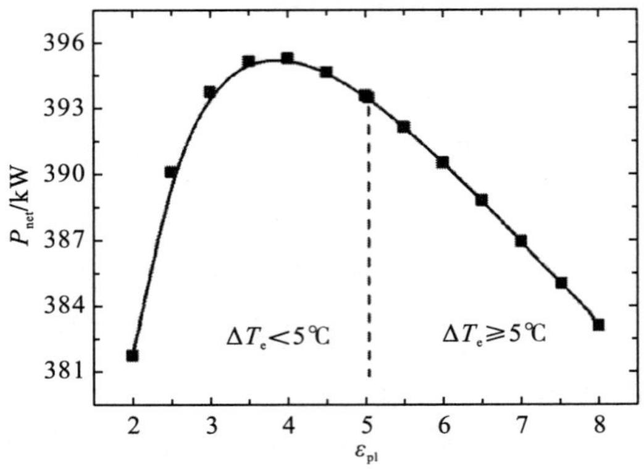

图 5-42 净输出功率 P_{net} 随一级膨胀机压比 ε_{p1} 的变化

1. 烟气温度的影响

烟气进、出口温度是影响耦合 ORC 系统性能的重要参数。在蒸发压力分别为 p_5=1.03p_{cri1} 和 p_5=1.6p_{cri1} 条件下，系统净输出功率 P_{net} 和热效率 η_{th} 随烟气进口温度 T_1 的变化如图 5-43 所示，其中，T_2' =120℃，T_2=90℃，ΔT_{ihe}=5℃。显然，随着烟气进口温度的升高，余热换热器内换热量增加，因此，工质的质量流量以及蒸发温度升高，使得系统净输出功率呈线性增加，而且当 p_5=1.6p_{cri1} 时，系统的净输出功率(空心图形线)大于 p_5=1.03p_{cri1} 时系统的净输出功率。

为了彰显耦合 ORC 系统性能优点，引入单级跨临界 ORC 系统作为参照对比系统，其循环工质分别为 R123 和 R245fa。同样，随着烟气进口温度的升高，单级跨临界 ORC 系统净输出功率均呈线性增加，且在 p_5=1.6p_{cri1} 时系统的净输出功率(空心图形线)大于在 p_5=1.03p_{cri1} 时系统的净输出功率(实心图形线)，如图 5-43(a)所示。在 p_5=1.03p_{cri1} 时，以 R245fa 为工质的单级跨临界 ORC 系统净输出功率最小，而在耦合 ORC 系统和以 R123 为工质的单级跨临界 ORC 系统之间，烟气进口温度存在一个临界值，其临界温度为 265.2℃。当 T_1>265.2℃时，耦合 ORC 系统净输出功率最大；当 T_1<265.2℃时，以 R123 为工质的跨临界 ORC 系统净输出功率最大。在 p_5=1.6p_{cri1} 时，依然是以 R245fa 为工质的单级跨临界 ORC 系统的净输出功率最小，且在计算范围内，耦合 ORC 系统净输出功率总是大于单级跨临界 ORC 系统。需要注意的是，为了对比相同条件下耦合 ORC 系统与单级跨临界 ORC 的性能，在单级跨临界 ORC 系统中，膨胀机压比没有限制范围。

系统热效率由净输出功率和总吸热量确定，随着烟气进口温度的升高，耦合 ORC 系统净输出功率与总吸热量均增加，但由于增加速率不同，使得热效率呈非线性增加趋势，如图 5-43(b)所示。在 $p_5=1.03p_{cri1}$ 时，单级跨临界 ORC 系统热效率随烟气进口温度的升高而降低，同样，以 R245fa 为工质的单级跨临界 ORC 系统热效率最低，而在耦合 ORC 系统和以 R123 为工质的单级跨临界 ORC 系统之间，烟气进口温度存在一个临界值 265.2℃。在 $p_5=1.6p_{cri1}$ 时，随着烟气进口温度的升高，以 R123 为工质的单级跨临界 ORC 系统热效率非线性增加，而以 R245fa 为工质的单级跨临界 ORC 系统热效率减少，且依然最低。在计算范围内，耦合 ORC 系统热效率总是高于单级跨临界 ORC 系统。

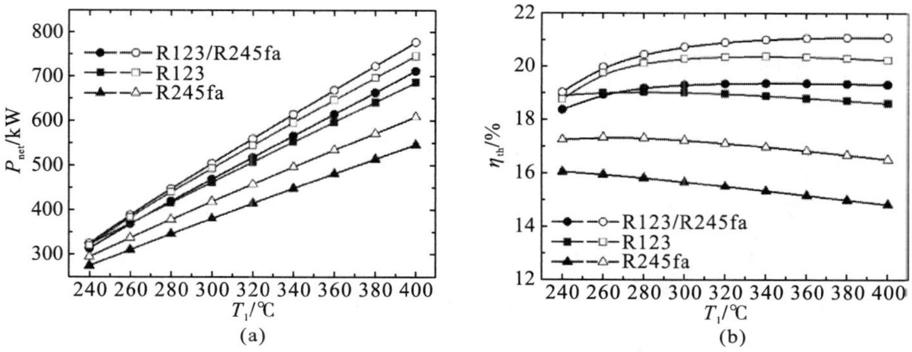

图 5-43 净输出功率 P_{net}(a) 和热效率 η_{th}(b) 随烟气进口温度 T_1 的变化

实心图形线：$p_5=1.03p_{cri1}$；空心图形线：$p_5=1.6p_{cri1}$

在蒸发压力分别为 $p_5=1.03p_{cri1}$ 和 $p_5=1.6p_{cri1}$ 条件下，烟气出口温度(即预热器出口烟气温度)T_2 对系统净输出功率 P_{net} 和热效率 η_{th} 的影响如图 5-44 所示，其中，T_1=270℃，T'_2=120℃，ΔT_{ihe}=5℃。随着烟气出口温度的升高，余热换热器内换热量不变，而预热器内换热量减少，亚临界子系统内工质的质量流量以及膨胀机焓降减少，使得系统净输出功率线性减少。同样，单级跨临界 ORC 系统内由于工质质量流量的减少，其净输出功率具有相同的变化趋势，均线性减少。然而，耦合 ORC 系统净输出功率的减小速率小于单级跨临界 ORC 系统，且以 R245fa 为工质的单级跨临界 ORC 系统净输出功率最小。当 $p_5=1.6p_{cri1}$ 时系统净输出功率(空心图形线)大于当 $p_5=1.03p_{cri1}$ 时系统净输出功率(实心图形线)。

随着烟气出口温度的升高，耦合 ORC 系统的总换热量及净输出功率减少，但由于净输出功率的减小速率低于总换热量的减少率，耦合 ORC 系统热效率具有增加趋势。然而，单级跨临界 ORC 系统热效率随烟气出口温度的升高保持不变，如图 5-44(b)所示。同样，在耦合 ORC 系统和以 R123 为工质的单级跨临界 ORC 系统之间，烟气出口温度存在一个临界值。在 $p_5=1.03p_{cri1}$ 时，烟气出口温度的临界值为 88.5℃。当 T_2>88.5℃时，耦合 ORC 系统净输出功率及热效率最高；当 T_2<88.5℃时，以 R123 为工质的跨临界 ORC 系统净输出功率及热效率最高。在 $p_5=1.6p_{cri1}$ 时，烟气出口温度的临界值为 84.0℃。当 T_2>84.0℃时，耦合 ORC 系统性能最好；当 T_2<84.0℃时，以 R123 为工质的跨临界 ORC 性能最好。

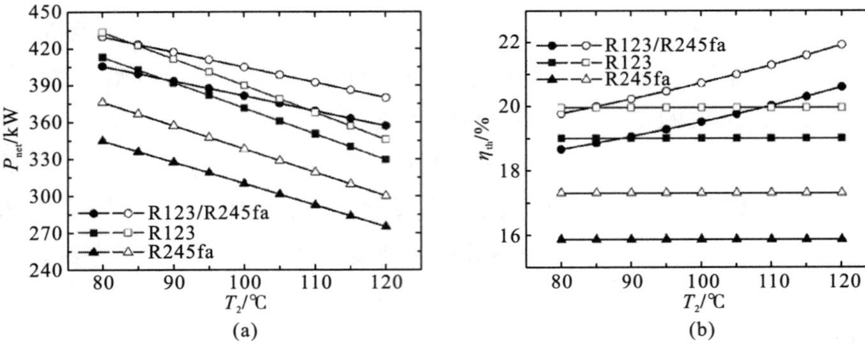

图 5-44 净输出功率 P_{net} (a) 和热效率 η_{th} (b) 随烟气出口温度 T_2 的变化

实心图形线：$p_5=1.03p_{cri1}$；空心图形线：$p_5=1.6p_{cri1}$

图 5-45 给出了蒸发压力分别为 $p_5=1.03p_{cri1}$ 和 $p_5=1.6p_{cri1}$ 时，系统净输出功率 P_{net} 和热效率 η_{th} 随余热换热器出口烟气温度 T_2' 的变化，其中，$T_1=270$℃，$T_2=90$℃，$\Delta T_{ihe}=5$℃。对于单级跨临界 ORC 系统，由于烟气进出口温度不变，其净输出功率及热效率均保持定值，不随余热换热器出口烟气温度的升高而变化。然而，对于耦合 ORC 系统，出口烟气温度的升高会导致余热换热器内换热量减少，而预热器内换热量增加，这样，跨临界子系统的输出功率会减少，而亚临界子系统的输出功率会增加。因此，在两个子系统的输出功率变化的共同作用下，耦合 ORC 系统的净输出功率随着余热换热器出口烟气温度的升高而减少，如图 5-45(a)所示。由于耦合 ORC 系统内总吸热量不变，其热效率与净输出功率具有相同的变化趋势，如图 5-45(b)所示。同样，以 R245fa 为工质的单级跨临界 ORC 系统性能最差，且在耦合 ORC 系统和以 R123 为工质的单级跨临界 ORC 系统之间，余热换热器出口烟气温度存在临界值。在 $p_5=1.03p_{cri1}$ 时，余热换热器出口烟气温度的临界值为 121.9℃。当 $T_2'>121.9$℃时，耦合 ORC 系统性能最好；当 $T_2'<121.9$℃时，以 R123 为工质的跨临界 ORC 系统性能最好。在 $p_5=1.6p_{cri1}$ 时，烟气出口温度的临界值为 127.0℃。当 $T_2'>127.0$℃时，耦合 ORC 系统性能最好；当 $T_2'<127.0$℃时，以 R123 为工质的跨临界 ORC 系统性能最好。

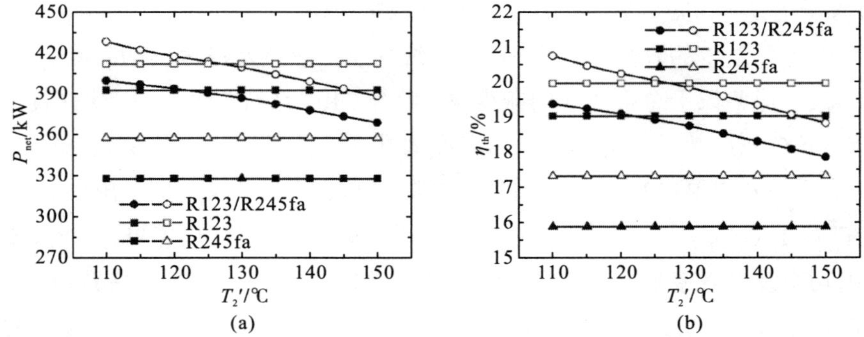

图 5-45 净输出功率 P_{net} (a) 和热效率 η_{th} (b) 随余热换热器出口烟气温度 T_2' 的变化

实心图形线：$p_5=1.03p_{cri1}$；空心图形线：$p_5=1.6p_{cri1}$

2. 一级膨胀机进口压力的影响

在系统内部循环参数中，膨胀机进口压力是一个关键参数，对系统的性能有重要影响。为了确保一级膨胀机的进口压力大于其循环工质的临界压力，且简化表达，在此引入一个压力系数 n，则一级膨胀机进口压力表示为 $p_5=np_{cri1}$，其中，p_{cri1} 为跨临界子系统循环工质临界压力。显然，压力系数 n 必须大于 1，且一级膨胀机进口压力由系数 n 确定。在后面的分析中，用系数 n 来代表一级膨胀机进口压力。

图 5-46 给出了系统净输出功率 P_{net} 和热效率 η_{th} 随一级膨胀机进口压力 p_5 的变化，其中，T_1=270℃，T_2=90℃，ΔT_{ihe}=5℃。由图可以看出，膨胀机进口压力对耦合 ORC 系统及单级跨临界 ORC 系统性能均有积极的影响，随着进口压力的增加，系统净输出功率及热效率均增加。然而，对于耦合 ORC 系统，由于膨胀机压比及余热换热器最小节点温差的限制，一级膨胀机的最大进口压力为 $p_5=1.85p_{cri1}$。当 T_2' =120℃时，系统的最大净输出功率为 420.1kW，对应的热效率为 20.36%。对于单级跨临界 ORC 系统，假定膨胀机没有压比的限制，当 $p_5=1.75p_{cri1}$ 时，以 R123 为工质的跨临界 ORC 系统具有最好性能，其对应的净输出功率与热效率分别为 412.5kW 与 19.99%。随着余热换热器出口烟气温度的降低，一级膨胀机进口压力对耦合 ORC 系统性能的影响增大，当余热换热器出口烟气温度较低时，耦合 ORC 系统的性能好于单级跨临界 ORC 系统。同样，以 R245fa 为工质的单级跨临界 ORC 系统性能最差。

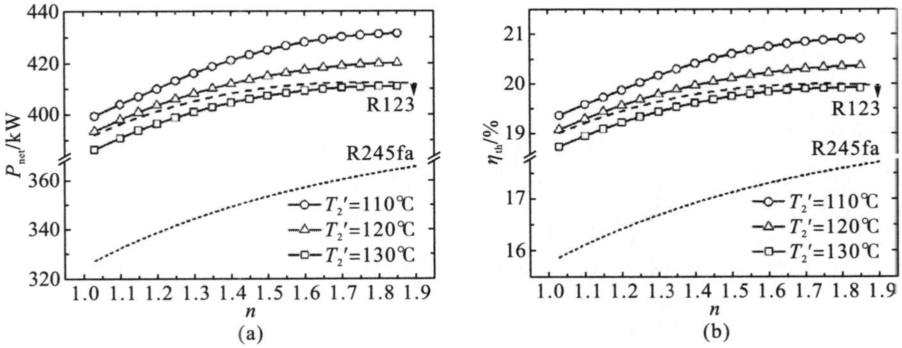

图 5-46　净输出功率 P_{net} (a) 和热效率 η_{th} (b) 随一级膨胀机进口压力 p_5 的变化

3. 中间换热器节点温差的影响

在耦合 ORC 系统中，中间换热器连接跨临界与亚临界子系统，实现了两个子系统的有效耦合，因此，其节点温差对系统性能有重要影响。理论上，当中间换热器节点温差为 0℃，即ΔT_{ihe}=0℃时，耦合 ORC 系统性能最佳。随着中间换热器节点温差的增大，耦合

ORC 系统性能降低。然而，节点温差为 0℃属于理想工况，在实际循环中，一定存在节点温差。

图 5-47 给出了系统净输出功率 P_{net} 和热效率 η_{th} 随中间换热器节点温差ΔT_{ihe} 的变化，其中，T_1=270℃，T_2=90℃，$p_5=1.03p_{cri1}$。由图可以看出，随着中间换热器节点温差的增大，耦合 ORC 系统净输出功率与热效率都线性减少，但余热换热器出口烟气温度的升高会削弱中间换热器节点温差对耦合 ORC 系统性能的影响。而对于单级跨临界 ORC 系统，由于不存在中间换热器，因此，其净输出功率及热效率为定值。同样，以 R245fa 为工质的单级跨临界 ORC 系统性能最差。然而，在耦合 ORC 系统和以 R123 为工质的单级跨临界 ORC 系统之间，中间换热器节点温差存在临界值。当节点温差低于临界值时，耦合 ORC 系统性能最好。当余热换热器出口烟气温度为 110℃和 120℃时，中间换热器临界节点温差分别为 7.85℃和 1.52℃。

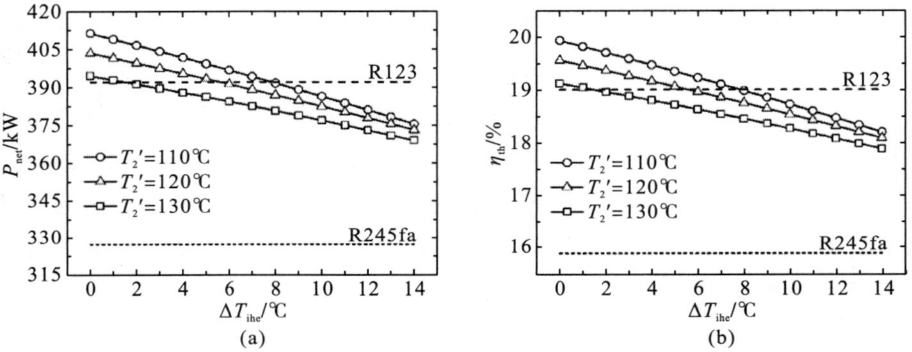

图 5-47 净输出功率 P_{net} (a) 和热效率 η_{th} (b) 随中间换热器节点温差ΔT_{ihe} 的变化

中间换热器临界节点温差$\Delta T_{ihe,cri}$ 是决定耦合 ORC 系统与单级跨临界 ORC 系统性能的一个关键参数，当中间换热器节点温差小于临界节点温差时，耦合 ORC 系统性能优于单级临界 ORC 系统。一般来说，系统的外部运行参数及内部循环参数的变化均会对临界节点温差产生影响。图 5-48 给出了中间换热器临界节点温差随烟气进出口温度、余热换热器出口烟温及一级膨胀机进口压力的变化。随着烟气进口温度的升高，中间换热器临界节点温差呈现非线性增加的趋势，但斜率逐渐减小，临界节点温差的变化范围为 0～13℃，如图 5-48(a)所示。随着烟气出口温度的升高，中间换热器临界节点温差呈现近似线性增大的趋势，其变化范围较大，为 0～20℃，如图 5-48(b)所示。随着余热换热器出口烟气温度的升高，中间换热器临界节点温差减小，其变化范围为 0～8℃。当 T_2' >130℃时，则不存在临界节点温差，即耦合 ORC 系统的性能总是低于以 R123 为工质的单级跨临界 ORC 系统性能，如图 5-48(c)所示。随着一级膨胀机进口压力的增加，中间换热器临界节点温差增大，其斜率逐渐增大，临界节点温差的变化范围为 5～10℃，如图 5-48(d)所示。

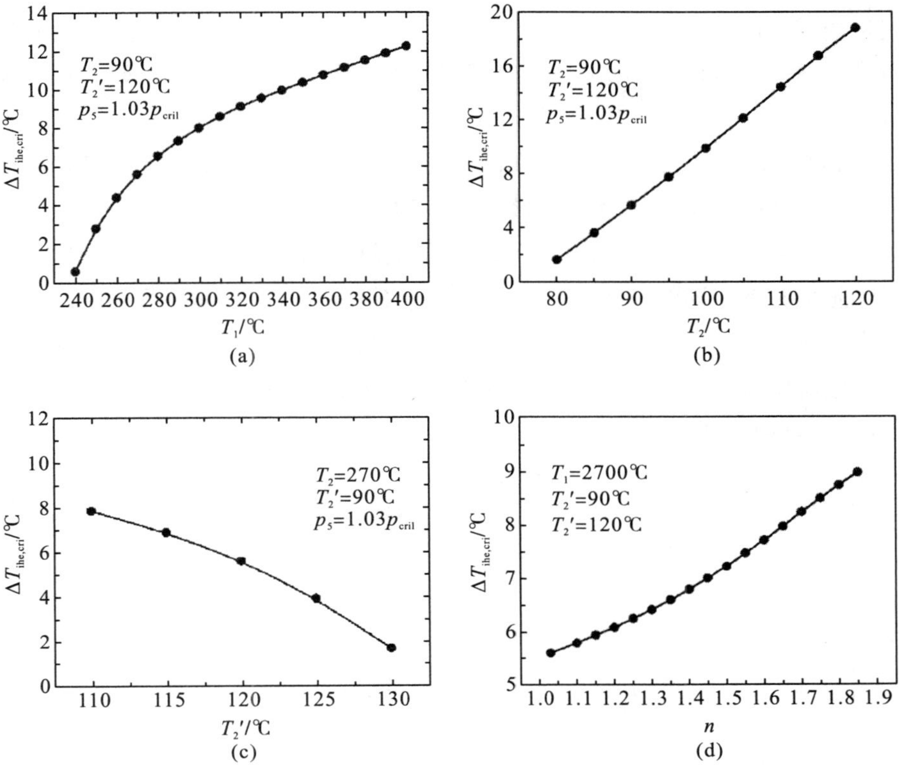

图 5-48　中间换热器临界节点温差$\Delta T_{ihe,cri}$随烟气进口温度 T_1 (a)、烟气出口温度 T_2 (b)、余热换热器出口烟气温度 T_2' (c) 和一级膨胀机进口压力 p_5 (d) 的变化

4. 膨胀机最佳压比

在上述热力学性能分析中，耦合 ORC 系统的膨胀机压比均为最佳压比。实际上，系统运行工况的变化对膨胀机最佳压比有很大影响。图 5-49 给出了余热换热器进出口烟气温度、一级膨胀机进口压力以及中间换热器节点温差对膨胀机最佳压比的影响。需要特别注意的是，耦合 ORC 系统的膨胀机最大压比限制为 8。

当 T_2=90℃，T_2' =120℃，p_5=1.03p_{cri1} 和ΔT_{ihe}=5℃时，随着烟气进口温度的升高，由于余热换热器最小节点温差的限制，一级膨胀机的最佳压比先减小、后增大。相反，二级膨胀机最佳压比先增大、后减小，如图 5-49 (a) 所示。当烟气进口温度为 T_1=259.5℃时，一级膨胀机和二级膨胀机具有相同的最佳压比，均为$\varepsilon_{p1}=\varepsilon_{p2}$=5.52。

当余热换热器进出口烟气温度不变、预热器出口烟气温度变化时，膨胀机最佳压比保持不变。然而，余热换热器出口烟气温度对膨胀机最佳压比有很大影响，如图 5-49 (b) 所示。当 T_1=270℃，T_2=90℃，p_5=1.03p_{cri1} 和ΔT_{ihe}=5℃时，随着余热换热器出口烟气温度的升高，一级膨胀机的最佳压比快速减小，当 T_2' ≥130℃时，由于二级膨胀机压比的限制，一级膨胀机的最佳压比基本保持不变。同样，二级膨胀机最佳压比与一级膨胀机的变化趋势刚好相反。在 T_2' =117.2℃时，一级膨胀机与二级膨胀机具有相同的最佳压比，即 $\varepsilon_{p1}=\varepsilon_{p2}=5.54$。

膨胀机最佳压比随一级膨胀机进口压力的变化如图 5-49(c)所示。当 T_1=270℃，T_2=90℃，T_2' =120℃和ΔT_{ihe}=5℃时，随着一级膨胀机进口压力增加，一级膨胀机最佳压比逐渐增大，而二级膨胀机最佳压力先略微减小、后逐渐增大。在 $p_5=1.22p_{cri1}$ 时，一级膨胀机与二级膨胀机具有相同的最佳压比，为$\varepsilon_{p1}=\varepsilon_{p2}=6.01$。在耦合 ORC 系统中，由于跨临界子系统热力学性能与中间换热器节点温差无关，因此，随着中间换热器节点温差增加，一级膨胀机最佳压比保持不变。然而，二级膨胀机最佳压比随中间换热器节点温差增大而线性减小，如图 5-49(d)所示。

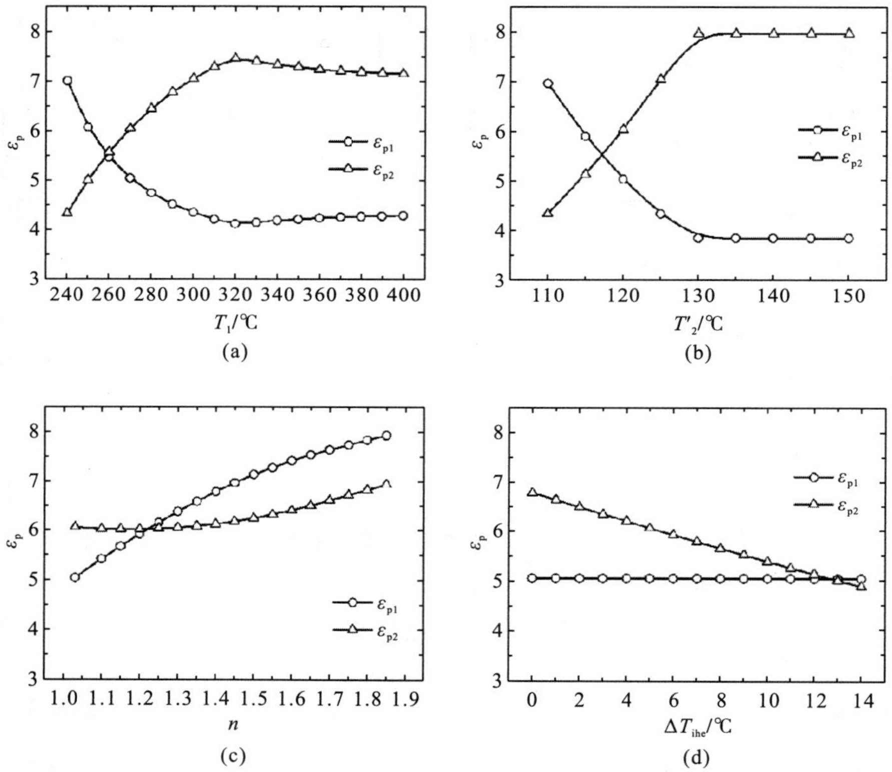

图 5-49 膨胀机最佳压比ε_p随烟气进口温度 T_1 (a)、余热换热器出口烟气温度 T_2' (b)、一级膨胀机进口压力 p_5 (c) 和中间换热器节点温差ΔT_{ihe} (d) 的变化

此外，对于单级跨临界 ORC 系统，膨胀机的压比远远高于耦合 ORC 系统最佳压比。例如，当 T_1=270℃，T_2=90℃，T_2' =120℃，$p_5=1.03p_{cri1}$ 和ΔT_{ihe}=5℃时，以 R123 和 R245fa 为工质的单级跨临界 ORC 系统膨胀机压比分别为 34.42 和 21.15。这一结果表明，耦合

ORC 系统能有效降低膨胀机压比，使膨胀机保持在最优压比范围内运行。

5.4.3　耦合 ORC 系统热经济性能

在对耦合 ORC 系统进行热经济性能分析时，采用的评价指标是发电成本 EPC。选取的工质仍然是 R123 和 R245fa。图 5-50 给出了一级膨胀机压比 ε_{p1} 对耦合 ORC 系统发电成本 EPC 的影响，其中，T_1=270℃，T_2' =120℃，T_2=90℃，p_5=1.03p_{cri1}，ΔT_{ihe}=5℃。由图可见，随着一级膨胀机压比的增加，系统发电成本逐渐减少。由于膨胀机压比的限制，在 ε_{p1}=8 时系统发电成本最小。

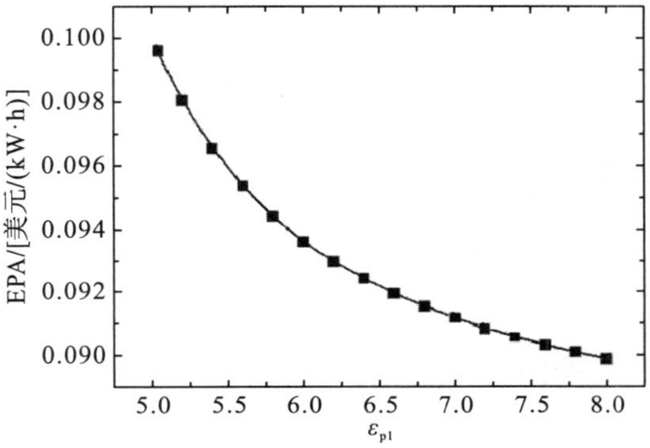

图 5-50　发电成本 EPC 随一级膨胀机压比 ε_{p1} 的变化

1. 烟气温度的影响

耦合 ORC 系统发电成本 EPC 随烟气进口温度 T_1 的变化如图 5-51 所示，其中，T_2=90℃，T_2' =120℃，p_5=1.03p_{cri1}，ΔT_{ihe}=5℃。作为对比，图中也给出了分别以 R123 和 R245fa 为工质的单级跨临界 ORC 系统计算结果。显然，随着烟气进口温度的升高，耦合 ORC 系统净输出功率及设备成本费用均增加，然而，系统年净输出功率的增加速度大于设备成本费用的增加速度，因此，系统的发电成本逐渐降低。对于单级跨临界 ORC 系统，烟气进口温度的升高，使得系统发电成本降低，且在相同条件下，单级跨临界 ORC 系统经济性优于耦合 ORC 系统。在 T_1<265.5℃时，以 R245fa 为工质的跨临界 ORC 系统经济性最好；在 T_1>265.5℃时，以 R123 为工质的跨临界 ORC 系统经济性能最好。烟气进口温度的变化对耦合 ORC 系统的发电成本影响较大，而对单级跨临界 ORC 系统影响较小。

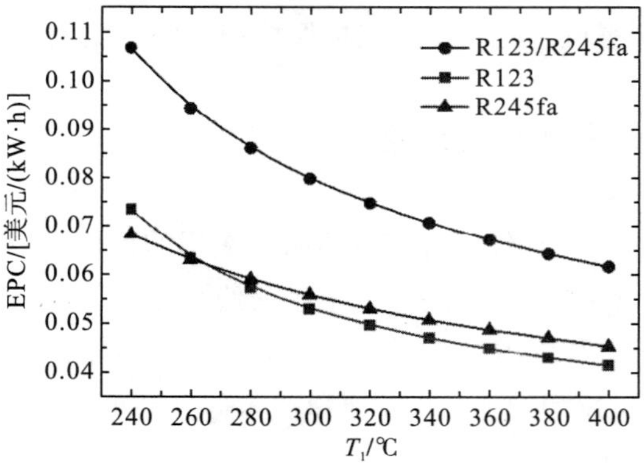

图 5-51　发电成本 EPC 随烟气进口温度 T_1 的变化

图5-52给出了系统发电成本EPC随烟气出口温度T_2的变化，其中，T_1=270℃，T_2'=120℃，p_5=1.03p_{cri1}，ΔT_{ihe}=5℃。显然，随着烟气出口温度的升高，耦合 ORC 系统净输出功率及设备成本费用均减少，然而，系统年净输出功率与设备成本费用减少速率不同，使得系统发电成本先略微增加、后减少。在 T_2=120℃时，不考虑耦合系统预热器成本费用，系统发电成本最小。对于单级跨临界 ORC 系统，随着烟气出口温度的升高，系统发电成本先减小、后增加，存在最小值，且在相同条件下，单级跨临界 ORC 系统经济性优于耦合 ORC 系统。在 T_2<85.4℃时，以 R245fa 为工质的跨临界 ORC 系统经济性能最好；在 T_2>85.4℃时，以 R123 为工质的跨临界 ORC 系统经济性能最好。

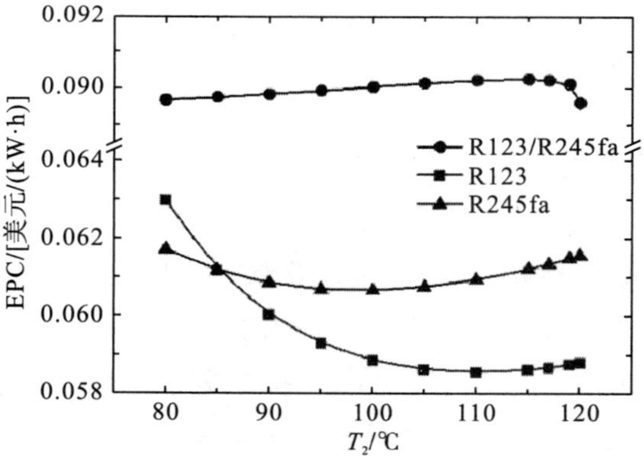

图 5-52　发电成本 EPC 随烟气出口温度 T_2 的变化

图 5-53 给出了系统发电成本 EPC 随余热换热器烟气出口温度 T_2' 的变化，其中，T_1=270℃，T_2=90℃，p_5=1.03p_{cri1}，ΔT_{ihe}=5℃。显然，随着余热换热器出口烟气温度的升高，耦合 ORC 系统的净输出功率及设备成本费用均减少，然而，系统年净输出功率与设备成本费用减少速率不同，使得系统发电成本逐渐减少。在 T_2' <125℃时，发电成本快速减少；

而当 $T_2'>125℃$时，发电成本略微减少。对于单级跨临界 ORC 系统，随着余热换热器出口烟气温度的升高，系统发电成本保持不变，且以 R123 为工质的跨临界 ORC 系统经济性能最好。

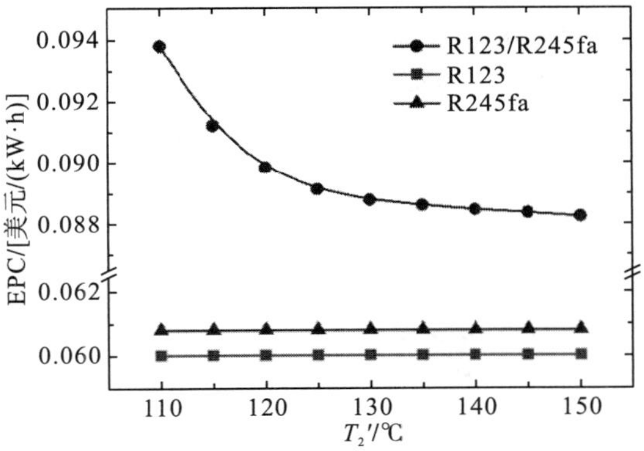

图 5-53　发电成本 EPC 随余热换热器出口烟气温度 T_2' 的变化

2. 一级膨胀机进口压力的影响

耦合 ORC 系统发电成本 EPC 随一级膨胀机进口压力 p_5 的变化如图 5-54 所示，其中，T_1=270℃，T_2=90℃，T_2'=120℃，ΔT_{ihe}=5℃。显然，随着一级膨胀机进口压力的升高，耦合 ORC 系统净输出功率及设备成本费用均增加，然而，系统年净输出功率的增加速度小于设备成本费用的增加速度，系统发电成本逐渐增加，且其增加速率逐渐增大。对于单级跨临界 ORC 系统，一级膨胀机进口压力的增大使得系统发电成本增加，而以 R123 为工质的跨临界 ORC 系统增加率逐渐减小，以 R245fa 为工质的跨临界 ORC 系统增加率逐渐增大。在相同条件下，单级跨临界 ORC 系统经济性优于耦合 ORC 系统。当 $n<1.25$ 时，以 R123 为工质的跨临界 ORC 系统经济性能最好；当 $n>1.25$ 时，以 R245fa 为工质的跨临界 ORC 系统经济性能最好。

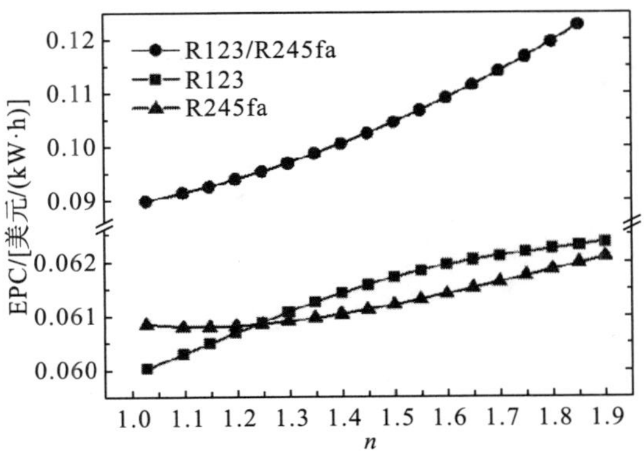

图 5-54　发电成本 EPC 随一级膨胀机进口压力 p_5 的变化

3. 中间换热器节点温差的影响

耦合 ORC 系统发电成本 EPC 随中间换热器节点温差ΔT_{ihe}的变化如图 5-55 所示，其中，T_1=270℃，T_2=90℃，$p_5=1.03p_{cri1}$。显然，随着中间换热器节点温差的增大，耦合 ORC 系统净输出功率及设备成本费用均减少，然而，系统年净输出功率及设备成本费用减少速率不同，使得系统发电成本快速减少后略微增加，存在最佳节点温差使得耦合 ORC 系统经济性最好。中间换热器节点温差对耦合 ORC 系统发电成本影响较大。

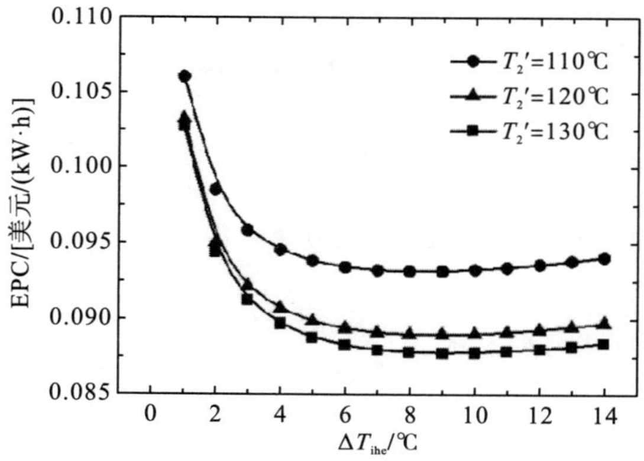

图 5-55 发电成本 EPC 随中间换热器节点温差ΔT_{ihe}的变化

中间换热器最佳节点温差随运行条件的变化而变化。图 5-56 给出了中间换热器最佳节点温差$\Delta T_{ihe,opt}$随进口烟气温度 T_1、出口烟气温度 T_2、余热换热器出口烟气温度 T_2' 和一级膨胀机进口压力 p_5 的变化。显然，随着进口烟气温度的升高，最佳节点温差先增大、后减小，其变化范围为 7～9℃。随着出口烟气温度的升高，最佳节点温差先减小，在 T_2>115℃时快速增加，其变化幅度在 0.5℃之内。随着余热换热器出口烟气温度的升高，

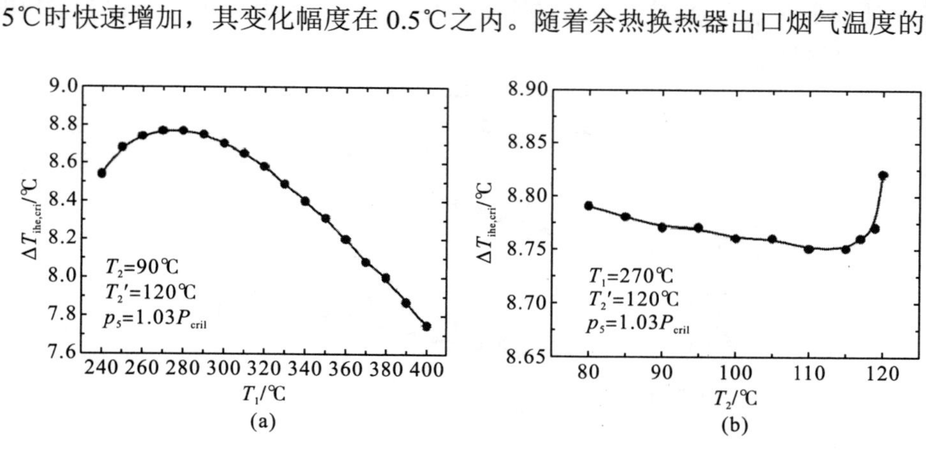

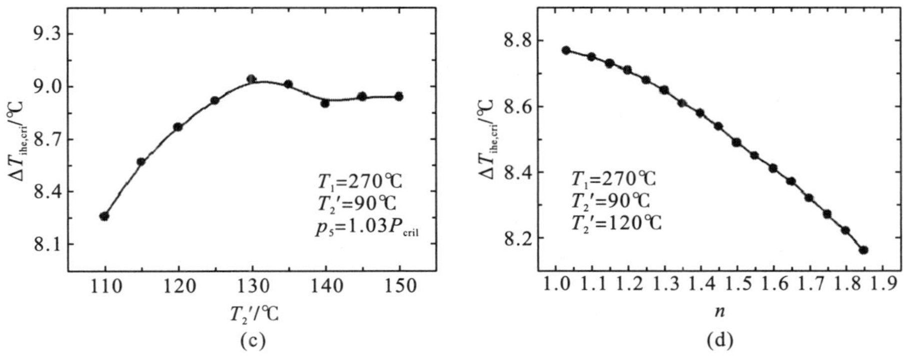

图 5-56　中间换热器最佳节点温差$\Delta T_{ihe,opt}$随烟气进口温度 T_1 (a)、出口烟气温度 T_2 (b)、余热换热器出口烟气温度 T_2' (c) 和一级膨胀机进口压力 p_5 (d) 的变化

最佳节点温差先增大、后略微减小，其变化范围为 8～9℃。随着一级膨胀机进口压力的增大，最佳节点温差逐步减小，其变化范围为 8～9℃。由此可知，中间换热器的最佳节点温差随运行参数的变化幅度很小，其范围为 7～9℃。

5.4.4　循环工质组合的影响

有机工质组合对耦合 ORC 系统性能有很大影响，对于不同的运行条件及目标，循环工质的筛选要求也不尽相同。对循环工质的基本要求包括四个方面，即工质的物理性质、安全性参数、环境影响参数和工质特性。工质的物理性质主要包括工质的化学稳定性、临界温度、临界压力、传热性能及流动特性等。耦合 ORC 系统选取工质的主要依据是工质的临界温度、工质的干湿性及与热源的匹配度，在此基础上考虑工质的热力性能、安全性、可燃性、稳定性及环境影响等要求。

1. 耦合系统净输出功率及热效率

选取工质 R123 为跨临界子系统循环工质，而亚临界子系统则选取不同循环工质，其中，T_1=270℃，T_2=90℃，T_2'=120℃，p_5=1.03p_{cri1} 和 ΔT_{ihe}=5℃。图 5-57 给出了耦合 ORC 系统净输出功率 P_{net} 和热效率 η_{th} 随亚临界子系统工质临界温度 T_{cri2} 的变化。显然，随着工质临界温度 T_{cri2} 的增加，耦合 ORC 系统净输出功率呈增加趋势。当以等熵工质为亚临界子系统工质时，系统净输出功率的变化趋势是严格增加的，如图中实线所示；当以干工质为亚临界子系统工质时，则存在几种工质使得系统净输出功率不满足严格增加的规律，如图中虚线所示。而且，以等熵工质为亚临界子系统工质的系统净输出功率要高于以干工质为亚临界子系统工质的值。工质组合为 R123/RC318 和 R123/R141b 时，耦合 ORC 系统具有最小和最大净输出功率，分别为 367.28 kW 和 407.44 kW。耦合 ORC 系统热效率随

T_{cri2}的变化趋势与净输出功率随T_{cri2}的变化趋势相同。同样，工质组合为R123/RC318和R123/R141b时，耦合ORC系统具有最小和最大热效率，分别为17.8%和19.74%。

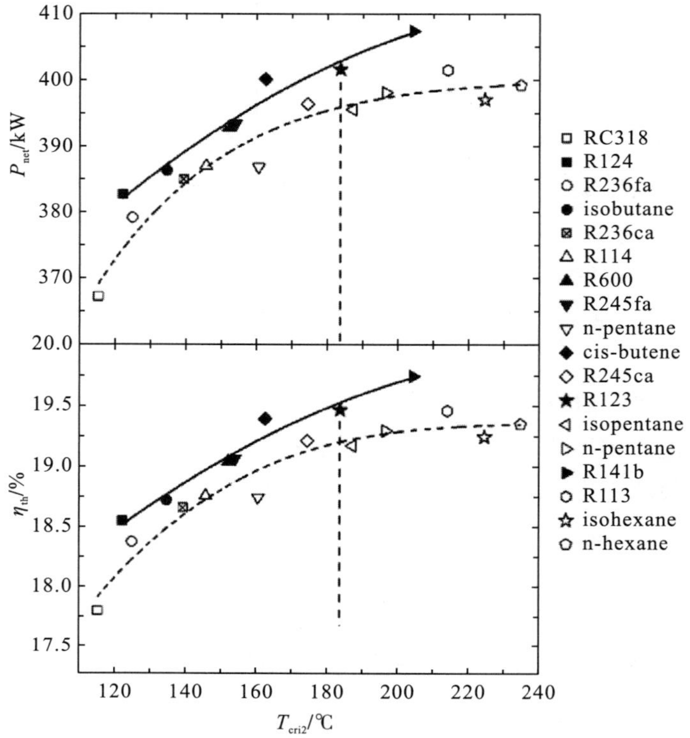

图5-57 净输出功率P_{net}（上）和热效率η_{th}（下）随亚临界子系统工质临界温度T_{cri2}的变化

实心图形：等熵工质；空心图形：干工质

其次，选取R245fa为亚临界子系统循环工质，而跨临界子系统选取不同的循环工质。由于膨胀机压比和余热换热器节点温差的限制，工质R141b、R113、isohexane和n-hexane不适合跨临界子系统。图5-58给出了耦合ORC系统净输出功率P_{net}和热效率η_{th}随跨临界子系统工质临界温度T_{cri1}的变化。显然，随着T_{cri1}的升高，耦合ORC系统净输出功率呈增加趋势。当以等熵工质为跨临界子系统工质时，系统净输出功率的变化趋势是严格增加的，如图中实线所示；当以干工质为跨临界子系统工质时，系统净输出功率的变化趋势也是严格增大的，如图中虚线所示。而且，以等熵工质为跨临界子系统工质的系统净输出功率要略高于以干工质为跨临界子系统工质的值。工质组合为RC318/R245fa和R123/R245fa时，耦合ORC系统具有最小和最大净输出功率，分别为251.51 kW和393.45 kW。同样，耦合ORC系统的热效率随T_{cri1}的变化趋势与净输出功率随T_{cri1}的变化趋势相同。当工质组合为RC318/R245fa和R123/R245fa时，耦合ORC系统具有最小和最大热效率，分别为12.19%和19.07%。

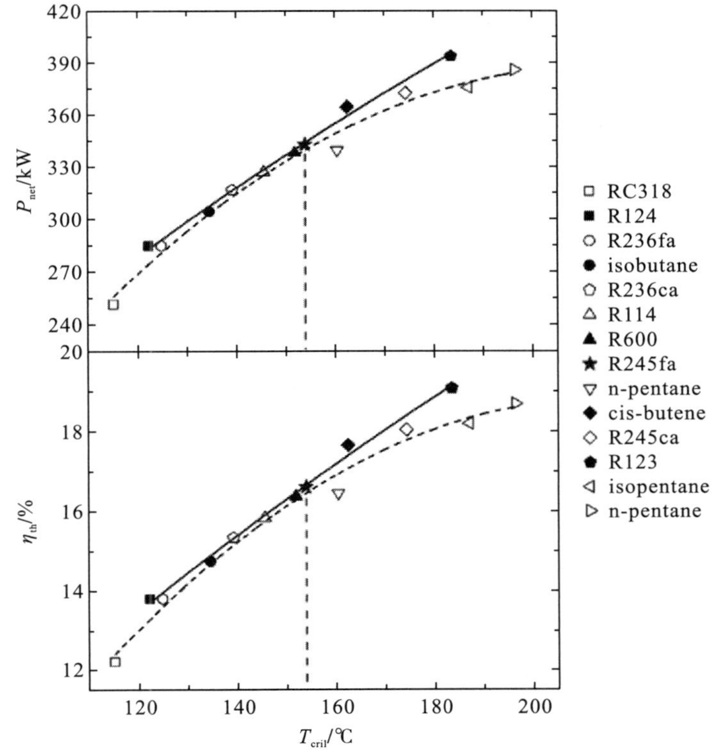

图 5-58　净输出功率 P_{net}（上）和热效率 η_{th}（下）随跨临界子系统工质临界温度 T_{cri1} 的变化

实心图形：等熵工质；空心图形：干工质

2. 耦合系统热经济性

选取工质 R123 为跨临界子系统循环工质，而亚临界子系统则选取不同的循环工质，且 T_1=270℃，T_2=90℃，T_2' =120℃，p_5=1.03p_{cri1} 和ΔT_{ihe}=5℃。图 5-59 给出了耦合 ORC 系统发电成本 EPC 随亚临界子系统工质临界温度 T_{cri2} 的变化。显然，随着工质临界温度 T_{cri2} 的升高，耦合 ORC 系统发电成本大体上呈先减少、后增加的趋势。当亚临界子系统工质为等熵工质时，系统发电成本的变化趋势如图中实线所示；而为干工质时，系统发电成本的变化趋势如图中虚线所示。从变化趋势上来看，当亚临界子系统工质为等熵工质时系统发电成本要略低于为干工质时的值。当工质组合为 R123/RC318 和 R123/n-hexane 时，耦合 ORC 系统具有最大和最小发电成本，分别为 0.0959 美元/(kW·h) 和 0.086 美元/(kW·h)。

然后，选取 R245fa 为亚临界子系统循环工质，而跨临界子系统选取不同旳循环工质。同样，在限制条件下，工质 R141b、R113、isohexane 和 n-hexane 不适合跨临界子系统。图 5-60 给出了耦合 ORC 系统发电成本 EPC 随跨临界子系统工质临界温度 T_{cri1} 的变化。显然，随着 T_{cri1} 的增加，当跨临界子系统工质为等熵工质时，系统发电成本的变化趋势是严格减少的，如图中实线所示；而当跨临界子系统工质为干工质时，系统发电成本的总体变化趋势是先减少、后增加，如图中虚线所示。而且，当跨临界子系统工质为等熵工质时，系统发电成本要略低于为干工质时的值。当工质组合为 RC318/R245fa 和 R123/R245fa 时，耦合 ORC 系统具有最高和最低发电成本，分别为 0.1034 美元/(kW·h) 和 0.0899 美元/(kW·h)。

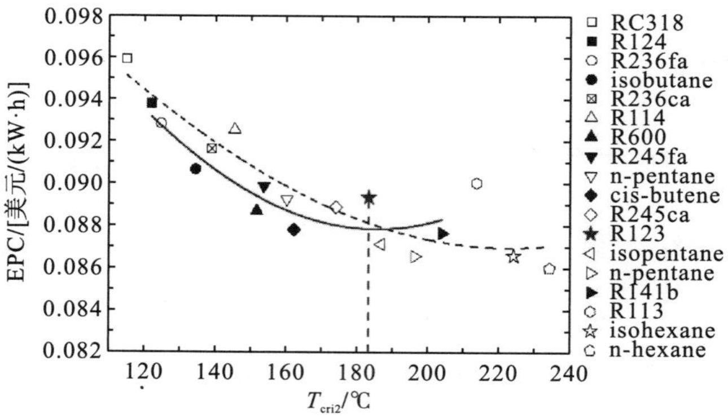

图 5-59 发电成本 EPC 随亚临界子系统工质临界温度 T_{cri2} 的变化

实心图形：等熵工质；空心图形：干工质

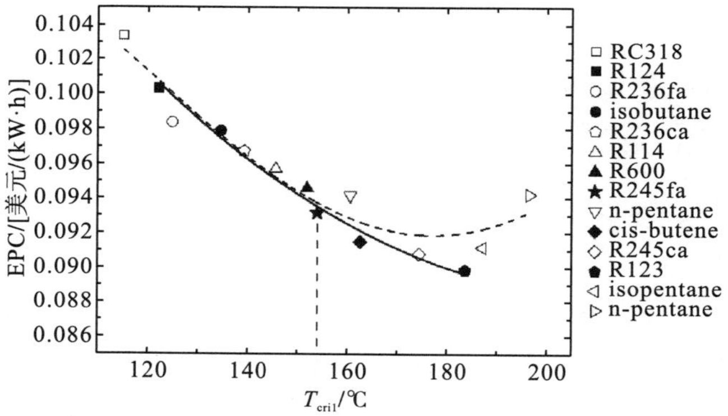

图 5-60 发电成本 EPC 随跨临界子系统工质临界温度 T_{cri1} 的变化

实心图形：等熵工质；空心图形：干工质

5.5 亚临界 ORC 多参数同步优化

5.5.1 多参数同步优化

ORC 系统采用有机物作为循环工质、能够回收较低热源温度的工业余热用于发电，在有效节约能源的同时，可减少常规二次能源生产过程中有毒气体和热污染的排放量，因此，ORC 系统在提高能源利用效率和环境保护方面都有着积极作用。关于 ORC 系统的研究在不断地深入和拓展，重点在于提高系统净输出功率和效率，而如何用最少的系统投资获取最大的回报是投资者最关心的问题。系统发电成本 EPC 综合考虑了系统投资成本和净输出功率，并具有明确的物理意义，因此，EPC 是 ORC 系统优化中的一个重要指标。

在 ORC 系统中，换热器的投资费用占整个系统投资费用的一半以上，而换热器节点温差决定了系统的换热量及换热器的投资费用，系统的换热量又与系统净输出功率息息相关，故换热器节点温差对系统的发电成本具有至关重要的影响。然而，目前多数学者仅在换热器节点温差为某一定值时对 ORC 系统进行优化分析，没有考虑换热器节点温差对系统性能的影响，所得优化结果并不一定是采用该工质和运行条件下的最优结果。另一方面，多数学者忽略了外部运行参数对系统性能的影响，使得选择的最佳工况点不能适应外部运行参数的变化，或者当外部运行参数变化时系统性能远离设计工况点的性能。

本节以系统发电成本为评价指标，对不同工质的亚临界 ORC 系统的蒸发温度、冷凝温度和换热器节点温差等循环参数同时进行优化，分析不同外部运行参数(如冷、热源进口温度和质量流量、蒸发器和冷凝器传热系数等)和工质临界温度对最佳循环参数(如蒸发温度、冷凝温度、蒸发器节点温差和冷凝器节点温差等)的影响；在 ORC 系统最优额定工况点附近对优化系统进行变工况分析，定性分析四个外部运行参数对系统发电成本的影响；根据优化计算结果，可以拟合得到最佳循环参数的关联式[31]。

亚临界 ORC 系统发电成本 EPC 按式(5-32)计算，显然，影响 EPC 的循环内部参数包括蒸发温度、冷凝温度、蒸发器节点温差和冷凝器节点温差等。前述分析表明，随着蒸发温度、冷凝温度、蒸发器节点温差和冷凝器节点温差的变化，EPC 都存在一个最小值，因此，最优参数必然满足如下关系：

$$\frac{\partial \mathrm{EPC}}{\partial T_\mathrm{e}}=\frac{\partial \mathrm{EPC}}{\partial T_\mathrm{c}}=\frac{\partial \mathrm{EPC}}{\partial \Delta T_\mathrm{e}}=\frac{\partial \mathrm{EPC}}{\partial \Delta T_\mathrm{c}}=0 \tag{5-67}$$

5.5.2　最优参数影响因素分析

1. 外部运行参数的影响

ORC 系统发电成本 EPC 主要与系统净输出功率 P_net 和设备投资成本有关，当蒸发温度、冷凝温度、蒸发器节点温差和冷凝器节点温差变化时，ORC 系统的净输出功率和各部件的投资费用相应变化，净输出功率和各设备投资费用随循环参数变化也发生改变。最佳蒸发温度 $T_\mathrm{e,opt}$、最佳冷凝温度 $T_\mathrm{c,opt}$、最佳蒸发器节点温差$\Delta T_\mathrm{e,opt}$和最佳冷凝器节点温差$\Delta T_\mathrm{c,opt}$与净输出功率和投资成本的相对变化有关。

图 5-61 给出了不同烟气条件下，使用纯工质 R245fa 的亚临界 ORC 系统的多参数同步优化结果。显然，随着烟气进口温度 $T_\mathrm{g,i}$ 升高，蒸发器节点温差和平均传热温差增大，

因此系统吸热量增加、单位净输出功率的蒸发器换热面积减小。此时，提高蒸发温度会使净输出功率增加幅度大于投资成本增加幅度，故最佳蒸发温度可适当升高，从而使 EPC 持续下降。对于冷凝侧，由于最佳蒸发温度升高，膨胀机出口温度亦升高，即冷凝热负荷增加，从而导致冷凝器换热面积和冷却介质温度升高值(简称温升)均增加。因此，需要适当增大冷凝器节点温差来增大冷凝器平均传热温差以减小冷凝器换热面积。由于冷凝器平均传热温差和冷却介质温升均增大，故最佳冷凝温度升高，如图 5-61(a)所示。当烟气进口温度低于工质 R245fa 的临界温度(427.2K)时，最佳蒸发器节点温差随烟气进口温度的升高而近似呈线性增大，但当烟气进口温度高于工质临界温度后，最佳蒸发器节点温差随烟气进口温度的升高而急剧增大。然而，最佳冷凝器节点温差随烟气进口温度的升高而缓慢增大。

随着烟气质量流量的增大，蒸发器吸热量、蒸发器面积和工质质量流量都增加，故投资成本和净输出功率均增加。适当增大蒸发器节点温差可以减小蒸发器面积，且此时蒸发温度的升高使得净输出功率的增加大于投资成本的增加，因此最佳蒸发温度和蒸发器节点温差均增大，如图 5-61(b)所示。同时，净输出功率和冷凝热负荷也增加，故冷却介质温升增大，冷凝器平均传热温差大大减小。此时升高冷凝温度使得投资成本减小的幅度大于净输出功率减小的幅度，所以提高冷凝温度可以减小发电成本 EPC。由于最佳冷凝温度升高，冷凝器节点温差减小的幅度减小，即随着烟气质量流量的增大，最佳冷凝器节点温差略有减小。另一方面，由图 5-61(b)还可看出，最佳蒸发温度和冷凝温度升高的趋势及幅度几乎完全一致，而最佳蒸发器节点温差和冷凝器节点温差则是分别增大和减小。

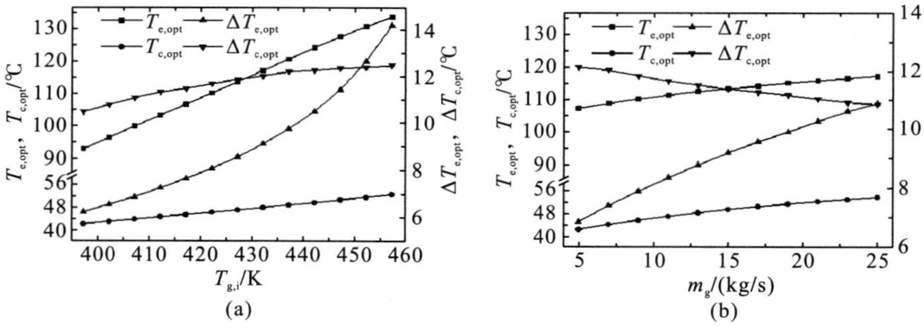

图 5-61 最佳循环参数随进口烟气温度 $T_{g,i}$ (a) 和流量 m_g (b)的变化

图 5-62 给出了 ORC 系统最佳循环参数随冷却介质参数的变化。显然，随着冷却介质进口温度 $T_{c,i}$ 的升高，冷凝器节点温差和冷凝器平均传热温差大大减小，冷凝器换热面积将急剧增大；而净输出功率和其余部件投资费用基本不变，故 EPC 将大大增加，因此为了减小 EPC，最佳冷凝温度应适当升高。最佳冷凝温度的升高幅度小于冷却介质温升的增加幅度，从而导致最佳冷凝器节点温差略有减小。由于最佳冷凝温度的升高，蒸发器进口处工质温度升高，蒸发器预热段面积、净输出功率和膨胀机费用均减少，此时提高蒸发温

度将使得净输出功率的增加幅度大于投资成本增加的幅度，从而降低 EPC。由于最佳蒸发温度的升高，最佳蒸发器节点温差略有减小，如图 5-62(a)所示。

随着冷却介质质量流量的增大，冷却介质吸热温升减小，平均温度下降，冷凝器节点温差和冷凝器平均传热温差都增大，最终使得冷凝换热面积减小，故投资成本减小。若此时降低冷凝温度，投资成本增大幅度将小于净输出功率的增加幅度，故最佳冷凝温度应降低。由于最佳冷凝温度的减小幅度小于冷却介质温升的减小幅度，故最佳冷凝器节点温差增大。由于冷却介质质量流量的增大使得最佳冷凝温度下降，蒸发器进口处工质温度降低，工质在蒸发器中的吸热量增大，烟气放热量增加，进而使得蒸发器节点温差减小，蒸发器换热面积增大。为了减小蒸发器换热面积从而降低发电成本，最佳蒸发温度应降低以减缓蒸发器节点温差的减小。如图 5-62(b)所示，最佳蒸发温度和最佳冷凝温度随冷却介质质量流量增加而降低的趋势及幅度几乎完全一致，但最佳蒸发器和冷凝器节点温差随冷却介质质量流量的增大分别减小和增大。

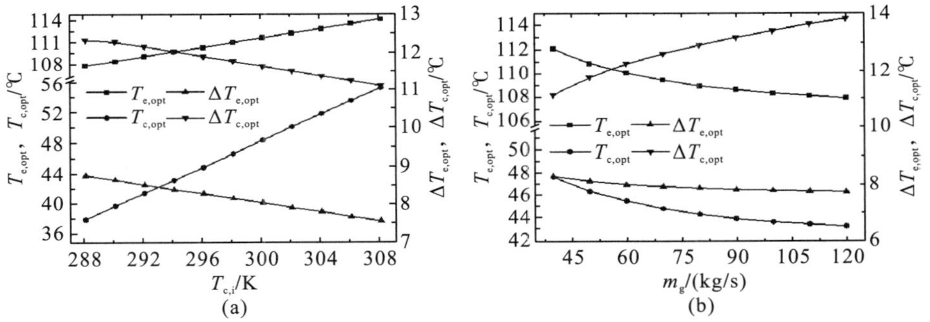

图 5-62 最佳循环参数随冷却介质进口温度 $T_{c,i}$ (a) 和质量流量 m_a (b) 的变化

图 5-63(a)给出了工质为 R245fa 的 ORC 系统的最佳循环参数随蒸发器传热系数(K_e)的变化。显然，随着蒸发器传热系数的增大，传热增强，系统吸热量增加，平均传热温差和蒸发器面积均减小。增加蒸发器节点温差可增大平均传热温差，从而使蒸发器面积进一步减小；同时提高蒸发温度使得投资成本的增加幅度比净输出功率的增大的速度慢，所以最佳蒸发温度升高。另一方面，系统吸热量增加会导致冷凝器热负荷增加，冷却介质温升增大，若冷凝温度保持不变，冷凝器平均传热温差会减小，从而使得冷凝器费用增加，发电成本增加。因此，最佳冷凝器节点温差应增大以降低发电成本。因最佳冷凝器节点温差的增大总是伴随着冷却介质温升的增大，故最佳冷凝温度也升高。总体来看，随着蒸发器传热系数的增加，最佳蒸发温度和最佳冷凝温度都升高且升高幅度几乎完全一致，但最佳蒸发器节点温差和最佳冷凝器节点温差则分别减小和增大。

图 5-63(b)给出了冷凝器传热系数(K_c)变化时最佳循环参数的变化规律。显然，随着冷凝器传热系数的增大，传热增强，冷却介质温升增加，冷凝器节点温差减小。此时，降

低冷凝温度将会使投资成本的增加幅度比净输出功率的增加速度慢，所以，最佳冷凝温度降低，最佳冷凝器节点温差减小。另一方面，蒸发器进口处工质温度降低，蒸发器预热段面积大大增加。此时，适当降低蒸发温度会使蒸发器面积的减小幅度比净输出功率的减小速度更快，故最佳蒸发温度也降低，最佳蒸发器节点温差增大。与蒸发器传热系数的影响相反，随着冷凝器传热系数的增加，最佳蒸发温度和最佳冷凝温度都降低且降低幅度几乎完全一致，但最佳蒸发器节点温差和最佳冷凝器节点温差则分别增大和减小。

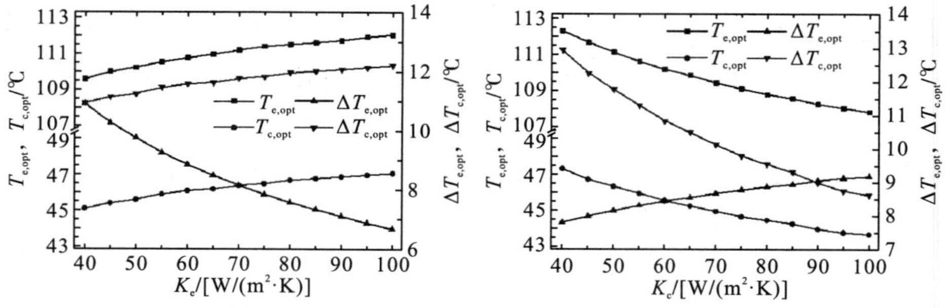

图 5-63　最佳循环参数随 K_e (a) 和 K_c (b) 的变化

对比图 5-61～图 5-63 可以看出，当进口烟气温度变化时，最佳蒸发温度的变化远大于最佳冷凝温度的变化。当冷却介质进口温度变化时，最佳冷凝温度的变化远大于最佳蒸发温度的变化，即最佳蒸发温度主要受进口烟气温度的影响，而最佳冷凝温度主要受冷却介质进口温度的影响。当烟气和冷却介质质量流量、蒸发器和冷凝器传热系数变化时，最佳蒸发温度和最佳冷凝温度的变化幅度较小，且两者变化的趋势和大小几乎一致。

2. 工质临界温度的影响

为了研究工质临界温度 T_{cri} 对 ORC 系统性能的影响，选用空气作为冷却介质，设定的外部运行参数如下：$T_{c,i}$=298.15K、m_a=50kg/s、m_g=10kg/s、K_e=70W/(m^2·K) 和 K_c=50W/(m^2·K)。通过改变烟气进口温度 $T_{g,i}$，对具有不同临界温度工质的 ORC 系统进行多参数同步优化。选择工质的临界温度如表 5-2 所示。

图 5-64 给出了进口烟气温度分别为 100℃和 180℃时工质临界温度对 ORC 系统最佳蒸发温度和冷凝温度的影响(图中的数据点对应具有不同临界温度的工质)。显然，对于具有不同临界温度的所有工质而言，当进口烟气温度较低时，最佳蒸发温度随进口烟气温度的升高呈线性增大；当进口烟气温度超过工质临界温度后，由于受到临界温度的限制，最佳蒸发温度随进口烟气温度升高而升高的速度变缓。由图 5-64(a) 可以看出，当进口烟气温度较低时，最佳蒸发温度与工质临界温度之间没有明显的关系，具有不同临界温度工质

的 ORC 系统最佳蒸发温度基本相同，最佳蒸发温度主要受进口烟气温度的影响。当进口烟气温度较低时，系统净输出功率随蒸发温度的升高先增大、后减小，系统投资成本随蒸发温度的升高先减小、后增大，使得系统的发电成本也先减小、后增大，即存在一个最佳的蒸发温度使得系统发电成本最小。但当进口烟气温度较高时，临界温度较低的工质的净输出功率随蒸发温度的升高而不断增大，当蒸发温度接近临界温度时，净输出功率急剧增大，这导致系统发电成本随蒸发温度升高而不断减小，因此对于亚临界 ORC 系统来说，使得系统发电成本最小的最佳蒸发温度接近工质的临界温度。为了保证亚临界系统的安全运行，蒸发温度不能高于(T_{cri}−5)℃，因此，临界温度较低的工质的最佳蒸发温度受到临界温度的限制而远低于其他工质的最佳蒸发温度，如当 $T_{g,i}$=180℃时，图 5-64(a)中的工质 R134a 和 Propyne 即是如此。

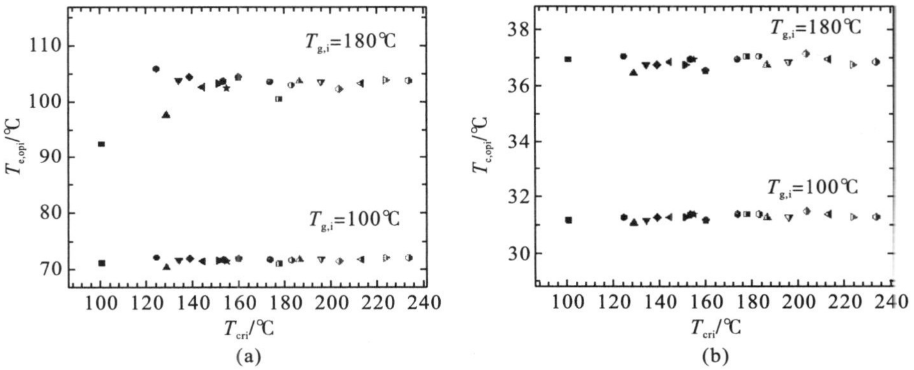

图 5-64　工质临界温度对 ORC 系统最佳蒸发温度(a)和冷凝温度(b)的影响。

图 5-64(a)给出了工质临界温度对 ORC 系统最佳冷凝温度的影响。由图可见，对于具有不同临界温度的所有工质而言，最佳冷凝温度都随进口烟气温度的升高而增加。然而，在给定进口烟气温度条件下，具有不同临界温度的所有工质 ORC 系统最佳冷凝温度都相同。例如，当 $T_{g,i}$=100℃时，$T_{c,opt}$≈31℃；当 $T_{g,i}$=180℃时，$T_{c,opt}$≈37℃。这是因为当其余外部运行参数给定时，最佳冷凝温度主要受冷却介质进口温度的影响，而与工质的临界温度无关。对比 $T_{g,i}$=180℃和 $T_{g,i}$=100℃结果可知，进口烟气温度越高，具有不同临界温度工质之间的最佳冷凝温度差异越大。

图 5-65 给出了工质临界温度对 ORC 系统最佳蒸发器和冷凝器节点温差的影响。当进口烟气温度低于工质临界温度时，最佳蒸发器节点温差随进口烟气温度的升高呈线性增加。当进口烟气温度高于工质临界温度时，最佳蒸发温度随进口烟气温度升高而升高的速度变缓，因此，最佳蒸发器节点温差将急剧增大，这会严重影响蒸发器的安全运行。另一方面，当进口烟气温度较低时，具有不同临界温度的工质 ORC 系统的最佳蒸发器节点温差基本相同。例如，当 $T_{g,i}$=100℃时，$\Delta T_{e,opt}$≈6℃，如图 5-65(a)所示，此时所有选取工质

的最佳蒸发温度都不受工质临界温度的限制。然而，当进口烟气温度较高时，如 $T_{g,i}$=180℃时，最佳蒸发器节点温差随临界温度的升高而降低。这是因为相同烟气进口温度下，低临界温度工质 ORC 系统最佳温度更接近工质临界温度，蒸发时经过的两相区更窄，最佳蒸发器节点温差的位置更靠近烟气进口侧。

当进口烟气温度低于工质临界温度时，最佳冷凝器节点温差随进口烟气温度的升高近似呈线性增加；当进口烟气温度高于临界温度后，最佳冷凝器节点温差的增加变得缓慢。这是因为进口烟气温度过高会导致冷凝器热负荷大大增加，冷却介质温升曲线斜率超过冷凝器预冷段内工质温度下降的曲线斜率，即最佳冷凝器节点温差所处位置由冷凝露点处向冷凝器进口处移动。当 $T_{g,i}$=100℃时，$\Delta T_{c,opt}$ 随 T_{cri} 升高而缓慢增大，对于选定的工质来说，$\Delta T_{c,opt}$ 约为 7～9℃；当 $T_{g,i}$=180℃时，T_{cri} 较低的$\Delta T_{c,opt}$ 随 T_{cri} 升高而增大的速度较快，T_{cri} 较高的$\Delta T_{c,opt}$ 随 T_{cri} 升高而增大的速度较慢，如图 5-65(b)所示。

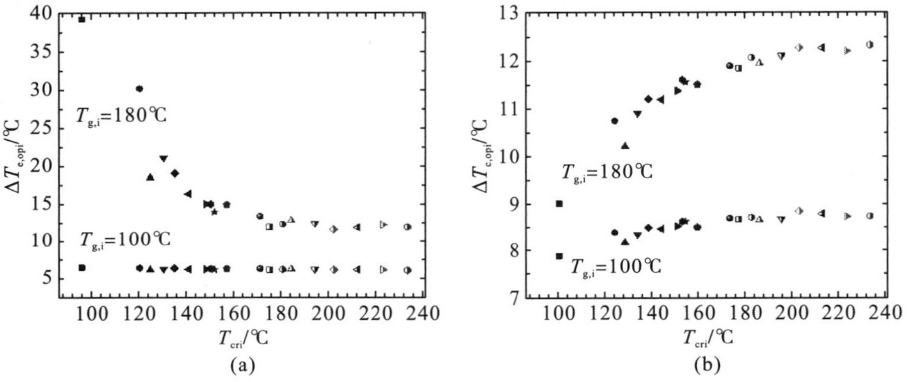

图 5-65 工质临界温度对 ORC 系统最佳蒸发器(a)和冷凝器(b)节点温差的影响

图 5-66 给出了工质临界温度对系统净输出功率 P_{net} 和 ORC 最小发电成本 EPC_{min} 的影响。由图可知，系统净输出功率随进口烟气温度的升高而增大，随工质临界温度的变化比较复杂。当 $T_{g,i}$=100℃时，除工质 R134a，其余工质的 ORC 系统的净输出功率都随临界温度的升高而减小；当进口烟气温度为 180℃时，除工质 R134a、R236fa 和 propane，其余工质的 ORC 系统的净输出功率也随临界温度的升高而减小。这是因为临界温度较低的工质的最佳蒸发温度受到其临界温度的限制，而最佳冷凝温度主要由冷却介质进口温度决定，系统净输出功率主要与蒸发温度和冷凝温度的差值有关，如图 5-66(a)所示。

由图 5-66(b)可见，随着工质临界温度的升高，系统最小发电成本降低。当进口烟气温度低于工质临界温度时，系统最小发电成本随进口烟气温度的升高而急剧下降；当进口烟气温度高于临界温度后，系统最小发电成本减小的速度变慢；而且随着进口烟气温度的升高，不同临界温度工质的 ORC 系统最小发电成本之间的差异减小。

单从系统的经济性方面考虑，应选择临界温度较高的工质。但临界温度较高的工质，如 n-hexane、isohenxane、R113、R601 和 R141b 等，其露点也较高。当环境温度较低时，冷凝压力过低会使得空气进入系统内部，严重影响系统的安全运行，所以这些工质只适用于环境温度较高或有下级余热利用的 ORC 系统。因此，从经济性和安全性两方面考虑，应选择冷凝露点高于环境温度且临界温度较高的工质。

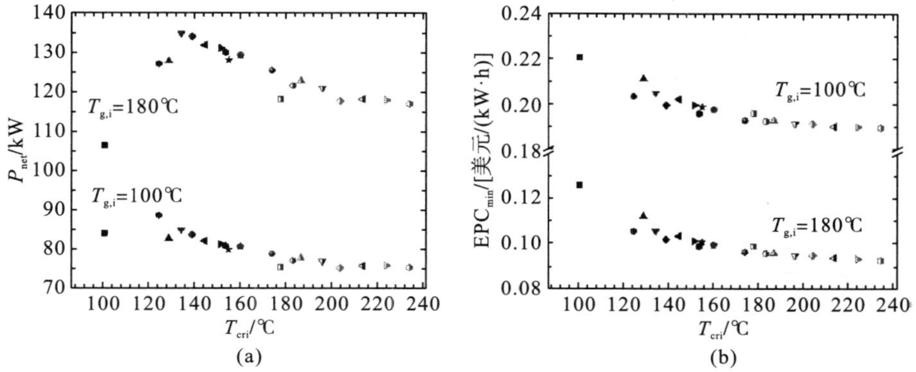

图 5-66　工质临界温度对系统净输出功率 P_{net}(a) 和最小发电成本 EPC_{min}(b) 的影响

5.5.3　最优循环参数关联式

上述分析表明，对于亚临界 ORC 系统，最佳蒸发温度 $T_{e,opt}$ 和最佳冷凝温度 $T_{c,opt}$ 将随烟气进口温度 $T_{g,i}$ 和冷却介质进口温度 $T_{c,i}$、烟气热容量 $(m_g c_{p,g})$ 和冷却介质热容量 $(m_{cs} c_{p,cs})$、蒸发器传热系数 K_e 和冷凝器传热系数 K_c 等的变化而变化。如果用因变量 Y 代表最佳蒸发温度 $T_{e,opt}$ 或最佳冷凝温度 $T_{c,opt}$，则它们之间的函数关系可假定为

$$\left(\frac{Y}{T_{cri}}\right)_{opt} = C\left(\frac{T_{g,i}}{T_{cri}}\right)^a \left(\frac{T_c}{T_{cri}}\right)^b \left(\frac{K_e}{K_c}\right)^c \left(\frac{m_g c_{p,g}}{m_{cs} c_{p,cs}}\right)^d \tag{5-68}$$

最佳蒸发器节点温差 $\Delta T_{e,opt}$ 和最佳冷凝器节点温差 $\Delta T_{c,opt}$ 除受烟气、空气热容量及蒸发器和冷凝器传热系数影响，还和进口烟气温度 $T_{g,i}$ 与最佳蒸发温度 $T_{e,opt}$ 差值、最佳冷凝温度 $T_{c,opt}$ 与冷却介质进口温度 $T_{c,i}$ 的差值有关。如果用因变量 Z 代表最佳蒸发器节点端差 $\Delta T_{e,opt}$ 或最佳冷凝器节点端差 $\Delta T_{c,opt}$，则可假定如下函数关系：

$$\left(\frac{Z}{T_{cri}}\right)_{opt} = C\left(\frac{T_{g,i} - T_{e,opt}}{T_{cri}}\right)^a \left(\frac{T_{c,opt} - T_{c,i}}{T_{cri}}\right)^b \left(\frac{K_e}{K_c}\right)^c \left(\frac{m_g c_{p,g}}{m_{cs} c_{p,cs}}\right)^d \tag{5-69}$$

式 (5-68) 和 (5-69) 中，C 为待定系数，a、b、c 和 d 为待定指数。$T_{g,i}/T_{cri}$ 为无因次进口烟气温度，$T_{c,i}/T_{cri}$ 为无因次进口冷却介质温度，$(T_{g,i}-T_e)/T_{cri}$ 为蒸发器中进口烟气处无因次温差，$(T_c-T_{c,i})/T_{cri}$ 为冷凝器中进口冷却介质处无因次温差，$K_e/K_c=(1/K_c)/(1/K_e)$ 表示冷凝器内总传热热阻与蒸发器内总热阻之比，$(m_g c_{p,g})/(m_{cs} c_{p,cs})$ 表示烟气热容量与冷却介质热容量之比。

针对亚临界 ORC 系统的不同循环工质，对多参数同步优化得到的数据进行多元拟合，可得到各工质最佳循环参数关联式中的系数、指数以及平均相对误差，详见文献[32]。注意，拟合公式中的温度单位都为 K。

依据上述关联式，即可根据给定的外部运行参数和工质的临界温度 T_{cri} 计算出使发电成本最小的最佳循环参数，而不需要建立复杂的优化计算模型。例如，对于采用空气冷却的 ORC 系统，当工质为 R601 时，临界温度为 T_{cri}=469.7K，若烟气为标准烟气，进口温度为 $T_{g,i}$=150℃，质量流量为 m_g=10kg/s；进口冷却空气温度为 $T_{c,i}$=20℃，质量流量为 m_a=50kg/s，则按照拟合关联式计算出的最佳循环参数拟合值和文献[12]得到的相同条件下优化结果的比较如表 5-4 所示，两者的相对偏差分别为 0.07%、0.62%、0.62%和 3.76%。

表 5-4　工质为 R601 的亚临界 ORC 系统最佳循环参数拟合值和文献[13]优化值的比较

工质	T_e	T_c	ΔT_e	ΔT_c
本书拟合值	1.354	−4.851	1.192	1.735
文献[13]优化值	1.123	−5.116	1.140	2.720
相对偏差 /%	0.07	0.62	0.62	3.76

由于上述关联式所用的拟合数据是在直接给定换热器传热系数的情况下计算得到的，并没有对换热器的结构型式做任何约束，因此这些关联式可用于采用任何型式换热器的亚临界 ORC 系统。同时，拟合数据既包含空气冷却条件下的优化结果，也包含水冷却条件下的优化结果，因此该组关联式适用于采用烟气为热源、空气或水作为冷却介质的亚临界 ORC 系统，其适用的外部参数范围如表 5-5 所示。

表 5-5　关联式的外部运行参数适用范围[32]

外部运行参数	适用范围
进口烟气温度 $T_{g,i}$/℃	T_{cri}±50
进口空气温度 $T_{a,i}$/℃	15～35
进口冷却水温度 $T_{w,i}$/℃	5～25
烟气质量流量 m_g/(kg/s)	6～26
空气质量流量 m_a/(kg/s)	60～260
冷却水质量流量 m_w/(kg/s)	15～65
蒸发器传热系数 K_e/[W/(m^2·K)]	40～100
空冷冷凝器传热系数 $K_{c,a}$/[W/(m^2·K)]	40～100
水冷冷凝器传热系数 $K_{c,w}$/[W/(m^2·K)]	100～500

参 考 文 献

[1] Mahmoudi A，Fazli M，Morad M R. A recent review of waste heat recovery by organic Rankine cycle[J]. Applied Thermal Engineering，2018，143：660-675.

[2] Tocci L，Pal T，Pesmazoglou I，et al. Small scale organic Rankine cycle（ORC）：A techno-economic review[J].Energies，2017，10(4)：413.

[3] El-Sayed Y M，Tribus M. A theoretical comparison of the Rankine and Kalina cycles[J]. ASME，Advanced Energy Systems Division（Publication）AES，1985，1：97-102.

[4] Zhang X X，He M G，Zhang Y. A review of research on the Kalina cycle[J]. Renewable & Sustainable Energy Reviews，2012，16(7)：5309-5318.

[5] Guo T，Wang H X，Zhang S J. Comparative analysis of CO_2-based transcritical Rankine cycle and HFC245fa-based subcritical organic Rankine cycle using low-temperature geothermal source[J]. Science China Technological Sciences，2010，53(6)：1638-1646.

[6] 王建宁. 换热器节点温差对 ORC 系统性能影响分析[D]. 重庆：重庆大学，2013.

[7] Hettiarachchi H D M，Golubovic M，Worek W M，et al. Optimum design criteria for an organic Rankine cycle using low-temperature geothermal heat sources[J]. Energy，2007，32：1698-1706.

[8] Zhang S J，Wang H X，Guo T. Performance comparison and parametric optimization of subcritical organic Rankine cycle（ORC）and transcritical power cycle system for low-temperature geothermal power generation[J]. Applied Energy，2011，88：2740-2754.

[9] Little A B，Garimella S. Comparative assessment of alternative cycles for waste heat recovery and upgrade[J]. Energy，2011，36：4492-4504.

[10] 李友荣，吴双应. 传热学[M]. 北京：科学出版社，2012.

[11] Li Y R，Wang J N，Du M T. Influence of coupled pinch point temperature difference and evaporation temperature on performance of organic Rankine cycle[J]. Energy，2012，42：503-509.

[12] Li Y R，Wang J N，Du M T，et al. Effect of pinch point temperature difference on cost-effective performance of organic Rankine cycle[J]. International Journal of Energy Research，2013，37：1952-1962.

[13] Klein S A. Engineering equation solver（EES）[CP]. Academic Professional Version，2007.

[14] Turton R，Bailie R C，Whiting W B. Analysis，Synthesis and Design of Chemical Processes [M]. New Jersey：Prentice Hall PTR，1998.

[15] Quoilin S，Declaye S，Tchanche B F，et al. Thermo-economic optimization of waste heat recovery organic Rankine cycles[J]. Applied Thermal Engineering，2011，31(14)：2885-2893.

[16] Bliem C，Zangrando F，Hassani V. Value analysis of advanced heat rejection systems for geothermal power plants [C]. Energy Conversion Engineering Conferenve，1996，1616-1621.

[17] Nafey A S，Sharaf M A. Combined solar organic Rankine cycle with reverse osmosis desalination process：Energy，exergy，and cost evaluations[J]. Renew Energy，2010，35：2571-2580.

[18] Liu C，He C，Gao H，et al. The optimal evaporation temperature of subcritical ORC based on second law efficiency for waste heat recovery[J]. Energy，2012，14：491-504.

[19] Li Y R，Du M T，Wu C M，et al. Economical evaluation and optimization of subcritical organic Rankine cycle based on

temperature matching analysis[J]. Energy，2014，68：238-247.

[20] Li Y R，Du M T，Wang J N. Exergoeconomic analysis and optimization of an evaporator for a binary mixture of fluids in organic Rankine cycle[J]. Journal of Non-Equilibrium Thermodynamics，2012，37(4)：413-431.

[21] Li W，Feng X，Yu L J，et al. Effects of evaporating temperature and internal heat exchanger on organic Rankine cycle[J]. Applied Thermal Engineering，2011，31：4014-4023.

[22] Wang X D，Zhao L. Analysis of zeotropic mixtures used in low-temperature solar Rankine cycles for power generation[J]. Solar Energy，2009，83：605-613.

[23] 杜美瑭. 混合有机工质亚临界朗肯循环系统性能分析与热经济优化[D]. 重庆：重庆大学，2014.

[24] Mlcak H A. An introduction to the Kalina cycle[J]. Power，1996，30：765-776.

[25] 汪菲. 基于低温烟气余热回收的 Kalina 循环热经济性能研究[D]. 重庆：重庆大学，2017.

[26] Rodríguez C E C，Palacio J C E，Venturini O J，et al. Exergetic and economic comparison of ORC and Kalina cycle for low temperature enhanced geothermal system in Brazil[J]. Applied Thermal Engineering，2013，52(1)：109-119.

[27] Li S L，Dai Y P. Thermo-economic comparison of Kalina and CO_2 transcritical power cycle for low temperature geothermal sources in China[J]. Applied Thermal Engineering，2014，70(1)：139-152.

[28] Singh O K，Kaushik S C. Thermoeconomic evaluation and optimization of a Brayton-Rankine-Kalina combined triple power cycle[J]. Energy Conversion and Management，2013，71：32-42.

[29] Zhang Z，Guo Z W，Chen Y P，et al. Power generation and heating performances of integrated system of ammonia-water Kalina-Rankine cycle[J]. Energy Conversion and Management，2015，92：517-522.

[30] 王晓琼. 一种耦合跨临界与亚临界 ORC 系统性能分析[D]. 重庆：重庆大学，2015.

[31] 李春春. 回收低温烟气余热的亚临界 ORC(ORC) 系统多参数同步优化[D]. 重庆：重庆大学，2017.

[32] Zhang L，Li C C，Li Y R，et al. Simultaneous optimization of multi-parameters on a subcritical organic Rankine cycle system for low-grade waste heat recovery[J]. Journal of Mechanical Science and Technology，2019，33(1)：447-458.